数字化运维

IT运维架构的数字化转型

DIGITIZED OPERATIONS

The Digital Transformation of IT Operations Architecture

嘉为科技　著

机械工业出版社
CHINA MACHINE PRESS

图书在版编目（CIP）数据

数字化运维：IT 运维架构的数字化转型 / 嘉为科技著 . —北京：机械工业出版社，2023.5
（2024.4 重印）

ISBN 978-7-111-72897-9

I. ①数… Ⅱ. ①嘉… Ⅲ. ① IT 产业 – 商业服务 – 运营管理 Ⅳ. ① F49

中国国家版本馆 CIP 数据核字（2023）第 054134 号

机械工业出版社（北京市百万庄大街 22 号 邮政编码 100037）
策划编辑：杨福川 责任编辑：杨福川 陈 洁
责任校对：韩佳欣 张昕妍 责任印制：常天培
固安县铭成印刷有限公司印刷
2024 年 4 月第 1 版第 2 次印刷
186mm×240mm · 23.25 印张 · 472 千字
标准书号：ISBN 978-7-111-72897-9
定价：99.00 元

电话服务 网络服务

客服电话：010-88361066 机 工 官 网：www.cmpbook.com
 010-88379833 机 工 官 博：weibo.com/cmp1952
 010-68326294 金 书 网：www.golden-book.com
封底无防伪标均为盗版 机工教育服务网：www.cmpedu.com

传统运输企业向智慧交通企业的转型，要克服信息化、数字化系统运维团队、工具等构建成本、质量与持续迭代提升等方面的挑战，运维要从焦头烂额"救火式"的被动，转变为防微杜渐"AI洞察式"的主动。本书以嘉为科技在数字化运维建设方面的深入见解为基础，提出业务驱动、数据驱动的智慧运维机制，融合组织、人员、制度与流程要求，形成平台一体化架构与运维场景最佳实践的完整体系，为运维人员提供了IT运维架构建设的方法论与实用途径。

——董志国　广州市公共交通集团有限公司科信部部长 / 粤港澳自动驾驶秘书长

"所有的运维都是草台班子！"这是IT运维人员的自嘲，也是对运维工作计划性和突发性并存特性的揭示。一个好的IT系统，三分靠设计，三分靠开发，三分靠运维，如果从拉长的时间维度看，运维所占的比重大，但往往受到的关注最低。本书系统地介绍了IT架构发展的历史和演进，以及伴随的运维体系构建和变化，从分散型运维到一体化运维，从传统关注流程、脚本、后台监控到数字化、平台化、可视化的运维，希望本书能为身处技术日新月异、基础资源复杂多样、网络安全环境严峻挑战中的IT人提供IT运维体系化思维和应变能力的培养，以"草台班子"的包罗万象去从容应对系统所有确定性和不确定性的挑战！

——汤成　广东联合电子服务股份有限公司副总经理

本书融合了ITIL 4、DevOps、敏捷等先进的理念，提出了一个全新的数字化运维体系模型——OPDM，模型涉及从度量到工具建设，再延展到流程改进和持续运营，同时给出了不同发展阶段的定义。相信本书可以帮你厘清思路，助你更稳健地实施IT运维架构转型。

——石鹏　美图公司高级运维经理

我在浙江移动的 IT 运维领域探索了 20 多年，也深刻体会到运维数字化转型必须充分发挥运维团队的技术要素和数据要素的优势，所以特别认同从平台化工具、高速化流程、数据化驱动、体系化度量四个维度来构建运维数字化体系的实践方法，也给我带来了很多新的启发。

——王晓征　中国移动首席专家

运维能力是企业数字化转型和平台服务良好运转的基础能力。IT 运维全面升级数字化、工程化、一体化是必然的升级。在升级过程中，要建立统一管控体系能力，通过数据化去驱动运转，不仅要强调单项技术还要重视工程能力，最终目标是让数字化生产过程更加高效、可靠。本书为建立这样的体系提供了全面指导，也介绍了很多实用的工具，是一本是不错的参考用书。

——张观石　虎牙运维架构师

在云原生时代下，企业运维体系进行数字化转型是非常关键的，很高兴看到这本书的出版，其中包含了非常丰富的运维体系建设相关的理论依据，从运维体系、运维平台化、监控、CMDB 和运维自动化等多个角度分别进行了诠释。此外还涉及了可度量、可视化、可治理方面的实践和符合国内现状的具体实例，推荐给各位需要建设企业运维体系及进行转型的小伙伴，非常值得一看！

——张晋涛　API7.ai 云原生技术专家 /Apache APISIX PMC/ 公众号 MoeLove 维护者

近年来，云计算、大数据、人工智能等新技术加速发展，日益融入经济、社会发展等各领域，人类社会正全面走向数字经济时代。面对新一轮科技革命和产业革命的发展机遇，数字化转型是各行各业的必然选择，已成为众多企业的核心战略。企业数字化转型需要全面推进业务与IT的深度融合，充分利用数字技术优化和重塑业务流程、组织架构、服务和产品，以提高企业生产效率，提升用户体验，更好地创造价值和适应市场变化。运维作为企业IT最后一道防线，数字化转型势在必行。

推进运维数字化转型，要充分考虑运维环境、运维对象新变化带来的新需求。一是随着虚拟化、容器化技术的全面应用，数据中心IT规模迅速扩大，不少数据中心已拥有十万级，甚至百万级运行节点，技术栈更加多元，运维工作量急剧增加；二是数据中心运行架构持续演进，从早期的主备园区到两地三中心，再到多地多中心，跨地域、跨中心、跨专业运维协同运维越来越重要；三是随着云原生技术的快速兴起，采用微服务架构的应用系统越来越普遍，开放生态连接不断丰富，业务链路更加动态和复杂，确保安全、稳定的压力日益凸显。

推进运维数字化转型，要高度重视人工智能等新兴数字技术，以及数据要素在运维领域的深度应用。"上云、用数、赋智"也是企业运维管理体系自身转型发展的主要方向。数智化将成为数字化运维的显著特征。一体化服务平台、运维大数据体系、智能运维算法，以及运维机器人、运维数字人等，将成为数字化运维体系建设的重要内容。

推进运维数字化转型，要大力加强与之相适应的组织架构、管理流程和数字化运维人才队伍的配套建设。生产力与生产方式的发展变化，必然促进生产关系及治理体系的优化调整。数字化运维时代，不仅需要更多精通云计算、分布式、微服务、信创技术的专业运维队伍，还需要大数据管理分析、人工智能算法研发、技术平台建设、敏捷项目组织等研发人才。与此同时，IT运维部门的组织架构、运作流程，以及一二三线分工协作机制也需要随着数字化运维体系建设的推进，持续进行优化调整。

"坐而论道，不如起而行之"，这几年，国内不少企业已在运维数字化转型的道路上迈出了坚实的步伐，围绕运维组织架构调整，运维管理体系优化，运维自动化、智能化平台建设等方面开展了卓有成效的工作，积累了丰富的经验。更值得高兴的是，一些有识之士开始将实践经验和理论思考进行系统化梳理总结，集章成册，发行面世，共享给行业。嘉为科技出版的《数字化运维：IT 运维架构的数字化转型》正是其中的典型代表。

嘉为科技在 IT 研发运营一体化管理方面拥有丰富的服务经验，其解决方案依托享有盛名的腾讯蓝鲸技术平台，在政务、金融、交通等行业中得到了广泛应用。这本书既有嘉为科技过去二十年行业服务经验和理论研究成果的总结，又有他们对未来数字化运维解决方案的新思考。以传统运维管理体系（PPTR）为基础，在融合 ITIL4、DevOops、SRE 以及敏捷精益思想的基础上，本书提出的数字化运维管理体系 OPDM（Operation-Process-Data-Measurement，平台化工具、高速化流程、数据化驱动、体系化度量）创新体系框架，是嘉为科技在运维数字化转型理论与解决方案研究方面的独到见解，必将给从业者带来有益启示。此外，书中关于 CMDB 的配置管理能力建设、可观测能力建设、AIOps 能力建设、运维数据治理能力建设等内容，也是近年来行业应用中的重点、难点和热点。书中给出的不同行业运维体系转型的真实案例，也为大家开展运维数字化转型工作提供了难得的参考借鉴。

我一直从事着与数据中心相关的工作，大约在十年前开始研究一体化运维，提出了OASR（对象 – 活动 – 场景 – 角色）模型和"三个面向"（面向资源、面向应用、面向业务）的服务体系方案，组织团队研发了当时国内银行业规模最大的一体化自动化运维平台 DCAP。近年来，我们在银行同业开展数字化转型咨询服务项目过程中，也一直在持续推进运维管理理论体系的探索，深知这条道路任重而道远，也希望能与更多同行一起探讨。在此，很乐意向大家推荐本书，也期待看到更多类似的著作面世。

侯志荣

工银科技有限公司副总经理

运维岗位最初的职能仅仅是给企业应用提供运行时环境的托管和保障，随着运维技术的快速发展和企业数字化转型的逐年推进，互联网大厂运维团队的职能已经扩张到可以完整覆盖软件生命周期的服务支持，从云研发、代码托管、编译构建、代码分析、制品管理到发布变更、算力调度、配置管理、成本分析，再到基础监控、观测体系、故障自愈、体验优化等都已经在运维团队的支持范围内形成闭环，使得研发运维运营服务一体化，减少了沟通成本和内耗，提高了质量及效率。

这种研运一体化的服务依赖于研运一体化的技术平台，不同于传统的烟囱系统相互对接，研运一体化平台几乎全部采用 PaaS 结构设计，将传统烟囱系统中的同类服务，例如配置存取、容器编排、管控通道、算力调度、数据存储、模型应用、用户权限等能力以原子聚合的方式产品化，托管于 iPaaS 之内，再通过网关、低代码、CodeAI 等 aPaaS 能力组装为场景服务。

研运一体化在互联网企业已经获得广泛认同，但传统行业的运维组织大多还在摸索阶段，有些已经从运维一体化开始试水。我们希望能为行业输出更多的经验和开源项目，推动国内运维发展，也希望有更多像嘉为科技这样的乙方企业，基于研运一体化 PaaS 底座构建自己的产品体系，为各行业甲方提供质量、效率、成本、安全的维度提升。

党受辉

腾讯 IEG 技术运营部助理总经理，腾讯蓝鲸创始人

前 言 *Preface*

为什么要写这本书

数字化转型已经成为大势所趋，各行各业正朝着数字化方向转型，利用数字化转型方法论和前沿科学技术实现降本、提质、增效，从而提升竞争力。数字化转型是一项长期工作，包含的要素非常丰富，如数字化转型顶层设计、组织架构设计、领军人的数字化思想转型、前沿科技的应用、业务和技术的融合，真正做到流程打通、系统打通、数据打通和业务系统端到端联动融合。

如何实现业务与技术的融合？如何实现从业务到研发、运维、运营的全链路端到端数据闭环？传统烟囱式的研发系统、运维系统、运营系统已经无法满足当今数字化转型的需要，各行各业的运维人员都急需一套适用于数字化时代的运维管理方法论和一个数字化运维一体化平台。嘉为科技过去 20 年在数字化运维方面做了大量探索和尝试，形成了一套数字化运维管理方法论和一个数字化运维一体化平台，供大家学习和参考。

读者对象

❑ 各行业 IT/ 科技部门管理人员，如 CIO（首席信息官）、CTO（首席技术官）、总工程师、数据中心高管、运维总监、运维管理人员。

❑ 各行业从事运维工作的人员，如运维工程师、运维架构师等。

❑ 企业架构师、售前架构师、产品经理，以及运维管理体系的研究者和爱好者。

主要内容

本书共 16 章内容，具体介绍如下。

第 1 ～ 3 章介绍运维数字化转型的现状与挑战，并提出数字化运维一体化架构，基于传统的运维管理模型 PPTR 衍生出新一代数字化运维管理模型 OPDM，同时介绍运维管理到工具体系的演进逻辑。

第 4～12 章着重介绍数字化运维一体化平台和八大能力中心的建设，包含可观测能力、CMDB 配置管理能力、自动化运维能力、敏捷 ITSM 能力、统一运维门户能力、运维管理度量指标体系、运维可视化能力以及运维数据治理能力的建设。

第 13、14 章介绍数字化运维一体化平台的 AIOps 前沿技术和业务连续性保障能力。前沿技术包含 AIOps 的概念、能力建设、实践场景；业务连续性保障能力包含 IT 应急管理能力、重保服务能力、护网服务能力三大板块。

第 15、16 章介绍运维管理体系转型落地的最佳实践，以及运维管理体系转型案例，深度剖析了某商业银行、某能源集团、某高端制造企业在数字化运维管理体系落地后的效果。

勘误和支持

感谢邹方波、周岚、何世晓、张敏、周宗沛、宋蕴真、贺勇、沈晓龙、罗扬、刘斌、何立彰、刘阎、林业灿、赵海兵、吴维柯、苏文、董超、邹文进、谢杰、邢晋对本书的编写工作所做的贡献。

感谢曾嘉成、李方园、黄锦辉、冼明星、龙成意、李平洋、赵江彬、吉海鑫、张文博、毕助遽、卢政洪、李日榄、张鹏、谭泰勋、钟云福、王志豪、沈苗为本书提供了素材并进行了审稿工作。

感谢吴硕、陈燕芳对本书图片的处理。

由于作者水平有限，书中难免会出现一些错误或者不准确的地方，恳请读者批评指正。请将问题发至邮箱 51548022@qq.com，我们将尽可能为读者提供满意的解答。期待得到读者的真挚反馈。

何世晓

2023 年 9 月

目 录 *Contents*

第 1 章 | *Chapter 1*

数字化时代的运维现状及挑战

本章通过对国内外运维管理现状进行系统性的分析，并对运维价值、运维挑战进行详细讲解。

1.1 国内外 IT 运维现状分析

国内外的运维有相似之处，但也呈现出一些不同的特点。接下来将从运维技术、运维服务、运维组织三个维度对国内外的运维现状进行分析。

1.1.1 国外 IT 运维现状分析

相对而言，国外 IT 运维管理的理念、方法和技术框架较为先进和体系化，体现在技术工具、管理体系和运维组织等各方面。

1. 运维技术维度

在运维技术方面，基于 Gartner 的《2021 基础架构运维管理自动化技术曲线报告》，以管窥豹，进行国外 IT 运维现状的分析和解读。

1）已经进入实质生产的高峰期的技术：这个时期的技术包括 ITIL（Information Technology Infrastructure Library，信息技术基础架构库）、云应用发现、云迁移和云管平台等。

2）正处于稳步爬升的光明期的技术：这个时期的技术包括持续配置自动化、DevSecOps、基础架构管理服务的信息安全、SOAP 等。

3）正处于泡沫化的低谷期或者正向低谷期演进的技术：这个时期的技术包括软件资产管理工具、基于意图的网络、不可变基础设施、DevOps（Development & Operations）工具链、网络自动化、超级自动化、可组合的基础架构、持续交付、容器管理、I&O 智能自动化、云数据备份等。

4）正处于过高期望的峰值的技术：这个时期的技术包括 SRE（Site Reliability Engineering，站点可靠性工程）、基础架构自动化、可观测性、SaaS 管理平台、可编程的基础架构、智能运维（Artificial Intelligence for IT Operations，AIOps）平台等。

5）正处于诞生的促动期的技术：这个时期的技术包括平台化运营、持续合规自动化、混沌工程、混合数字化基础设施管理、DevOps 服务价值交付平台、DevOps 服务价值管理平台、智能化 ITSM（Information Technology Service Management，信息技术服务管理）、代码即策略的 GitOps 等。

对这些技术进行分析发现，国外 IT 运维呈现明显的三大阶段：

❏ 以 ITIL 为指导的 IT 服务体系和以云管系统为云操作的运维管理体系已经成熟。

❏ 以自动化运维为目标的各类自动化运维系统和工具已逐步趋向成熟。

❏ 以数字化和智能化为导向的运维管理和运维方式依然处于上升期。

对于已经成熟的技术，我们可以大胆采用，小心落地；对于正在成熟的技术，则要仔细辨别，选择性落地；而对于处于上升期的技术，最好继续观望，试点性探索。

2. 运维服务维度

在运维服务维度，国外的运维服务标准已经进化到 ITIL 4 阶段，强调以运维价值为中心的敏捷 ITSM 体系建设。针对敏捷 ITSM 建设理念，国外的知名厂商虽然理解各有不同，但大体相似。全球排名第一的 ITSM 厂商 ServiceNow 对敏捷 ITSM 的主要理解如下：

1）统一平台与内容整合：实现多来源的流程、数据、基础设施和工作流等的整合，打破竖井。整合之后，对于用户而言，一个运维平台即可搞定所有运维工具。

2）整体能见度：需要实现运维服务的整体能见度高，以及基于数据的决策。

3）敏捷与快速：快速响应业务的变化；通过调整从维护到创新的预算来提高生产力。

4）协作与沟通：全方位、实时地协作与沟通。

5）用户体验：员工体验的消费化与满意度。

6）数字化运营报告：需要实现信息技术管理方式的现代化，以及体现服务管理绩效透明度的报告。

7）IT 与企业服务整合：能够实现向用户提供全方位的服务，以及 ITSM 和 ESM（Enterprise Service Management，企业服务管理）的整合。

　　总体而言，当前国外的运维服务理念强调以稳定的业务系统运行保障和良好的用户体验支撑为价值导向，通过 ITSM 与 ITOM（Information Technology Operation Management，信息技术运营管理）的融合，实现服务管理实践场景、运维数据和运维执行的融合，从而实现外部用户服务请求和业务系统状况响应的敏捷性。

3. 运维组织维度

　　国外的运维组织形式多样，包括敏捷运维组织、SRE 运维组织和传统职能运维组织等。当前很多企业从传统职能运维组织向敏捷运维组织和 SRE 运维组织转变。例如荷兰 ING 银行从传统职能运维组织往敏捷运维组织转型，Google 公司则选择往 SRE 运维组织形态发展。

　　传统金融机构荷兰 ING 银行于 2015 年 6 月首次在总部引入敏捷的工作方式，并在一年后将其扩展到极少运用敏捷方法的 IT 基础设施和运营领域。这一举措不仅让银行 IT 运营更快速、更稳定，也大大提升了工作效率和员工参与度。

　　知名互联网公司 Google 是 SRE 的提出者和践行者。Google 公司通过组建 SRE 团队，实现工程化的、高效的运维服务。但是，依然有大量的公司使用传统的职能式组织模式来进行日常的运维服务。

1.1.2　国内 IT 运维现状分析

　　国内 IT 运维受到国外 IT 发展的影响，同时又受本土环境与条件的制约，在运维技术、运维服务、运维组织等维度与国外既有相似之处，又有所不同。

1. 运维技术维度

　　与国外 IT 运维形势类似，国内的 IT 运维也正在发生巨大的变化。这里以国内著名科技媒体 InfoQ 所发布的《InfoQ 2022 年趋势报告》为例来解读国内 IT 运维现状。

　　1）已经完全成熟的晚期大众技术：这个时期的技术主要以 ITIL、ITOM 工具、ITOA（Information Technology Operation Analysis，信息技术运营分析）工具和应用运维工具为主。事实上，这些传统技术如各类监控工具、ITSM 流程工具、应用维护产品、虚拟化运维工具、其他传统厂商的运维和展示工具等都已被应用多年，支撑传统的物理机、虚拟化环境已经绰绰有余，主要用于支撑传统非云环境的集中式架构应用。

　　2）尚未完全成熟的早期大众技术：这个时期的技术包括 3 类：资源运维类工具、DevOps 类工具、自动化运维类工具。资源运维类工具包括基础设施运维工具、Kubernetes、Docker 等，主要用于解决新型的面向 DevOps 的基础资源统一运维服务的问题；DevOps 类工具包括 CI/CD 工具、DevOps 工具，主要用于解决敏捷交付中开发流水线以及开发与运维协同相关的问题；自动化运维类工具用于解决云平台与分布式环境下，海量应用服务监控以及海量基础资源的批量操作问题。

3）处于探索阶段的早期技术：这个时期的技术包括应用的架构及管理模式、运维的组织模式以及运维的技术手段 3 种类型。应用的架构主要以 Service Mesh（服务网格）为代表。总体而言，处于非成熟性技术都未经过大规模落地和实践的检验，需审慎选择。

综上，我们发现，整体上国内的运维技术包含研发、运维、运营全生命周期，与国外比较类似：ITIL 和传统厂商的 ITOM 工具日渐成熟，各类新型的资源管理和自动化技术蓬勃发展，而以 AIOps 为代表的前沿技术被越来越广泛地探索和实验。

2. 运维服务维度

在运维服务维度，无论是理念还是产品落地，国内企业都稍显落后。下面围绕互联网公司、大型传统企业、其他传统企业 3 种类型进行分析。

对互联网公司而言，运维效率优先，同时兼顾管控，所以近年来逐步借鉴 ITIL 理念，通过自研的方式构建了符合自身情况的 IT 流程管理。此类 IT 流程管理工具往往能够与 CMDB（Configuration Management Database，配置管理数据库）、自动化工具、监控工具等进行较好地融合，实现流程管理的自动化。

大型传统企业如国内四大银行中的某大型银行，ITIL 理念依然以 ITIL v3 为主，更加注重运维过程审批、管控、记录、合规及审计，对运维效能的关注和实践不足。在企业自动化运维水平逐步提升之后，大型企业已经意识到纯管控式运维服务对整体运维转型和效能提升的桎梏，已经在逐步解决此问题。

其他传统企业在运维服务维度的建设情况各有不同。部分中大型企业仅关注如事件、故障、变更等重点流程，且也以管控为主；大部分中型企业使用简单的运维工单；一些小规模企业可能在企业办公系统 OA 上运行相关流程。

总之，国内企业在运维服务层面相比国外企业还有很大差距。传统行业的头部企业的运维服务建设以流程式管控为主，很少能兼顾运维效能和运维敏捷性；而更多的中大型企业、中型企业尚未建立标准化的运维服务模式，敏捷式管理更无从谈起。头部互联网公司在运维服务维度也仅走到了流程自动化阶段，距离融合式、敏捷化流程管理还相当远。

3. 运维组织维度

在运维组织维度，国内企业与国外企业也有很大不同。对于大型互联网公司，例如腾讯 IEG 事业群，运维组织主要采用平台式技术运营的模式。这种模式的优点是运维团队解耦分层，各自专注于自身的工作，且日常工作中不需要紧密协作。其他互联网公司也基本采用类似的组织模式。具体而言，团队组织包括如下几种（图 1-1）。

1）运维支撑平台团队：负责运维中台的建设和通用运维能力的输出，例如资源管控能力、作业编排能力等；负责平台能力的迭代与升级，以不断满足各个运维小组对运维底座能力的要求。

2）应用运维团队：负责业务和应用系统的全生命周期的运维支撑与管理；基于运维平台，开发通用的或者个性化的运维场景工具，支撑自身应用的运维。

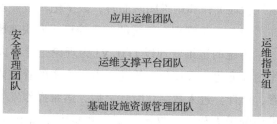

图 1-1　互联网企业典型运维组织架构图

3）基础设施资源管理团队：负责包括物理机、云主机等各类资源的调度与供给。

4）安全管理团队：主要负责运维过程中的事前安全标准制定、事中安全审核以及事后安全审计。

5）运维指导组：主要负责整体运维规范、标准、组织、岗位、人员能力等的规划与考核。

对于传统大型企业而言，例如大型银行单位，其运维组织往往是金字塔形的职能式架构。这种架构的优点是结构简单、构建自然、管理方便，同时每个团队在专业职能上可以深度发展。缺点也很明显：当业务系统的运维支撑越来越强调端到端的自动化和敏捷时，职能模式形成的部门墙会成为很大的阻碍。

其他非互联网行业的中大型企业基本采用类似的职能式架构，只不过根据运维人员数量进行了相应精简和调整。

数字化时代，企业的所有业务模式和运营过程都离不开 IT 系统的支撑，而 IT 系统的背后则是运维管理体系的数字化管理和敏捷管理。数字化转型不仅影响企业的业务战略和业务运营，还直接影响企业的研发运维服务模式。数字化转型的要义在于端到端的、全方位的、立体的"连接＋数据＋智能"，一方面需要企业更新和新建更多业务系统，实现基本的数字化支撑，另一方面需要企业更加敏捷地识别、捕获和响应市场端的需求，推陈出新，更好地服务客户。这两方面都需要数字化和敏捷的研发运维服务模式的支撑，否则企业的业务敏捷和模式创新就会成为空中楼阁。

企业数字化转型需要企业运维服务的数字化转型，运维数字化转型会进一步优化 IT 管理，提升对业务响应的敏捷性，更好地服务于业务。运维服务的数字化转型是企业数字化转型的一部分，需要系统的指导思想和方法体系。

1.2　数字化运维的价值重塑

对于当下的企业而言，数字化转型意义重大。IT 运维服务作为运营中的重要组成部分，自然也需要向数字化运营和智能化运营的方向转变，以满足和支撑业务的数字化转型。对于运维管理工作和运维团队而言，数字化转型背景下的运维价值发生了一系列转变。

（1）运维管理由传统的纯管控模式向快速服务管理模式转变

传统的运维管理以 ITIL v3 为理论指导，以 ITSM 为落地工具，主要目的是实现运维操作的标准化、合规化，构建以审批为主的管控体系，实现所有操作记录在一个统一的界面查看、审计。进入数字化时代之后，运维操作发生自动化变革，以智能化为目标，实现了批量操作的无人化。不仅运维操作需要快速和敏捷，运维管理也需要快速和敏捷，以便匹配运维工具的快速模式，并能够与 DevOps 衔接。ITIL 4 中更强调对 IT 服务管理中价值的关注，强调需要通过敏捷的 IT 服务管理来适应数字化时代的运维管理要求（图 1-2）。

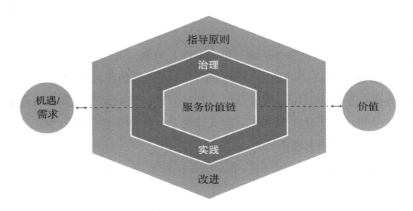

图 1-2 ITIL 4 服务价值系统

（2）运维工具由面向职能的孤立式工具向基于平台的端到端工具转变

以往的运维团队是面向 IT 职能构建的，这种模式对于形成专业化团队以及提高每个技术领域的运维效率是非常重要的。同时，由于早期业务的变化和上线发布频率不高，即便职能团队之间有较高的协作成本和工具集成成本，也基本可以承受。

当前，传统职能化的孤立工具难以快速适应新的运维场景，特别是分布式架构、云和容器等基础设施下的批量自动化运维需求。随着 DevOps 逐步成熟和更大规模的落地，企业越来越强调端到端的运维管理的自动化和效能，这时基于职能的孤立式工具需要穿透多个部门，实现工具链条的集成，建设难度是非常大的，并且难以持续。同时，由于没有对应的组织配套和负责任的主体，效果一般都不太好。

数字化时代下的运维工具建设应该以"构建完备的端到端的自动化 ITOM 运维工具体系"为导向，以运维业务一体化、技术架构平台化、功能交付服务化、技术应用数智化为支撑，展开整体运维工具体系的建设。

（3）运维组织由面向职能的金字塔组织向以业务为中心的敏捷组织转变

传统模式下，整个运维组织架构是以职能为主体划分的金字塔结构。在此结构下，运维团队被划分为应用、系统、网络、数据中心、运行、调度等多个小部门或团队，每个团队对自身 KPI 负责，并构建自己的工具；团队与团队之间通过线下或简单的线上工具协作，并通过集成的方式实现团队的运维工具的集成，以实现跨团队的运维工作的自动化。数字化时代要求企业快速响应市场和客户，无论是存量业务的频繁迭代还是新业务的快速上线调整，都需要运维作为一个整体，提供快速面向业务和应用系统的端到端支撑能力，在业务规模越来越庞大、客户要求越来越高的行业尤其如此。因此，运维组织模式需要向开发侧的敏捷组织模式看齐，以业务系统为中心，构建跨职能的敏捷运维小组，对整体业务的高质量交付和高效运行负责。这种模式打破了各个职能只关心自己不关心业务和应用的情况，把所有人员的工作重心转移到对业务的支撑上来，为实现数字化时代下的快速响应和支撑提供坚实的组织保障。

1.3 数字化运维模式的挑战

在数字化转型的大趋势下，用户市场和企业的业务模式产生了新的变化，间接导致运维模式呈现出以下特点。

从用户市场的角度来看，具有以下特点：

❑ 客户期望被快速响应。

❑ 数字化转型带来更大压力。

❑ 各个行业的监管趋严，合规成本高。

❑ 大型互联网企业与传统企业的竞争加剧。

❑ 各种新技术不断成熟，企业经营模式也随之改变。

从业务模式角度来看，具有以下特点。

❑ 从规模导向往结构、效率、质量导向转变：业务规模对企业业绩的贡献度正在降低，结构、效率、质量成为驱动企业增长的新要素。

❑ 从扩大传统业务规模向进入陌生业务领域转变：市场的饱和、边际利润的降低、行业竞争的加剧，迫使企业寻找新的业绩增长点。

❑ 从低频业态向高频业态转变：提升服务质量，并根据客户需求迅速开发和迭代新产品成为企业化能力。

❑ 从以产品为中心向以客户为中心转变：企业需要在客户有需求的地方出现，主动挖掘、洞察客户需求，提供精准服务。

用户市场和业务模式的转变，往往会导致企业应用架构、基础设施和运维模式的转变。

1）应用架构的转变：由传统应用架构向分布式、微服务、云原生等架构转变。

2）基础设施的转变：应用架构的变化要求基础设施具备快速、弹性的供给能力，以支撑应用系统的快速构建与交付。因此，基础设施也由传统的封闭式系统、物理机、虚拟化向基于云、容器和分布式 PaaS（Platform as a Service）组件转变，对运维的批量化、自动化和服务端到端提出了新的要求。

3）运维模式的转变：上述的变化也导致传统的烟囱式工具、审批式流程和职能型组织难以满足运维需求，需要向端到端平台化工具、融合式运维服务和敏捷型运维组织转变。

综上，我们将数字化时代的企业 IT 运维模式面临的挑战总结如下。

1）技术与工具维度面临的挑战。

❑ 如何合理设计运维工具体系的整体架构？

❑ 运维平台如何规划？

❑ 运维场景建设如何既考虑管理又考虑技术？

❑ 怎样统一运维管理入口，以提高协作效率？

❑ 如何充分保障应对运维场景的敏捷性？

2）管理与流程维度面临的挑战。

❑ 如何在流程中实现管控与效能的并重？

❑ 如何实现传统管控流程向敏捷化服务管理转型？

❑ 如何实现数据、执行与管控的充分融合？

❑ 怎样度量服务管理体系并持续改进？

❑ 如何确保组织、工具与管理目标相匹配？

3）组织与人员维度面临的挑战。

❑ 如何实现从职能驱动向价值驱动的组织结构转型？

❑ 如何建设始终以业务和客户为中心的组织文化？

❑ 如何构建合理的组织分工界面，避免组织孤岛？

❑ 怎样实现可视化、简单的组织协作？

❑ 如何长久保持运维组织的敏捷属性？

每个企业在数字化转型及运维模式转变的过程中，或多或少都会遇到上述的挑战。解决上述挑战，最重要的是明确 IT 运维转型的管理体系，并辅以合适的数字化技术，最终实现 IT 运维的平稳过渡与转型。

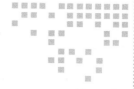

第 2 章 *Chapter 2*

数字化运维管理体系

本章从企业运维管理体系出发，基于传统运维管理体系基础模型 PPTR（People-Process-Technology-Resource，人员、流程、技术、资源），在数字化转型背景下，提出了新一代数字化运维管理体系模型 OPDM（Operation-Process-Data-Measurement，平台化工具、高速化流程、数据化驱动、体系化度量），最后对数字化运维的建设思路进行详细讲解。

2.1 传统运维管理体系模型

企业大多数围绕 ITIL v3 的理念建设其运维服务能力，保障业务系统的稳定性，在 ITIL v3 服务管理体系中强调人员、流程、产品、合作伙伴 4 个关键要素。另外，在国内 ITSS 标准体系中定义了 IT 服务由人员、流程、技术和资源 4 个要素组成，并对这些 IT 服务的组成要素进行标准化。对企业 IT 服务而言，通常情况下是由具备匹配的知识、技能和经验的人员，合理运用资源和技术，并制订相关流程，向客户提供其价值。

运维管理体系架构如图 2-1 所示。在企业中，运维管理体系包含以下要素。

1）现场运维和技术专家：包括一线现场运维、二线技术专家和三线原厂服务人员。

2）运维管理团队：包括应用系统运维管理人员、数据运维管理人员等。

3）统一运管平台：包括统一运维运营门户、运营可视化大屏、运维大数据平台、自动化运维平台等。

4）运维服务流程：包括 ITIL 的常用流程服务，如请求管理、变更管理、故障管理、问题管理、资源交付、服务目录、SLA 服务、知识库、工作服务台等。

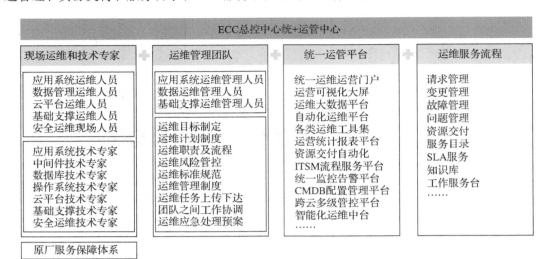

图 2-1 运维管理体系架构

2.1.1 人员

1. 运维能力要求

运维是什么？不同的人对运维有不同的认识和见解。先来看看百度百科对运维的解释：企业 IT 部门采用相关的方法、手段、技术、制度、流程和文档等，对 IT 软硬件运行环境、IT 业务系统和 IT 运维人员进行的综合管理。可以看出，运维是一个综合性非常强的岗位，不仅需要掌握大量的运维技术与知识，还需要管理、创新等能力。对于刚进企业从事运维工作不久的人来说，对运维的认识往往较为片面，仅限于一些简单操作性工作的理解，比如应用系统出现故障时快速恢复服务、应用上线前编写变更脚本、对数据库进行性能优化等。

运维从狭义上可以理解为"运维技术与资源"，主要包含"监、管、控"，是支撑运营的质量、效率、成本的核心。以下是运维的一些能力要求。

1）运维规范的制定与执行：以 TOGAF、COBIT、ITIL、ITSS、SRE、ISO2000、DevOps、敏捷、运维一体化、研运一体化等方法论为基础，结合行业监管或标准，制定内部运维管理规范，约束运维人员的操作行为。

2）监管政策要求的落实：企业需要理解、快速响应、落地监管机构的管理要求。

3）运维基本保障：运维日常工作中会有类似环境配置、监控策略配置、应用发布作业编排、资源扩容、故障处理与问题排查等保障业务稳定运行的环节。

4）运维对象的使用：运维工作人员需要熟悉 IT 对象的基础运维，如网络、服务器、操作系统、数据库、中间件、JVM、容器、应用等的基本使用与调优。

5）运维服务能力：在 ITIL 的理念指导下，运维开始面向客户、业务侧等人员以服务的形式提供其价值，并且以服务级别协议（SLA）保障服务的质量，着重服务台、业务咨询、维护、知识库等支持能力的建设。

6）业务连续性管理：基于业务连续性目标，制订业务可用性计划、应急计划、基础架构及应用系统的高可用方案、容灾架构方案、备件冗余资源计划等。

7）安全运维能力：通过对运维所有操作进行审计留痕、系统及软件漏洞的修复、网络攻击识别的预防以及数据的防泄漏等方面的工作保障信息安全。

8）故障管理能力：建设完善的事件管理流程与问题管理流程，如对事件分类进行定义、问题的排查与定位等。

9）持续交付能力：为适应敏态业务发展需求，需要快速提供基础资源、一键应用发布工具等。

10）主动优化能力：运维不但需要提供被动保障的服务，还需要辅助业务开发团队设计应用运行架构以及进行性能优化，提升客户体验等。

11）应急演练：为保障业务连续性，需要针对重大系统故障提供应急恢复能力，并根据应用等级设计其高可用架构，通过应急演练不断提升突发事件响应速度、方案完备性以及人员熟练程度等。

12）业务支撑：根据业务团队实际需求及安全合规审计，为其提供数据维护、数据提取、参数维护等服务。

13）运行分析能力：通过运维数据分析帮助业务团队制订容量计划，提升应用整体性能以及可用性水平。

14）运营能力：运维需要有辅助业务运营的能力，基于运维视角发现业务痛点并共同制定解决方案，持续提升客户及业务体验等。

15）成本控制：运维成本的投入与控制，如针对人力、硬件、带宽、软件等资源成本的评估，以及资源优化和精细化管理。

16）运维开发：运维工具体系的规划与建设，运维开发能力的培养。

不同的企业需要运维的能力有不同的扩展，甚至同一企业在不同的发展阶段，由于企业战略与业务需求的变化，对运维的核心能力要求也会变化。

2. 运维组织建设

随着业务规模的不断发展，企业对运维人员的要求越来越高，运维组织与岗位的划分越来越细。在传统企业中，常见的运维团队设计如下。

1）机房运维团队：负责机房和总控中心场所公共环境设施的运维管理，负责各类生产设备硬件系统的建设和运维，负责基础环境设备及系统硬件设备的维修配件、耗品的需求管理。

- 规范制定：负责建立机房环境、硬件系统运维管理流程和工作机制，组织落实相关的风险防范管理措施和技术方案，保障机房环境及硬件系统可用性、可靠性和可维护性。
- 机房规划：负责机房环境规划建设，制定相关的管理原则、方案和实施流程；负责机房容量规划、选址扩容等。
- 环境管理：负责机房基础环境系统等各类硬件设备及系统的建立、运维和管理；负责协调、配合相关部门执行机房总控中心场所的水、冷、风、电等公共环境设施的安装、运维和管理，确保相关设施的安全稳定运行。
- 设备维护：负责实施机房各类计算机设备、基础环境设备及系统各类硬件设备的扩容升级、微码升级、老化更新、故障修复、维修配件及耗品需求管理，保障机房硬件设备和环境设备的性能与容量满足信息系统安全生产要求。
- 机房安全：负责机房环境日常管理，主要包括机房环境及机房设备的监控、巡检和日常维护，配合机房门禁管理部门对进入机房的人员进行授权审核和通行管理，确保机房环境安全。
- 综合布线：负责机房综合布线系统、加密机、加速器及除网络环境外负载均衡器硬件的安装调试和日常运维。

2）网络运维团队：负责网络通信建设总体规划，负责数据中心各类平台系统环境网络接入和技术支持，负责网络管理系统建设及性能优化，负责网络系统安全防护，保障网络运营安全。

- 规范制定：负责建立企业 IT 网络通信系统运维管理流程和工作机制，组织落实网络通信系统风险防范管理措施和技术方案，保证企业网络通信系统的可用性、可靠性和可维护性。
- 网络规划：按照网络建设的总体架构方案，组织实施企业骨干网、企业边界接入网络、企业局域网络、企业存储网络等网络通信系统建设。
- 网络配置：负责企业各类基础网络设备、网络安全设备、网络管理工具以及网络通信线路等的实施、运维和管理。
- 网络监控：负责定制网络监控系统一体化软件版本，组织企业网络升级和运维管理，负责企业工厂网络软硬件的部署、运维和管理。
- 运行维护：负责企业 IT 网络通信的需求受理、技术咨询和技术支持，负责网络设备扩容升级、老化更新以及网络通信线路开通、关闭等需求并组织实施。

3）服务台团队：负责 24 小时全球运维值班人员的管理，组织实施生产事件的应急处置；负责服务台管理，统一受理和处理客户服务请求和故障报修；负责总控中心场所及监控系统的配置、实时监控和日常运营管理。

❑ 值班排班：负责建立生产系统 24 小时现场运维管理机制和工作流程，统筹安排各专业条线、各岗位角色的 24 小时运维值班人员和排班计划。

❑ 集中监控：负责各类生产环境和系统的 24 小时集中实时监控，包括机房环境、网络通信、硬件设备、系统平台、中间件、数据库、应用软件等层面的运行状态。

❑ 服务受理：统一受理企业内部用户服务请求和生产事件报送，提供生产监控事件、服务台受理的服务请求及问题的一线技术支持，保证生产事件和服务请求的及时有效处理。

❑ 事件跟踪：负责事件管理，对监控事件、服务台报送事件实施闭环管理，保证各类事件得到及时、高效、有序处理。

❑ 应急响应：负责生产系统紧急事件的应急响应、组织排查和恢复，负责汇总和报告事件信息等工作。

4）系统运维团队：负责资产管理，服务器选型、交付和维修，操作系统运维、漏洞补丁、故障修复等。

❑ 资产管理：记录和管理运维相关的基础物理信息，包括数据中心、机房机柜、网络、服务器、IP 地址等各种资源信息，制定有效的管理流程，确保信息的准确性，开放接口供运维管理工具使用。

❑ 服务器选型、交付和维修：负责服务器选型与测试，包含服务器安装部署、部件的基础性测试、业务兼容性测试，降低整机功率，提升机架部署密度等。

❑ 操作系统运维：负责操作系统的选型、定制和内核优化，以及补丁的更新和版本基线制定与发布；跟进日常各类操作系统相关故障；针对不同的业务类型，提供定向的优化支持。

5）数据库运维团队：负责数据存储方案设计、数据库表结构设计、索引设计和 SQL 优化，对数据库进行变更、监控、备份、架构设计等工作。

❑ 设计评审：在产品研发初始阶段，参与设计方案评审，从 DBA 的角度提出数据存储方案、库表设计方案、SQL 开发标准、索引设计方案等，使服务满足数据库使用的高可用、高性能要求。

❑ 容量规划：掌握所负责服务的数据库的容量上限，清楚地了解当前瓶颈点，当服务还未到达容量上限时，及时进行优化、分拆或扩容。

❑ 数据备份与灾备：制定数据备份与灾备策略，定期完成数据恢复性测试，保证数据备份的可用性和完整性。

❑ 数据库监控：完善数据库存活和性能监控，及时了解数据库运行状态及故障。

❑ 数据库安全：建设数据库账号体系，严格控制账号权限与开放范围，降低误操作和数据泄露的风险；加强离线备份数据的管理，降低数据泄露的风险。

❑ 数据库高可用和性能优化：对数据库单点风险和故障设计相应的切换方案，降低故障对数据库服务的影响；不断对数据库整体性能进行优化，包括新存储方案引进、硬件优化、文件系统优化、数据库优化、SQL 优化等，在保证成本不增加或者少量增加的情况下，数据库可以支撑更多的业务请求。

6）应用运维团队：负责线上服务的变更、服务状态监控、服务容灾和数据备份等工作，对服务进行例行排查、故障应急处理等。

❑ 设计评审：在产品研发阶段，参与产品设计评审，从运维的角度提出评审意见，使服务满足运维准入的高可用要求。

❑ 服务管理：负责制订线上业务升级变更及回滚方案，并进行变更实施。掌握所负责的服务及服务间关联关系、服务依赖的各种资源。能够发现服务上的缺陷，及时通报并推进解决。

❑ 资源管理：对各服务的服务器资产进行管理，梳理服务器资源状况、数据中心分布情况、网络专线及带宽情况，能够合理使用服务器资源，根据不同服务的需求分配不同配置的服务器，确保服务器资源的充分利用。

❑ 例行排查：制定服务例行排查点，并不断完善。根据制定的服务排查点，对服务进行定期检查。对排查过程中发现的问题，及时进行追查，排除可能存在的隐患。

❑ 预案管理：确定服务所需的各项监控、系统指标的阈值或临界点，以及出现该情况后的处理预案；建立和更新服务预案文档，并根据日常故障情况不断补充完善，提高预案完备性；制定和评审各类预案，周期性进行预案演练，确保预案的可执行性。

❑ 数据备份：制定数据备份策略，按规范进行数据备份工作；保证数据备份的可用性完整性，定期开展数据恢复性测试。

7）运维安全团队：负责网络、系统和业务等方面的安全加固工作，进行常规的安全扫描、渗透测试以及安全事件应急处理，进行安全工具和系统研发。

❑ 安全制度建立：根据公司内部的具体流程，制定切实可行且行之有效的安全制度。

❑ 安全培训：定期向员工提供具有针对性的安全培训和考核，在全公司内建立安全负责人制度。

❑ 风险评估：通过黑白盒测试和检查机制，定期生成对物理网络、服务器、业务应用、用户数据等方面的总体风险评估结果。

❑ 安全建设：根据风险评估结果，加固最薄弱的环节，包括设计安全防线、部署安全设备、及时更新补丁、防御病毒、源代码自动扫描和业务产品安全咨询等。为了降低可能泄露数据的价值，使用加密、匿名化、混淆数据，乃至定期删除等技术手段和流程。

❑ 安全合规：承担安全合规的对外接口工作。

❑ 应急响应：建立安全报警系统，通过安全中心收集第三方发现的安全问题，组织各部门对已经发现的安全问题进行修复、影响面评估、事后安全原因追查。

8）运维管理团队：负责信息系统生产变更的集中管理和排期，负责组织实施应用系统投产前可用性测试、新项目及新功能上线、版本升级和系统下线，负责运营管理体系的持续改进。

❑ 规范制定：负责建立信息系统生产变更管理规范、流程和工作机制，组织落实信息系统变更管理风险防范的管理措施，组织实施生产变更的集中管理，负责变更的评估、审批、公示和后评价，确保生产变更的安全性和有效性。

❑ 生产调度：负责统一组织和协调企业信息化相关的各项生产活动，包括应用项目投产、系统升级、系统下线、生产维护性活动、灾备切换演练及应急演练、特殊日安排等，进行生产环境（含生产、准生产、投产演练和灾备环境）、技术资源、时间窗口等各项生产资源的调度和排期，制订总体工作计划并控制执行，确保生产任务合规、有序执行。

❑ 投产控制：负责组织实施应用系统投产前的可用性测试，负责应用系统上线及版本升级和系统下线的投产管理，组织和协调投产版本准入控制、投产环境准备、投产前演练等投产准备工作，组织完成投产相关工作。

❑ 资源协调：负责生产活动的对外沟通协调和组织调度。

建立运维组织架构非常重要的一个原则就是"专业层级原则"，即根据运维能力的分类与分级，建立不同专业职能和层级的管理团队、技术团队和服务团队。例如，银行业的综合管理部门的生产调度团队、应用运维团队、服务台团队等。

3. 运维组织转型

运维组织的转型离不开运维组织架构和体系的变化，康威定律在某种程度上也可以用来指导运维组织架构设计。

❑ 第一定律：组织沟通方式会通过系统设计表达出来。

❑ 第二定律：时间再多，一件事情也不可能做得完美，但总有时间做完一件事情。

❑ 第三定律：线型系统和线型组织架构间有潜在的异质同态特性。

❑ 第四定律：大的系统组织总是比小系统更倾向于分解。

下面先来看看运维技术架构的变化。

1）基于传统建设方法。通过一个运维管理门户，将众多运维系统或工具封装到这个运维管理门户中，通过统一身份认证，工具间的 URL 跳转来实现一体化运维的表象，但底层的数据无法打通，相应共性组件也无法复用。这只能治标不能治本。

2）基于平台化建设方法。把通用的运维能力构建在平台内部，形成各个原子能力模块，再通过 SOA 的架构进行封装，将运维所需的场景功能和平台的原子能力模块进行隔离。这样做的好处在于避免了烟囱式的建设方法，让运维的数据和功能得到有效的治理。

这两种运维技术架构或许可以给我们一些启示。

1）组织沟通方式会通过系统设计表达出来。第一种运维技术架构建设是一种离散式的运维组织沟通方式，每个纵向领域技术组自己进行技术选型，这样的组织方式就是传统的方式，公司有不同的运维组，如网络、操作系统、数据库、办公应用、业务应用等，但是每个组相对独立，这种模式在当前的内外部运维环境下就会遇到问题。

2）企业的运维场景往往需要跨系统、跨流程、跨组织，天然具备个性化、全流程化的特点，这也是当前对运维组织的要求。

3）没有完美，只有更好。组织的转型无法一次解决，但是与运营技术架构匹配的组织将带来更大的效能。

转型的目标离不开运维的价值呈现，运维需要从运维支撑提升到增值服务，也就是除了稳定，还要考虑能否通过自动化和标准化释放运维人员。从 PaaS 化运营技术架构的变化趋势来看，如果把运维组织当成技术架构来看的话，应该有一个"运维发动机式的组织"，对外输出运维解决方案，这个组织在 PaaS 化的技术运营体系下称为技术运营组，如图 2-2 所示。

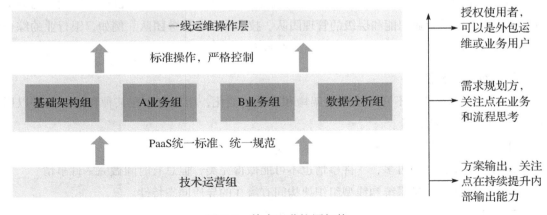

图 2-2　技术运营协同架构

利用输出解决方案和工具的方式，提升现有人员日常的运维工作效率，例如把日常巡检、提数、配置管理等运维操作自动化、标准化，且标准化要体现在简便的 Web 交互界面功能上。这样运维人员就能得到一定程度的解放，他们就可以作为运维组的"甲方"，去仔细思考自己的运维如何更稳定、更高效、更可控。

定义好统一的工具开发或场景构建的标准，并构建起流程式的赋能机制，运维逐步转向运维开发。不断提升公司一体化运营平台的能力，从烟囱式系统建设转变为平台化建设，只有这样，才能实现更为高效的数据化运营和智能运营。

采用自生长式的运营模式，授人以鱼不如授人以渔，技术运营组的人员可以为一线运维人员开发工具，或让一线运维人员利用研运一体化平台为自己制造工具，从而不断提升运维人员的水平，同时实现简单工作的自动化和重复工作的标准化。

2.1.2 流程

每个发展到一定规模的企业必然有规范化的流程作为重要的管控手段，在运维领域也一样，我们会经常接触到如服务台、事件、问题、变更、发布、请求、配置、服务级别、知识管理等运维管理流程。在运维流程的建设过程中，很多国内的中大型企业都设立了流程专员专门负责流程规范体系的建设，解决流程落地的各种问题，持续优化沉淀出适合企业自身的运维管理流程。本节会从流程的定义、作用出发，帮助梳理流程与制度规范的关系、流程与服务的关系。

1. 流程的定义

流程是一系列有规律的行动的组合，这些行动以相对确定有序的方式执行，能产生特定的预期结果。运维流程包括实际运维工作过程中的各个环节、步骤和程序，通过运维各团队的相互协作快速解决用户的需求和运维故障问题，更有效地保障业务服务的连续性。

当然，随着时代的快速发展，也有些人会认为运维流程已不适合当前阶段运维的需要，运维更应该强调敏捷性与端到端的快速交付能力。这里列举一些大家对运维流程常见的看法以及笔者的相关观点。

1）运维流程的确定性严重阻碍了运维技术和管理的创新，增加了不必要的事务性工作投入。对于这种观点，笔者认为过于偏激。无规矩，不成方圆。如果没有流程，同一项任务的执行，不同的人会产生不一样的结果和输出，特别是对于运维经验不足的新手，如果没有规范化的流程进行管控，往往会造成很多人为的安全事故。事故一旦发生，就需要调用大量人力物力去解决问题，严重影响业务服务的连续性以及企业信息安全。虽然流程增加了部分人力资源的投入，但同时也极大地改善了系统的稳定性，减少了风险应急资源的投入。

2）流程增加了服务的实际交付时间，极大地影响了服务交付效率。以传统的瀑布式软件开发为例，从应用系统的需求提出到开发、测试、运维和运营的链路非常长，而且中间部门墙严重，协作起来非常困难，加上一系列的流程化管控问题，造成交付效率极其低下。随着 DevOps 的改革，这里的问题已经得到解决，基于 CI/CD 流水线的梳理与建设，整合研发运维各个工具系统，将跨团队的工作任务有效地编排起来，并且结合自动化的手段辅助任务的快速执行，使用轻量级的 ITSM 思想简化流程审批的各个环节，从而提高研运效能，使业务敏捷性增加。

3）流程的建设往往越来越臃肿，到最后流程形同虚设。流程是需要持续维护和优化的，因此企业需要设置类似流程经理和流程专员等角色，建设"管理流程"的"流程"，定期对企业流程现状进行体系化的复盘，找出流程卡点和问题，并针对性地对流程环节进行合理的优化和改进，周而复始，持续提升流程的效能。

4）运维流程即 ITIL 中提到的相关实践。很多人一提到流程就会想到 ITIL，认为运维流程指的是请求管理、变更管理、发布管理、事件管理以及问题管理等，但这些其实并没有包含运维的所有工作内容，在运维的各个活动过程中同样也会涉及流程管控，如值班管理、应急演练、日常巡检、运维工作复盘等。

企业的运维流程建设是非常核心的内容，结合 ITIL 的核心实践，梳理企业运维流程当前缺失的环节，以全局的视角进行运维流程体系的规划，完善面向客户的服务目录与服务级别，建设事件管理、问题管理、变更管理、配置管理等规范化流程，提高运维工作的合规性及有序性。某企业运维流程体系示例如图 2-3 所示。

2. 流程的作用

流程的作用可以从运维管理体系的维度进行分析，如组织、流程、平台、场景 4 个要素。把运维类比成复杂的人体生态系统，组织就相当于人体内部的各个器官，每个器官承担着不同的作用，不同先天条件的器官往往决定人的能力和体力；流程可以看作遍布人体全身的血管和神经系统，管理器官之间的有效运作，同时决定人的行为反馈模式，提升或约束人的机体效能；平台可以类比为人所使用的工具，工具扩展了人的各个器官的能力，节省了人体能量的消耗；场景可以看作人的行为切面，不同阶段或身份的人有着不同的行为，这些行为由人、工具、时间、协同、环境所组成。在整个运维管理体系中，流程是运维价值创造的核心，它连接运维组织的人、财、物的各个节点，并持续沉淀组织的最佳实践，指导组织高效开展运维工作。流程是一个运维管理体系沉淀下来的资产，体现着运维组织解决现实问题的智慧。

运维流程的作用总结如下。

1）提升运维价值质量。运维流程能将运维人员经验及隐性知识显性化，建设跨部门的有序规范的运维协作模式，减少人员能力的差异性，将个人能力转变为组织能力，提升运维质量的稳定性和一致性。

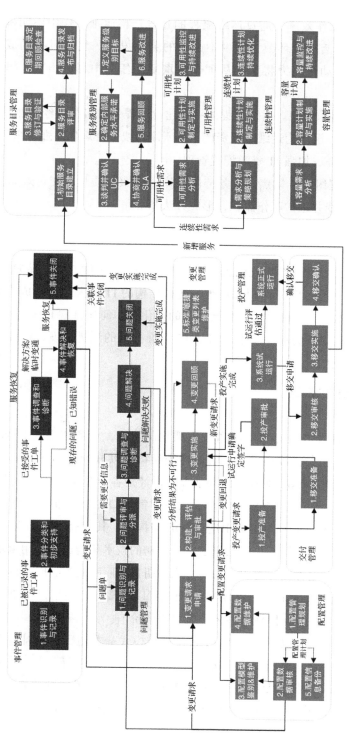

图 2-3　某企业运维流程体系

2）提高运维工作效率。通过运维流程的建设，将运维工作中不明确的任务内容标准化，减少非增值的活动或环节，减少不必要的劳动投入，复制过去的成功经验，并利用运维流程工具的自动化能力将员工从琐碎的重复性任务中释放出来，提高企业运维组织效能。

3）加强运维组织管理。运维流程体系的建设过程是对组织内经验驱动及运维协作过程进行抽象总结提炼，沉淀为运维组织资产，基于流程线上合规化加强组织对团队与人员的管理，明确责任与义务，加强 IT 资源配置管理。

4）建立成长型组织。聚焦"业务链性保障、IT 服务质量、交付效率、客户体验"，持续吸收运维最佳实践并维护工作流程，形成方法和套路。

2.1.3　技术

随着企业 IT 信息化、数字化的进程不断推进，企业对 IT 系统的依赖程度与日俱增。面对越来越多的 IT 系统，IT 运维对象倍增，各种异构的 IT 资源的管理成为企业运维的挑战，IT 运维领域的技术发展也随之发生翻天覆地的变化，如何在日常 IT 运维管理工作中使用新一代的运维技术成为新的命题。本节将从 IT 运维技术的演进出发，讲述运维模式、工具、协作、管理等的变化。

1. IT 技术架构的演进

（1）IOE 架构

技术架构是 IT 架构的地基。随着技术架构的演进，业务使用的 IT 资源对象也随之变化。在十年前，企业大多数仍采用 IOE 的传统架构，以 IBM 为代表的商用小型机、Oracle 为代表的商用数据库、EMC 为代表的高端存储设计是各个企业 IT 体系的标配，机房里清一色的 IBM 小型机，业务应用系统数据库千篇一律都是 Oracle 企业级数据库。回过头细想一番，为什么当时的企业都倾向于采用这种 IOE 架构呢？其实就当时而言，企业采用 IOE 是迫不得已，即使"去 IOE"较早的阿里巴巴，最初的技术架构也是采用 IOE。当时连分布式技术都未诞生，IOE 这种国外商用产品确实比同期其他厂商的产品成熟得多，其单机稳定性和性能非常高。通常情况下，一台 IBM 小型机可以正常运行多年，即使不停机，也不会出现任务故障，其稳定性是保障业务服务非常核心的价值。

此外，从技术因素考虑，在当时 IT 系统运维模式基本还属于人肉运维的年代，系统技术栈构成的单一也便于运维团队的组建和培养。在当时，几乎每个中大型企业的运维团队都会有专门运维 Oracle 的技术专家，负责企业数据库的日常运维问题的处理。

随着企业的高速发展，IOE 这种传统集中式系统架构达到性能瓶颈时往往只能垂直扩展，基本已无法适应业务的需求。近年来，互联网企业在技术架构上不断深入研究，为 IT 行业带来了全新的技术模式变革。互联网企业掀起这场轰轰烈烈的技术革命，无非出于以下几个因素的考虑。

1）成本。成本是企业不得不考虑的重要因素，一台小型机的价格相当于多台 x86 服务器，这对于企业的成本投入来说是非常高的。

2）灵活性。行业竞争对敏态业务的需求，要求技术架构能快速响应业务需求变更的落地，传统 IOE 集中式架构已难以实现。

3）扩展性。因只能垂直扩展，传统的 IOE 架构已无法满足激增的业务资源容量的需求。敏态业务需要更为弹性、更易于扩展的水平式扩展的云化技术架构。

4）自主可控。传统 IOE 厂商是闭源商用软硬件设备，无法响应企业自主可控的持续运营发展需求。在国家安全可控的一系列政策推动作用下，企业需要更为开放的技术环境或平台为其不同的业务需求生成各式各样的场景工具。

（2）互联网架构

随着技术的快速发展，新一代的云化、分布式、开源等技术架构开始进入传统企业的视线。同时，在国家政策的强有力推动下，各行各业开始意识到新一代互联网架构的重要性，纷纷开始采用新的技术进行试点改造，其中互联网行业在技术的应用上也走在前沿。互联网的技术架构特点归纳如下。

1）采用 x86 服务器和开源软件。基本思路都是用大量的国产 x86 服务器代替昂贵的 IBM 小型机和 EMC 存储，用开源的软件代替闭源的商用软件，如用开源数据库 MySQL 代替 Oracle，节省大量采购、取得许可证以及原厂维护所带来的成本。

2）分布式。应用部署架构采用分布式集群架构分担单机的计算压力，通过分布式任务合理利用多台机器性能，使其可以匹配上单台小型机的处理能力。

3）系统稳定性。由于 x86 服务器在系统稳定性上比小型机差，因此在应用部署架构上通常会增加必要的冗余设计，以集群的方式提供服务，在单个设备或组件不可用的情况下，业务服务仍保持可用，避免了单点故障。

4）高度可扩展。为适应业务的高速发展、用户量的数量级倍增，在架构设计上采用横向的扩展方式，可以随时增加资源以达成更大容量、更高支撑的用户并发量。

因此，在云计算、大数据、区块链、AI、物联网等新兴技术的冲击下，企业的 IT 技术架构也逐渐开始一系列的变革，从传统单一的 IOE 架构，逐步向 x86、云化架构以及开源技术方案等领域转变（见图 2-4）。技术架构的快速演进必然带来运维领域的创新发展，一体化运维平台随之提上议程。

图 2-4　IT 技术演进

2. 运维理论体系的演进

（1）ITIL

我们先来看一下 ITIL 的演进过程。ITIL 最早是在 1980 提出的，但当时并没有引起人们的关注，也没有被太多人认可。2000 年，ITIL 发布了第二版，重点讲流程建设。2007年 ITIL 第三版问世，经过 4 年的修正和完善，于 2011 年推出 ITIL v3 2011 版本。2019 年，ITIL 发布第四版，并在 2020—2021 年间将第四版的内容逐步补充完毕，形成较为完整的ITIL 框架体系。ITIL 的思想随着技术的发展也经历了多个版本的变化，每个版本关注的重点也有区别。

❑ ITIL v1：对 IT 任务进行职能化的拆解，每个部门和每个岗位有专业的分工，存在基本的工作流程，部门之间的联系较弱。

❑ ITIL v2：在原有专业化分工的基础上，把流程规范化。

❑ ITIL v3 2007：强调 IT 整体作为一个服务存在，围绕服务目录和 SLA 以及服务的整个生命周期开展相关工作。

❑ ITIL v3 2011：与 2007 版本相差不多，只是把服务内容从 IT 服务扩展到了企业内服务，如人力资源服务、财务服务等。

❑ ITIL 4：建设重心开始转向价值驱动，以价值链和价值流为中心，面向 IT 数字化转型。

ITIL 4 的核心框架与概念包含四大维度：组织和人员、信息和技术、价值流和流程、合作伙伴与供应商。这是在原有 ITIL v3 的 PPT（价值与流程、信息与技术、组织与人员）基础上进行了完善和升华，所有的运维活动都应兼顾这四大维度，保证运维管理在各个维度都是均衡和合理的。

基于以上四大维度，ITIL 4 提出了服务价值系统（SVS），从用户的机会 / 需求出发，去梳理能够实现机会 / 需求的完整的端到端价值链，并基于价值链交付价值。价值链外部包含 IT 治理和实践，最外侧是指导原则和持续改进。这样解释起来可能有点抽象，简单来说就是要围绕某一个价值展开具体的 IT 活动，包括运维和研发活动。

（2）DevOps

DevOps 是从实践中逐步总结提炼出的方法论理念，来源于敏捷开发的持续发展，是软件开发管理领域继敏捷开发之后的又一次升级。

敏捷开发方法的推广和实施，使软件交付过程中的开发和测试过程有效整合，进行快速有效的迭代交付，但在软件交付客户使用之前，或者使用过程中，还包括集成、部署、运维等环节，需要进一步优化交付效率。因此，DevOps 的产生将敏捷的相关理念逐步扩展到运维侧，俗称解决软件交付"最后一公里"的问题。

DevOps 的目的是通过进一步简化软件在构建、验证、部署和交付阶段的移动，扩展敏捷开发实践，同时授权跨职能团队拥有从设计到生产支持的软件应用程序的全部所有权，形成全流程一站式流水线管道。DevOps 强调开发人员和运维人员（IT 人员）合作，实现软件交付和基础设施变更的自动化，它旨在建立一种可以快速、频繁、可靠地构建、测试和发布软件的文化。DevOps 核心词汇为合作、自动化、文化。

DevOps 落地过程中需要进行相关领域的流程体系梳理，涉及的管理理念包括从 DevOps 核心理念中引入的敏捷管理、ITSM、精益思想等，还有基于客户现场的落地诉求，可能涉及产品管理、项目管理、需求管理、运维管理、运营管理等多维度管理体系的梳理与完善，同时还涉及客户的组织架构、人员职责等相关的调整。

因此，DevOps 的导入对企业来说是一次重大的组织变革，不能从某一个部门或某一个团队开始实施，而要从企业的整体战略视角来审视 DevOps 转型的目标和路径，制定自顶向下的实施策略。同时，对于 DevOps 实施团队来说，要储备足够丰富的管理知识，也是一项不小的挑战。

3. 运维模式的演进

运维部门作为企业科技部门的一部分，在信息化时代的今天，所承受的压力日益增加。传统的运维模式越来越难以适应业务和 IT 架构的扩张，运维团队需要寻求突破来跟上企业变化的步伐。通常来说，企业的运维管理体系分为规范化运维、自动化运维、敏捷化运维和智能化运维 4 个阶段，其中规范化运维到自动化运维的过渡阶段是大多数企业所在的阶段。

所谓规范化运维，指的是运维的基本要素都具备，比如操作、流程、数据等，但还比较杂乱，没有形成一定的规范。此时，可以通过引入运维 PaaS 平台、建设自动化场景和自动化运维流程，进入自动化运维阶段。如果企业处在规范化运维阶段，并在逐步建设自动化运维，建设周期是 1 ～ 3 年。

什么是自动化运维？随着近年各类运维市场活动的火热举办，自动化运维达到了前所未有的热度。自动化运维并不是炒作的概念，而是信息技术发展的必然趋势。"大数据""容器""DevOps""微服务"等不断涌现的新技术大大增加了运维管理的操作单元数量，并对系统的可用性提出了更高的要求。从 IBM、BMC、HP 等传统厂商的各类工具产品纷纷面市，到 Puppet、Ansible、SaltStack 等开源解决方案风起云涌，自动化运维已经势不可挡。很多人尝试给自动化运维下定义，如"数据中心自动化"（DCA）、"开发运营一体化"（DevOps）等，始终无法形成被统一认可的概念。通过运维工具或平台，实现 IT 基础设施及业务应用日常任务处理和运维流程的自动化，从而提高效率和降低风险，促进运维组织的成熟和各种能力的升级。

1）日常任务处理：包括设备发现、脚本执行、操作系统安装、配置备份、配置检查、配置变更、补丁分析和分发、作业调度等。

2）运维流程：包括应用发布流程、应用部署流程、变更流程、故障处理流程、灾备切换流程、资源交付流程等。

3）能力升级：包括变化适应能力、风险应对能力、合规遵从能力、业务运营能力、事件应对能力等。

如何进入敏捷化运维阶段？当企业能够实现运维端到端的自动化、流程敏捷化、数据融合和全局度量，就可以认为该企业已经进入敏捷化运维阶段。其实，要建设敏捷化运维存在一定的难度，因为敏捷化运维不再是各个部门割裂，而是通过运维整体融合来发挥价值，所以一般来说在自动化运维的基础上要实现敏捷化运维需要 3 ~ 5 年。

最后，处在敏捷化运维阶段的企业各个方面条件都已经充分，只需等待 AI 模型和算法等各方面时机成熟后，方能进入智能化运维阶段。AIOps 的前景十分广阔，但是在做到 AIOps 之前，我们需要做一些铺垫，包括构建端到端自动化的运维管理体系，将运营效能通过数字化的方式进行度量，最后才是运维数据体系的建设。运维数据体系的建设又包含运维数据的治理、运维平台工具的建设以及运维场景的建设。建设完成后的企业已经基本实现敏捷运维管理体系，踏入国内运维第一梯队，为向 AIOps 演进打下坚实的基础。

2.1.4　资源

资源是指提供 IT 服务所依存和产生的有形及无形资产。以咨询为例，咨询服务供方为满足需方的需求，提供咨询服务能力相关的知识、经验和工具等。对一般企业而言，大部分只会关注运维工具体系的建设，认为工具是释放 IT 运维压力的关键，但这种理解过于片面，忽略了其他资源模块对 IT 运维的重要性。

这里重点提一下服务台与知识库两个核心资源的建设。服务台以服务的形式面向客户以及业务团队的关键角色，针对用户提出的事件或请求进行记录，确认其优先级，并进行一线调查与诊断，协调二三线资源快速解决问题，向用户通报进展情况，保障用户的需求得到响应与解决，提升用户的满意度。搭建服务台需要考虑服务人员的招募、选拔、培训以及人员能力的提升，服务台人员能力水平是决定服务质量的关键，一方面需要制定完善的人员管理流程与规范，另一方面需要为人员提供合适的工作环境和资料，比如服务台的标准话术、满意度回访指导手册等。需要依托知识管理体系，在服务台运行过程中不断积累知识文档，持续建设 IT 运维知识库，提升服务台一线问题解决率和处理效能。

在 ITSS（Information Technology Service Standard，信息技术服务标准）中，针对资源要素的核心特征划分为 4 个等级。

1）基本级：基本具备可支撑运维业务需要的资源体系，包括服务台、必要的知识库和技术工具。

2）拓展级：除了满足基本级特征，重点审查资源管理过程的规范性和信息准确性。

❑ 与备件库、知识库、监控工具相关的记录和信息是完整和准确的。

❑ 建立与服务台、备件库、知识库等资源相关的规范的管理制度。

3）协同级：除了满足拓展级特征，重点审查各类资源对业务的完整覆盖和支撑作用。

❑ 各种资源可完整覆盖业务种类。

❑ 建立较为完善的备件库。

❑ 监控工具、服务台、备件库、知识库等资源可以有效提升服务级别，缩短故障排除时间和提高客户满意度。

4）量化级：除了满足协同级特征，重点审查资源使用情况的量化分析和持续优化。

❑ 对各类资源的使用情况和业务价值进行量化分析。

❑ 对各类资源的配备和利用进行持续优化。

2.2　数字化运维管理体系模型

传统运维管理体系模型（PPTR 模型）是数字化运维管理体系的基础，企业根据 PPTR 模型打造其运维核心能力，为业务发展提供重要的保障。但随着企业数字化转型的推进、业务量的增长、IT 技术的更新迭代、运维人员的技术要求变化等复杂因素的交叉影响，原有的 PPTR 模型已经不能匹配企业运维管理体系的要求，为此，我们融合了 ITIL 4、DevOps、敏捷等先进的理念，创造性地提出了新一代数字化运维管理体系模型 OPDM，如图 2-5 所示。下面将对 OPDM 模型的核心要素进行详细阐述。

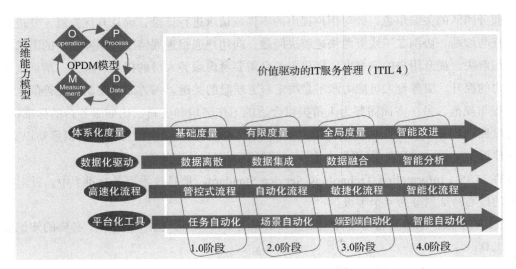

图 2-5　数字化运维管理体系模型 OPDM

2.2.1　平台化工具

一体化运维操作平台是 OPDM 的基础能力，其能力图谱如图 2-6 所示。

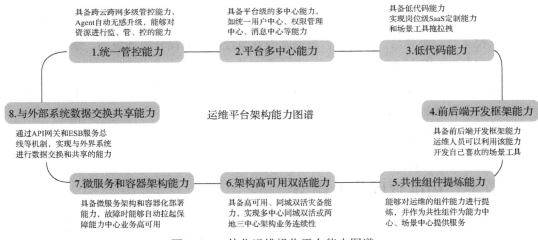

图 2-6　一体化运维操作平台能力图谱

（1）统一管控能力

一体化运维平台具备跨云跨网多级管控能力，代理可以自动无感升级，具备对资源进行监、管、控的能力。企业基础设施正在从传统数据中心集约式 IT 架构加速向云计算架构转型，未来很长一段时间内，企业的基础设施将形成传统 IT 架构、私有云架构、公有云异构架构并存的格局，有的企业还将边缘架构等多种技术架构纳入企业数字基础设施，异构环境下一体化运维管理能力受到极大的挑战。因此，建设一体化运维平台，需要提供底层统一的管控服务，包括三大基础服务能力——文件传输能力、实时任务执行能力、数据采集与传输能力，满足对 IaaS 层的所有管控需求，具备多数据中心异构资源的纳管能力。

（2）平台多中心能力

一体化运维平台具备平台级的多中心能力，如统一的用户中心、权限管理中心、消息中心、审计中心等。通过平台多中心能力的建设，将基础能力抽象提炼成平台各个中心，提供上层应用统一的用户身份、权限验证、消息通知、日志查询等通用能力，有效支撑运维场景工具的快速搭建，避免各个应用重复造轮子的现象，摆脱传统运维工具的烟囱式建设模式。

（3）低代码能力

一体化运维平台具备低代码能力，能实现部门、团队、岗位级 SaaS 定制以及场景工具拖拉拽。在数字化转型的大背景下，应用软件的需求持续增长，应用研发生产力直接关系到企业和整个社会的数字化进程。低代码开发平台作为不需要编码或通过少量代码就可以快速生成应用程序的工具，本质上是一种满足日益增长的应用创建需求的供给技术侧改革形式，其通过标准化"组件"和便捷"工具"，让不同编程技术基础的开发者以"搭积木"的方式进行应用开发。低代码开发平台通过降低技术能力门槛的方式，增加平台产品受众面，一方面可以降低企业应用开发人力成本，另一方面可以将原有数月甚至数年的开发时间大大缩短，从而帮助企业实现降本增效。

（4）前后端开发框架能力

一体化运维平台具备前后端开发框架能力。开发框架由两部分组成：一部分是前端，提供了可拖拽的前端页面组装能力，可以生成前端的 UI 组件和代码；另一部分是后台，提供"后台开发框架"，集成了公共的后台模块，如登录、API 调用等。基于 PaaS 平台"开发者中心"的服务，帮助运维人员低成本构建运营系统 / 工具。为了让上层研发的工具 SaaS 能满足企业的个性化需求，可以通过 PaaS 平台提供 API、开放协议等方式来进行二次开发，将企业内已有系统接入 PaaS 体系中，便于上层的 SaaS 使用。

（5）共性组件提炼能力

一体化运维平台能够对运维的组件能力进行提炼，并作为共性组件为能力中心、场景中心提供服务。企业运维管理共性组件的提炼，是通过构建完整的数字化 PaaS 平台，将资源和通用能力模块化、组件化，充分与上层业务应用解耦合，从而实现价值敏捷交付、产品快速创新、用户体验提升和上下游生态扩展。通过持续打造共性组件功能模块的完备性、易调用性、稳定性，为上层的 IT 工具和服务提供共性组件的数字化平台（即 iPaaS 平台），提供运维场景工具定制化的能力，实现业务系统和共性组件数字化平台的完全集成。

（6）架构高可用双活能力

一体化运维平台具备高可用、同城双活灾备能力，能实现多中心同城双活或两地三中心架构，安全、稳定、高效地支撑企业 IT 管理系统的运行管理，保障业务的连续性。通过一体化运维平台基础架构高可用的容错设计，实现故障自动切换的能力，提高运维工具服务的稳定性、连续性。平台架构需要考虑全方位的高可用架构设计，如接入层的高可用设计、应用层的高可用设计、服务层的高可用设计、数据层的高可用设计。

（7）微服务和容器架构能力

一体化运维管理平台具备微服务和容器架构能力，实现平台的稳定性、灵活性和可扩展性。在异构环境下，运维管理场景的个性化需求会越来越多。为了匹配运维工具开发和运营的敏捷交付要求，一体化运维平台需要向更敏捷、更主动的交付转型，支撑运维工具的快速交付和运维。平台的敏捷化需要结合云原生技术来实现，通过微服务架构设计实现应用开发的拆分与能力的松耦合，通过容器化部署实现应用的快速搭建、按需发布以及可弹性扩展。

（8）统一数据交换共享能力

一体化运维平台可以通过 API 网关和 ESB 服务总线等机制，实现与外界系统进行数据交换和共享。通过 API 网关提供 API 托管服务能力，可以帮助开发者创建、发布、维护和保护 API，以快速、低成本、低风险地开放系统的数据或服务。ESB 服务总线支持组件编码接入和在线自助接入两种接入方式，并提供了统一的用户认证、应用鉴权、协议转换、请求转发、流量控制、日志记录等功能。基于统一数据交换共享的能力，打破数据孤岛，集成企业现有系统的能力，为上层业务提供数据服务。

2.2.2　高速化流程

高速化流程关注流程的敏捷性、价值的快速传递，即敏捷 ITSM。敏捷 ITSM 是通过统一的 IT 服务管理平台，整合多来源的数据、自动化、用户协作和管控流程，实现以客户和用户价值为中心的 IT 服务管理实践的高速交付。

在 IT 服务管理领域，ITIL v3 是以安全性和连续性为目标来建立和维护 IT 基础架构管理的。但迄今为止，随着敏捷和 DevOps 理念的不断深入，IT 服务管理的环境正在变化，敏捷 DevOps 需要依据业务用户的需求缩短开发周期，提高发布频率。若保持原有的 ITIL 流程化的管理方式，就难以满足上述需求。为了实现敏捷和 DevOps 的目标，我们需要更轻量级的、更快速的 IT 服务管理。

为了做好敏捷开发与精益运维，我们重新组织了 IT 服务管理，这意味着仅须从 IT 服务管理中提取关键信息来管理业务连续性要素即可。如图 2-7 所示，我们定义了以下数据是在哪些流程或活动中发生的，这些数据包括业务活动模式（PBA）、服务级别需求（SLR）、服务级别协议（SLA）、服务设计包（SDP）、服务级别包（SLP）、服务验收标准（SAC）及运营级别协议（OLA）。主要思路是在活动过程中收集和记录数据，并利用这些数据生成汇总报告，或将这些数据提供给第三方系统使用。

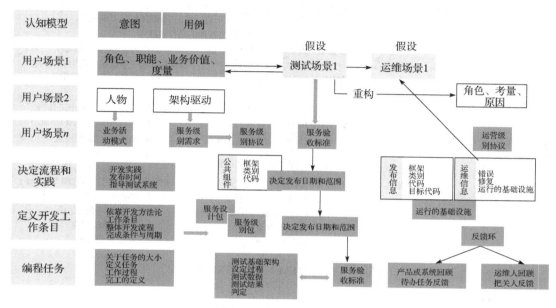

图 2-7　轻量级 ITSM

敏捷 ITSM 与传统 ITSM 是有不少区别的，具体对比如图 2-8 所示。相同之处是两者都以 ITIL 最佳实践为基础，不同之处主要是传统 ITSM 关注合规、流程与稳定性，以项目思维进行管控，而敏捷 ITSM 关注快速响应，以产品思维进行场景化的融合，实现业务和用户价值。

（1）高速化流程的建设原则和宗旨

1）建设原则如下。

❑ 统筹规划：服务或用于提供服务的元素都不是独立的，要对信息、技术、组织、人员、实践、合作伙伴和协议进行统筹规划，并将规划结果传达给内部和外部客户。

❑ 保持实用：如果流程、服务、行动或指标未能提供价值或产生有用的结果，则将其消除。要尽量简化流程或程序，并提供实用的解决方案。

❑ 专注于价值：组织所做的一切都需要直接或间接地为利益相关者创造价值。关注价值原则包含许多观点，包括客户和用户的经验。

❑ 协作可视化：跨界合作产生的结果会得到更多人支持，与目标的相关性更强，并且增加了长期成功的可能性。实现目标需要信息、理解和信任。应该明确工作和后果，避免隐藏的议程，并尽可能地分享信息。

❑ 充分利旧: 不用从头开始构建新的能力, 应对用户当前环境进行充分调研, 结合当前最新的技术及方案融合已构建的能力, 形成符合企业要求的能力。

对比分析		敏捷ITSM	传统ITSM
相同点		企业IT运维管理的核心, 在一定程度上引领ITOM工具的建设 都以ITIL作为落地的最佳实践	
不同点	目标	关注快速响应及实现业务和用户价值 以IT服务管理实践为主要内容 面向快速交付IT服务管理实践	关注合规、流程与稳定性 以流程发起、审批和反馈为主要内容 面向流程管控和动作标准化
	理念模式	产品思维	项目思维
	实现方式	统一的平台, 单一的参与系统 场景中融合ITOM中数据、资源、自动化等	散装的竖井模块, 多个工具 往往是与ITOM简单的API集成
	效果	运维管理全局的能见度, 基于数据的决策 服务管理绩效的透明度和报告 现代化的信息技术管理方式 用户体验的消费化和满意度 实现人的充分协作与互动 知识的共享和复用 ITSM向ESM的扩展	单纯的管控, 能见度低 只是简单集成, 无法实现服务管理绩效的统计分析 非现代化的信息技术管理方式 往往臃肿难用, 用户怨声载道 只有流程中的单向交互 知识的单纯沉淀 难以承载ESM

图 2-8   敏捷 ITSM 与传统 ITSM 对比

2)建设宗旨如下。

❑ 主要目标: 提升 IT 运维管理的敏捷性, 左侧对接 DevOps 管理体系, 右侧服务业务运维保障价值; 合规前提下, 快速响应和实现服务管理实践交付。

❑ 主要方式: 以 ITIL 4 为理论指导, 基于统一平台, 构建管理实践场景, 实现与 ITOM 充分融合, 构建端到端管理自动化, 充分协同与互动。

❑ 建设效果: 运维管理的绩效数据全局可视、可下钻。基于运维管理的绩效数据, 可辅助运维决策。

(2)高速化流程的价值与发展趋势

高速化流程的价值可以从成本维度、稳定性维度、效率维度、安全维度、体验维度、风险维度来考虑。

1)成本维度。

❑ 工具成本: 整合多个传统昂贵流程工具, 节约维护和更新的成本。

❑ 员工成本: 降低创建变更、事件、发布等流程的耗费时间, 降低等值的 TFE 时间成本。

❑ 业务成本: 降低业务和应用系统的 MTTR, 降低直接业务成本, 增加业务收益。

2)稳定性维度。

❑ 减少引入风险: 全局范围的变更与发布预分析能够减少可能引入的风险数量。

❑ 快速恢复业务：降低业务系统的 MTTR，提升 MTBF，提升业务的稳定性。

❑ 杜绝故障复发：全局性问题和知识管理，预防问题重复出现。

3）效率维度。

❑ 单一平台：通过单一平台提供更智能、更快的服务，消除技术孤岛，并无缝集成整个组织范围的流程。

❑ 充分整合：整合数据、自动化和流程，打破竖井，实现充分的结构化、数字化的服务管理。

❑ 完全可见：通过一体化平台，增加全局 IT 服务管理的能见度，削减决策成本，提高管理可跟踪程度。

4）安全维度。安全维度主要指统一权限，实现平台化权限管理，实现 IT 服务管理权限的充分可见和合规管控。

5）体验维度。

❑ 统一服务平台：单一的 IT 服务参与系统并支持多渠道的服务接入，提高用户体验的一致性。

❑ 敏捷服务实践：简洁、优美的交互界面和覆盖全面、逻辑清晰的服务管理实践，能够提高用户的直接使用体验；ITSM 与 ESM 的整合，能达到一致的服务体验。

❑ 提升组织协作：服务管理过程中简单、充分、结构化的用户沟通，可大幅提升用户协作体验。

6）风险维度。

❑ 风险暴露清单：针对关键业务系统的可能风险的定义，确认风险清单。

❑ 风险应对预案：针对其中的重大风险，整合数据、自动化等制定处理预案。

❑ 定期检测验证：组织人员、流程、工具，定期检验预案有效性，并降低风险发生的可能性。

2.2.3 数据化驱动

1. 什么是数据化运维

20 世纪初期，移动互联网开始萌芽发展，如今各式各样的 App 已经渗透到我们工作和生活的各个领域。对于企业来说，供应、研发、制造、销售、运营等环节涉及的 IT 系统则更加广泛。随着用户的多元化需求，企业 IT 系统及应用的复杂程度和数量呈现急增的趋势，也促使 IT 运维管理系统的增加，运维系统采集的数据种类和数据量同步激增。

对传统企业来说，监控系统呈现分散的状态，而在一些复杂的运维场景如故障定位、服务优化、服务管理等中，常常在需要一些关键数据作为辅助决策时，才发现缺少相应的数据支撑。随着时间的推进，传统的 IT 运维监控系统已难以支撑企业业务发展的需要。在技术的变革演进过程中，新一代 IT 监控运维系统以应用为中心，逐渐开始将运维工作的重心进行转移，从工具建设聚集到数据建设，以数据驱动运维，运维走向数据化的时代。

简单来说，数据化运维是以数据架构为基础，以分析为手段，采集全领域相关的运维数据，从而达到掌握运维过程、衡量运维目标的目的。以提升服务质量为例，当遇到系统运行变慢的时候，用户体验就会变得越来越差，一线运维人员会第一时刻想到优化扩容，但是提升服务质量并不意味着一味地付出更多的资源成本。数据化运维更关注以下问题：现有的业务资源是否能够支撑未来业务的持续增长？业务扩容方案的设计与评估的标准是什么？有没有关键的数据作为支撑？数据是否具备说服力？这些都是运维数字化时代需要思考的问题。

数据运维驱动可以定义为一种运维的新方法，它通过数据化更清晰地识别运维目标的达成情况，借助数据评价体系来衡量运维过程的有效性。在数据化建设过程中通常会遇到以下问题：数据化运维的核心目标是什么？数据分析体系是什么样的？如何建设？最终又如何反作用于运维过程？我们运维的日常场景非常繁杂，但其实最终都会有其对应的目标作为导向，比如：IT 系统产品的质量追求，运维的效率提升，运维成本的降低，业务连续性的要求等。业务应用集群提供的是面向用户的服务，而服务质量的好坏必须先传递到运维侧，通过付出更多的资源成本进行观测。在数据化运维能力的支撑下，我们可以更科学地评估用户服务规模和容量，以更好地适应业务的扩张。

2. 什么数据可以驱动运维

面对运维的核心价值与目标，我们需要明确什么数据能识别当前的运维状态，此时就需要使用运维大数据的能力进行分析。开始时可以采集全量的运维数据，不需要考虑哪些数据才是需要的，数据归集后需要对数据进行清洗和识别，找到数据之间的依赖关系。其中一个有效的方法就是从用户访问流出发，看具体的用户请求经过了哪些资源和服务，然后统一采集这些系统产生的相关数据。数据的初步归类如下。

（1）面向用户

设备端是非常重要的数据采集点，从设备端采集回来的数据能直接反映用户对产品的感知情况。从用户侧来说，通常我们可以看到两类数据：一类是面向技术运营人员的，另一类是面向产品运营人员的。在数据驱动运维的实践中，一方面可以采集面向技术人员的数据指标，另一方面可以少量采集产品侧的数据。

（2）面向资源

向用户提供产品和服务的时候，后台有很多的资源在支撑，包括人力资源、带宽资源、存储资源、计算资源、IDC 资源、机柜资源等，可以看出资源的对象非常多。为了更好地识别并管理这些资源对象，企业常规的做法就是建设一套 CMDB 系统。在建设 CMDB 系统的时候，需使用以业务为导向、以应用为中心的方法，对所有资源实例进行识别，以业务维度进行相关资源实例指标的采集，如带宽使用率、CPU 使用率、内存使用率、磁盘 IO 使用率、数据库读写峰值等，这些指标决定着服务的支撑能力。我们可以建立标准的容量模型来计算资源的饱和度，同时可以设定业务资源的容量模型，确保支撑的业务规模大小。在面向用户的数据采集中，我们还可以采集部分的业务数据，根据业务的增长趋势进一步去看未来的资源容量需求。

（3）面向公共服务

公共服务是指常见的 DNS 服务、文件服务、缓存服务、负载均衡服务、队列服务等，比如分布式存储、Redis 缓存等，是一种面向应用的基础资源能力封装。在 CMDB 中，服务也是一种特别的资源，因为它的关键特征、数据采集方式、表现形式都与传统资源截然不同。不同的服务关注的指标有所不同。比如 DNS 服务，它关注的核心指标是解析成功率和解析时间，并且关注各地 LDNS 的解析次数，甚至还关注变更后解析异常情况等。Redis、MySQL、分布式文件存储等服务，所需要关注的指标都不同。

（4）面向接口

当用户对页面发出请求或与客户端连接之后，都会转换到业务内部分布式系统之间进行大量的相互调用。分布式系统的典型特征不是函数式的内部访问，而是 RPC 的远程调用方式，因此对这类接口访问数据的采集显得尤为重要。接口数据有很多和其他对象指标不同之处：第一，数据量非常大，因此一般使用抽样采集，但在关注某些关键指标的情况下，需要全量模式；第二，实施难度巨大，不同的编程语言或者不同的 RPC 调用模型，采集的方式都大不相同，需要开发人员的深度配合；第三，采集数据的分析难度大，由于数据量大造成使用传统的技术方法和分析模型难以应对，需要使用运维大数据分析技术；第四，数据价值明显，在故障发现和系统优化等运维场景中，这个数据最具有说服力，直接体现出用户服务的好坏；第五，数据采集模型最容易统一，关注的核心指标是服务访问的延时、失败率等，再加上服务实例之间的描述信息。

（5）面向整合

当我们采集了上述 4 类数据之后，会发现这些数据都属于离散状态，而非关联的状态。用关联的视角，例如从业务拓扑、物理拓扑及用户访问流三个角度去看，整合之后的数据才能体现数据的核心价值。数据关联也给提炼核心数据价值带来一定的困扰，由于数据的多样化带来的干扰，因此需要回归数据使用消费场景才能识别出数据价值。还有一种数据整合方式，是在用户的实际访问流中通过字段丰富的机制来实现数据采集，这样的数据对故障定位的意义非常大。通过字段丰富的机制，看用户在内部服务之间的请求历史，寻找故障根源点，快速发现问题的所在。

3. 数据化运维开展方向

"数据驱动运维"战略围绕以下几个方面展开。

1）感知能力。在数据中心的建设过程中，可以应用数字孪生技术，把运维对象数字化，构建可视化的界面。运维人员通过界面可以直观看到系统的运行状况。同时，监控平台覆盖了运维全领域，拥有维度丰富的数据，再通过智能运维算法智能发现故障，对数据中心整个运行组件做到全感知。

2）决策能力。人工决策单纯依赖的是运维专家的经验，对数据中心来说很重要。数字化时代下，需要采用"可视化 + 专家大脑"去代替部分的人工决策，同时通过"大数据 + 机器学习"来做智能决策。

3）执行能力。有感知有决策，但当服务质量有所下降或出现故障的时候，要怎么去恢复服务、减少故障恢复时间？这就需要在执行能力方面下功夫。建设了标准化流程、标准化动作、标准化场景，之后再通过自动化运维系统固化起来，这样在出现对应故障的时候，可以采用一键恢复的方式来提高问题处理的效率。

4）数据底座。要建设上面提到的 3 种能力，数据底座是基础。前面提到，运维工具很多，数据很丰富，但因为"数据孤岛"加上数据维度庞杂，构建统一的运维数据中台作为底座就非常重要。

5）组织转型。数据中心有各个领域的技术专家，网络专家精于网络知识，系统专家负责系统知识，所擅长的领域各不相同。而采用智能运维的方式时，运维感知和决策建立在数据的基础上，这时候就需要组织做相应的转型。采用 Google SRE 的理念来提高运维开发能力，提升运维效率。

2.2.4 体系化度量

1. 度量的意义

管理大师彼得·德鲁克说过："如果你无法度量它，你就无法管理它。"要想做到有效管理，就难以绕开度量问题。实际上，人们容易倾向于关注那些容易度量的元素，而忽略那些难以度量的元素。容易度量的并不一定是最重要的，相反，那些难以度量的可能才是最重要的。度量是一把双刃剑。度量具有极强的牵引作用，可能引导你成功，也可能引导你失败。它会激励你重视并改善那些能够度量的元素，但也可能因为你忽视了那些无法度量的元素而使之恶化。

DevOps 的推广打破了传统开发与运维之间的壁垒。全员以产品交付为最终目标，全面提高效率，完成业务需求。久而久之，消费者就会产生这样的潜意识：买了 DevOps 产品工具，企业就具备了 DevOps 能力。虽然 DevOps 工具提供了一个全新的视角去审视整个公司的人员配置、业务流程、企业文化等，打通了开发与运维信息壁垒，把以前的信息孤岛变成高速公路，但并不意味着可以高枕无忧了，因为高速公路也会堵车！

在微服务架构应用广泛的时代，只有将 DevOps 全生命周期的重要度量指标连接起来，提供从业务需求、开发、测试、运维等各种视角的参数，才能使得管理者准确把握产品市场定位，在产品发展的每个时期进行合理的资源配置，预测风险产品的关键风险，懂得取舍、不断试错，保持利润的最大化。

"度量驱动运维"（Metrics-Driven Operation）即在运维过程中，平台监控、运维及优化都建立在度量的基础上。

2. 度量提高可观测性

可观测性（Observability）其实并不是一个新词，早在几十年前就被广泛地用于控制理念中，用来描述和理解自我调节系统。随着新一代技术如容器、微服务、Serverless 等的迅速应用，系统之间的访问关系越来越复杂，一个核心业务系统可能会运行成百上千个微服务，导致传统的监控技术和工具很难跟踪微服务应用之间的通信路径和相互依赖关系。因此，系统内部的可见性变得越发重要。

可观测性其实与监控系统很像，可以说其本质是一样的，同样在解决一个问题：度量企业的基础设施、平台和应用程序等，以及了解它是如何运行的，运行状态是否正常。但两者应对的问题域却完全不同，监控告诉我们哪些系统或组件是正常工作的，可观测性告诉我们系统或组件为什么不工作了。度量是一个可深可浅的词，比如回到这样一个问题：你的应用是可观测的吗？可能某些人会给出肯定的答案，他们认为应用可观测就是监控应用的健康状态。对于 Kubernetes 里的容器来说，使用 Prometheus 就可以开箱即用地监控它。没错，状态是能够被监控的，通过监控系统可以知道某个时刻的活动状态，但微服务之间的关联关系以及某个微服务容器出现问题后产生的影响我们并不清楚。

量化目标是一切工作的起点，所有运维工作都应围绕服务水平目标（Service Level Objective，SLO）指标进行规划、执行、跟踪及反馈。其中在业务规划阶段，我们通常会选择合适的服务等级指标（Service Level Indicator，SLI），并设定对应的 SLO。围绕业务侧关注的 SLI、SLO，运维团队会拆解成各个管控指标和相关活动去完成。关于 SLI 的定义，Google 提出了 VALET（Volume、Availability、Latency、Error 和 Ticket）方法，这 5 个单词就是 SLI 指标的 5 个维度。

- ❑ Volume（容量）：代表服务承诺的最大容量是多少，比如常见的 QPS、TPS、会话数、吞吐量以及活动连接数等。
- ❑ Availability（可用性）：代表服务是否正常或稳定，比如请求调用 HTTP 200 状态的成功率、任务执行成功率等。

❑ Latency（时延）：代表服务响应是否足够快，比如时延是否符合正态分布，须指定不同的区间，比如常见的 P90、P95、P99 等。

❑ Error（错误率）：代表服务有多少错误率，比如 5××、4××，以及自定义的状态码。

❑ Ticket（人工干预）：代表是否需要人工干预，比如一些复杂故障场景需要人工介入来恢复服务。

根据 SLO 定义业务相对应的 SLI 后，跟踪 SLO 的达成情况，时刻提醒还有多少错误预算、是否应该调整业务版本发布的策略或节奏，更加聚焦人力在质量管控方面的优化。我们可以对接监控与 ITSM 系统，获取故障单据、影响时长等数据，自动计算 SLO 相关的指标，定期统计并做团队反馈。

3. 度量体系成熟度

运维服务能力评估是面向业务用户的自服务的评估，按照运维架构能力建设和管理的进化历程，运维服务成熟度可以分为 4 个级别。

1）基本级：依据《信息技术服务运行维护标准》（GB/T 28827.1）（以下简称《标准》）实施满足业务需求的运维服务管理，日常的运维活动实现有序运行。对标准的实施不要求全面性和系统性，而是根据业务发展情况，采用《标准》提供的方法。

2）拓展级：依据《标准》实施运维服务管理，实施标准要求的全面性和系统性，并能与业务发展情况相结合，形成较为完善的人员、过程、技术和资源等方面的管理制度，并有效实施。

3）改进级：在全面和系统实施《标准》的基础上，从保障运维服务交付质量的角度出发，形成完善的运维服务体系，建立人员、过程、资源和技术等能力要素协同改进的制度体系。

4）提升级：在全面和系统实施《标准》的基础上，从量化提升运维服务能力的角度出发实施有关运维服务质量评价。组织能够基于信息技术服务业务综合发展的需要，实现全面量化的运维服务能力管理，形成推动业务服务变革的机制。

运维服务能力度量体系要求运维服务能力达到运维成熟度的提升级别，即从量化出发评价运维服务价值与质量。运维服务能力度量指标示例见表 2-1。

表 2-1 运维服务能力度量指标示例

度量指标	子指标	分值
自服务合规	运维服务流程符合信息安全规范	2
	部署更新服务符合标准化要求	2
	故障处理服务符合服务级别协议及问题升级流程	2
	变更服务符合变更流程及规范	2

（续）

度量指标	子指标	分值
自服务合规	事件响应服务的调用符合自服务承诺	2
	容灾恢复设计达到 RPO 要求	5
	容灾恢复设计达到 RTO 要求	5
工具	工具接口具备快速调用与部署能力	10
	工具技术支持业务服务敏捷迭代要求	10
备份	业务数据备份	5
	业务程序备份	5
	容灾备份	5
	监控历史数据	5
监控	对关键服务单元各节点有自动化、量化的监控和告警	10
	对整体服务状态有监控、告警及定期分析	10
文档	针对特定系统维护文档持续更新	10
	针对特定业务的运维流程规范文档持续更新	10

4. 度量驱动改进

运维的体系化度量整体架构围绕 CMDB、监控、ITSM 等运维系统数据、用户数据、业务数据与第三方数据进行数据治理与分析计算，构建应用健康档案与人员服务水平画像，结合指标管理规范的约束，以业务为导向进行度量指标的规划、设计和优化，实现精准化运营，如图 2-9 所示。

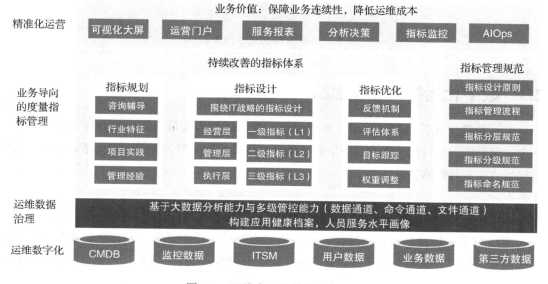

图 2-9　运维度量指标体系架构

在该理念架构的指导下，企业可以建设数字化的运维度量指标体系，持续改进运维各个活动与过程。度量驱动改进主要关注运维全生命周期中各种度量数据的收集、统计、分析和反馈，通过可视化的度量数据客观反映运维目标的达成情况，以全局视角分析系统约束点，并在团队内部共享信息，帮助设立客观、有效的改进目标，并调动团队资源进行优化改造，如图 2-10 所示。同时对行之有效的改进内容进行总结和分享，帮助组织更大范围受益于改进项目的效果，打造学习型组织和信息共享机制，不断驱动持续改进和价值交付。

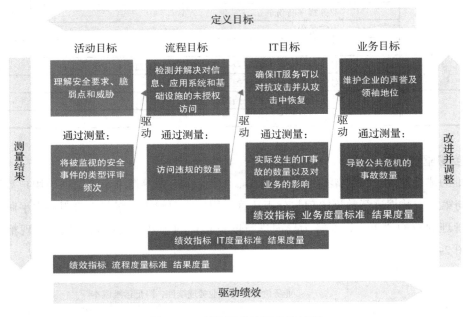

图 2-10　度量驱动持续改进过程

2.3　数字化运维的建设思路

在运维数字化转型的过程中，我们会面临来自组织与人员、管理与流程、技术与工具三个方面的压力与挑战。在构建数字化运维管理体系的过程中，也需要建立正确的数字化运维转型方法论与思路，具体如下。

2.3.1　运维数字化转型的建设

运维数字化转型的目的是更好地契合数字化时代的业务要求，为客户和业务系统提供更加高效、快速、低成本、安全、稳定的运维保障和运营支撑。因此，运维数字化转型的目标可以定义为"构建以业务系统的保障和运营价值为导向的智能化敏捷运维管理体系"。

数字化运维最终指向的是运维工作的融合及统一管理。数字化是灵活的、流动的，这种流动性的要求势必会冲破运维中的各个孤岛，从而实现运维的一体化。反过来说，运维的一体化架构设计可以保障数据的自由流动和执行能力的跨系统调度。在运维一体化的架构中，连接和编排是两个核心要素。

（1）通过连接实现运维数据、能力治理

由于运维本身的复杂性，通过某一个或某几个工具来覆盖整个运维工作实际上是不现实的，实现运维的一体化并不是换一个工具，而是换一种建设方式。就如同业务系统从单体到 SOA（Service Oriented Architecture，面向服务的架构）再到微服务的发展，运维的一体化打破烟囱的方式是连接整合，而不是统一。而在运维领域，必定难以像业务系统一样投入大量的资源做完全的微服务改造，运维的一体化更倾向于 SOA 模式和微服务架构模式，通过 ESB 或 API 网关打通各个运维系统，非核心运维系统只需要提供 API 和数据，部分核心模块如 CMDB 则可进行微服务改造。

连接的方式能促进运维一体化建设。连接可以分为数据的连接和执行能力的连接两个方面。

1）数据的连接。要实现数据的连接，需要进行运维数据的治理。首先需要各个运维模块有统一的元数据，比如可以基于同一个 CMDB 进行数据转换，只有能够识别出同样的 IT 对象，数据与数据之间才可能产生连接。其次需要可以统一调用的数据资源池，将各系统的数据汇聚起来。这种数据的汇聚有两种方法：高阶的做法是统一的数据存储，这种做法技术难度大、成本高，但有利于后续运维大数据和 AIOps 的建设；变通的做法是查询接口的统一管理，基于 API 或者数据库读取的方式获取数据，一般用于报表编辑或者其他系统的集成开发，这种做法相对简易，但是不利于场景的扩展。

2）执行能力的连接。要实现执行能力的连接，就要对各运维模块的 API 做统一管控。通过 ESB 或 API 网关的方式对不同运维模块的核心执行能力进行统一管控，并供运维模块或其他模块消费。

运维能力治理的难点在于存量的运维系统对外暴露的能力一般不会非常完整，如果进行 API 开发，需要投入不少人力资源改造 API。在进行运维能力治理时需要有所取舍，舍弃封闭性较强的运维系统，尽量替换成开放性高、具有良好生态的运维系统，并且在进行 API 开发时遵循二八原则，在资源有限的情况下只对需要经常调用的能力进行 API 开发，保障投入产出比。

（2）通过编排实现运维场景自生长

当把各运维模块的数据和能力连接到一起之后，下一步就是基于这些丰富的素材通过编排的方式优化运维场景。编排的方式有 4 种：执行流程编排、报表编排、运维流程编排、运维场景编排。

1）执行流程编排。执行流程编排即针对自动化能力的编排，通过将针对操作系统的脚本、针对一体化运维平台工作的 API 作为执行原子，将企业内部多系统间的工作整合到一个流程模板中，实现一键自动化调度。

2）报表编排。报表编排即针对数据的可视化编排，作为运维领域的 BI（Business Intelligence，商业智能），从各个运维模块或 IT 对象中消费数据，通过报表的方式做可视化呈现，实现运维的统计分析。

3）运维流程编排。运维流程编排即针对 ITSM 流程的编排，在流程引擎（可支持审批、会签、分支等基本流程需求）的基础上，还须结合执行流程编排、报表编排的功能，实现审批流、操作流、数据流的融合。

4）运维场景编排。运维场景编排是在数据治理、能力治理基础上的高阶应用，通过低代码的方式基于已整合的数据和 API 进行融合性运维工具的开发。执行流程编排、报表编排、运维流程编排会作为低代码开发的能力项使用。运维场景编排的低代码能力可以更快速地进行运维数字化的覆盖。虽然低代码开发降低了运维开发的门槛，但对于运维人员的技术能力也提出了新的挑战。

2.3.2 运维组织的建设

运维组织的建设目标为：以应用为中心的全生命周期综合支撑，构建跨职能的业务敏捷运维团队。建设的具体方式如下。

（1）尽可能降低团队间的耦合度

传统运维组织模式下，各个团队按照职能分为应用运维团队、系统运维团队、网络运维团队、数据库运维团队、ECC 运维团队、调度运维团队等。在运维过程中，各个团队紧密合作，完成应用系统的发布、变更、故障排查等任务。由于应用系统的运维往往是一个全链条的过程，在这个过程中，各个团队的耦合度非常高，因此要完成例如一个业务系统故障的排查，需要穿透两堵墙：职能团队间的协作墙和职能团队的工具 / 数据墙。这就大大降低了运维管理、运维操作的效能和质量，增加了成本。因此，在新的模式下，我们需要通过各种方式尽可能降低团队间的耦合度，包括团队协作的耦合度和团队工具的耦合度，增强团队间、工具间的独立性，有利于整体运维效能提升。降低团队协作的耦合度，可以通过构建以应用为中心的跨职能团队方式实现；而降低团队工具的耦合度，可以通过构建端到端的、以应用为中心的全过程工具实现。

（2）以应用为中心构建综合运维团队

我们对传统职能式团队的弊病有一定了解，那么应对方式是什么呢？答案是以应用为中心构建跨职能的综合运维团队，我们称之为业务运维敏捷小组。例如将应用运维、系统运维、数据库运维、网络运维等相应团队的成员跨职能地组织成面向某些业务系统的敏捷运维小组，使用同一套运维管理工具，共同为业务系统的整体运维质量负责。这样能有效降低团队间的地盘墙、协作墙和工具墙，大大提升应用运维的协作度、工具整合度。

（3）构建面向业务、面向应用、面向资源的三层运维能力

当职能团队构建起以应用为中心的跨职能综合运维团队后，所有基础资源的管理包括物理服务器、虚拟化、混合云、容器等，都可以由统一的资源团队管理，并为各个应用运维、业务运维团队提供服务。通过构建应用运维、业务运维和资源运维的三级运维管理体系，让应用运维更关注应用系统的运维、业务运维团队更关注业务的支撑、资源运维更关注资源的弹性供给与快速交付。通过租户化的管理，实现业务运维与资源运维间的团队协作解耦，尽可能让运维团队更多关注应用、业务系统和用户的支撑。

（4）构建面向业务、面向应用、面向资源的三层运维工具体系

在传统的职能化模式下，工具是以职能团队为边界构建的，往往会造成工具间的集成与联动困难，并且不利于平台化运维模式的落地。在新的敏捷运维组织模式下，可以由资源团队承接运维平台的建设、运维以及资源的统一纳管，而业务敏捷运维小组则基于平台构建服务于业务和应用系统的端到端的运维监控管理工具，双方基于统一的平台实现资源的供给与调度。在平台模式下，对于企业已有工具或者独立的专项工具，都可以通过 API 网关等较为方便地集成到统一运维平台下，实现管理、数据、流程和工具等的有机融合。

2.3.3　运维服务管理的建设

运维服务管理的建设目标为：构建符合 ITIL 4 框架、融合式、高速 IT 运维服务管理体系。建设的具体方式如下。

（1）以为业务系统运营提供保障为价值导向

在数字化转型趋势下，企业的所有部门都需要以用户和业务为中心，IT 运维自然不能例外。传统 IT 管理模式下，以运维管理操作标准化和审批管控为主要目标，极少从业务系统和用户的视角来审视运维服务管理的质量和效能；在数字化模式下，单纯的管控往往无法满足快速响应业务和用户的效能目标，因此 IT 运维服务管理需要以为业务系统运营提供保障为价值导向，并在此指引下，实现效能与管控的并重。

（2）充分融合 ITOM 工具的服务管理场景

传统 IT 运维服务管理以扁平的运维流程为主。运维流程只负责信息的录入、审批和记录，与 ITOM 的操作工具或系统脱节，既无法触发执行动作，又无法接收到执行反馈。不仅如此，在很多需要分析判断的运维场景中，都需要甲方运维管理员和驻场运维操作人员通

过线下和线上的方式跨团队协作，比如申请调用各类监控数据、执行记录、日志等信息，有些场景会遇到运维数据无法汇聚融合的情况，典型的就是事件管理场景和变更场景。数字化时代的 IT 运维服务管理需要在各个管理实践（例如变更管理、事件管理、发布管理等）中，与 ITOM 工具的数据、记录、自动化操作等充分融合，以实现运维服务管理实践的高速流转和服务的敏捷交付。

（3）高速度、高质量的服务管理交付

在企业的工具自动化建设到一定阶段之后，就会发现运维服务管理是整体运维效能和质量提升的一大瓶颈。自动化工具的建设解决了工具的敏捷性与高速度的问题，但事实上，不仅工具需要敏捷性与高速度，服务管理也需要敏捷性与高速度。通过前述的基于平台的、与 ITOM 融合的方式构建起敏捷的 ITSM 体系，并最终实现高速度、高质量的服务管理交付，才能解决服务管理的敏捷性与高速度的问题。

（4）充分协同与消费化体验

数字化时代，无论企业内部还是外部，用户体验都是极为重要的一环。以往企业内部工具建设，特别是运维工具建设，并不太在意用户体验，这一点需要改变。用户体验差的工具，用户往往怨声载道，不愿使用，特别是当工具需要推广到运维以外的部门时，更是如此。如果用户压根不愿使用 ITSM 的服务台或者相关产品，敏捷服务管理是难以建立起来的。即便是 IT 部门内部，也需要关注用户体验，用户体验差的产品难以被持久使用，最终很可能面临被边缘化和废弃的境地。数字化时代，强调在工具中实现用户间的充分协同，强调面向用户的消费化体验，这两点是敏捷 ITSM 在用户中落地的重要因素。

2.3.4 运维工具的建设

运维工具的建设目标为：构建完备的端到端的一体化运维工具体系。建设的具体方式如下。

（1）基于同一平台

基于同一个平台，实现所有运维对象和资源的统一纳管，结合通用运维能力的沉淀和 API 网关的辅助，才能够实现 ITOM 工具的有机整合，进而实现所要达成的端到端的自动化运维目标。不仅如此，在同一个平台下，面向场景的 SaaS 工具迭代成为可能，使得运维工具能够始终匹配运维场景。

（2）端到端自动化

ITOM 运维工具当前处于自动化阶段。自动化阶段的最终形态应该是关键运维场景的端到端自动化，也就说从运维需求的提出到运维过程的协作与审批，最后到运维操作的执行是一个完整的工具打通、流程打通、数据打通的过程。仅仅实现某个环节或步骤的自动化，无法从全局的维度实现运维管理效能的提升。

（3）工具的迭代与扩展

在时间的维度上，运维场景总是随着业务发展、系统变化、架构与资源的调整而发生变化，这就要求运维工具紧随运维需求的改变而改变。早期，企业往往过度依赖供应商的产品迭代和定制化开发，具有时效慢、成本高、需求匹配度差等问题。而通过一体化平台自带综合运维系统、前后端开发模块、低代码平台，结合时下流行的 Python 等低门槛开发语言，能够更加迅速、更低成本、更加精确地实现运维工具的迭代与扩展。

（4）智能化运维

运维的未来在于智能化，这是业界的共识，但如何实现智能化运维，是存在分歧的。总体而言，智能化运维分为智能化平台、智能化场景及两者结合三种模式。

1）智能化平台：强调 AI 能力在平台层面的沉淀，通过对各类运维场景的定制化输出，实现场景的智能化运维。优点是一次构建，多处使用；缺点是面对不同的场景，需要调试对应的智能模型，工作量较大。

2）智能化场景：强调从场景入手，面向各个运维场景构建嵌入式的智能化能力。优点是开箱即用，调试成本低；缺点是许多与场景无关的智能化能力未沉淀到一体化平台中，存在重复造轮子的情况，并且未来扩展新的场景时，均要从零开始构建模型，不利于 AI 能力的复用。

3）智能化平台与智能化场景相结合：通过平台化方式沉淀通用的 AI 能力，并且针对常规运维场景提供开箱即用的智能化能力；针对个性化运维场景，通过平台的 AI 能力，运用场景数据作为输入进行调试后，实现场景的智能化运维。这种模式既为通用场景提供了开箱即用的 AI 能力，又实现了通用 AI 能力的沉淀和运用，兼顾效率与成本。

2.3.5　数字化运维场景的演进

通过连接和编排构建起运维一体化的框架，在这个框架之上需要运维人员对运维数字化场景不断地进行深化和迭代，才能最终实现运维的数字化转型。针对运维数字化场景的演进，可以通过 DTO 模型（图 2-11）进行分析：D 即 Data（数据）、T 即 Trigger（触发器）、O 即 Operation（操作）。这 3 个要素组合起来即是一个场景里的完整动作，每个要素从入门到深入可以分成 3 个层次。

（1）Data

1）个体数据：即只包含某个 IT 对象的数据，如某台主机的监控数据。

2）单领域数据：即包含某个领域（如监控）的数据，如 IT 基础架构监控数据、APM 监控数据的合集。

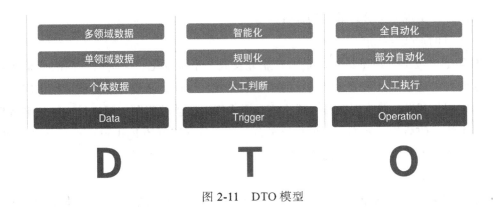

图 2-11　DTO 模型

3）多领域数据：即包含多个领域的数据，如监控数据 + CMDB 数据，即可生成监控告警的拓扑关系，再加上知识库的数据，可得到对应的历史解决方案。

（2）Trigger

1）人工判断：即基于获得的数据，根据专家经验进行运维决策。

2）规则化：即将专家经验规则化，通过规则触发后续操作，如基于规则的转工单或自愈。

3）智能化：即基于 AI 算法触发后续操作，如基于 AI 预测的扩缩容决策。

（3）Operation

1）人工执行：即纯手工操作，如命令行的黑屏操作。

2）部分自动化：即在执行过程的部分环节实现了自动化，如虚拟机的交付过程中调用了云平台的 API 做自动执行，但是交付后的软件安装为手动执行。

3）全自动化：即实现整个执行过程的全自动化。

每个场景都是由多个流程组成的，而流程由多个动作组成。当 DTO 这个动作在 D 的部分的输入不够完整时，就需要通过反复多个动作获得数据反馈，也就是整个操作流程是由多个 DTO 组成的。

针对运维数字化场景流程的演进，在横向上尽可能缩短 DTO 的流程链条，使得最初输入可以快速触达最终输出，保障场景的简洁和高效；在纵向上尽可能实现数据和技术的深化，做到将复杂的事情交给代码，减少执行过程的脑力和体力投入。

当然，在追求全量数据、智能化、全自动化的同时，也要考虑投入产出比。技术并不是越先进越好，而是价值越大越好。例如在 T 这个环节，像一些标准的故障处理场景，通过规则化就可以完全满足运维需求，如清理磁盘空间、应急操作时的主备切换等类似的场景就不需要使用 AI 技术。D 和 O 两个要素同理，运维数字化也存在边际效益递减的情况，所以要做合适的运维数字化场景，而不要做最先进的运维数字化场景。

第 3 章 *Chapter 3*

从运维管理到工具体系

得益于数字化时代，运维领域近年来也在蓬勃发展，既有理论体系、管理实践上的发展，如 SRE、DevOps、ITIL 4、平台工程以及不同的理论流派，又有技术及工具体系的发展，如 AIOps、可观测、运维大数据、开源生态等。运维管理解决方案和运维软件生态再次迸发出新的活力。

与此同时，企业内部业务及技术架构的变化，如云、微服务、云原生、容器化、信创等，使得构建一个可持续匹配的运维管理体系和工具体系变得更为复杂，企业的 IT 或运维决策者也在不断思考：如何实现运维对业务和服务的支撑？运维软件如何更好地支撑管理落地？工具如何建设成一个体系并可持续支撑业务？本章从运维管理到工具体系进行逻辑拆解，尤其在工具体系建设上进行展开描述。

3.1 从运维管理到工具体系的建设逻辑

3.1.1 运维管理和工具体系的关联分析

运维管理的本质是基于管理需求来描述一个主题领域的运维业务。例如，如果我们要实现企业的高效、高质量的投产发布，满足业务的敏捷性管理需求，则需要进行信息系统投产发布管理。在这个主题领域中，需要拆解业务活动，业务活动由角色、流程、活动和业务域关联组成。

例如，以下是对投产发布的业务描述：

1）角色：以应用为维度，角色可以定义为发布经理、发布工程师、领导和技术专家（研发、基础设施等人员）。角色背后映射了职责和能力要求两个关键要素。

2）流程：由投产计划、程序验证、投产评审、投产执行和应用验证等核心流程组成，每个流程可以进一步展开到具体的角色活动中。例如，在投产评审流程中，需要根据不同级别的变更分配不同的评审角色，并涉及方案评审、风险预估和回退方案验证等活动。

3）活动：活动是指针对目标对象的操作任务集合。在投产发布中，涉及发布申请、任务编排、发布执行、检查验证等活动。活动必须由两部分组成：对象和操作。例如，在发布执行活动中，对容器化应用实现一键发布更新，对二进制应用实现一键程序包分发和服务启动等。

4）业务域关联：业务域关联用于定义边界和外部业务之间的关系。例如，投产发布本身不需要考虑监控告警的建设，但是在投产发布前后，与监控告警有密切的关联。例如，在投产发布前需要进行监控告警和异常检测，在投产发布中需要进行告警屏蔽，在投产发布后需要进行监控告警和指标对比。

但是，我们是否已经清晰地定义了所需的工具体系呢？答案是否定的，因为我们需要从运维业务的角度转换到产品和软件的角度。因此，运维管理抽象为运维业务，是工具体系建设的起点，而工具体系是承接运维业务和运维管理落地的一种能力。运维业务与工具能力的关系如图 3-1 所示。

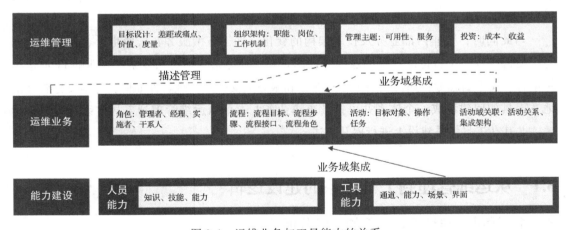

图 3-1　运维业务与工具能力的关系

业界对运维的看法有两种，一种是认为运维的本质是管理，另一种是认为没有工具带来的生产力变化，运维无法有效进行。这两种看法都有道理，只是视角不同而已。接下来，我们需要进一步思考：基于一个相对清晰的运维业务设计，如何将其拆解为工具体系？有哪些好的原则和经验方法？

3.1.2 从运维管理到工具体系的拆解模型

在建设运维工具体系时，我们需要确定建设多少种、什么样的运维工具。这需要我们回到运维管理的源头，思考运维的真正价值，例如生产稳定运行、用户服务满意度、IT 敏捷提升、政策监管合规等方面。

1）生产稳定运行：通过组织、流程以及 ITOM 工具，确保信息系统的稳定运行，进而保障业务的连续性。这是运维工作的基石。

2）用户服务满意度：所有的可用性保障措施最终都必须以用户服务的形式呈现，无论是对内还是对外。因此，服务设计、SLA、服务交付、服务运营等方面都是用户感受到的价值。

3）IT 敏捷提升：传统的运维工作并没有强调敏捷性，但随着业务和技术的变化，对运维的要求不仅仅是稳定性，更需要高效的响应能力。因此，推动 IT 敏捷的要求涌现出来，DevOps、自动化、平台工程等都是为了提升 IT 敏捷性的关键技术和工具。

4）政策监管合规：某些行业或大型企业需要满足行业监管机构或总部的管理规定，以保证运维的价值。这方面的运维工作并不仅仅是为内部服务，还包括银行资产数据上报、业务连续性管理、灾备应急管理等。

从运维管理的角度切入工具体系的建设，最关键的是确定运维业务主题、运维活动和运维操作。我们将这个过程称为运维工具建设的分级分域模型，如图 3-2 所示。

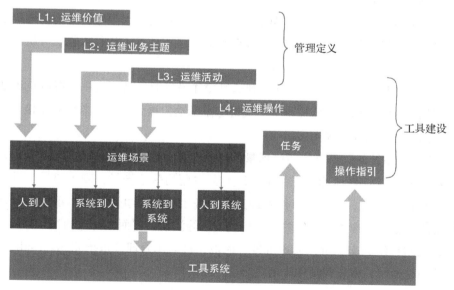

图 3-2 运维工具建设的分级分域模型

以信息系统可用性管理这个运维最核心的领域为例，我们可以用这个模型做如下分析。

1）运维价值：保障业务生产稳定运行。

2）运维业务主题：信息系统可用性管理这个业务主题是采用主动的策略，减少已知事件的发生，如消除单点故障，采用被动的策略，发现未知的事件风险。它涉及架构管理、灾备应急管理、监控告警、故障分析定位、事件管理、运营改进等子领域。

3）运维活动：以监控告警为例，包括资源监控、应用监控、业务监控、告警事件等活动。

4）运维操作：以告警事件为例，包括告警事件标准化、告警收敛、告警事件分级、告警处置等。

因而，当考虑需要建设什么样的工具来满足某个运维业务主题落地时，最核心的要求如下：

1）基于价值驱动的运维业务主题设计。从业界通用的运维领域来看运维业务设计，我们可以将运维业务设计的主题主要分为两类：服务管理和技术管理。服务管理是数据中心为相关利益方（主要是数据中心外部）提供真正体现数据中心价值的服务的管理过程；技术管理是从数据中心内部发展角度，为服务提升提供前瞻性、系统性的技术创新研究的管理活动。服务管理包含配置管理、变更管理、事件管理、投产管理、问题管理、应急灾备管理、监控管理、操作管理等；技术管理则包含架构管理、运维开发管理、数据管理等。还有一类与运维相关的主题，称为通用管理，如软件产品管理、知识管理、财务管理、供应商管理等。

2）基于运维业务的运维活动设计。以确定的运维业务主题进行设计，可拆解为与角色职责关联的运维活动，即目标对象和操作任务集合。目标对象大致可以分为面向资源、面向应用、面向业务，操作任务集合可以分为安装部署、运行监控、运行操作、分析评估、流程协同等。

3）基于运维活动的运维操作设计。到运维操作设计时，就要进一步拆解运维活动的关键操作，例如对资源进行运行监控是一个关键运维活动，操作则包括监控对象接入、指标采集、指标检测、告警通知、视图展示等。

4）基于人、系统的关系支撑运维场景。运维业务主题、运维活动、运维操作，再结合人、系统的交互，就较好地拆解了一个运维业务主题的落地场景，涵盖通过工具解决的问题、通过人解决的问题。例如，事件管理这个业务主题涵盖事件接入、事件诊断、影响分析、事件解决、相关方沟通、事件关闭、持续改进等活动，进而人与人的交互可以通过流程系统完成，人与系统的交互可以通过告警、巡检、自动化处理等系统完成，而相关方沟通、持续改进等则是通过日常管理动作来闭环。

3.1.3 运维工具体系的建设方法与原则

运维工具体系的架构建设较为复杂，需要经历运维业务设计、运维活动设计、运维软件设计、工具体系整体架构改进、持续建设与运营等过程，并且要解决运维对象的异构化、管理场景的复杂度等问题，所以并没有标准答案，但是有好的实践可以供我们参考。从实践经验的角度，我们总结一下运维工具体系的建设方法与原则。

1）理解和定义业务：工具体系建设的来源是运维业务，运维业务的要素包括角色、流程、活动、业务域关联。没有运维业务的定义，就无法有效跨越软件功能和管理落地之间的鸿沟。

2）工具体系承载运维活动：从业务架构到功能架构，中间的关键设计是运维活动，运维活动是由目标对象和操作任务集合组成的。

3）功能设计：按对象、接入、逻辑、界面 4 层展开，功能边界就是单主题运维活动设计的边界，没有领域和边界的设计会造成功能的堆叠和混乱；而领域之间的集成，则能较好地支撑场景联动。

4）技术架构要满足最大化复用、可扩展设计：采用平台化架构的思想和模式，抽象运维能力、消费运维能力，持续建设和发展。

3.2　工具体系的平台化架构

在建设运维工具体系时，必然要面临一个问题：运维工具体系的架构是怎样的？如何从整体架构上支撑运维场景？如何把运维活动和操作转化为工具建设支撑？此外，工具体系建设在架构上还面临着一个很大的挑战：复用性和扩展性。复用性是指如何保护已有投资和避免重复浪费，扩展性是指随着管理诉求和管理对象的变化，能扩展场景来快速满足业务需要。

3.2.1　单工具领域

按业内通用的单工具领域来分，大致划分如图 3-3 所示。

❑ 安装部署：解决 IT 资源和应用的上线和初始化的问题，包括资源交付、发布投产等。

❑ 运行监控：解决 IT 运行过程中的监控、分析、定位的问题，包括资源监控、应用监控、业务监控、日志管理、告警事件、故障分析、故障定位等。

❑ 运行操作：解决 IT 运行过程中的各类操作处置的问题，包括灾备演练、应急管理、日常作业等。

❑ 分析评估：解决面向不同对象的分析类场景，包括资源管理、容量管理、健康画像、体验分析、运营展示等。

❑ 流程协同：针对尤其是与人协同的管理流程的问题，包括服务请求、事件流程、变更流程、问题流程、知识库等。

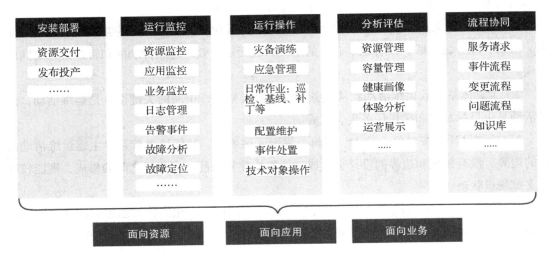

图 3-3   运维单工具领域划分

按单工具的技术架构来设计，运维工具大体可分为 4 层，如图 3-4 所示。

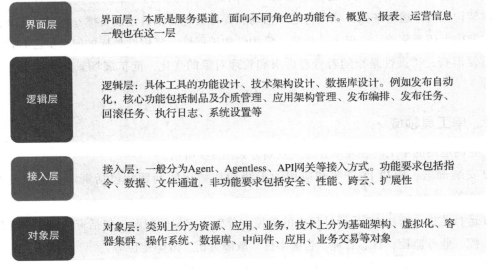

图 3-4   运维工具技术分层

单工具领域建设的特点如下：

1）完整闭环。在单工具建设中，需要考虑对象层、接入层、逻辑层和界面层的完整闭环。以监控系统为例，无论是自研还是使用开源软件或商业软件，都需通过 Agent、探针等协议对对象层的指标进行监控。逻辑层是数据采集、检测、分析、告警处理和视图展示等核心过程的组装。界面层用于监控数据的展示、用户监控配置行为的操作等。

2）接入层设计。接入层设计需基于接入对象和接入逻辑两方面综合考虑。例如主机监控，那么接入层的第一个考虑是能适配各类主机对象，并获取主机监控的指标数据，第二个考虑是逻辑层在数据检测上的设计，如采集数据对象、采集协议、采集频率、采集传输等。

3）逻辑层设计。逻辑层设计是基于功能领域的模块闭环。例如基于业务架构和分层模型设计的监控告警系统，意味着需要在监控系统内有一个小型的 CMDB 来维护监控对象以及指标类数据的挂载，从而实现监控告警系统与 CMDB 的监控闭环。

4）界面层设计。本质是服务渠道，面向不同角色的功能台。其中的角色是工具使用角色，而不是企业的组织管理角色。

总体而言，根据运维活动的设计定义，单工具领域的设计具有边界清晰、逻辑合理等优点。然而，存在两个关键问题：第一，工具支撑运维管理落地需要场景化的运维活动闭环，通常需要多个工具的协同配合。例如，投产发布管理涉及投产发布逻辑、CMDB、自动化作业、流程、监控告警的集成设计，单一工具难以完整覆盖一个复杂场景的闭环。第二，单工具模式下容易产生重复建设和技术债的问题。重复建设是因为每个工具都可能独立设计与目标设备交互的接入层，导致 Agent 在 IT 对象上增加。技术债则意味着当需要构建第 $N+1$ 个场景时，原有的技术架构、功能和数据无法满足新要求，这也是很多企业在构建运维工具体系时发现的问题，实际的运维活动未能得到良好的改进。

3.2.2　组合工具领域

运维活动往往难以在单工具领域形成闭环，原因是：第一，很多运维活动不是由某一个人或某一个团队就可以独立完成的，它会跨越不同的团队和岗位，甚至会跨研发、运维、运营、监管、服务质量等多个部门，单工具无法支持这类跨多部门的运维活动；第二，运维工具软件不可能没有功能边界，因此，它服务的用户相对有限，支撑的运维活动也有限；第三，运维管理这个业务形态是管理活动加技术约束的综合体，单工具本身很难面面俱到，既要考虑管理闭环或诉求，又要考虑运维操作相应活动的实现。

组合工具领域是从运维软件支撑运维场景来分析的，还是以一个较为综合的运维场景为例来做分析。

以企业的投产发布运维业务为例，投产发布系统的功能设计如图 3-5 所示。

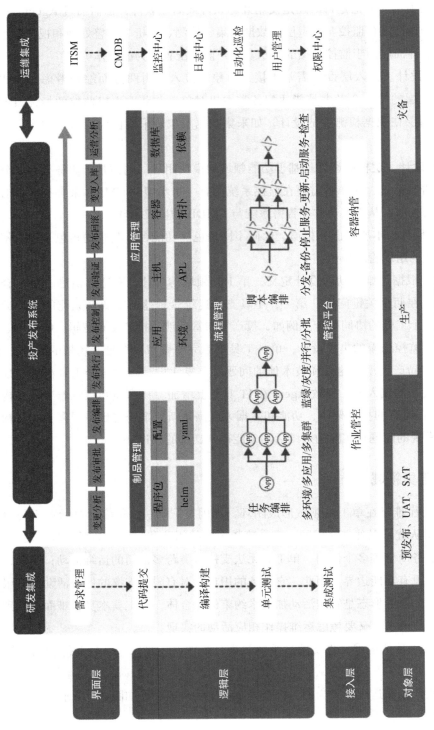

图 3-5 投产发布系统的功能设计

1. 假定情境

100 多套业务系统，5000 多个 K8s 容器集群主机节点，5 万多个主机节点，要求实现高质量、高安全、高效率的统一发布。

2. 业务设计

（1）组织角色

以应用系统发布为例，应用运维负责人负责跨部门协同，如协同研发人员、基础设施维护人员；发布经理负责发布的统筹、组织和方案把控，以及外部沟通、业务影响评估和风险回退控制；发布工程师负责发布的任务编排、发布执行、验证、回滚；技术专家负责对软件包的质量管理；基础架构专家负责准备对应的资源及环境。

（2）工作流程

由投产计划、程序验证、投产评审、投产执行、应用验证这几个核心流程组成，每个流程可以进一步展开到里面具体的角色活动。

（3）关键活动

❑ 发布经理配置发布模板，模板包括对传统及容器化架构环境的 3 类操作：文件分发或镜像发布、脚本执行、基于接口的容器化调度编排。

❑ 发布工程师基于发布方案输入参数，参数包括发布对象、对象编排、介质（含二进制包或镜像、配置文件、脚本、SQL 等）、时间窗口等。

❑ 应用运维负责人监视发布大屏以及获取运营分析数据等。

（4）工具设计

1）接入层：与不同环境及不同资源对象进行对接，主要是主机和容器化环境。

2）逻辑层：核心是任务编排、制品管理、应用管理，从而满足一站式发布，支持灰度、蓝绿建设。

3）界面层：面向不同角色的生命周期活动阶段，如发布经理最关注影响分析、发布编排、发布验证、发布回滚；应用运维负责人最关注发布计划、影响分析、回退机制及运营数据。

4）外部集成：与 DevOps 联动、触发告警时间屏蔽、与 ITSM 变更流程联动。

那按什么样的逻辑来组织这种跨工具场景的运维活动呢？这就是我们所强调的一体化运维领域最为核心的一个点——业务活动一体，组合工具场景示例如表 3-1 至表 3-5 所示。

当我们组合工具以满足运维场景设计时，将面临一个非常关键的问题：如何避免工具之间的孤立，实现业务活动的一体化？这需要建立一个技术平台，以支持整个运维工具体系，而平台架构抽象是其中最核心的要素之一。

表 3-1 组合工具场景示例（日常维护类）

运维活动和运维操作（典型场景示例）	监控运行管理工具类			配置管理	流程管理类	操作任务类	
	监控	告警	日志	CMDB	ITSM	自动化运维中心	发布自动化
日常巡检作业 1. 通过工单入口触发巡检任务，调用自动化作业执行，关闭工单或触发下一个子流程工单 2. 直接提供自动化作业中心让客户完成日常巡检任务				被集成：提供对象和关联关系，用于子作业对象选取	集成：提供巡检作业工单，巡检作业流程执行审批，调用自动化运维中心执行，并获取反馈数据，关闭工单	被集成：提供自动化流程执行接口，对参数输入提供格式参考	
报告汇总/大屏展示 1. 运营数据、运营数据以报表、视图方式统计分析 2. 部分报表汇总在各产品内页，部分报表汇总需统一到报表中心，以及提炼后的数据汇总或展示到客户数据报表平台	被集成：提供对象、指标清单，一定时间维度指标数据，进行监控数据配置和数据统计	被集成：提供告警数、告警状态、告警响应时间（MTTA）、告警恢复时间（MTTR），进行告警配置和数据统计	被集成：提供日志对象、关键字告警、日志索引，进行	被集成：提供对象、属性、配置关系、配置孤岛对象接口	被集成：工单数、工单类型、工单状态、工单关闭时长、特殊标签工单数据接口	被集成：提供作业类型、作业执行次数、耗时、执行状态、执行时长的数据接口	被集成：提供应用对象类型、作业执行时间、作业状态、次数的数据接口
监控对象接入 技术对象接入监控系统	集成：1. 基于 CMDB 对象实例，进行采集器下发和采集指标定义 2. 不依赖 CMDB 进行监控对象接入	集成：1. 基于 CMDB 对象实例，进行告警的分析和视图展示 2. 不依赖 CMDB 进行告警输出和通知		被集成：提供 CMDB 模型、实例的对象、属性和关系，识别监控采集对象			

表 3-2 组合工具场景示例（变更发布类）

运维活动和运维操作（典型场景示例）	监控运行管理工具类		配置管理	流程管理类	操作任务类	
	监控	告警	CMDB	ITSM	自动化运维中心	发布自动化
部署发布 1. 流程发起部署发布，领导审批后，调用发布自动化执行发布，发布状态返回，关闭工单 2. 直接在发布自动化工具上进行发布，然后将结果反馈到客户流程系统中 3. 直接在发布自动化工具上进行发布，工单流与发布执行隔开	被集成：发布后的重保阶段监控，异常检测	被集成： 1. 按时间维度发布运行过程中触发的告警 2. 依赖发布后监控的告警与处置	被集成：提供对象和关联关系，用于作业对象选取	集成：提供作业工单，执行审批，调用发布自动化接口执行，输入相应参数，关闭工单	被集成：依据如对配置信输入参数，象，包和配置编排好息，执行作业任务的发布任务	被集成：依据如对配置信输入参数，象，包和配置编排好息，执行编排好的发布任务
配置变更调整 1. 变更技术设施配置，如应用配置文件、数据库配置、OS配置等 2. 修改CMDB配置属性项			被集成：提供对象和关联关系，用于作业对象选取	集成：提供变更工单，执行审批，调用自动化接口执行，输入相应参数，关闭工单	被集成：依据如对配置信输入参数，象，包和配置编排好息，执行作业任务	
基线整改 1. 批量比对OS配置基线，下发配置整改任务 2. 被第三方安全系统调用，执行基线整改任务			被集成：提供对象和关联关系，用于作业对象选取	集成：提供作业工单整改，执行审批，调用自动化接口执行，输入相应参数，关闭工单	被集成：依据如对配置信输入参数，象，包和配置编排好息，执行作业任务	
补丁管理 1. 批量比对补丁安装情况，下发补丁安装任务 2. 被第三方安全系统调用，执行补丁安装任务			被集成：提供对象和关联关系，用于作业对象选取	集成：提供补丁安装工单，执行审批，调用自动化接口执行，输入相应参数，关闭工单	被集成：依据如对配置信输入参数，象，包和配置编排好息，执行作业任务	

表 3-3 组合工具场景示例（故障应急类）

运维活动和运维操作（典型场景示例）	监控运行管理工具类			配置管理	流程管理类	操作任务类	
	监控	告警	日志	CMDB	ITSM	自动化运维中心	发布自动化
监控告警 1. 下发采集任务，采集指标 2. 指标检测 3. 根据策略生成告警				被集成： 1. 基于 CMDB 来构建监控对象模型 2. 实现告警事件收敛，丰富告警信息	被集成：告警分层，基于告警等级生成不同的告警事件级别		
故障恢复 监控发现故障产生告警，联动 ITSM 生成分级事件工单，联动自动化处理流程（标准运维）实现故障自愈	集成： 1. 推送告警事件信息（包括第三方的）到 ITSM 2. 绑定自动化处理流程（联动标准运维，通过 API 触发）	被集成：作为故障推送的告警通知，后续流程触发渠道				被集成：提供自动化流程执行接口，对参数输入提供格式参考	
应急响应 1. 应急响应是指监控识别到对应故障，按预先编排的协同流程，进行故障景进行处理，进行故障场景的恢复 2. 应急的管理和识别，往往是一套独立的工具以及逻辑来处理，需要监控、CMDB、流程和自动化的综合联动	被集成：提供相关对象的指标视图	被集成：提供满足客户业务逻辑条件（与客户业务逻辑相关）的告警	被集成：提供相关对象的日志数据	被集成：提供对象、属性、关系、应用架构的数据接口	集成： 1. 由人工发起，或置监控告警规则触发，用响应流程 2. 按应急类别、响应流程，处置流程进行流程协同	被集成： 1. 标准应急流程的自动化执行，如服务启停等 2. 满足一定规则条件对应的灾备切换，如数据库切换、灾备架构切换	

运维活动	典型场景示例	监控	告警	日志	CMDB	ITSM
容灾切换	1. 常规容灾演练 2. 应急容灾切换					被集成：进行灾备演练和切换的流程审批
故障分析	提供故障发生时的监控、告警、服务状态、日志信息，进行故障分析	被集成：提供筛选的监控对象、指标数据	被集成：提供筛选的告警数据	被集成：提供日志索引和筛选的日志数据	被集成：提供 CMDB 模型、实例的对象、属性和关系	

表 3-4　组合工具场景示例（服务响应类）

运维活动和运维操作（典型场景示例）	监控运行管理工具类			配置管理	流程管理类	操作任务类	
	监控	告警	日志	CMDB	ITSM	自动化运维中心	发布自动化
用户服务请求　ITSM 提供用户标准服务请求，进行自动化处理，实现服务敏捷化					集成：发起服务请求工单，提供服务请求流程、工单审批完成调用自动化执行，并反馈执行结果	被集成：根据用户标准服务请求，编排作业流程或配置执行服务请求，并反馈状态	
资源交付　1. 用户申请资源，包括云资源、资源类型包括 IaaS、PaaS 和软件安装配置等　2. 部分客户独立于 ITSM，直接在 CMP 服务请求门户上进行云资源请求				被集成：提供 CMDB 模型、实例的对象、属性和关系	集成：发起资源请求工单，提供资源请求流程、工单审批完成调用自动化/CMP 执行，并反馈执行结果	被集成：根据用户资源服务请求，编排作业流程或配置执行资源请求，并反馈状态	

表 3-5 组合工具场景示例（优化提升类）

运维活动和运维操作（典型场景示例）		监控运行管理工具类			配置管理类	流程管理类	操作任务类	
		监控	告警	日志	CMDB	ITSM	自动化运维中心	发布自动化
容量管理	容量管理分为应用容量、资源容量。应用容量一般是指应用支持的并发在线用户的容量，资源容量一般是指计算、网络、存储的容量。进行容量监控、规划和管理	被集成：1.APM/RUM 提供用户并发数据 2.基础监控提供计算、网络、存储的指标数据			被集成：提供 CMDB 模型、实例的对象、属性和关系		被集成：通过人工或标准化条件触发相应编号的扩容或缩容（缩容副本存在较高风险，需要进行技术确认）流程	
系统健康度画像	一般是指从综合维度来看应用系统的可用性、配置合规、性能、容量情况	被集成：1.提供筛选的监控对象、指标数据 2.APM/RUM 提供用户并发数据 3.基础监控提供计算、网络、存储的指标数据			被集成：提供 CMDB 模型、实例的对象、属性和关系		被集成：提供批量作业，如配置检查等场景的结果返回	
数据分析	数据分析分析场景较为分散，往往是指联动多个系统进行数据分析，例如故障影响面分析，需要联动 CMDB、监控告警以及客户第三方系统；场景较难以量纲提供通用数据系统，基本以各个系统提供通用数据接口为准	被集成：提供所需分析实例的指标数据			被集成：提供 CMDB 模型、实例的对象、属性和关系			

3.2.3 平台架构抽象

如果把所有关键运维场景做成一个一个独立的软件,运维活动基本上是很难运转的,这时就需要从整体工具体系架构的视角来做审视。

以典型的资源交付管理场景为例,如图 3-6 所示。

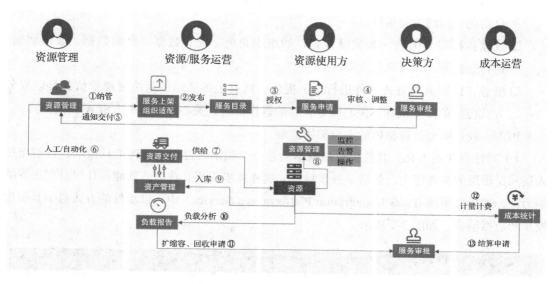

图 3-6 资源交付管理场景示例

资源交付管理是企业的基础设施运维人员的日常重要运维场景之一,主要内容是将资源以服务的方式提供给消费方,并交付完成,最后进行运营管理。

- ❑ 资源管理方纳管企业的各个环节的 IaaS、PaaS 甚至是 SaaS 资源。
- ❑ 以服务发布的方式提供给用户。
- ❑ 授权用户可见和可用的服务。
- ❑ 服务申请,提出规格要求,进行请求。
- ❑ 服务审批通过,并有资源容量等决策依据。
- ❑ 资源管理方进行人工或自动交付,尤其是大规模云环境,自动交付已成必然。
- ❑ 纳入运行管理环节。
- ❑ 进行监控、告警和自动化操作接入。
- ❑ 纳入 CMDB 配置库进行管理。
- ❑ 纳入负载和运营分析。
- ❑ 扩缩容、回收的闭环动作。

❑ 计量计费进行成本统计。

❑ 结算进行财务运营。

企业类似的运维场景还有很多，其共性体现在如下 3 个要素上。

❑ 模块：例如，都共用到对象接入、CMDB、流程编排等模块，资源交付的 CMDB 需要纳管上线的资源，对象接入用来驱动做自动化交付，流程编排用来做工单审批和自动化交付的过程编排。

❑ 数据：都需要消费一些关键数据，如组织角色、配置数据、负载数据、成本数据、运行数据等。

❑ 服务：以服务的方式对外进行统一提供，所有运维活动的最终传递价值都是以服务方式提供的。受众并不关心服务背后的运作机制，关心的是服务、SLA 和体验。

因而，我们需要进行整体的平台架构抽象。

1）共性模块能力化。共性模块抽象本质是一个积累的过程，遇到工具需求，拆解出接入层和逻辑层的共性能力，然后单独来设计，这样逐步积累、裁剪，就能设计出合理边界的能力项，然后注册到 iPaaS（integration Platform as a Service）中，以组件的方式对工具提供模块和数据消费，如图 3-7 所示。

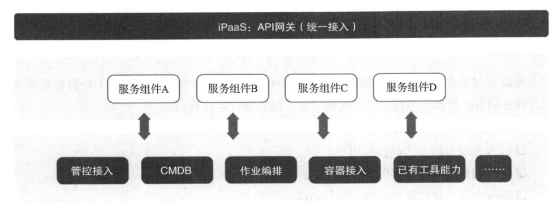

图 3-7　共性模块能力化

2）能力消费自主化。根据不同规模的企业，从最小化一个监控软件，到最大化面向不同角色、场景提供不同的工具，工具领域建设非常重要的架构要求就是可自主和扩展，这也是平台架构抽象的第二个关键点，如果没有这一层的支撑，会使得平台化建设做的都是后台，而没有场景活动的功能支撑。这时，aPaaS（application Platform as a Service）就显得非常关键，并且可以借助这个架构实现企业运维开发或自主可控转型，如图 3-8 所示。

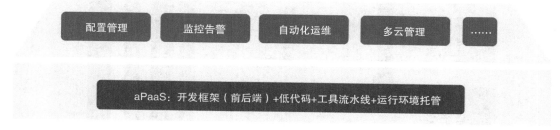

图 3-8　能力消费自主化

3）活动场景方案构建。PaaS 的本质是以能力化的软件集成架构，来解决变化的需求的能力，因而我们如果从下往上看，iPaaS 做了技术能力抽象，基于 aPaaS 做了单工具领域集成和一体化，则再往上就是组合工具，而这里的整个能力、数据和服务集合，就支撑了运维活动的展开，如图 3-9 所示。例如：为了有效地实现应急保障活动场景，我们需要有应急协同、预案管理、应急处置等组合工具，而这些工具的构建都需要基于 CMDB 获取对象、基于可观测获取指标和运行状态、基于流程来做协同和工作推进等，所以这时越面向一线用户的运维软件需求，越应该是可组装和轻逻辑的架构。

总之，平台架构抽象是一个在运维工具建设领域必定要建设的事情，好的规划和设计可以规避掉目前在工具体系建设上的很多关键问题：

❑ 工具之间无法联动，没有有效的功能和数据集成。

❑ 工具能力无法复用，不断重复投资。

❑ 没有有效的扩展性，烟囱集成的模式使得技术债越来越重。

❑ 组织被工具绑死，而不是基于工具激活组织来持续供给到业务。

3.2.4　数据与 AI 加持

随着业内方法论和实践的变化，IT 运维管理逐步诞生出以下两种工具体系的建设流派。

1）基于数据驱动的工具体系建设方法。其本质与业务架构治理的思路类似，基于运维大数据的能力，把传统工具定位为采集端，在数据平台中实现数据的清洗、关联、逻辑计算、分析，然后得出运维相关的结果。例如进行故障影响面分析，传统的针对业务关联对象的监控通常由不同的监控系统承载，数据散落在各个监控数据库中，而业务拓扑关联的集群、主机、服务、进程、硬件等关系数据存放在 CMDB 中，基于大数据平台的统一数据采集分析能力，可以基于故障场景快速定位业务受影响的范围，为后续的应急管理预案的有效启动和故障根因分析提供决策依据。

2）基于 AIOps 的工具体系建设方法。AIOps 是 Gartner 在 2016 年首先提出，又在 2017 年重新定义过的概念，即人工智能与运维的结合，旨在基于运维数据，运用大数据、

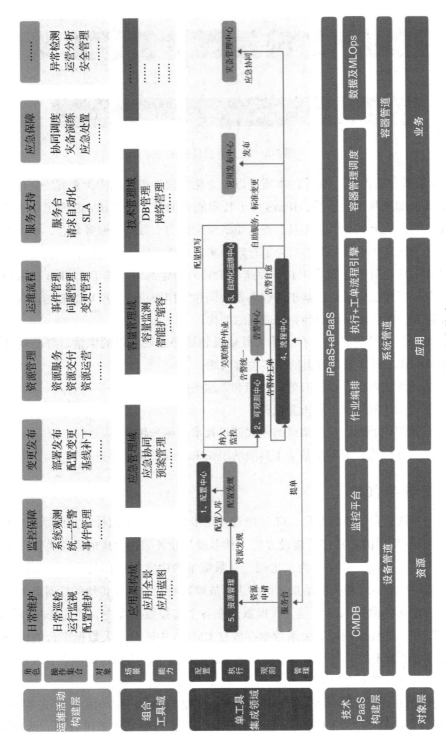

图 3-9　活动场景方案构建

AI 和算法等相关技术，进一步提升运维效率，包括运维决策、故障预测和问题分析等，直接或间接地提升目前传统 IT 运维（监控、自动化、服务台）的能力。

从技术发展的成熟度和运维业务的本质来看，技术的发展可能会带来业务的裂变，但是运维领域更为复杂，基于数据或 AI 驱动的工具体系往往面临如下挑战：

1）运维的复杂度。它来源于 3 个维度：业务变化和技术架构的迭代（对象）、运维管理的模式（管理）、运维的自身成熟度建设（治理）。也可以说，运维是一个较为"长坡厚雪"的建设模式，即可能随业务变化而变化，例如银行走向分布式核心和云原生架构，对运维的能力和工具要求会与传统的完全不一样，更为关注业务、面向异构化架构和高可靠场景。

2）运维数据的复杂度和质量。运维数据包含各类数据类型和存储格式，包括：如 CMDB 半结构化的，可能用到半结构化、图等数据库类型；如监控时序类的，可能用到时序数据库；如日志类的，主流的仍然是 ES。此外，数据质量的治理难度很高，尤其是当需要对数据进行实时、离线、聚合、关联等复杂处理时。

3）AI 模型训练的成本和准确率。AIOps 领域的模型训练需要有好的样本数据、有监督和无监督的训练模式、持续的调参和优化，以及配套的 MLOps 平台来完成模型供给。对于企业投资而言，要发挥比较高的价值，人才、模型、应用等要素缺一不可。因此，AIOps 全面化应用的最大挑战仍然是成本收益的性价比，期待这个生态的持续发展可以逐步优化这个关键矛盾。

综上，从工具体系建设的角度来讲，我们认为基于运维业务的大逻辑，运维数据要重视治理和消费，AI 要能够赋能工具。

1）运维数据的治理和消费：主要包含元数据管理、主数据管理、数据标准管理、数据质量管理、数据模型管理、数据安全管理和数据生命周期管理几个部分。例如：通过对日志、性能、容量、安全、可用性、业务感知、客户反馈等数据分析，快速发现影响业务系统的潜在问题，在异常问题爆发前优化应用，提升系统健壮性；同时，基于日志的异常检测可以帮助故障问题的排查和快速根因分析定位，提升业务连续性保障能力。

2）AI 赋能工具；模型要在数据中持续成长，因此运维领域比较典型的几个 AIOps 场景，如异常检测、告警降噪、智能派单、智能问答、基于条件的根因定位等，应归属到工具域中去建设，而不是单独采用 MLOps 的做法，使得 AI 场景脱离的工具支撑运维业务的逻辑。监控系统 AI 工具加持的建设逻辑如图 3-10 所示。

例如，我们可以在告警事件中心，通过基于时间序列的算法以及 CMDB 中的信息，智能地进行告警降噪，提升告警信噪比；还可以在监控中心中，通过时间序列算法对指标进行实时检测，动态发现指标异常点等。此外，在数据化、智能化持续建设的过程中，逐步扩展更多的应用场景和运维软件能力。我们坚信 AIOps 是未来，AI 赋能运维是已确定性的未来，AI 替代运维还需要整个生态持续建设。

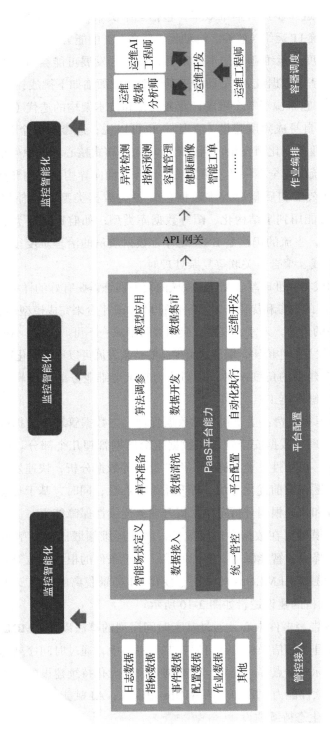

图 3-10 监控系统 AI 工具加持的建设逻辑

3.2.5 实践案例

下面以某银行客户为例来进行一体化、平台化、服务化、数智化的运维平台建设剖析。

客户的业务建设：银行业的业务体系分别经历了电子化、银行信息化、信息化银行、智慧化与生态化银行的业务战略，对应大机时代、数据集中、两地三中心、分布式架构建设等业务和技术架构阶段。

运维管理体系面临如下普遍的痛点：

❑ 业务增长带来 IT 对象和架构异构化剧增。

❑ 新技术发展对运维的要求高，尤其是分布式、云原生架构。

❑ 国产化、自主可控要求，以及监管匹配要求。

❑ 工具烟囱管理成本高。

❑ 工具体系难以支撑运维组织的设计。

在运维体系建设的过程中，运维平台经历了如下 3 个阶段，逐步走向了一体化、平台化、服务化、数智化的模式：

1）构建运维 API 生态，以平台化的架构实现运维对象的数字化和状态数字化，CMDB 工具体系和监控告警体系先行。

2）IT 服务化，数据中心作为生产管理者，以流程的方式对外服务，整合各运维服务化工具，提升服务能力和用户体验，这个阶段 ITSM、自动化、门户工作台持续建设。

3）数智化与持续发展，当面对更为海量的分布式组件和微服务时，运维的对象覆盖能力和场景能力进一步发展，并引入数据和 AI 来解决分布式架构中的运维问题，这时面向分布式架构的应急、容量、故障预防、故障分析、故障定位、故障处置，以及数据与 AI 的能力持续建设。

运维的技术蓝图经过持续的实践，逐步形成了一体化、平台化、服务化、数智化的模式：从技术视角来看，即基于 PaaS 架构，能力与场景解耦，持续构建运维工具体系，以及支持组织运维开发转型；从业务视角来看，即生产运行、服务管理、技术管理的一体化平台。其中，一体化强调场景支撑，业务活动一体；平台化强调架构整合，实现复用与扩展；服务化强调服务交付，优化对外服务和体验；数智化强调发展方向，数据和 AI 的能力融入运维工具体系建设。运维工具体系蓝图如图 3-11 所示，充分体现了一体化、平台化、服务化、数智能的运维平台架构。

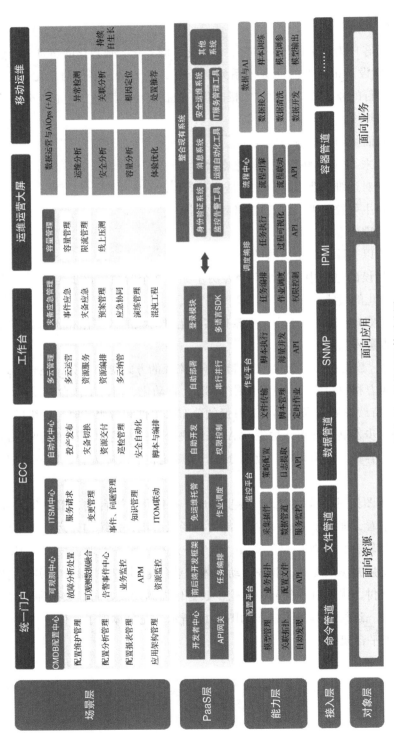

图 3-11 运维工具体系蓝图

数字化运维一体化平台

在数字化大背景下，业务与技术飞速发展给企业的运维能力带来了巨大的挑战，为了解决这些问题，国内外大型互联网公司开启了中台建设的浪潮。基于平台化建设的理念，新一代运维一体化平台应运而生，为上层业务系统开发提供了 iPaaS 和 aPaaS 的能力。平台化开发模式让应用自生长，降低了运维开发门槛，并催生了工具文化，为组织和文化的转型变革提供了强大的动力。

4.1 运维一体化平台的建设背景

伴随着技术的飞速变革，企业架构也从技术支撑业务向技术与业务深度融合的方向发展，并且推动了企业的商业模式的创新。起源于互联网公司的中台建设模式成为各企业建设技术系统的最佳方案，然而随着企业规模的不断壮大，信息系统规模和复杂度不断提高，运维平台建设面临着非常多的挑战。

4.1.1 业务与技术发展趋势

1. 技术革命带来的巨大影响

技术发展对人类社会产生了巨大的影响，每一次新的技术革命都带来经济活动的重塑。人类社会主要经历了 3 次大的技术革命：一是 18 世纪 60 年代，以瓦特蒸汽机为主导的第一次技术革命；二是 19 世纪 70 年代，以电力为主导的第二次技术革命；三是 20 世纪四五十年代，以信息为主导的第三次技术革命。每一次技术革命都带来了新行业、新产品、新基础设施的爆炸式发展，影响着经济社会的生产者和消费者的生产关系，带来工作形态及工作方式的改变。技术的发展打破空间对人类的限制，如距离限制，由过去以资本密集型和劳动密集型的生产活动，转变为以信息密集型和数据密集型的生产活动。各行各业的前沿企业都积极尝试新技术的研究和应用，以技术创新持续增强企业的核心竞争力。

2. 业技融合的发展阶段

业技融合发展主要分为以下几个阶段。

（1）业务支撑阶段

在业务支撑阶段，技术部门更多的是保障业务的连续性，使业务稳定、安全、有效地运行。最初在技术架构层面更多是采用传统的 IOE 架构（指使用 IBM 的小型机、Oracle 数据库、EMC 存储设备建设的系统），以及高可用（Highly Available，HA）、负载均衡、灾备归档、两地三中心的体系架构。随着技术路线的发展演进，基础架构逐步虚拟化、云化，应用开始采用微服务、分布式的架构，企业从资源分散向资源集中一体化管理的方向发展。

（2）初步融合阶段

在初步融合阶段，企业架构的设计从相对解耦的状态向有机融合的状态转变，业务、应用、数据、技术架构实现有机的融合。在企业组织架构层面，业务线人员与技术线人员不再是相互独立的隔离状态，开始基于业务线进行整合，整合成虚拟项目团队或实体团队，如由业务人员、业务架构师、产品经理、研发人员、运维人员、运营人员组成的项目组。

（3）深度融合阶段

在深度融合阶段，企业走向生态融合，业务与技术能力交织在一起，与产业上下游、客户形成网络结构，企业的各要素实现互连互通，高效协同为提升客户体验和客户满意度共同努力。以客户为中心进行组织架构设计，实现所有业务线都以跨职能团队为最小组织单元，业务与技术运营融合，实现业务敏捷性，持续提升企业的市场竞争力。

3. 业技融合带来商业模式的创新

业技融合为商业模式的创新带来了新的可能。一个好的商业模式，是技术创新、产品创新和服务创新的有机集合，连接客户、员工、合作伙伴、产业上下游等成为利益共同体，为产品价值链各环节提供者创造价值。最近几年特别火热的共享经济如共享单车、共享充电宝、共享会议室、共享雨伞等，它本质上就是一种租赁模式，平台拥有物品的所有权，用户通过付费的形式获得一定时间的使用权。这种模式的最大亮点在于无人化，突破了时间和空间的限制，用户可以随时随地自借自还，省去传统租赁方式的场地和人力消耗。而这种无人化的实现得益于智能制造技术的普及，以及结合大数据、云计算、机器学习等技术的数字信任体系的建立与完善。因此，业务与技术的深度融合可以带来一些商业模式的创新。

4.1.2　互联网中台建设浪潮

1. 中台的前世今生

阿里巴巴是国内最早提出中台理念的公司之一。这一理念起源于 2015 年阿里巴巴高管对国外游戏公司 Supercell 的商务拜访。当时，Supercell 是北欧芬兰一家非常成功的移动游戏公司，旗下的《部落冲突》《皇室战争》等游戏品质出色，深受全球各地玩家喜爱。而令人惊讶的是，这些游戏并非由大规模团队制作完成，而是由 5 个左右的开发小团队 Cell（细胞）独立完成的。虽然 Supercell 公司规模不大，只有 50 多人，但是产能非常高。基本上一个月就可以制作出一款游戏产品并推向市场。他们会根据市场反馈情况做出决策，如果反馈不好则迅速放弃，开始新的尝试。这种灵活的开发模式得到中台的支持，中台整合游戏开发经常使用的游戏素材和算法，并提供统一的研发工具和开发框架，构建了功能强大的中台。正是由于 Supercell 中台能力的打造，极大地提升了他们开发团队的研发效率，使公司具有强大的市场适应能力。Supercell 中台管理理念给阿里巴巴高管带来了极大的震撼，阿里巴巴也随之开启了自身的中台之路，并在国内引发了一股中台浪潮。

2. 中台能解决什么问题

中台整合了业务的通用资源、服务、工具等，加速组织内部信息流通的机制，支撑企业各个业务的发展。中台的出现，主要解决了以下几个核心问题。

（1）重复造轮子

传统的多个业务线产品开发都相对独立，由不同的开发团队承担，各自打造业务产品功能，因此会造成各个业务线重复造轮子的现象，极大地浪费了企业的各种资源。中台理念的诞生，企业通过中台能力的打造，很好地解决了这个问题。举个例子，阿里巴巴旗下如淘宝、天猫等多个电商业务，每个产品会涉及相同的业务能力，如商品管理、用户、订单、支付等，各个业务线不可能全部都独立开发一套产品，因此把这些共性能力抽象成模块，整合到统一的中台，避免新业务重复造轮子的问题。

（2）信息传递效率低下

相信很多看过《信息论》的同学都会认同这样的一个观点：每一次科技革命都加速了信息的传递效率。这个观点尤其在中台理念出来后得到了进一步的验证，信息在部门之间的传递不再依赖于冗长的流程，而是基于数据中台的信息整合，大量的数据分析由机器进行判断决策，减少人工介入的成本。举个例子，在饿了么被阿里巴巴收购之后，第一件事就是把饿了么应用的数据接入阿里巴巴的数据中台，进行数据分析场景的应用，如通过交易数据的分析判断商店是否打烊。

（3）资源的浪费

中台的打造核心目的是减少资源的浪费，通过业务中台、技术中台、数据中台、组织中台等中台的建设，把企业核心"能力"沉淀，形成共享和复用的机制，减少重复资源的投入和消耗。中台就像在前台和后台之间的一组"变速齿轮"，既保证了后台系统的稳定性和可靠性，又使前台系统小而轻，快速响应业务的变化。

3. 互联网中台建设之路

自从阿里巴巴提出中台的理念后，各大前沿企业特别是互联网企业也争先恐后进行热棒追随。在 2019 腾讯全球数字生态大会上，腾讯公司高级执行副总裁汤道生也提出了"开放中台能力，助力产业升级"的口号，由此中台的概念变得越来越火。如今，各种各样的中台层出不穷，如技术中台、业务中台、组织中台、安全中台、算法中台、研发中台、移动中台等。正如一千个人心中就有一千个哈姆雷特，每个企业对中台都有自身的理解，建设的方向和重点都大不相同。但中台是企业发展到一定规模以后，企业内部提质增效要求的体现，本质是能力复用平台或企业级能力共享平台，核心是抽象共性能力。然而，中台建设并不是万金油一样的存在，它也需要解决很多问题，如技术风险的问题、稳定性和灵活性矛盾的问题等，中台的落地需要持续迭代和改进。

4.1.3 运维平台现状

云计算、大数据、容器、微服务等新技术的出现以及企业 IT 业务系统复杂度的提升，IT 运维正在发生着深刻的变革。但企业由于前期缺乏统一规划，或者缺乏一套强大的全面支撑平台，监控、配置、大数据等领域只能各自寻找或建立自己的工具平台，并持续深化。随着企业规模不断壮大，信息系统规模及复杂度不断提升，在运维阶段出现运维人员增多、运维团队分散、管理不易等问题。此外，业务系统采取烟囱式建设方法，数据互通困难，运维无法做到及时响应，及时发现并解决问题，难以提高运维效率和运营价值。

（1）系统多样且架构复杂

运维产品持续丰富、技术资源要求持续增长。由于没有进行统一规划，企业各级单位多年以来独立进行 IT 运维系统的规划和建设，已经累积了大量不同厂商、不同架构的运维产品或者各单位自建的运维系统，每一个单独的运维系统都负责解决该单位某一个方面的运维需求。

（2）系统之间难以横向协同

系统建设烟囱化，部分产品代码闭源，依赖沟通协调解决问题。各类 IT 运维系统的厂商、架构各不相同，彼此之间没有接口进行协同交互。同时，由于各系统的数据规范和格式各不相同，导致在数据方面也无法有效统一。各单位的安全设备及安全类系统厂商不同，所能提供的安全指标差异较大，导致公司层面无法进行统一的安全指标展示和横向对比等。

（3）运维数据无法发挥价值

业务系统数据存在孤岛且冗余，各单位的 IT 运维系统的数据没有统一的标准规范，各项数据准确性、一致性较差，数据质量问题突出，并且难以推行统一的质量改进方案。因此，无法基于各单位已有的运维数据进行分析、挖掘和应用，数据价值不大，无法实现统一运营。

（4）系统建设及运维成本持续增加

IT 运维系统独立规划、建设、部署和运维，随着 IT 运维需求的复杂度逐步增加，更多数据化、自动化、智能化的运维需求不断提出，且所有单位大部分的运维需求都类似。继续独立规划和建设运维系统，将导致整个集团层面的总体系统建设、运维成本持续增加，存在大量的重复投资。

（5）新技术栈应用各异、参差不齐

重复研究投入，技术要求越来越高，传统的 IT 运维系统技术落后，难以适应当前企业级应用快速开发、精细化管控要求。随着新的互联网技术的不断涌现和成熟，各业务系统自行引入新技术，将会造成大量的重复研究投入，并且技术应用程度参差不齐。

4.2　运维一体化平台的能力要素

基于企业 IT 设施集中化、管理扁平化、协作一体化的需求，运维一体化平台的目标是建设覆盖运维全生命周期的一站式平台，支撑持续快速交付高质量的系统，提升运维效率，保障业务连续性，实现数字化运维一体化管理，打造支撑数字化转型的智慧中台，加速 IT 能力升级和组织能力升级。

1. 平台能力要求

（1）升级运维保障能力

构建自动化、智能化和自主可控的 IT 运维管理体系，基于场景式的运维保障需求，联动各个运维领域功能模块，实现服务快速交付、故障自动处理、场景全面覆盖、经验智能沉淀的自生长运维管理体系。

（2）持续运营及改进信息化业务

构建基于数据与智能的持续运营体系，对研发运维效能进行画像，并基于业务场景和数据能力，辅助业务运营，增强用户体验、改善产品运营。

（3）高效协同，打造敏捷精益化 IT 组织

基于流程、组织、工具的联动，实现"交付 - 运维 - 运营"的全流程闭环管理，提高企业运维效率和运营价值，助力市场竞争与应变。

2."平台 + 应用"模式

打造承载所有运维和运营功能的统一平台，平台具备资源接入层、运维服务能力和可承载自定义开发应用的能力，平台具备强大的延展性和服务支撑性。将所需的运维功能进行场景化，以工具化的方式运行在统一平台上，调用底层平台所提供的能力服务，实现功能敏捷迭代，功能之间不再以烟囱式方式构建。

（1）平台能力池

构建一体化运维平台所需的平台能力包括采控、配置管理、作业执行、运维大数据平台、AI 运维和开发框架，并能支持第三方运维系统成为平台能力池的模块，平台能力可以持续扩展，满足新技术和架构要求。

（2）场景式交付

解决配置管理、监控及故障自愈、自动化运维、数据化分析等场景应用，提升企业运维效率和 IT 服务敏捷性，自动化平台与监控互动形成故障自愈，与流程互动形成工单自处理，与 CMDB 互动实现配置的动态实时更新。

（3）插拔式系统

平台化能力及场景应用之间采用松耦合架构，同时将自定义开发场景所需的公共功能进行服务化和模块化设计，并沉淀于平台中，按标准 ESB（Enterprise Service Bus，企业服务总线）模式统一提供给应用功能开发，这样平台化的能力模块和场景应用均可插拔式扩展，做到松耦合。

3. IT 运维功能全覆盖

IT 运维功能涵盖企业现有资产配置管理、基础设施监控、应用监控、服务管理、安全监测、IT 呼叫、设施巡检等功能，同时需要为未来自动化、智能化运维场景预留扩展能力，构建监、管、控、服、智、营于一体的运维管理。

（1）监：可视化运维

结合 ITIL 和 DevOps 实现全面可视化运维、监控平台全方位展示业务健康状态、Web 拨测、日志异常告警，并与第三方告警源对接，实现自动故障自愈。

（2）管：标准化运维

标准化运维制度、流程规范、产品选型、安全基线、资产管理、CMDB 平台，并通过平台管控能力进行约束执行。

（3）控：智能化管控

应用日常运维自动化、发布变更自动化、智能扩缩容、批量巡检、补丁更新、安全加固、服务启停、变更发布等自动化运维场景。

（4）服：服务化管理

利用可编排的全数据流程引擎，根据实际场景需求自定义专属请求、故障、事件、问题等管理实践，持续建设知识库，优化协作效率，提升客户服务满意度。

（5）智：智能化分析

基于运营大数据趋势分析和 AI 智能化分析，为企业单位运营提供数据支撑和指引，包括办事流程优化、趋势预测、运营辅助、运营决策等。

（6）营：可视化运营

结合可视化、标准化、自动化模型，将业务系统各项运营指标如各类日志、运行或业务数据进行数字化建模、整体业务性能展示管理，实现运营可视化，帮助快速决策分析。

4. 先进技术架构

依托 SOA 设计理念，将 IT 自动化运维系统产品研发以 IaaS（Infrastructure as a Service）管控层、原子平台层、PaaS（Platform as a Service）层、运维场景层输出服务，提供各层资源全生命周期的运维管理，实现对企业 IT 资源的集中化、可视化、自动化的管理。

为弥补传统单体设计模式的缺陷，采用业界先进的"PaaS+ 微服务"的设计模式，利用分布式、高可用技术实现平台高可用、高性能。

同时，采用开放式、标准化的平台接口设计，支持基于平台进行场景式扩展开发，还提供插件式、二次开发（开源项目）的模式，可促进运维生态持续发展。

4.3　运维一体化平台的建设路径

为了提升运维效率，助力数字化转型，需要建设贯穿应用交付、运维、运营全生命周期的一站式平台，然而，平台的建设不是一蹴而就的，需要分阶段进行：第一，将通用能力下沉，抽象原子平台；第二，进行原子能力的服务治理，把场景和原子分离；第三，通过将原子平台对接到企业服务总线，为应用系统提供平台化的能力，基于平台化的开发模式，让应用自生长。

4.3.1　平台建设的 3 个阶段

1. 抽象原子平台

基础的运维服务，不论是发布变更还是告警处理，都可分步骤完成，步骤可以串行或者并行执行，也可以包含分支结构。为了提高平台的复用性，应将单个步骤尽可能抽象为原子，再将原子自动化，而后通过任务引擎连接成"串""并"或"分支结构"，实现任务流程全自动化。

这种 SOA 设计的优点在于不依赖业务类型、架构和场景，只要是运维手工能操作的，就可以做成无人值守。运维需要做两件事，即将原子自动化和将原子集成为工具，这两件事也正是原子平台建设的切入点。

2. 场景与原子分离

把通用的运维能力存储在平台内部，形成各个原子能力模块，再通过 SOA 的架构理念进行封装，将运维所需的场景功能和平台的原子能力模块进行分离，如图 4-1 所示。这样做的好处是避免了烟囱式的建设方法，运维的数据和功能得到有效的治理。

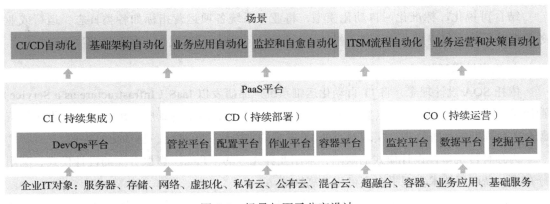

图 4-1 场景与原子分离设计

1）平台 PaaS 化：打造承载所有运维和运营功能的统一平台，平台具备接入资源层、运维服务能力和可承载自定义开发应用的能力，平台具备强大的扩展性和服务支撑性。

2）场景工具化：将所需的运维功能场景化，以工具化的方式运行在统一平台上，调用底层平台所提供的能力，实现敏捷迭代，功能之间不再以烟囱式方式来构建。

3. 平台化开发模式

在传统开发模式下，构建一个运营系统需要先了解需求、准备机器等资源、搭建部署环境。开发完成后还要部署应用，并承担这个 SaaS 工具的运维工作。而基于 PaaS 的平台化开发模式，开发者只需要了解应用需求，然后通过统一的后端开发框架，加上可拖拽的 UI 组件库和页面样例，即可快速完成 SaaS 工具的逻辑开发。对比如图 4-2 所示。

简单来说，一个新的应用是由一系列"原子平台"的能力组合而成的，也就是拼装一堆 API，并做一个门户而已。这些 API 由不同的团队提供服务，但又不仅仅服务于某一个 SaaS。这就使得 SaaS 看起来像一个项目、一个产品，而事实上却是像乐高积木一样由不同团队的各种零部件组装而成的。因此，一旦新产品立项，整个 PaaS 体系就会并行开工，包括构建引擎、编译加速、代码检查、制品仓库、容器云、测试平台、作业平台、配置平台、管控平台、数据平台等多个研发类团队、安全类团队以及流程质量管理类团队。

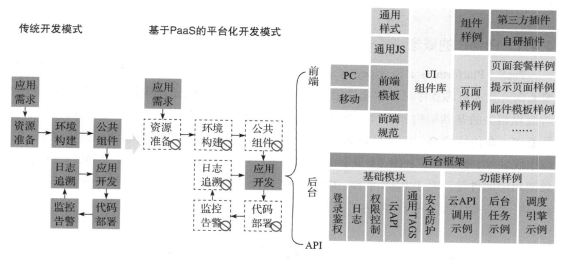

图 4-2　传统开发模式和基于 PaaS 的平台化开发模式对比

换言之，基于 PaaS 模式构建的新应用程序，从立项之日起就可以调集几乎整个部门的资源并行协同。在 PaaS 模式下，技术架构和管理架构是融为一体的。

4.3.2　数据化和智能化

随着数字化转型的深入，企业已经建设了涵盖监控、管理、自动化、流程等能力的一体化运维平台。平台中沉淀了监控、日志、性能、配置、流程、应用运行等各类数据。企业已逐渐了解数据所蕴含的价值，对数据的重视程度越来越高，部分企业也开始投入大量资源进行大数据研发与应用。但是，我们必须承认，国内很多企业并不都高度重视数据治理，而投入大量资源建设大数据平台，但用的时候又发现数据孤岛、数据质量不高、数据分析能力不足等问题，从而导致项目没有达到预期效果，这是一个普遍现象。企业通过反思，发现在数据的采集、存储、计算、使用过程中，缺少了数据管理的步骤，即数据治理缺失。

为避免数据孤岛的情况发生，我们可以遵循一体化的原则进行运维平台建设，并复用 PaaS 平台中的原子组件，基于大数据技术和 AI 能力，快速将运维一体化平台升级为智能运维一体化平台。智能运维一体化平台应具备数据接入、数据处理、数据存储的能力，从而实现可视化分析数据、实时进行数据计算，对研发、运维数据进行在线或离线分析，做到秒级响应，并实时进行数据处理。

4.4 运维一体化平台的 PaaS 能力

运维一体化平台的能力通过 PaaS 模式对外提供服务，本节详细介绍 PaaS 相关概念及包含的能力。

4.4.1 PaaS 的概念

PaaS（Platform as a Service，平台即服务）实际上将软件研发的平台作为一种服务，主要面向开发人员和程序员，它允许用户开发、运行和管理自己的应用，而无须构建和维护与流程相关的基础架构和平台。PaaS 平台在架构中位于中间层，其上层是 SaaS，其下层是 IaaS。在传统的 On-Premise 部署方式下，应用基础设施（即中间件）的种类非常多，有应用服务器、数据库、ESB（企业服务总线）、BPM（业务流程管理系统）、中间件、远程对象调用中间件等。对于 PaaS 平台，Gartner 把它分为两类，一类是应用部署和运行平台的 aPaaS，另一类是集成平台 iPaaS，如图 4-3 所示。

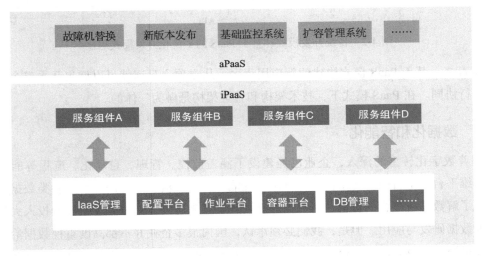

图 4-3　aPaaS 和 iPaaS 的分层

4.4.2 PaaS 的能力

与传统的开发平台或本地开发平台相比，运维一体化平台中 PaaS 具有高度的灵活性，可以根据不同人员的需求提供不同的能力，如图 4-4 所示。

对于普通用户，PaaS 平台一般作为运维一体化的入口，提供通用的基础服务，如登录认证、消息通知、其他产品的快捷入口（工作台）、获取更多的产品的应用市场等。

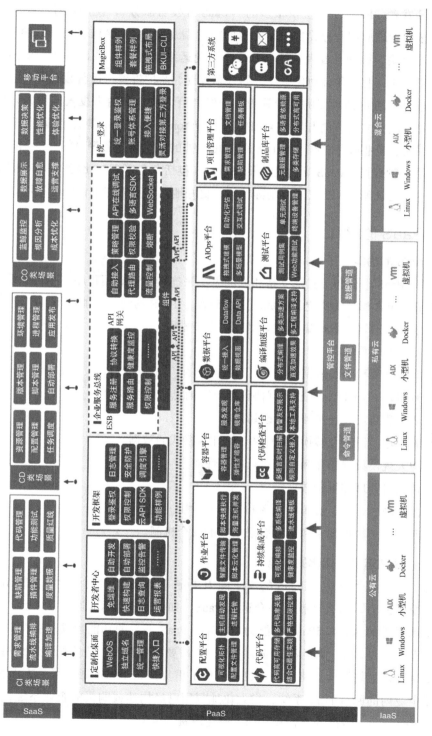

图 4-4　运维一体化 PaaS 能力

对于开发者，PaaS 平台提供很多的"SaaS 开发者服务"，使开发者能够简单、快速地创建、部署和管理应用程序；提供了完善的前后端开发框架、API 网管（ESB）、调度引擎、公共组件等模块，帮助开发者快速、低成本、免运维地构建支撑工具和运营系统。PaaS 平台提供了完善的自助化和自动化服务，如日志查询、监控告警、运营数据等。

从创建到部署再到后续的维护管理，开发者可以将全部精力投入应用的开发中。PaaS 平台的主要功能有多语言的开发框架和样例（Python、Go、Java 等）、免运维托管、SaaS 运营数据可视化、企业服务总线（API 网关）、可拖拽的低代码服务等。

对于系统管理员，PaaS 平台提供用户管理（包括角色管理）、服务器基本信息维护、第三方服务可视化管理、API 权限控制等功能，更好地维护和管理平台的可用性。

4.4.3　iPaaS 的能力

1. iPaaS 的功能

大多数 iPaaS 平台和工具都支持相同的方法来连接各种应用程序、平台和系统，尽管它们可能并不都包含相同的特定的集成。一般而言，iPaaS 的常见功能如下：

❑ 易于平台部署、数据集成和应用程序管理流程。

❑ 整合烟囱式系统。

❑ 集成工具集和预建数据连接器。

❑ 支持 HTTP、FTP、开放数据协议和高级消息队列协议等。

❑ 灵活构建自定义连接器和修改访问机制。

❑ 能够处理、清洗及转换 XML 和 JSON 等格式的数据。

❑ 处理大规模数据操作和并发执行时的性能。

❑ 支持实时处理和批量数据集成。

❑ 监控故障、延迟、资源利用率和工作流性能。

❑ 访问控制、数据加密和单点登录集成的安全机制。

2. iPaaS 在运维一体化的体现

在运维一体化平台中，iPaaS 的原子能力决定了 PaaS 平台的属性，如果 iPaaS 中都是运维类的原子能力，那么这就是一套运维 PaaS，如图 4-5 所示。通过该平台，可以拼装出各种运维场景类的 SaaS。iPaaS 的能力越丰富，PaaS 平台的功能也就越强大。一方面，可以构建通用功能的 API，满足各类场景需要，不需要单独开发，让应用可以少写很多功能模块，如数据查询、数据计算能力等，也就避免了重复造轮子的问题。另一方面，iPaaS 可以集成对接企业内的原有的 IT 系统，最大化地复用已经构建或购买的企业系统，打通烟囱式的系统，进行资源、数据的整合和利用，避免浪费。

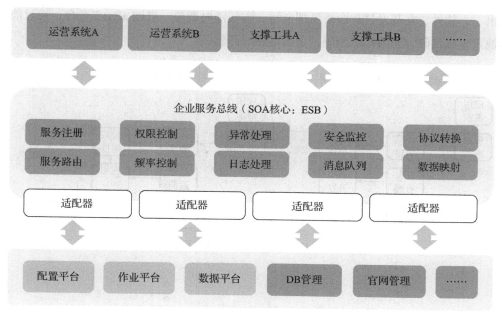

图 4-5　iPaaS 架构

4.4.4　aPaaS 的能力

1. aPaaS 的功能

通过低代码或零代码平台构建的应用，既具有 SaaS 的特点，又有开发工具的特性，这一类产品被归类为 aPaaS。aPaaS 平台围绕企业数据和业务管理需求，通过可视化设计数据结构、用户交互形式、设置访问权限和定义工作流程来构建应用，主要功能如下：

❏ 拖放式 UI 创建可加快应用开发和变更。

❏ 多设备支持、响应式 Web 应用程序和混合移动应用程序。

❏ 支持自定义 HTML、CSS、JavaScript 等和后端服务自定义开发。

❏ 本地、私有或公有云中一键式部署、运行。

❏ 提供身份验证程序集成并控制不同级别的授权。

2. aPaaS 在运维一体化的体现

在 PaaS 平台中，iPaaS 介于 IaaS 和 PaaS 之间，aPaaS 则介于 SaaS 和 PaaS 之间，如图 4-6 所示。通过 aPaaS 创建的应用可以直接部署在云端或企业内部 PaaS 平台。PaaS 本身是比较灵活的，因为可以完全按需开发；缺点是人力成本比较高，因为需要协调开发者去完成这个开发过程，另外如果涉及需求的调整，还会涉及二次开发。不管是人力成本还是时间成本都不是一般企业能够承受的。aPaaS 的优点是开发快、成本低，非技术人员可以快速地开发出一个软件，在开发过程中所见即所得，方便随时调整。借助 aPaaS 平台，通过前端页面拖拽式生成代码，无须自己编码，更加迅速、高效。

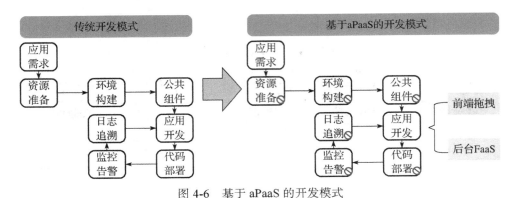

图 4-6　基于 aPaaS 的开发模式

可观测能力建设

本章介绍可观测能力建设的重要性和价值，涉及可观测体系的发展、理论基础、建设方法和落地实践，帮助读者在实际工作中构建可靠的可观测系统，提升运维管理的可靠性和效率，从而为企业的数字化转型和持续发展提供坚实的支撑。

5.1　可观测体系的发展

5.1.1　监控的发展历程

提及可观测就不得不谈监控，可观测概念正是由监控演变而来的，而从监控到可观测并不仅仅是词语的变化，而是一种理念的变更，应用系统由传统的被动监控，逐步发展为自身具备可观测性，从而转变为主动可观测。而可观测性也成了应用系统设计的一个重要考量，可类比于应用系统的安全性设计。

1. 监控的本质

监控的本质是通过发现故障、解决故障、预防故障来保障业务的稳定性，这是建设监控系统的根本目标，如图 5-1 所示。

Besty Beyer 等人所著的《SRE：Google 运维解密》一书中也提出，建立完善的监控体系是为了达到以下目的。

1）告警：当系统出现或即将出现故障时，监控系统需要迅速反应并通知管理员，从而能够对问题进行快速的处理或者提前预防问题的发生，避免出现对业务有影响的问题。

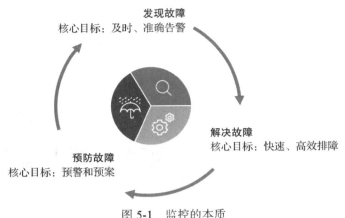

图 5-1　监控的本质

2）故障分析与定位：当问题发生后，需要对问题进行调查和处理。通过对不同监控以及历史数据的分析，能够找到并解决根源问题。

3）数据可视化：通过可视化仪表盘能够直接获取系统的运行状态、资源使用情况、服务运行状态等直观的信息。

4）对照分析：对于两个版本的系统，运行资源使用情况的差异如何？在不同容量情况下，系统的并发和负载变化如何？通过监控能够方便地对系统进行跟踪和比较。

5）长期趋势分析：通过对监控样本数据的持续收集和统计，对监控指标进行长期趋势分析。例如，通过对磁盘空间增长率的判断，我们可以提前预测在未来什么时间节点上需要对资源进行扩容。

2. 监控发展史

从 IT 发展史来看，从监控到可观测主要经历了以下 5 个阶段。

1）人工监控阶段。在计算机技术应用的初期，主要关注各种设备的可用性，设备的监控主要依赖于设备上的各种传感器来对外呈现。这个阶段主要靠人工，按照设备清单的检查项，一项一项地检查并记录设备的运行状态，形成最终的巡检报告。

2）工具监控阶段。随着计算机技术的不断发展，各种操作系统和软件开始发展，人工巡查效率已经捉襟见肘，无法满足越来越大量的系统和软件的健康检查，运维工程师开始寻找工具来提升检查的效率。各种系统工具、监控脚本开始出现，实现各系统和软件的实时监控和批量健康检查。此阶段主要关注系统、软件的可用性和一些基础的容量类的使用指标。

3）独立监控软件阶段。随着系统、软件的不断发展，分支越来越复杂，IT 业务的重要性也越发显著，甚至开始成为企业的核心业务，依赖系统、软件自带的监控工具以及脚本，已经无法满足运维人员对于大量目标实时监控的诉求。各种专业的监控工具开始出现，典型的有 Nagios、Zabbix、Cacti、ITCAM、Netcool、OVO、ELK 等监控软件，可以对企业的设备、系统、软件等资源进行专业监控。

4）统一监控平台阶段。随着业务的复杂度不断攀升，每款监控软件既有自己擅长的专业领域又有自己的局限性，无法对一个业务系统进行全方位的监控，导致在企业监控建设的过程中，越来越多的监控软件被部署使用，例如硬件监控、软件监控、云资源监控、日志监控等多种监控软件。每当问题出现时，需要反复游走于各种监控软件之间进行查找、分析、排错。于是，统一监控平台应运而生。一般而言，统一监控平台分为两层：第一层是统一告警平台，集中所有的监控软件的告警信息，便于用户集中管理和追踪，解决告警管理的问题；第二层是数据统一监控平台，将所有监控软件的监控数据如指标、日志等进行集中整合分析，为用户的排错分析提供数据支撑。

5）智能监控阶段。随着技术的继续发展，分布式技术、微服务架构、云原生技术等不断涌现，业务系统的复杂度开始呈指数级增长，监控数据也呈现爆炸式增长，依赖人工经验的规则进行监控已经跟不上技术发展的趋势。随着 AI 技术的发展，运维监控领域也开始引进 AI 算法进行监控异常检测、告警智能收敛、故障根因分析，以应对愈加复杂的业务系统海量数据的监控需求。

5.1.2　可观测理论

1. 可观测性的概念

在深入了解可观测理论之前，有必要对可观测概念的起源做一下概述。不同于"监控"一词，可观测性（Observability）其实最早并非 IT 领域的一个词汇，而是起源于工程控制领域，在 IT 领域被赋予了新的活力。

早在 20 世纪 50 年代的控制理论中，可观测性的概念就被引入。当时，控制工程师面临如何设计对系统进行监测和调节的控制器的挑战。他们认识到，为了设计有效的控制器，必须能够观测系统的状态，即了解系统在某一时刻的内部状态。为了解决这个问题，控制理论提出了可观测性的概念。一个系统被认为是可观测的，当且仅当从系统的外部输出中可以唯一地确定系统的内部状态。也就是说，通过观测系统的输出，可以推断系统的内部状态，并进行相关的控制。压力容器可观测示意图如图 5-2 所示。

由图 5-2 可以看到，其中的蒸汽循环除了本身产生压力的主工作容器，还会分流一股到控制单元，作为控制单元的信息输入。其实这股输入就是控制单元了解工作容器内部情况的一种观测手段。通过这种观测手段，控制单元可以及时对工作容器进行参数调整，以保证其运行在目标状态区间。控制系统的可观测性设计有两个要点：第一，这个压力容器在外界看来是完全封闭的，是个黑盒，需要通过一些手段获取系统内部的运行数据洞察；第二，观测数据的接收方远离这个压力容器工作区，通过远端的观测数据分析进行故障感知、故障诊断及优化系统设计。通过上述这个控制系统可观测应用场景，总结出可观测性在控制工程领域的典型应用如下：

1）故障检测和诊断。通过观测系统的输出信号和其他相关信号，可以检测到系统的故障或异常，并识别故障的原因和位置。可观测性分析可以帮助确定故障是否可观测，即是否可以通过观测信号检测到系统的故障。

2）控制系统性能评估。通过分析系统的可观测性，可以确定是否准确地观测到系统的关键状态变量，从而评估控制系统的性能和稳定性。

3）传感器布置优化。通过分析系统的可观测性，可以确定最佳的传感器布置方案，以便观测到系统的关键状态变量并最大化系统的可观测性。

4）系统鲁棒性分析。通过分析系统的可观测性，可以评估系统对于不确定性、噪声和扰动的鲁棒性。可观测性分析可以帮助确定系统是否对测量误差和干扰具有足够的鲁棒性。

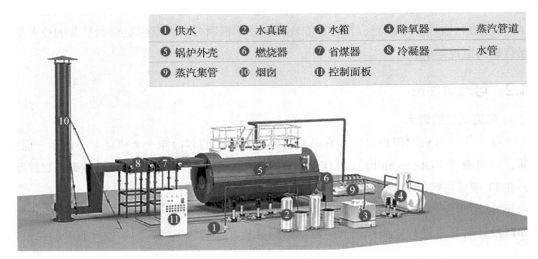

图 5-2　压力容器可观测示意图（图片来源：agromachinery world）

了解可观测性在控制工程的典型应用有助于理解 IT 领域的可观测理论。控制系统的可观测性设计可以用于故障检测和诊断、控制系统性能评估、传感器布置优化以及系统的鲁棒性分析。通过分析系统的可观测性，可以优化控制系统的性能和改进设计，从而进一步提高系统的稳定性和可靠性。

在 IT 领域中，可观测性是指一个软件系统的运行状态和行为是否可以被监测和分析。它涉及日志记录、性能指标收集、错误追踪等技术手段，用于帮助开发人员诊断和解决软件系统中的问题。当今 IT 系统架构愈发复杂，从单体走向分布式乃至云原生，原本仅依靠单一指标监控便可掌握系统运行状态的方式已经成为历史，对运维人员而言，如何清晰地描述依赖关系变得前所未有的重要。在一套分布式架构的系统中，单一节点的临时性问题已经不再是运维人员所关注的重点，整个系统的关键执行链路及相关服务健康情况才是。可观测性建设是帮助工程师掌握复杂的分布式系统运行状态、感知系统异常、进行故障定位、进行根因分析来持续改善系统设计的必要手段。

　　伴随着这个趋势，IT 领域的可观测性相关理论开始逐渐被人们所接受，至本书写作之时，它已经在全球范围内开始流行和广泛实践，并涌现出了一大批以此为产品理念的科技公司，这些公司为各大企业提供基于可观测理论构建的专业化产品及服务。

2. 可观测理论支撑

　　不同的观测组件、多维的观测数据汗牛充栋，如何将不同的观测组件和观测数据进行有机融合并建立统一观测模型、构建观测标准，是建立云原生观测体系首先要解决的核心问题。Peter Bourgon 在 2017 年 2 月撰写了一篇简明扼要的文章 "Metrics, tracing, and logging"，首次提出可观测的三大支柱，将观测数据按数据类型和应用场景划分为链路数据、指标数据、日志数据，如图 5-3 所示。链路数据基于特定标识提供单笔请求的全量调用路径来自动构建系统运行时软件架构，提供清晰排障路径。指标数据用于观测系统状态和变化趋势，基于数据波动可有效发现异常，但无法用于根因定位。日志数据应用运行过程的现场留存，保留完整业务执行明细，是业务排障的主要来源。

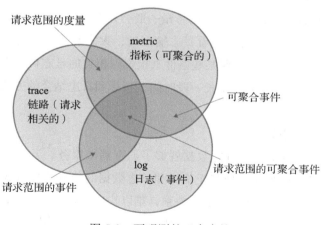

图 5-3　可观测的三大支柱

（1）早期指标和日志数据

在大型机时代，在一台房子一样大的计算机上看到密密麻麻的仪表盘，上面的各种指标都是由一块块物理表盘以及灯泡来表达的，这就是指标数据最初始的形态。工程师青睐且依赖这些小小的窗口和闪烁的小灯，因为它们很直观，有经验的工程师看一眼就能知道机器是否正常运行。为什么呢？其实答案就在指标这种数据的性质上。指标是人们根据生产经验总结抽象的，用来概括某类状态或运行结果的数据。换句话说，指标设法将复杂的运行状态信息进行"瘦身"，从而具有以下特征：

❑ 指标表象为数值信号，可以进行聚合计算，高度规范且概括力强。

❑ 指标可视化能力强，可以通过对数值的加工和聚合构建各类仪表视图展示趋势、占比、状态变化。

❑ 指标可被周期性记录，节省存储空间（在那个晶体管还很贵的年代）。

因此，"指标是高效的"一直是那个时代工程师的普遍认知。

日志的出现则相对较晚，直到 20 世纪八九十年代才有明确的定义。随着 IT 技术的发展，系统的复杂度上升，一些事情无法抽象成数字，即使抽象出来，也根本无法反映出一些系统运行的关键信息。于是，伴随着编程技术的逐渐成熟和存储成本的逐渐下降，人们尝试让计算机"说人话"，主动表达自己发生了哪些变化，运行了什么代码，并记录下来，这就是初始的日志数据。在笔者看来，日志的诞生更像是软件开发者给自己留的一条后路，避免回答不了"为什么运行成了这个样子"的疑问。日志似乎是相对于指标的另一个极端，具有明显的差异特征：

❑ 日志是文本信号，自由灵活，具备可读性。

❑ 日志代表系统单位时间内（秒级／分钟级）的具体运行结果，是一种明细记录。

❑ 日志数据量基数很大，出于成本的考量一般会舍弃一定的实时性。

几乎没有工程师是直接盯着系统看日志输出的，大多数都是先走一个旁路（例如写个文件）存着，遇到具体问题后，按照某些条件来检索到相关的日志再仔细看。指标看全局概览、日志看具体明细。在接下来的很长一段时间，指标和日志结合的方式成了运维掌握系统运行情况的一把钥匙。

（2）分布式系统调用链数据

在大多数情况下，有指标和日志数据就够了。直到微服务、云原生等分布式架构高速发展和实践落地，IT 工程师才发现基于指标和日志数据的传统监控方式难以联动分析系统的整体运行问题，难以分析服务间的依赖关系，难以找出起始故障点进行故障恢复和改进优化。是否有对应的观测数据或观测手段能够描述分布式系统各应用程序或者组件数据库之间的上下游关系？在定位分布式系统故障时，是否能有一个"指南针"，快速定位问题的源头以及分析某个问题给上游带来的影响？基于链路数据构建服务依赖拓扑是 Trace 数据的典型应用场景，如图 5-4 所示。

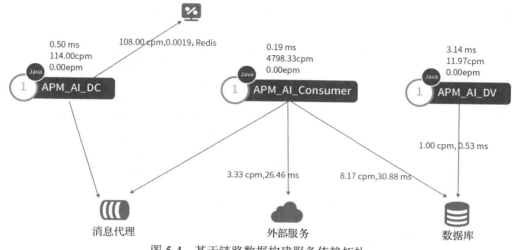

图 5-4 基于链路数据构建服务依赖拓扑

本质上，可以将 trace 数据看作一种结构化的日志数据，按照一定的规则生成和组装。在这种特殊的日志数据中包含一个很重要的信息，即对请求依赖关系的描述，它会清晰地指出请求上下游依赖、请求在每个节点（span）的发起时间、请求耗时等信息，工程师可根据 trace 数据在复杂系统中找到某个故障的源头。其数据特征表现为以下 3 点：

❑ trace 是一种结构化的文本数据，可以实现低成本聚合（相比于日志）。

❑ trace 表述了一种跨进程的行为，能将某些事件的因果串联起来，提供一种天然的关联性。

❑ trace 的数据量大小介于日志和指标之间，应用起来对实时性要求很高。

3. 可观测与监控的差异

人们通常会对可观测与监控的差异产生疑问，这很正常，因为它们的关系非常微妙。苹果公司工程师 Baron Schwarz 曾经这样区分可观测和监控："监控告诉我们系统的哪部分是工作的，可观测告诉我们哪部分为什么不工作了。"监控与可观测的差异如图 5-5 所示，可观测是系统本身的一种特征属性，在系统设计之初就要关注系统的观测数据埋点、聚合方式、观测数据采集及投递方式等可观测性设计，提供外部衡量系统的运行状态进行高效故障感知、定位及优化改进。而监控是一种被动观测的手段，在已经上线运行的系统中基于有限的观测手段（如指标或日志采集）对系统进行黑盒分析，通常局限于状态异常和趋势变化，需要人工分析观测数据的依赖关系，下钻日志明细来定位故障问题。

就像中医基于脉搏时序检测依赖人为经验判断一样，监控也依赖工程师的经验沉淀，需要大量人工培养成本，效率低、可复制性差；可观测类比西医，通过各种观测手段构建系统的全量观测体系实现白盒诊断，让 IT 工程师实时地对系统进行全面体检，利用多维数据的关联下钻，可以高效感知系统异常，定位故障边界，挖掘故障根因，持续稳定改善，通过系统建设降低人工培养成本，使得刚入行的初级工程师也能驾驭复杂系统。

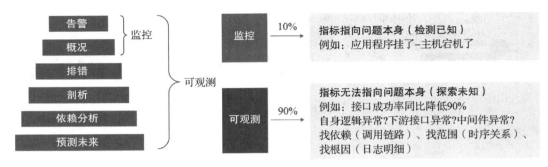

图 5-5　监控与可观测的差异

5.1.3　可观测价值驱动

可观测在加速故障闭环、敏捷高效协同、业务稳定改善、辅助业务增长等场景具有很强的价值驱动。

（1）精准故障感知，加速故障闭环

相较于传统监控基于资源的故障感知，可观测聚焦于业务健康状态反馈建立实时流量监测来实现精准故障感知，基于请求链路打通应用层与资源层排障路径来构建全景观测视图，并通过联动运维处置实现无人值守或少人值守的故障处置决策，缩短故障恢复时间，加速故障闭环。

（2）清晰责任边界，敏捷高效协同

复杂软件架构涉及多个业务部门、多级业务系统，单一故障表象容易引发级联故障问题，通过可观测体系的全景依赖拓扑和调用链分析能有效定位故障边界、确定故障影响范围、明确故障根因，提升多团队、多角色的故障定位协同效率。

（3）根因挖掘持续，业务稳定改善

通过对各类观测数据留存及按时间线回溯，IT 工程师可实现针对任意时段的历史观测数据进行聚合分析，即使出现故障回滚业务也能留存故障现场，辅助故障根因定位，寻址修复故障问题，持续改善业务异常。此外，针对潜在的并发流量负载过大引发的系统卡顿、系统雪崩问题，通过分层运维对象的多维观测数据关联进行性能下钻分析，可有效发现性能瓶颈盲点，持续进行性能调优。

（4）数据驱动决策，辅助业务增长

通过主动业务特征埋点提供关键任务转化、度量关键任务增长、识别业务瓶颈，反向驱动业务改进，并提供用户参与度评价体系，通过日 / 周 / 月访问用户数、用户访问频次、用户留存率指数反映用户参与度和依赖度情况。结合价值行为分析驱动合理的用户体验优化及运营策略，提升用户满意度来辅助业务增长。

　　建立和维护系统的可观测性，IT 工程师能更好地理解系统的行为和状态，准确识别系统异常对业务和用户的影响，进而改善系统设计并提供更好的服务。

5.2　可观测系统的建设方法

5.2.1　企业面临的可观测挑战

　　社会发展的不确定性（Uncertainty）、复杂性（Complexity）、模糊性（Ambiguity）和多样性（Volatility），要求企业具备灵活的 IT 技术架构和数据决策分析能力，支持业务敏捷、连续创新来满足高速变化的市场需求。由此引发了以分布式、微服务、云原生为代表的 IT 技术架构变革及以数据化、智能化为代表的数据驱动决策的业务变革，对企业 IT 运维可观测能力带来严峻挑战，突出表现为以下两个方面。

1. 业务连续性保障的挑战

　　1）复杂应用架构下有效的故障感知。以微服务、云原生架构为代表的现代应用架构涉及多服务、容器化、云原生等技术，增加了观测对象识别、观测能力覆盖、有效告警识别的难度，故障感知由传统的面向资源基于状态、结果、趋势的黑盒感知能力扩展至应用层面向单笔请求、单个用户的精确业务流量的白盒观测能力。

　　2）多业务、多技术领域高效的故障定位。在复杂业务领域及软件架构下，故障往往涉及多个业务系统、多个技术领域，故障责任边界不清、上下文传递低效、人员技能缺失是实现故障高效定位的难点。

　　3）打通观测处置联动，加速故障处置。可观测体系建设中识别问题、定位问题仅是业务连续性保障的第一步，类似于人的眼睛接受外界信号后经过大脑分析感知做出应答处置实现问题闭环。因此，基于观测工具感知到的异常事件如何进行有效分析，如何打通后端运维处置工具触发有效的故障分派及运维操作行为加速故障闭环，是运维体系生态建设的关键壁垒。

　　4）故障根因追踪持续稳定改善。在故障突发时，工程师的首要工作是定位故障边界、识别故障影响范围、快速恢复故障。在进行重启或回滚操作后，错误代码逻辑或不合理配置等引发的故障根因仍然存在，如何回溯故障现场、分析故障依赖关系确定问题根因并持续稳定性改善是可观测建设的核心价值和建设难点。

2. 数据驱动决策辅助业务增长的挑战

　　1）高效的业务数据埋点。传统的业务监控、用户体验往往需要业务开发人员手动、零散地进行业务数据埋点，该实现方式低效、数据格式不规范且难以复用，增加额外的开发工作量且数据呈现效果差，极大增加了业务及体验观测的推广难度，是业务观测和终端体验度量面临的首要问题。

2）有效的度量分析及评价反馈。因缺乏体系的用户体验分析方法和业务领域知识，业务方的业务观测需求和实现方的业务数据埋点、度量指标设计形成难以逾越的鸿沟，其指标度量呈现效果难以满足有效的价值分析辅助业务方制定合理的运营策略驱动业务改善的需求。

5.2.2 可观测系统的设计模式

了解了企业可观测面临的挑战，那么如何设计一款可观测系统服务于业务连续性保障和数据驱动决策辅助业务增长的核心目标？本小节不讨论工具建设，而是聚焦于可观测系统的设计模式。从 0 到 1 构建一款行之有效、开放兼容的可观测系统并非易事，而是一个系统性工程，它主要包含全栈数据采集、观测数据关联、观测处置联动 3 个核心组成部分，下面我们对于每部分的设计展开说明。

1. 全栈数据采集

实现分层运维对象（基础设施层、硬件设备层、系统组件层、应用 / 业务性能层、用户 / 业务运营层）不同维度的观测数据（metric、log、trace、event）的统一数据接入是可观测系统构建的首要难题，面临实时性、准确性、可维护性、可扩展性等诸多挑战。如何面向不同观测对象特征提供合适的数据采集方法来满足低成本集成接入及管理维护、灵活可扩展采集能力、实时性与准确性要求？

1）选择合适的指标获取方式。如图 5-6 所示，在监控数据采集方面，有推（push）和拉（pull）两种模式，推模式是指监控数据主动推送给采集系统，而拉模式是指采集系统主动从监控数据源获取数据。下面以常见的 Prometheus 系统为例说明两种模式的实现差异。选择采集模式时，关注点如表 5-1 所示。

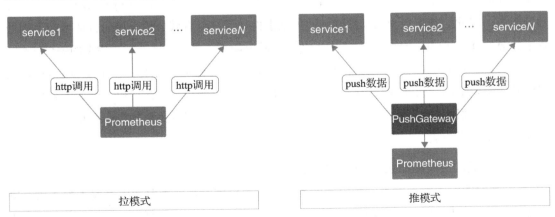

图 5-6 监控数据采集方式的选择策略

表 5-1　监控场景关注点

关注点	选择策略
数据源的数量和规模	如果数据源很少且数据量较小，则采用推模式更为合适；如果数据源众多且数据量很大，则采用拉模式更为合适，因为它可以维护稳定的数据吞吐量
数据的时效性需求	如果需要及时获取最新的数据，推模式更为合适，因为监控源产生的新数据可以实时推送，而拉模式需要周期性地从数据源中获取数据。但是，采取拉模式可以更好地控制数据流，防止数据过于频繁地更新，影响系统性能
监控数据的更新频率	如果数据源的更新频率较高，则推模式更为合适，因为它能够实时地将更新的数据推送给采集系统；如果更新频率较低，则拉模式更为合适，可以定期拉取数据
系统可用性和容错性	推模式对于监控数据和采集系统之间的连接要求较高，如果出现网络问题或系统故障，可能会导致数据丢失。而拉模式则容错性较强，系统故障只会影响当前的数据拉取过程，不会影响整个监控系统的稳定性
外部安全性需求	如果数据源对安全性有较高要求，则采用推模式更为安全，因为只有连接的设备才能将数据推送到采集系统，对外部网络的攻击风险更小；而拉模式需要在数据源端配置允许获取数据的权限，可能存在一定的安全风险

综合考虑以上因素，可以根据具体的监控场景选择合适的数据采集方式。当监控源数量可控、数据时效性要求高、更新频率快、容错性要求低、安全管控要求高时，可优先选择推模式被动接收数据，但需提前预估数据规模来对后端数据链路及存储架构进行性能评估，同时做好服务端的限流、熔断策略，避免因数据量过大造成服务雪崩；与之相对应的是，采用拉模式主动获取数据，但需要考虑长连接情况的单节点资源负载策略。

2）不同维度数据适用于不同观测场景。在可观测领域，不同的观测对象采集的观测数据主要分 4 种类型，分别是 metric（指标）、trace（链路）、log（日志）和 event（事件），需结合数据特点、应用场景选择合适的观测工具完成数据采集。不同维度观测数据的特点、应用场景和常用采集工具如表 5-2 所示。

表 5-2　不同维度观测数据的特点、应用场景和常用采集工具

数据类型	数据特点	应用场景	常用采集工具
metric（指标）	1）数据量级小：由于固定采集周期，数据量级相对可控 2）结构化程度高：有固定的维度信息 3）信息密度低：包含结果状态及连续数值的趋势信息	适用于对系统性能和行为进行实时监控、性能优化、故障排查和容量规划等场景	Prometheus、Zabbix、JMX 等
trace（链路）	1）数据量级较大：与业务运行流量成正比 2）结构化程度高：有规则的字段信息 3）信息密度较高：能够获取服务请求的状态、耗时、请求目标节点及错误堆栈信息	适用于复杂分布式系统中的性能优化、故障排查和调试场景。通过分析链路数据，可以了解请求在系统中的执行情况，发现潜在的性能问题和瓶颈，划定故障范围，清晰定义责任边界	SkyWalking、Zipkin、Jaeger 等分布式链路追踪系统

（续）

数据类型	数据特点	应用场景	常用采集工具
log（日志）	1）数据量级较大：系统运行时快照 2）结构化程度低：常规文本记录，需要配合日志采集工具进行字段清洗 3）信息密度高：数据信息密度高，但需要结合大数据分析工具进行日志价值挖掘	适用于故障排查、系统故障分析和安全审计等场景。通过分析日志，可以了解系统运行时的事件流、异常情况和潜在问题，以及进行故障定位和问题调试。此外，也可以通过分析业务日志行为（如交易日志）挖掘数据价值，辅助业务决策	ELK、Graylog 等
event（事件）	1）数据量级小：重要的状态变化和行为记录触发量级有限 2）结构化程度较高：有规则的字段信息 3）信息密度高：重要的状态变化和行为记录，但具有时效性	适用于关键操作的记录、系统状态变化的追踪和异常情况的通知。用于构建实时监控系统、异常检测和预警系统等	Kubernetes Event、告警事件中心等

3）提前规划观测数据结构和数据关联规则。在面对故障感知、故障定位及根因分析场景时，故障影响范围通常关联多业务系统及平台组件，需实现不同观测对象的不同维度观测数据融合打通，按照规则进行关联分析，如通过链路关联服务请求的上下文依赖关系，通过链路和日志关联，找到单笔请求的错误堆栈明细。数据的关联关系需要在观测数据埋点或数据采集前进行清晰定义，重点关注不同维度数据资源标识和时间戳粒度的统一规则，可以考虑采用 CDMB 或通用 IP 进行资源标识定义。在进行观测数据结构设计时，建议参考业务成熟标准（如 OpenTelemetry），以降低设计和维护成本，同时满足后期更好的兼容性。

4）尽可能兼容开源生态。分层运维对象数据汗牛充栋，不同领域运维对象观测数据的采集方法、度量标准差异明显，需要依赖领域专家的专业定义和人工判断。仅依赖单一厂商或独立自主的从 0 到 1 的全栈观测对象覆盖资源投入巨大，且随着 IT 架构的持续演进，新的观测场景、对象层出不穷，观测数据采集能力需要长期投入。因此，建议在进行观测数据采集能力设计时尽可能多地兼容开源生态，自身平台建设聚焦于最终用户的价值来设计可观测场景。通过开源协同方式，借助社区力量的同时积极回馈社区，实现合作共赢，也符合可观测系统建设的发展趋势。

5）更多引入无侵入观测采集技术。驱动业务开发进行观测数据埋点实现应用性能、业务健康的度量分析是观测平台推广的一大难点，减少观测数据采集的运维开发工作、降低观测数据接入成本是可观测能力建设的重要考量。随着 Java 字节码、ebpf 等无侵入观测数据采集技术的成熟应用，无须业务开发修改代码即可完成应用性能数据接入，洞察应用运行时的黄金指标，识别方法级调用链层级关系，从而实现故障高效定位。

2. 观测数据关联

前文讨论了不同维度数据的适配场景，我们以实际的故障处置场景触发讨论多维数据关联的必要性。值班运维人员接到告警事件信息时，一般会包含以下信息：告警事件名称、告警时间、告警等级、告警对象、告警内容（如 avg（IO 使用率）≥ 70.0，当前值为 94.0%）。此时，值班运维人员首先要做的是定位问题边界，常规的动作是找到告警对象，分析告警指标的趋势变化，找到指标波动的起始时间点，但指标仅能提供的信息是状态、结果及趋势变化，并不能找到问题根源。于是，值班运维人员需要通过获取的告警对象、故障起始时间点、接收的告警时间来查询日志明细，定位具体故障原因。从上述具体问题处理流程中可以看到，针对单一对象单一故障事件排障的常规流程是：接到告警事件→分析告警指标波动→找故障起始时间→关联日志定位问题→确定故障根因。如图 5-7 所示，涉及多对象多故障事件的故障分析逻辑更为复杂，需要在接到多个告警事件后分析告警事件的关联关系，找到根源对象的根源指标，分析起始故障时间，通过关联告警根源对象、告警根源指标找到故障时间窗口，再通过关联日志确定故障根因。

通过上述典型的故障排障分析，对数据关联的要求相对清晰，如图 5-8 所示。对观测数据关联的逻辑设计进行如下思考：

1）资源对象间的关联映射，解决多资源对象的关联映射关系。给出两种实践方法：基于 CMDB 的静态资源关联映射和基于调用链 trace 的请求流量映射。通过人工配置或自动发现的方式构建资源层级的依赖拓扑和服务流量层级的依赖拓扑，确定运行时资源对象的依赖关系，典型场景是通过调用链 traceid 识别单笔请求服务的上下游依赖，定位到具体服务实例时通过资源标识 IP 或资源对象 ID 关联 CMDB 资源依赖关系，找到服务实例所在的宿主机，分析其指标变化对服务实例运行的影响，实现动态观测数据和静态资源管理数据联动。

2）告警事件与告警指标、日志的关联。通过告警对象标识、告警事件触发的时间窗口关联日志，分析、定位具体问题。

3）指标与日志、链路数据关联。指标受采集周期影响表示一段时间内聚合的范围数据，通过资源标识、时间窗口可关联其时间范围的日志和链路数据分析问题根因。

4）链路和日志关联。链路数据表示单笔业务请求的完整调用过程，通过统一的资源标识和请求触发到请求结束的时间范围，可以粗粒度关联日志数据。此外，将 traceid、spanid 注入日志框架，在日志打印时直接写入日志文件后，通过清晰的规则识别相应字段，可实现更精确的数据关联。

3. 观测处置联动

观测是运维处置的前置环节，观测的本质是发现问题、定位问题并通知相关角色进行决策来处置闭环问题。如图 5-9 所示，在建设可观测系统时，除了实现观测数据融合、打通

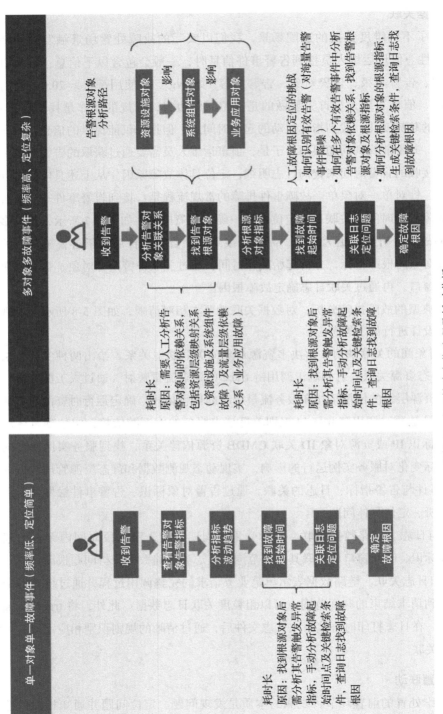

图 5-7　人工故障定位流程及耗时分析

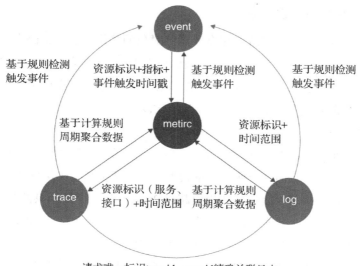

图 5-8　观测数据联动逻辑

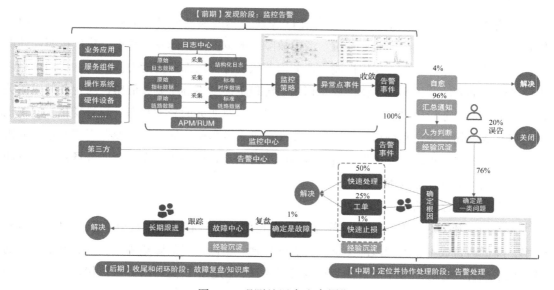

图 5-9　观测处置全生命周期

观测工具联动，辅助运维人员准确感知故障、高效定位故障外，还需关注问题解决的最后一公里，即通过异常告警事件匹配告警处理策略，联动运维处置生态系统，如联动 ITSM 工单系统加速故障上下文传递，联动标准运维能力对常规故障进行自动化故障处置或故障自愈。当宕机重启时，联动标准运维实现基于规则的自动化 / 半自动故障处置，加速故障恢复。

5.2.3 可观测系统的建设路径

可观测系统建设涉及分层运维领域全栈观测对象的多维观测数据融合及观测工具整合，是高度复杂的系统性工程。如图 5-10 所示，构建端到端观测体系实现数据融合、工具融合、视图统一的可观测系统绝非一日之功，建议按照告警治理先行、局部监控补位、观测体系融合、智能观测探索的建设路径分阶段持续稳步地建设。

（1）告警治理先行

监控是运维体系建设的必要组成部分，通常情况下企业 IT 运维部门在分层运维领域使用多个分散的监控工具。然而，当业务体量较大、业务架构复杂（分布式、微服务、云原生架构）且组织具有较大规模（运维团队规模超过 20 人）时，分散工具的建设难以实现故障上下文的有效传递，成为业务连续性保障的痛点。此时，核心关注的问题是建设统一的故障感知能力，实现故障事件的有效感知和高效处理。因此，建设路径的首要切入点是实现分散监控工具的告警集中治理能力。通过建设告警中心，可以帮助工程师实现告警的统一接入、丰富、降噪以及告警的分派和与运维处置生态的联动，从而加快故障应急处置和问题闭环。

（2）局部监控补位

在完成集中告警治理后，可结合当前 IT 系统架构的演进情况分析缺失监控对象和尚未覆盖的监控场景，进行局部监控补位。考虑故障影响范围及故障发生频率，建议按照硬件设施、操作系统、组件服务、应用性能、业务运营依次补位局部监控能力。在此，我们重点讨论业务运营部分的监控实践。我们要意识到系统稳定连续不等于业务健康，与业务健康的关联因素可能是业务代码异常、第三方服务异常等，需对业务的异常状态、趋势变化、问题根因进行有效感知、定位和分析。此阶段需要业务需求方紧密协同，识别业务观测场景，分析业务聚合视图展示规则，完成业务观测数据的规范埋点，核心难点在于对业务场景的理解和降低业务观测数据埋点成本。

（3）观测体系融合

当分层运维对象监控场景基本覆盖时，需要解决的核心问题是提升各职能组织的协同效率，降低运营成本，实现故障上下文的有效传递，清晰定义故障边界。同时，基于前置的观测数据融合设计建立多维度观测数据的关联关系，构建系统运行时分层依赖视图，从而高效辅助工程师进行故障根因定位，为业务观测及智能观测场景探索打下坚实基础。

（4）智能观测探索

传统的基于人工规则定义的故障感知、故障定位和根因分析难以适应动态的业务变化。在完成观测数据治理融合的前提下引入 AI 算法，实现动态的数据挖掘落地，如动态阈值、指标异常检测、智能告警降噪、智能根因分析及专家知识沉淀等智能观测场景，能大幅提升人效，实现精准故障感知及高效故障定位，并持续稳定地建设。

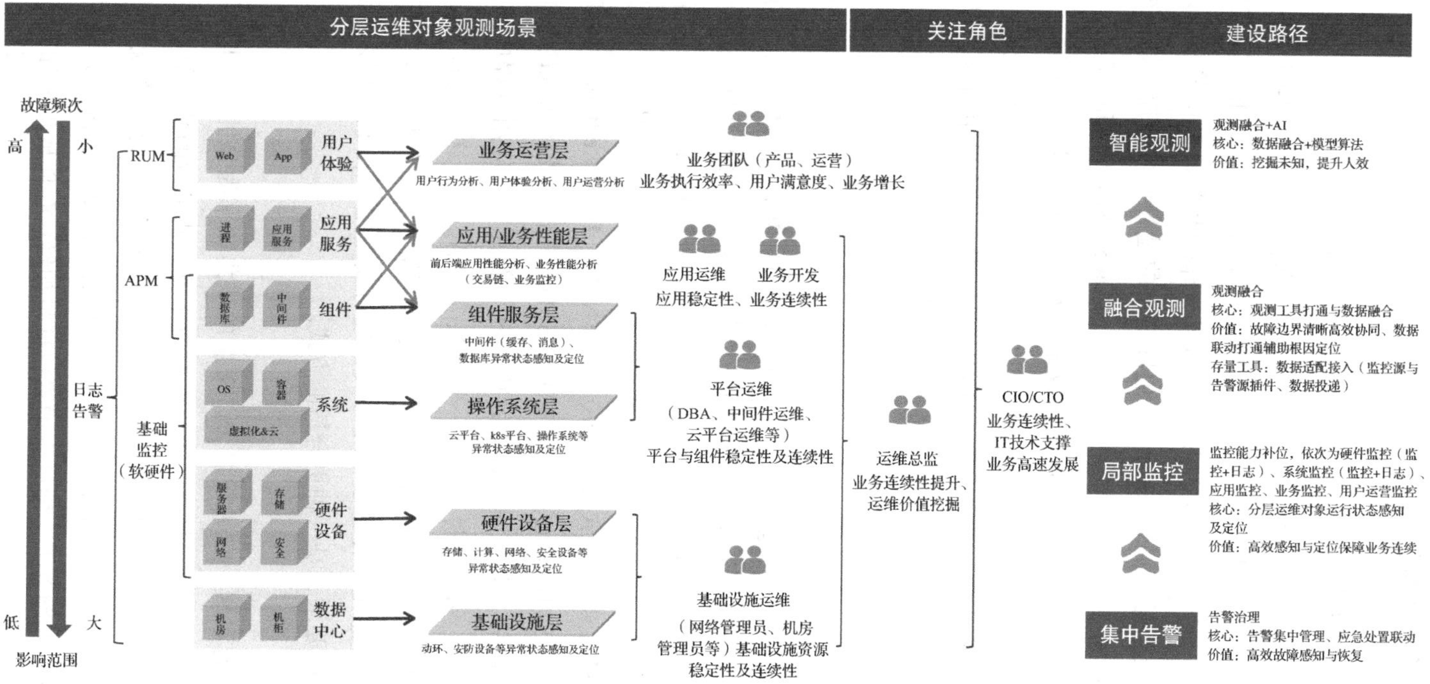

图 5-10　可观测建设路径

5.3 可观测系统落地实践

5.3.1 可观测工具体系设计

前文提到可观测主要围绕指标（metric）、日志（log）、链路（trace）3 种类型数据进行观测。由于数据类型不同，衍生出了 3 类不同的专业监控系统：一是指标类监控，典型代表如 Zabbix、Prometheus；二是日志类监控，如 ELK、Splunk 等，主要关注日志类数据的分析和监控；三是链路类监控，通过 traceid 来追踪请求的过程进行监控，即 APM（Application Performance Monitoring，应用性能监控），如 Dynatrace、SkyWalking 等。

那么对于企业自身，综合考虑这 3 种数据的特性，如何建设一个完善、可持续发展的可观测工具体系？一个完整的可观测平台可以抽象为数据接入、数据存储、数据处理、告警处置和视图管理 5 个模块，而在平台之上还可以借助平台能力自由组装，以适应企业不断变化的可观测场景。

1. 数据接入

（1）采集方式

数据采集方式一般分为 Agent 模式（Agent-based）和非 Agent 模式（Agent-less）。在早期的监控系统中，主要以非 Agent 模式为主，但随着业务系统复杂度的提升或者出于安全性的要求，监控的要求和深度不断增加，在一些特定场景下 Agent 模式也逐渐兴起。

Agent 模式包括各种插件采集、各种格式的脚本采集、主机日志采集、主机进程采集、APM 探针和 SDK 等。非 Agent 模式包括 SNMP、IPMI/Redfish、SSH、JMX、ODBC/JDBC、Syslog、ICMP、HTTP(s)、TCP/UDP、SMTP 等各种通用协议的数据采集。

两种模式各有优势，并非非此即彼，而是互为补充，在应用过程中可以根据实际场景选择合适的采集模式。例如硬件监控，一般无法安装 Agent，这时候非 Agent 的协议监控便是最合适的模式；再比如主机 OS 的监控，通过远程协议获取的信息非常有限，而且一般情况下考虑到安全也不建议开启远程管理协议，这时候使用 Agent 采集既能获取足够的数据，又能满足安全管控的要求，是一种更合适的方式。

（2）采集频率

采集频率一般有秒级、分钟级之分，常用的采集频率为分钟级，同时也有基于条件触发式的随机采集或实时上报。越高的采集频率对于可观测平台的性能要求越高。

关于分钟级与秒级有不少争论，有人认为越快越好，认为越快就能更快地发现问题。但是秒级采集频率的增加，对目标机器性能的影响也会增加，若因为数据采集导致业务性能本身出现问题，就本末倒置了。而且，随着数据量加倍，存储成倍增加，计算量级指数级增长，带来的成本损耗可能远超秒级监控带来的好处。因此，在实际的应用场景中，需要谨慎使用秒级监控。

（3）采集传输

采集传输按传输发起模式分类有主动采集 Pull（拉）、被动接收 Push（推），按传输链路分类有直连模式、Proxy 传输。其中，Proxy 传输不仅能解决监控数据跨网传输的问题，还能缓解监控节点数量过多导致的数据传输瓶颈，实现数据传输负载分流。

（4）数据协议

目前，业界影响最大的主流的数据采集协议是 Prometheus Metrics 和 OpenTelemetry。Prometheus Metrics 协议主要适配于指标数据，同时定义了 Counter（计数器）、Gauge（仪表盘）、Histogram（直方图）和 Summary（摘要）4 种指标类型，以满足不同场景的需求。而 OpenTelemetry 由 OpenTracing 和 OpenCensus 项目合并而成，通过 Spec 规范了观测数据的数据模型以及采集、处理、导出方法，使 metric、trace、log 具有统一标准，具备相同的元数据结构，可以轻松实现互相关联。OpenTelemetry 是随着可观测领域的发展而诞生出的一种数据协议，大有一统江湖之势。

2. 数据存储

（1）存储数据库

对于可观测系统来说，从监控发展历史来看，主要有以下几种存储数据库可供选择。

1）关系型数据库：如 MySQL、MSSQL、DB2。典型监控系统代表有 Zabbix、SCOM、Tivoli，但由于数据库本身的限制，很难搞定海量监控的场景，有性能瓶颈，只在早期的传统监控系统中常用，逐渐被淘汰。

2）时序数据库：为监控场景量身定制的数据库，擅长指标数据存储和计算，如 InfluxDB、VictoriaMetrics、OpenTSDB（基于 HBase）、Prometheus 等。典型监控系统代表有 TICK 监控、Open-falcon、Prometheus 等，属于指标监控的首选存储数据库。

3）检索数据库：以 ElasticSearch 为代表，这种类型的数据库主要用于日志型数据的存储。链路在数据结构上与日志类似，也可以存储，对数据检索分析非常友好。

除了上述几种常见的可观测系统的数据库之外，近年来 ClickHouse 这种具备高性能、高可扩展性的用于大规模数据分析和处理设计的数据库也开始进入可观测系统数据库的选型之列。企业在选择数据库的时候，还需要根据自身的场景进行评估选型。一般来说，指标用 TSDB、日志和链路用 ElasticSearch 属于比较经典的选择。

（2）存储查询

由于可观测的数据类型不一致，可能会选择多种数据库来存储，对于数据的查询消费来说很不方便，可以设计一个兼容不同数据库的查询模块，来屏蔽不同数据库的连接查询逻辑，提供统一的查询接口。这不仅能解决查询消费的问题，如果后续发现更好的数据库，替换数据库的成本也会非常低。

3. 数据处理

数据处理一般分为数据清洗、数据计算、数据丰富、指标派生、数据检测 5 种方式。

1）数据清洗：比如日志数据的清洗，因为日志数据是非结构化的数据，信息密度较低，因此需要从中提取有用的数据。

2）数据计算：很多原始数据不能直接用来判断数据是否产生异常。比如采集的数据是磁盘总量和磁盘使用量，如果要检测磁盘使用率，就需要对现有指标进行简单的四则运算，才能得到磁盘使用率。

3）数据丰富：就是给数据打上一些标签，比如打上主机、机房的标签，方便进行聚合计算。

4）指标派生：指的是利用已有的指标，通过各种公式计算得出新的指标，在一些统计指标的场景中比较常用。

5）数据检测：一般分固定规则和 AI 算法。固定规则是较为常见的检测模式，一般会提供静态阈值、同比环比算法；而 AI 算法主要有动态基线、毛刺检测、指标预测、多指标关联检测等。无论是固定规则还是 AI 算法，都有相应的判断规则，即常见的 <、>、>= 和 and/or 的组合判断等。

4. 告警处置

（1）告警收敛

告警收敛包括基于规则的收敛和基于 AI 的智能收敛。

1）基于规则的收敛。

❑ 抑制：抑制同样的问题，避免重复告警。常见的抑制方案有防抖抑制、依赖抑制、时间抑制、组合条件抑制、高可用抑制等。

❑ 屏蔽：屏蔽可预知的情况，比如变更维护期、固定的周期任务等已经知道会发生的事件，心里已经有预期。

❑ 聚合：把有关联或相同的告警进行合并，因为可能反馈的是同一个现象。比如业务访问量升高，那么承载业务的主机的 CPU、内存、磁盘 IO、网络 IO 等各项性能都会飙升，把这些指标的告警聚合在一起，更便于告警的分析处理。

2）基于 AI 的智能收敛。

❑ 基于聚类的告警收敛：将相似的告警聚类在一起，减少重复告警的数量，同时保留重要告警。这种方法通常使用文本聚类算法实现。

❑ 基于时序模型的告警收敛：适用于告警产生的时间序列具有一定规律性的场景。首先将告警序列建模为时序模型，然后使用时序模型来预测下一个告警是否与当前告警相似，从而实现收敛的目的。

❑ 基于深度学习的告警收敛：使用深度学习模型对告警进行特征提取和分类。这种方法通常需要大量的数据进行训练，主要适用于告警数量较多但告警类型和规律性较难确定的场景。

（2）告警通知

1）通知到人：通过一些常规的通知渠道，能够触达人。这样在没有人盯屏的时候，可以通过微信、短信、邮件等方式通知工作人员。

2）通知到系统：一般通过 API 或消息队列的方式推送给第三方系统，便于进行后续的事件处理和分析。

（3）告警分析

❑ 基于告警对象的关联关系分析：将告警的对象和 CMDB 的资源实例进行关联，从而利用 CMDB 中各种资源实例之间的关联关系来判断告警之间的关联关系。例如，如果主机和主机上的数据库同时发生了不可用告警，那么这两个可能就是关联的告警。

❑ 基于规则的告警关联分析：通过定义规则，如时间、事件等条件，来判断告警之间的关联关系。例如，如果两个告警在同一时间同一主体上发生，或者一个告警是另一个告警的前置条件，那么这两个告警就可能是相关的。

❑ 基于时序模型的告警关联分析：通过建立时序模型，如 ARIMA、LSTM 等，来分析告警之间的时序关系，从而找出告警之间的关联关系。例如，如果两个告警之间存在时间上的依赖关系，那么这两个告警就可能是相关的。

❑ 基于图论的告警关联分析：将告警数据构建成图结构，将告警之间的关联关系表示为图上的边，从而找出告警之间的关联关系。例如，将告警看作节点，将告警之间的依赖关系看作边，通过遍历图上的路径来找出告警之间的关联关系。

（4）告警处理

告警处理主要分为人工处理和自动处理。

1）人工处理：主要通过故障的预案、知识库以及专家经验来进行人工的告警分析定位和处理，直到告警恢复。整个过程主要通过工单系统来进行管理。

2）自动处理：主要通过自动化平台，预设处理流程，通过告警自动触发处理流程，实现告警的自愈。但是告警的自愈门槛比较高，需要有丰富的经验积累，形成特定告警的标准化处置操作，才有可能实现自愈。同时由于自愈操作是直接操作生产环境，危险系数比较高，一般都会在执行前加入人工审核的节点，以确保自愈操作正确执行。

5. 视图管理

数据视图主要是将监控的数据以一种人类便于理解的方式呈现出来，面向不同的角色有不同的呈现方式，例如领导、管理员、值班员等关注的点不一样。

（1）常见视图场景

❑ 大屏：面向领导，提供全局概览；也可以面向值班员，提供盯屏视图。

❑ 拓扑：面向运维人员，提供告警关联关系和影响面视图。

❑ 仪表盘：面向运维人员，提供自定义的关注指标的视图。

❑ 报表：面向运维人员、领导，提供一些统计汇总报表信息，如周报、日报等。

❑ 检索：面向运维人员，用于故障分析场景下各类数据的快速查找和定位。

（2）可扩展视图设计

为了满足不同观测场景的视图需求，可观测需要一套简单、易用的可视化服务，具备全界面化操作配置的能力，可以根据不同的观测场景、用户角色、监控对象设计不同的展示内容和效果。业界比较知名的是 Grafana，它受到众多运维人员的推崇。而对于该可视化组件的设计，可重点考虑以下两个方面：

1）视图组件的丰富度。

❑ 数据图表类组件：常见的有数据块、柱形图、折线图、饼图、散点图、圆环图、条形图、堆积图、面积图、组合图、雷达图、地图等，主要用于数据分析和展示。

❑ 数据图标类组件：包含服务器、网络设备、安全设备、存储设备、操作系统、数据库、中间件、云平台、用户等，主要用于大屏、拓扑图的制作和呈现。

2）视图交互的灵活性。为了便于数据分析，可视化对图表的交互能力也提出不小的要求，如数据提示、数据对比、筛选、排序、坐标轴缩放、图表下钻、页面跳转等。

综上，我们完成了可观测平台的技术拆解，从技术视角全面呈现了一个完整的可观测系统应该具备的能力。

基于上述可观测体系的技术拆解，一种可能的可观测平台产品架构如图 5-11 所示。

该设计采用 PaaS 和 SaaS 结合的理念，抽象出各个场景的公共能力，融合成一套底层能力框架，支撑上层的场景扩展。自下而上依次是监控对象、数据集成、数据中台、能力中心、全链路观测场景。

❑ 监控对象：按照应用系统分层逻辑，分别有数据中心的机房、机柜动环对象，计算、存储、网络、安全等硬件设备，虚拟化、云平台、OS、容器等系统资源，数据库、中间件等通用组件，进程、应用、客户端等应用服务。

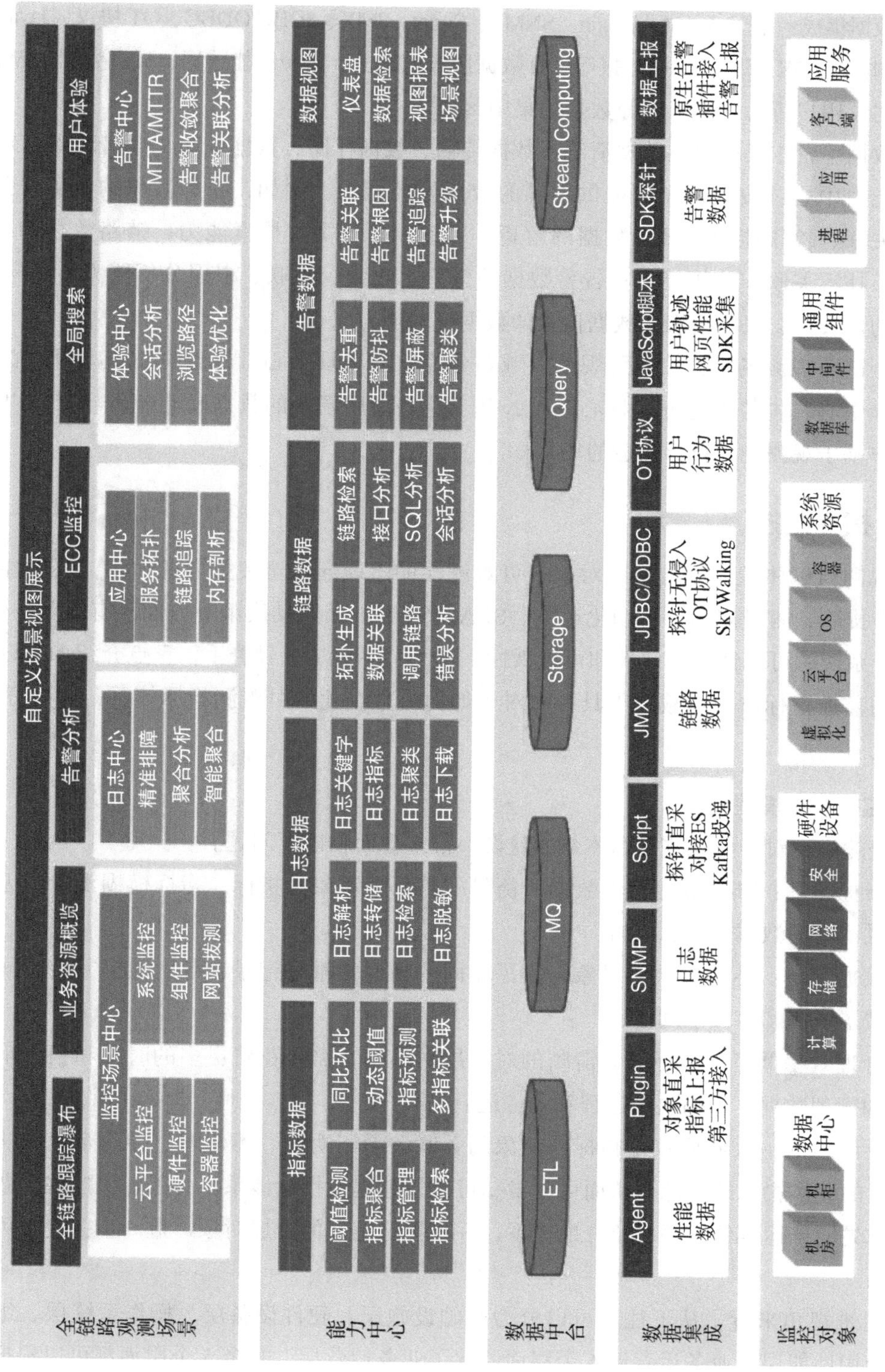

全链路观测场景

自定义场景视图展示

全链路跟踪展示	业务资源概览	告警分析	ECC监控	全局搜索	用户体验
	监控场景中心	告警中心	应用中心	体验分析	告警中心
	云平台监控	精准排障	服务拓扑	会话分析	MTTA/MTTR
	系统监控	聚合分析	链路追踪	浏览路径	告警收敛聚合
	硬件监控	智能聚合	内存剖析	体验优化	告警关联分析
	组件监控	日志中心			
	容器监控				
	网站拨测				

能力中心

指标数据	日志数据	链路数据	告警数据	数据视图
阈值检测	日志解析	拓扑生成	告警去重	仪表盘
同比环比	日志转储	数据关联	告警防抖	数据检索
动态阈值	日志检索	调用链路	告警屏蔽	视图报表
指标预测	日志脱敏	错误链路	告警聚类	场景视图
指标聚合	日志关键字	链路检索	告警关联	
指标管理	日志指标	接口分析	告警根因	
指标检索	日志聚类	SQL分析	告警追踪	
多指标关联	日志下载	会话分析	告警升级	

数据中台

ETL | MQ | Storage | Query | Stream Computing

数据集成

Agent	Plugin	SNMP	Script	JMX	JDBC/ODBC	OT协议	JavaScript脚本	SDK探针	数据上报
性能数据	对象直采	日志数据	探针直采	链路数据	探针无侵入	用户行为数据	用户轨迹	告警数据	原生告警
	指标上报		对接ES		OT协议		网页性能		插件接入
	第三方接入		Kafka投递		SkyWalking		SDK采集		告警上报

监控对象

机房 | 机柜 | 数据中心 | 计算 | 存储 | 网络 | 安全 | 硬件设备 | 虚拟化 | 云平台 | OS | 容器 | 系统资源 | 数据库 | 中间件 | 通用组件 | 进程 | 应用 | 客户端 | 应用服务

图 5-11 可观测平台产品架构

❑ 数据集成：基于 Agent、Plugin、SNMP、Script、JMX、JDBC/ODBC、OT 协议、JavaScript 脚本、SDK 探针、数据上报等多种数据接入的渠道，实现性能数据、日志数据、链路数据、用户行为数据、告警数据的集中接入。

❑ 数据中台：集中提供数据清洗、数据传输、数据存储、数据查询、数据计算能力。

❑ 能力中心：按数据类型提供不同的数据处理能力。例如，指标数据的检测、预测、关联、检索能力；日志数据的解析、关键字、聚类、检索能力；链路数据的检索、拓扑、关联、分析能力；告警数据的去重、收敛、关联、根因分析能力；面向用户的仪表盘、视图报表、数据检索的数据视图能力。

❑ 全链路观测场景：按照可观测领域划分为监控场景中心、日志中心、应用中心、体验中心、告警中心五大核心场景，基于这些通用场景的数据联动分析场景，以及用户基于观测能力自行构造的场景。

5.3.2 指标监控

可观测指标体系的设计不仅对整个可观测性的落地起着至关重要的作用，还对性能优化、故障排除、容量规划、自动化运维、SLA 管理和数据驱动决策等方面具有重要的价值，可以提升系统的可靠性、稳定性和可扩展性。本小节主要从工具着手，重点介绍如何设计一套灵活的监控指标体系承载的工具，而对于如何梳理企业的可观测指标体系，可参考第 10 章内容。

1. 监控对象模型设计

在企业中，对于可观测指标体系的建设，常常会面临以下问题。

❑ 指标混乱：难以确定每份数据所衡量的是哪个对象的指标，指标模糊不清，无法提供清晰的数据和信息支持。

❑ 数据冗余：不同层次的对象采集了相同的指标并重复记录，导致数据冗余，同时浪费了资源和存储空间。

❑ 管理效率低下：指标没有清晰的对象层次结构，需要花费更多的时间和精力来组织和管理数据，影响决策过程和业务运营。

以上问题的一大共同点是指标与对象的关联关系不明确、不清晰，导致企业无法找到一个合适的载体去承载指标，从而可度量、可感知地建设指标体系。为了解决这些问题，企业必须首先明确运维领域的对象分层体系，并根据已定义的分层对象，进一步去建设可观测指标体系。

从运维视角来看，从下往上可以分为基础设施层、硬件设备层、操作系统层、组件服务层、应用性能层、业务运营层 6 个层面，除了业务运营层，其余 5 个层面都可以根据关注的指标抽象出相应的监控对象，如图 5-12 所示。

图 5-12　监控运维对象分层

比如硬件设备层的网络设备，由于每一类网络设备关注的指标大体相同，我们可以将其划分为交换机、防火墙、负载均衡等作为监控对象。而如果想更进一步地进行指标建设和管理，我们也可以将交换机划分为不同厂家的交换机作为监控对象。

为了在工具上实现上述基于运维对象的分层指标体系建设，可引入监控对象模型作为指标管理的载体。如图 5-13 所示，对于监控对象模型设计的思考如下：

1）承载对象模型分层体系。利用监控对象模型的树形分层设计，对应上述运维对象的分层体系，实现对象模型的建模和分层设计。例如对于组件服务层下的数据库，我们可以抽象出 MySQL、MSSQL、Oracle 等一系列监控对象，从而构建 3 层乃至 4 层的对象模型设计，灵活适配企业内的分层管理诉求。

2）联动 CMDB，关联资源实例。监控对象模型通过与 CMDB 模型关联，将 CMDB 模型下的资源实例纳管为监控对象模型实例，实现监控对象模型与资源实例的关联。

3）关联插件采集，构建指标体系。监控对象模型通过关联插件或指标上报任务等方式关联指标，并以此作为指标数据的获取方式，确保这批指标都是真实可采集、可获取、可度量的，从而建设属于该对象的指标体系。

2. 典型场景下的指标观测设计

每一个不同的对象，都有各自的监控场景。不同监控场景下的指标采集方式、指标也都不同。接下来，我们用具体的例子介绍运维领域典型场景下的监控对象设计和指标建设的完整过程。

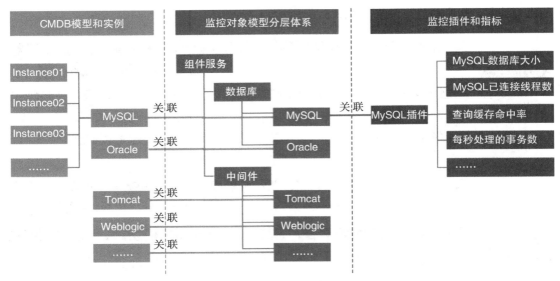

图 5-13　监控对象关联逻辑

（1）硬件监控

硬件监控是指对企业内的硬件设备进行实时监测、收集和分析的过程，一般覆盖服务器、存储设备、网络设备、安全设备 4 类常见的硬件设备对象，旨在保证硬件设备的稳定性、可用性和性能。

对于硬件设备，指标采集方式通常较为统一。对于不同类型的设备，其采集方式主要分为以下几种。

❑ 服务器：IPMI、Redfish、CLI。

❑ 存储设备：SMI-S、SNMP、CLI。

❑ 网络设备：SNMP、Telemetry、API、CLI。

❑ 安全设备：SNMP、API。

以网络设备为例，SNMP、Telemetry 为网络设备支持的两种主流监控协议。其中 Telemetry 是近几年的新秀，设备通过"推模式"周期性地主动向采集器传送设备信息，提供更实时、更高速、更精确的网络监控功能。具体来说，Telemetry 按照 Yang 模型组织数据，利用 GPB（Google Protocol Buffer）格式编码，并通过 gRPC（Google Remote Procedure Call）协议传输数据，使得数据获取更高效，智能对接更便捷。但由于各大品牌之间的规范标准并未对齐，且旧型号设备并未适配 Telemetry，因此基于 Telemetry 的网络监控当下并没有被广泛使用。

而 SNMP 是一种用于网络设备管理和监控的网络协议。它提供了一种标准化的方式，允许网络管理员远程监控和管理网络设备的性能、状态和配置信息。作为一个由来已久的通用标准协议，SNMP 是当下最主流、应用最广泛的网络设备采集协议，也是市面上几乎所有网络设备均适配的监控采集协议。SNMP 与 Telemetry 采集方式的说明如图 5-14 所示。

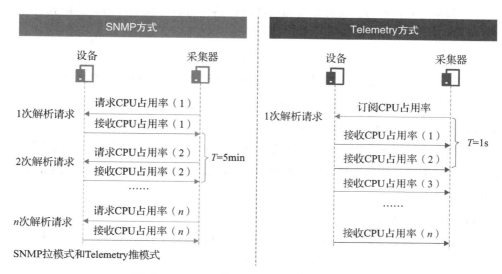

图 5-14 SNMP 与 Telemetry 采集方式的说明

我们以 SNMP 为例，进一步介绍网络监控可观测指标的建设。

对于 SNMP 的监控，主要有两种方式：一种是基于 SNMP Walk/Get 方式的主动采集，一种是基于 SNMP Trap 事件的被动接收。对于设备性能指标，以 SNMP Walk/Get 为主进行主动采集。

基于 SNMP 的主动采集，核心难点在于查找采集固定指标的"代号"，这个代号在SNMP 内是以一串数字的形式存在的，也就是大家熟知的 OID（对象标识符）。而 MIB（管理信息库）则是一本设备对 OID 进行诠释的"书"。因此，要想找到对应指标的 OID，一份完整的 MIB 是必不可少的。

当我们明确需监控指标对应的 OID 后，还可以根据 MIB 内的内容进一步对指标进行诠释，补充维度等信息，并最终采集到我们需要的指标。

不同类型的网络设备承担的功能也大不相同，常见的网络设备及关注的核心指标如下：

1）交换机。交换机用于在局域网（LAN）或广域网（WAN）中转发和交换数据包。它可以连接多台计算机、服务器、打印机和其他网络设备，使它们能够相互通信和共享网络资源。一般关注以下指标。

❑ 性能指标：系统启动时间、CPU、内存等。

❑ 状态指标：风扇状态、电源状态、温度传感器状态等硬件相关组件的允许状态。

❑ 端口相关指标：端口状态、端口速率、端口丢包率、端口错误包率等。

2）路由器。路由器用于在不同的网络之间转发数据包。它具有理解和处理网络层（网络协议栈的第三层）的能力，通过查找和选择最佳路径将数据包从源地址路由到目标地址。一般关注以下指标。

❑ 性能指标：系统启动时间、CPU、内存等。

❑ 状态指标：风扇状态、电源状态、温度传感器状态等硬件相关组件的允许状态。

❑ 端口相关指标：端口状态、端口速率、端口丢包率、端口错误包率等。

❑ 路由相关指标：OSPF/BGP/IS-IS 路由状态、路由邻居数量等。

3）防火墙。防火墙用于保护网络免受未经授权的访问、恶意攻击和不良网络流量的影响。防火墙通过策略和规则来监控与控制网络流量的流动，以实现网络的安全性和保护。一般关注以下指标。

❑ 性能指标：系统启动时间、CPU、内存等。

❑ 状态指标：风扇状态、电源状态、温度传感器状态等硬件相关组件的允许状态。

❑ 端口相关指标：端口状态、端口速率、端口丢包率、端口错误包率、吞吐量等。

❑ 连接状况指标：会话连接数、用户连接数、连接超时数等。

4）负载均衡。负载均衡是一种专门用于实现负载均衡功能的硬件设备。它通常位于网络的边缘，用于接收并分发流量，以确保服务器或其他网络设备能够均衡地处理请求。一般关注以下指标。

❑ 性能指标：系统启动时间、CPU、内存等。

❑ 状态指标：风扇状态、电源状态、温度传感器状态等硬件相关组件的允许状态。

❑ 端口相关指标：端口状态、端口速率、端口丢包率、端口错误包率等。

❑ 负载均衡配置指标：Virtual Server 数量 / 状态、Pool 数量 / 状态、Node 数量 / 状态等。

（2）容器监控

容器监控是指在容器化环境中对容器、应用程序和基础设施进行实时监控和管理的场景。在容器化环境中，应用程序被打包为容器，通过容器编排工具（如 Docker、Kubernetes 等）进行部署和管理。容器监控旨在提供对容器化环境的可见性，以便实时监测容器的性能、状态和健康状况，并支持故障排查、性能优化、资源管理和安全监控等任务。

传统的物理机和虚拟机监控已经有了比较成熟的监控方案，但是容器的监控面临着更大的挑战，因为容器的行为和本质与传统的虚拟机是不一样的。总的来说，容器具有以下特性：

❑ 容器是短期存活的，并且可以动态调度。

❑ 容器的本质是进程，而不是一个完整的操作系统。

❑ 由于容器非常轻量，容器的创建和销毁也会比传统虚拟机更加频繁。

其中，Kubernetes 是最典型的容器监控场景。Kubernetes 集群由控制平面和工作节点两类组件组成。控制平面包括 API Server、etcd、Scheduler 及 Controller Manager，工作节点则包括 kubelet、Container Runtime、kube-proxy、kube-dns 及 Pod。你需要监控所有这些组件以确保集群和应用程序的正常运行。

Kubernetes 通过多种方式暴露组件的指标：

1）cAdvisor。cAdvisor（或称为 Container Advisor）是一个开源项目，用来采集节点上容器的资源使用情况和指标。cAdvisor 内置在 kubelet 中，kubelet 运行在集群中的每个节点上。它通过 Linux cgroups（Control Group，控制组）来收集内存和 CPU 指标。

cgroups 是 Linux 内核的一个功能，用来隔离诸如 CPU、磁盘 IO 或网络 IO 等资源。cAdvisor 也会通过 Linux 内核内置的 statfs 来收集磁盘指标。cAdvisor 是所有容器指标的可信来源。

2）Metrics Server。Kubernetes Metrics Server 和 Metrics Server API 替代了弃用的 Heapster。Heapster 在数据接收器的架构上存在一些缺陷，导致在 Heapster 的核心代码中引入了大量的供应商解决方案。

这个问题最终通过在 Kubernetes 中将 Resource Metrics API（资源指标 API）和 Custom Metrics API（自定义指标 API）实现成一个聚合 API 而得到解决，这样就可以在不改变 API 的情况下切换不同的实现。

Metrics Server API 和 Metrics Server 有两个方面需要理解。

首先，Metrics Server 是 Resource Metrics API 的典型实现，它通过 kubelet 的 API 采集诸如 CPU 和内存这类资源的指标，并将其存储在内存中以供 Kubernetes Scheduler、HPA（Horizontal Pod Autoscaler）以及 VPA（Vertical Pod Autoscaler）使用。

其次，Custom Metrics API 允许监控系统收集任意指标，这将允许在监控方案中构建自定义的适配器，将监控范围扩展到核心资源指标之外。

例如，Prometheus 构建了最早的自定义指标适配器之一，它可以让你基于自定义的指标来使用 HPA。这样就可以根据场景提供更好的伸缩性，因为你可以引入诸如队列大小这样的指标，并且基于这类外部指标进行缩放。

Metrics API 的标准化为扩展传统的 CPU 和内存指标提供了更多的可能。

3）kube-state-metrics。kube-state-metrics 是 Kubernetes 的一个附加组件，用来监控存储在 Kubernetes 中的对象。cAdvisor 和 Metrics Server 用于提供资源使用的详细指标，而 kube-state-metrics 则关注识别集群中对象的状态。

如图 5-15 所示，cAdvisor 作为一个独立的容器监控工具，可以直接集成到容器运行时中，方便快速地采集容器级别的指标数据。Metric Server 则作为 Kubernetes 的内置组件，更适用于集群级别的监控和指标收集，并与其他监控工具（如 Prometheus）进行集成对接，再通过 Grafana 监控可视化工具呈现，从而实现更全面的监控和可视化能力。具体选择哪种方式，取决于具体的需求、环境和使用场景。

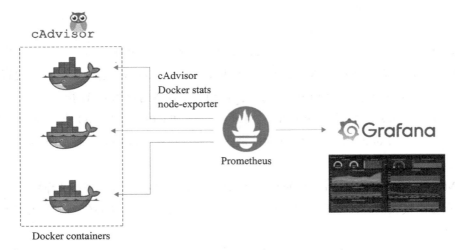

图 5-15　cAdvisor 数据消费

在不同容器对象下，所关注的核心指标也大不相同。对于容器，我们可以将其区分为 Node、控制平面、资源对象、Pod 内的组件与应用这几个层级，每个层级下都有需关注的核心指标。

① Node。Node 是指承载容器运行的主机或服务器。Node 是容器集群中的物理或虚拟机器，用于运行和管理容器。每个 Node 上可以同时运行多个容器，并提供容器所需的计算资源、存储资源和网络连接。在指标建设上，Node 和主机监控基本一致，主要关注 CPU、内存、磁盘、进程、网络状况等指标。

②控制平面。容器的控制平面是指用于管理和控制容器化环境的组件和工具集合。它负责实现容器编排、调度、资源管理、监控和自动化等功能，以确保容器的正确运行和高效管理。对于控制平面，主要关注以下指标（见图 5-16）。

❑ etcd 存储层：etcd 是否存活、集群通信是否正常、请求数的 QPS、请求延迟、请求流量、处理成功的百分比。

❑ apiserver 接口层：请求延迟、请求 QPS、请求错误、请求饱和度。

❑ scheduler 调度层：请求延迟、请求 QPS、请求错误、请求饱和度。

❑ manager 控制层：请求延迟、请求 QPS、请求错误、请求饱和度。

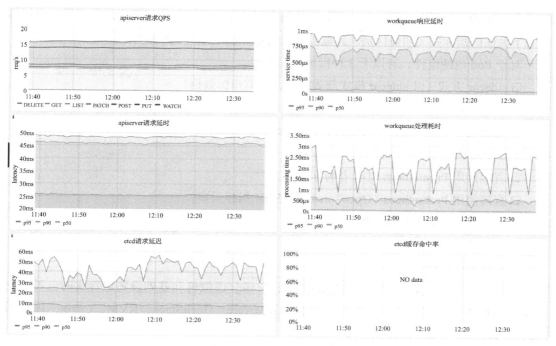

图 5-16 控制平面性能指标

③资源对象。在容器化环境中，除了容器本身，还有一些其他的资源对象用于管理和组织容器。比如 Cluster、Service、Pod、Container 等对象，主要关注自身的性能指标，包括监控状态、存活时间、服务状态、数量等（见图 5-17）。

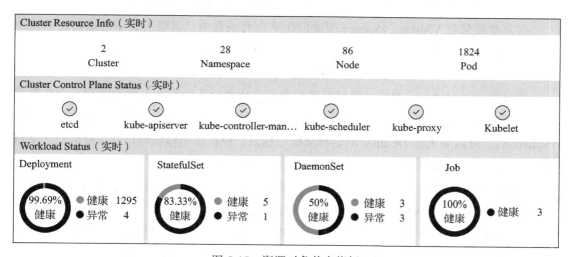

图 5-17 资源对象状态指标

④ Pod 内的组件与应用。Pod 内的组件与应用关注的指标与传统部署的物理机、虚拟机场景下关注的指标并无明显区别。其监控建设的难点在于如何获取指标。

对于 Pod 内的组件，有以下 3 种指标采集方案：

❏ sidecar 方式（以 sidecar 模式部署插件，获取指标数据）。

❏ 动态推送数据（通过重新加载的脚本一起联动，抓取数据并进行推送）。

❏ 远程统一采集（组件本身指标，结合 serviceMonitor 工具进行采集）。

对于 Pod 内的应用，采集方案有所不同：

❏ 直接使用 Prometheus SDK 指标采集。

❏ 直接使用 Prometheus / OpenTelemetry SDK 指标采集。

❏ 直接使用 HTTP JSON 数据采集。

❏ 通过日志采集和清洗进行推送。

（3）虚拟化监控

虚拟化监控是指对虚拟化环境中的虚拟化资源、虚拟机和基础设施进行实时监控、数据收集和性能分析的过程。虚拟化主要包含 VMware、OpenStack、KVM、Citrix，以及国内的华为云、华三云等虚拟化平台。

对于虚拟化平台的监控，除了包括传统操作系统的指标外，还包括虚拟化上各类云资源的指标，比如集群、宿主机、存储等。

其中最典型的场景是 VMware，VMware vSphere 是 VMware 的虚拟化平台，可将数据中心转换为包括 CPU、存储和网络资源的聚合计算基础架构。vSphere 将这些基础架构作为一个统一的运行环境进行管理，并提供工具来管理加入该环境的数据中心。

在对接或采集 VMware vSphere 等虚拟化平台的场景中，需要对其中的虚拟化数据中心、虚拟化集群、物理机、虚拟机、存储等指标进行多方位的采集，一般而言，虚拟化平台均会提供现场的接口，这也是当下虚拟化监控的主流方式。

通过接口与 VMware 对接，我们可以识别虚拟化平台下的所有云资源类型、云资源实例以及实例之间的关联关系，如图 5-18 所示。以集群的指标为例，在通过 SDK 成功连接 vSphere 后，可以采集到 DCenter 的名称及唯一标识，根据唯一标识可以继续获取该云平台内所有集群的唯一标识，并根据唯一标识直接查询对应的指标。

在虚拟化环境下，由于不同云资源类型承担的角色和提供的功能大不相同，对应关注的指标也有所不同。其中在指标建设中，关注的核心指标如下：

1）虚拟机。虚拟机是在物理服务器上创建的虚拟计算实例，它模拟了一个完整的计算机系统，包括处理器、内存、磁盘和网络接口等。虚拟机提供了隔离的运行环境，可以运行各种操作系统和应用程序。虚拟机一般关注以下指标。

```
1   def get_cluster_resource(self, content, cluster_moId):
2       """获取群集资源概况"""
3       cluster = get_obj_bymoId(content, [vim.ClusterComputeResource], cluster_moId)
4       summary = cluster.summary
5       totalCpuMhz = summary.totalCpu
6       totalMemMB = summary.totalMemory
7       capacity_list = []
8       freeSpace_list = []
9       for datastore in cluster.datastore:
10          capacity_list.append(datastore.summary.capacity)
11          freeSpace_list.append(datastore.summary.freeSpace)
12      totalDiskTB = "%.3f" % (float(sum(capacity_list)) / 1024 / 1024 / 1024 / 1024)
13      DiskUsedTB = "%.3f" % (float(sum(capacity_list) - sum(freeSpace_list)) / 1024 / 1024 / 1024 / 1024)
14      resource_quickstats = cluster.resourcePool.summary.quickStats
15      cpuUsedMhz = resource_quickstats.overallCpuUsage
16      memUsedMB = resource_quickstats.hostMemoryUsage
17      return cluster
```

图 5-18 VMware 接口对接

❑ CPU 利用率：虚拟机中 CPU 的使用率，表示虚拟机对处理器资源的需求和利用程度。

❑ 内存利用率：虚拟机中内存的使用率，用于判断虚拟机是否存在内存瓶颈或内存资源不足的情况。

❑ 磁盘 IO：虚拟机中磁盘的读写操作，包括磁盘吞吐量和响应时间，用于评估虚拟机的磁盘性能。

❑ 网络流量：虚拟机的网络传输量，包括入站和出站流量，用于监测虚拟机的网络活动和带宽使用情况。

2）宿主机。宿主机是指集群中的物理服务器，它们利用虚拟化软件（如 Hypervisor）来管理和运行虚拟机。宿主机提供计算资源（如 CPU 和内存）、存储资源和网络连接，并负责执行虚拟机的创建、启动、停止和删除等操作。除了和虚拟机一样关注的 CPU、内存等指标外，宿主机还需关注以下指标。

❑ 系统负载：物理机的系统负载指标，如平均负载、队列长度等，用于评估物理机的负载情况和性能瓶颈。

❑ 系统温度和风扇速度：用于监控物理机的散热情况和硬件健康状态，以防止过热和硬件故障。

❑ 宿主机故障和可用性：监控物理机的故障情况，包括宿主机的离线、宕机或不可用状态，以确保虚拟机的可用性和容错性。

3）集群。集群是由多个物理机组成的逻辑组，用于集中管理和调度虚拟机。集群提供了资源共享、负载均衡、高可用性和容错性等功能，以满足不同应用和服务的需求。集群一般关注以下指标。

❑ 集群资源利用率：集群中的 CPU 和内存资源的整体利用率，用于评估集群资源的使用情况和负载均衡。

❏ 集群负载均衡：集群中虚拟机的负载均衡情况，用于确保虚拟机在集群中均匀分布和资源平衡。

4）存储。存储资源用于存储虚拟机的镜像、磁盘文件和其他数据。它可以是本地磁盘、网络存储（如网络附加存储、存储区域网络）或分布式存储系统。存储一般关注以下指标。

❏ 存储容量：存储资源的总容量和使用情况，用于评估存储资源的利用率和剩余容量。

❏ 存储性能：存储的读写吞吐量和响应时间，用于监测存储的性能瓶颈和调优需求。

❏ 存储故障：存储设备的故障情况，包括磁盘故障、存储网络故障等，用于及时发现并处理存储故障。

5）网络。网络一般关注以下指标。

❏ 网络带宽：网络传输的带宽使用情况，包括入站和出站带宽，用于监控网络的吞吐量和瓶颈。

❏ 网络延迟：虚拟机之间或虚拟机与外部网络之间的网络延迟情况，用于评估网络性能和响应时间。

❏ 网络安全：监控网络中的异常流量、入侵行为和安全威胁，用于确保网络的安全性和合规性。

5.3.3　日志建设

1. 日志数据的定义和价值

基于指标数据可以有效地感知故障，但仅靠指标数据无法解决故障问题。为了确保系统恢复正常运行，需要对故障问题进一步分析并确定其根本原因。在这种情况下，关注日志数据是必要的，因为它提供了故障过程的详细记录和关键上下文信息。

日志数据记录了系统或程序在执行过程中每个事件的明细。通过收集日志数据，可以获得系统或程序发生故障时的现场快照，精确了解根本问题所在。如果在前期能够聚焦范围，锁定少量关键日志，那么大部分的故障根因就可以被快速确认。如图 5-19 所示，在可观测体系中，日志数据主要承担着"排障的最后一公里"的角色，协助工程师定位问题和解决问题。需要强调的是，日志数据应该被视为可观测性的一项基本功，其收集和使用不应被轻视。通过建立有效的日志记录规范和日志分析策略，可以更快速地复原故障和提高系统运行的可用性。

2. 日志集中化采集存储的原理和方法

日志集中化采集存储的原理是将分散在各个系统和应用程序中的日志信息进行采集、传输和存储，其工作目标是实现对分布式系统中的日志数据进行集中管理和分析，以提高故障排查的效率和准确性，如图 5-20 所示。

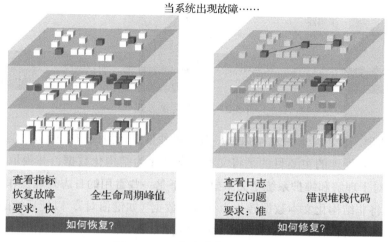

图 5-19 日志准确定位的问题

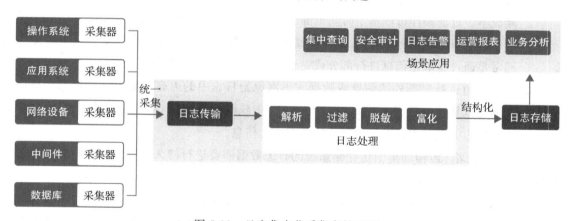

图 5-20 日志集中化采集存储原理

日志集中化采集存储可以概括为以下关键步骤：

1）日志采集。日志集中化的第一步是收集不同系统和应用程序产生的日志数据。实现这一目标需要在每个系统中安装采集器，采集器可以直接集成到应用程序中，也可以作为独立进程运行，通过网络连接到目标系统并收集日志数据。

2）日志传输。采集到的日志数据需要传输到集中化的存储系统。传输过程通常使用网络传输协议，如 TCP 或 UDP，以确保数据的可靠性和完整性。日志传输方式如图 5-21 所示，具体包括如下两种方式。

❑ 直接连接传输：通过建立网络连接，将日志数据从 Agent 直接发送到目标存储系统。

❑ 消息队列：使用中间件，如消息队列，将日志数据异步传输到目标存储系统。这种方式可以提高系统的可伸缩性和弹性。

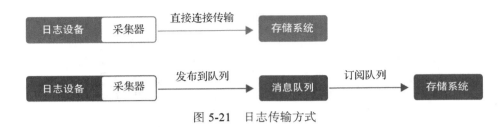

图 5-21　日志传输方式

3）日志处理。日志是一种文本数据，含有各种信息，但提取有价值的信息非常具有挑战性。因此，日志处理的主要目的是将文本数据转化为结构化数据，并提取其中的有用信息。这些信息对于理解和维护系统至关重要。以下是一些常用的日志处理操作。

❑ 解析：将非结构化文本数据转化为结构化数据（如键值对），以便后续的查询和分析。常见的日志解析方法有正则、分隔符、JSON、XML。

❑ 过滤：根据设定的条件或规则，筛选出符合特定条件的日志事件进行存储，降低存储成本。过滤操作可以基于时间范围、关键字、日志级别等进行。

❑ 脱敏：对日志中的敏感信息进行脱敏处理，以保护用户隐私和数据安全。脱敏操作通常是通过将敏感信息进行部分或完全的屏蔽、加密或替换来实现的。

❑ 富化：通过补充额外的信息或数据，丰富原始日志中的内容，便于分析日志。富化操作可以从其他数据源（如数据库、API）中获取相关信息（如设备名称），并将其与原始日志关联起来，以提供更详细的上下文信息。

4）日志存储。传输到集中化存储系统的日志数据需要进行持久化存储。存储系统的选择取决于需求和预算，常见的存储方案如下。

❑ 关系型数据库：使用结构化查询语言（SQL）管理和查询日志数据。

❑ NoSQL 数据库：非关系型数据库，如 Elasticsearch、MongoDB 等，用于存储和检索非结构化或半结构化的日志数据。

❑ 分布式文件系统：将日志数据存储在分布式文件系统中，如 Hadoop HDFS，以实现高可用性和可伸缩性。

日志集中化采集存储在实践中的实现方式因场景和需求的不同而有所差异。根据系统的要求和业务需求，可以选择不同的方式和工具进行实现。为了确保系统的弹性、安全性、可用性和容错性，需要采取多种措施，如数据备份、容错和恢复机制等。最终的目标是实现高效的日志管理，提升系统的可靠性和稳定性。

3. 日志建设实践

（1）日志规范：记录关键信息

前文已经讲述了日志集中化采集存储的原理和方法。然而，高效的日志管理不仅仅需要考虑数据的采集和存储，还需要关注日志记录的关键信息。下面详细介绍如何定义和严格遵循日志规范，确保日志记录关键信息，并提供实践建议，以帮助读者更好地管理日志数据。

1）日志规范。

❑ 日志格式：定义日志记录的格式，包括字段、分隔符和结构。可以选择使用通用的格式（如 JSON）或自定义格式。

❑ 关键字段：识别和定义需要记录的关键字段，如时间戳、事件类型、请求 URL、用户 ID 等，并确保关键字段的准确性和一致性。

❑ 日志级别：确定日志的级别，如调试、信息、警告和错误。根据实际需求选择适当的级别。

2）关键信息。

❑ 时间戳：确保每条日志记录都包含准确的时间戳信息，以便进行时间相关的分析和调查。

❑ 事件类型：明确记录每个日志事件的类型，以便在后续的分析和查询中能够准确识别和过滤。

❑ 请求信息：对于涉及网络请求的日志，记录关键的请求信息，如请求 URL、请求方法、请求参数等。这有助于跟踪并分析请求流程和性能。

❑ 异常信息：在错误和异常情况下，记录详细的异常信息，包括异常类型、堆栈跟踪、错误码等，以便进行故障排查和错误分析。

3）实践建议。

❑ 避免冗余信息：避免在日志中记录重复或冗余的信息，只记录必要的、关键的信息，以减少日志量和存储开销。

❑ 保护敏感信息：注意保护日志中可能包含的敏感信息，如用户密码、个人身份信息等。采用适当的脱敏措施，确保敏感信息不会泄露。

❑ 添加日志注释和上下文信息：在关键的日志记录中添加注释和上下文信息，以便更好地理解日志的背景和意义。这有助于后续的分析和调查工作。

遵循日志规范并准确记录关键信息是建设稳健、可靠的日志系统的关键所在。定义规范、记录关键信息并遵循最佳实践，可以更好地利用日志数据进行故障排查、性能优化和安全审计等工作。这些步骤旨在确保日志信息具有明确、准确和一致的格式，从而更好地满足业务需求。

（2）日志高效排障

日志最为典型和核心的应用场景之一便是排障。下面讲述如何利用日志，快速定位问题并完成排障的"最后一公里"。

在查询日志时，实现高效定位问题的步骤如下：

1）确定问题。我们要明确正在解决的问题是什么。明确问题有助于缩小日志查询范围，集中精力查找与问题相关的日志。

2）确定日志源。确定产生问题日志的应用程序、系统组件或服务。这将帮助筛选日志源并缩小查询范围。

3）使用过滤器和关键字搜索。通过日志工具，根据问题的特征或关键字使用过滤器和搜索功能。这将有助于快速筛选出与问题相关的日志条目。

4）时间范围限制。确定问题发生的时间范围，并将查询限制在这个时间段内。这将减少查询的数据量，提高定位问题日志的速度。

5）关注错误和警告。错误和警告日志通常是问题迹象最明显的地方，查看这些记录是否包含与问题相关的错误消息或警告提示。

6）日志上下文。对于找到的问题日志条目，查看其上下文信息。日志条目通常提供有关请求、响应或其他事件的上下文信息，有助于更好地理解问题的背景及成因。

除了以上步骤外，还可以利用智能化日志聚类能力和可观测上下游联动能力，进一步缩小日志查询的时间和空间范围，提高故障定位效率。

❑ 智能化日志聚类能力。企业日志数量一般相当大，每天可能产生 TB 级别的日志数。当工程师需要从千万条日志数据中寻找异常日志进行问题定位时，时间成本很高。在这种情况下，如果日志工具提供了日志聚类能力，那么千万条日志数据就可以聚合成十几种格式类型，提高信息密度。这将使工程师避免查找重复日志而浪费大量时间。日志聚类的典型应用场景如图 5-22 所示。

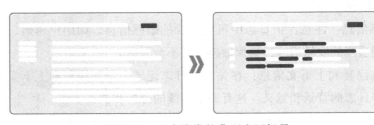

图 5-22　日志聚类的典型应用场景

❑ 可观测上下游联动能力。正如前文所提及的可观测系统设计模式，建设可观测工具时，可以将指标数据、链路数据与日志数据进行打标关联。这样做的好处是在上游发现指标或链路数据异常时，在排障过程中可以直接下钻定位到关联的下游日志数据，省去了在千万日志中查找异常日志的过程，大大提高了定位问题的速度。

（3）日志长周期存储策略

为了满足合规性、监管、故障排查、趋势分析和历史记录等需求，某些日志数据需要被长期保留，但长期存储会面临存储成本和维护成本过高的问题。下面将详细介绍日志长周期存储策略。

1）合理选择存储介质。

❑ 将高频查看且较新的日志存储在 Elasticsearch 或其他闪存设备上，这样可以方便地搜索和分析。

❑ 将低频查看但需要合规审计的日志存储在较便宜和容量较大的大数据存储设备上，如 HDFS 等，以降低存储和维护成本。

2）数据备份及可恢复。对于两种不同的存储介质，应具备数据自动迁移 / 备份的能力，不再需要频繁查看的日志数据可以平滑地迁移至容量更大的存储设备上。如果审计部门或工程师需要查看历史久远的日志数据，可以通过简单的界面化操作快速地将日志数据重新载入 Elasticsearch 或闪存设备上进行查询和分析。

3）数据压缩。为了节省存储空间，对长期存储的日志数据进行压缩也是十分必要的。我们需要选择适当的压缩算法和压缩比例，以平衡存储成本和数据访问的效率。

实施这些策略后，企业能够更好地维护日志长周期存储，节省存储成本和维护成本，并使存储数据更加高效、安全、规范化。

（4）日志价值的深度挖掘

日志数据是故障排除的关键，但仅保存日志是远远不够的。由于日志数据包含丰富、全面的信息，因此我们可以通过挖掘日志数据来实现以下场景：

1）安全监控。借助日志数据的信息丰富、详细的特点，可以监控企业系统的访问记录、安全漏洞、恶意攻击、网络犯罪等安全威胁。日志中可能包含有关攻击者行为的详细信息，企业可以通过日志监控及时发现潜在的安全威胁，并采取相应的措施进行防范和应对。

2）性能优化。日志可以帮助运维工程师监测系统的性能，找出系统瓶颈并进行优化。通过分析日志，工程师可以识别系统处理请求时的常见错误、延迟等问题，并采取相应的措施来优化系统性能。

3）合规审计。许多企业和组织需要遵守相关的法律法规和标准，例如金融监管要求日志审计。日志建设可以帮助管理员确保满足这些法规和标准的要求，例如对数据进行适当的保护和管理。

4）开发和维护。伴随云原生时代的到来，许多企业的应用系统敏捷开发、快速迭代，频繁的业务变更增加了运维人员定位故障问题的难度。日志建设可以帮助开发团队和运维团队更好地理解和调试系统。在开发和维护过程中，开发人员和运维人员可以通过分析日志来查找和解决问题，并优化系统的性能和稳定性。

5）业务分析。通过将业务指标数据与相应的日志数据进行关联，可以深入了解业务指标的影响因素，找出影响业务绩效的关键日志事件，并采取对应的业务运营措施。

5.3.4 链路追踪

1. 链路数据的定义和价值

链路数据可以被视为应用程序在执行过程中的行为记录。它记录了应用程序中的各种操作和事件，如函数调用、数据库查询、网络请求等。通过收集这些数据，我们可以获得对应用程序的深入洞察，了解每项操作的执行时间、耗费的资源以及它们之间的关系。通过综合分析这些信息，我们可以做到以下两件事：

1）识别和解决应用程序中的性能问题。我们可以看到每个操作的执行时间，以及它们之间的依赖关系。这有助于我们发现是否存在一些操作耗时较长或过于频繁的情况，从而找到性能优化的机会。

2）进行应用程序的故障排除。当应用程序出现问题时，我们可以通过分析链路数据来查找问题的根本原因。我们可以追踪问题发生的位置，并了解在出现问题之前经历的操作和事件。这有助于我们快速定位和解决问题，提高应用程序的可靠性和稳定性。

在企业中，承担链路追踪诉求的工具通常被称作 APM，这也是我们接下来的主要讨论对象。

2. 链路追踪的工作原理

链路追踪的工作原理是基于分布式系统中的请求追踪和上下文传递，如图 5-23 所示。在一个典型的分布式系统中，一个请求可能会经过多个服务、组件和网络层，链路追踪的目标是准确地跟踪请求的路径并记录相关的信息，以实现对整个请求流程的可观测性。

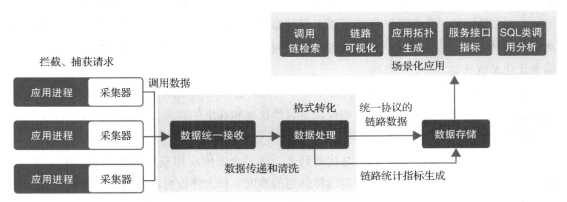

图 5-23　链路追踪工作原理示意图

链路追踪的工作过程可以概括为以下几个关键步骤：

1）标识和注入。当一个请求进入分布式系统时，需要为该请求生成一个唯一的标识符，通常称为 traceid。这个标识符会被传递到系统中的每个服务和组件。在每个服务或组件中，需要注入 traceid 到请求的上下文中，以便将请求与特定的链路关联起来。

2）跟踪和记录。在每个服务或组件中，需要在关键位置插入代码来记录请求的相关信息，如开始时间、结束时间、耗时、错误信息等。这些信息会被记录在一个称为 Span 的数据结构中，每个 Span 代表一个特定的操作或处理步骤。

3）上下文传递。在请求流经不同的服务和组件时，需要确保 traceid 和其他关键信息能够正确地传递。这可以通过在网络通信中添加特定的请求头或上下文参数来实现。这样，每个服务和组件都能够将自己的操作与整个链路上的其他操作关联起来。

4）聚合和展示。链路追踪数据会被收集和聚合到一个中心化的存储系统中。这些数据可以用于分析、监控和故障排查。通过链路追踪工具或可视化界面，开发人员和运维人员可以查看整个请求的路径、各个组件的耗时情况、依赖关系以及性能瓶颈。

链路追踪在实际实现中可以有不同的方式，例如使用开源工具 SkyWalking、Zipkin、Jaeger 等，或者使用厂商的商业化链路追踪解决方案。关键是确保在分布式系统中的每个关键节点都能够正确地注入和传递上下文信息，并对关键数据进行记录和聚合，以便全面了解系统中请求的流程和性能情况。

3. 链路追踪建设实践

（1）总体定位

链路追踪的工具就是前面提到的 APM，它自动化生成了一系列数据之间的关联关系，因此在整个可观测体系中是一个类似中枢的存在。

图 5-24 概括了链路追踪在整个可观测体系建设中的定位以及与其他工具的关联关系。

❑ 向前可关联到用户操作。链路追踪可以将用户在终端上发起的请求和后端链路联系起来，实现前端到后端完整的时间线和因果关系呈现。

❑ 向后可串联到具体日志。链路追踪可以定位到某个具体服务的某次或某一批请求，从而精确匹配到相关日志来解析问题所在。

❑ 向下可以在锁定某个服务节点问题后，通过资源标签定位到具体承载这个服务节点的进程级监控和主机操作系统层级监控，抑或容器平台的监控。

❑ 链路追踪本身也可以进行一些指标提取，经典指标如请求量、请求成功率、各种分位的延迟等，这些指标在配置了一定的告警规则后，都可以直接作为告警来源，产生异常后主动触达运维人员。

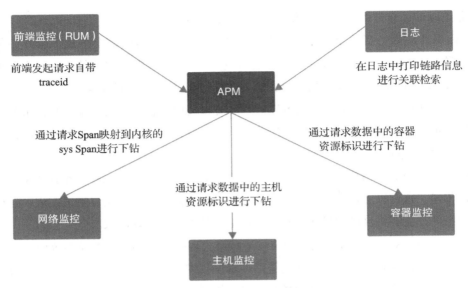

图 5-24　链路追踪工具在可观测体系中的定位

由此可见，在整个可观测体系中，单独看待及建设 APM 是一种不正确的思维。很多企业曾经独立为 APM 工具立项建设，但最后工具无法得到广泛应用，项目收益远不及预期，其原因就是单独一套 APM 能解决的问题场景实在太有限了。我们应当将 APM 尽可能与各类其他观测工具做串联打通，通过 APM 建立起基于业务实际请求流量的"桥梁"，有目的地拉通各个观测工具和不同类型的观测数据，实现完整有效的观测效果，接下来介绍具体的串联打通场景。

（2）前端到后端串联排障

当具备对用户终端数据进行采集的能力时，我们就可以结合前端监控工具（RUM）和链路追踪工具（APM）通过一些机制来实现前端到后端的串联排障。

图 5-25 可以解释前端串联后端调用链排障原理：用户在移动应用或 Web 浏览器网页上访问时，会生成一个 Session 被记录，一个 Session 中记录了一个用户的完整操作流程，包括用户依次打开了哪些页面，在每个页面上进行了怎样的操作，触发了哪些后台请求。当产生了一个具体的后台请求后，RUM 工具可以按照 APM 工具定义的 trace 标识规则（traceid 的生成规则）来对这个请求进行标记，这样在后端也可以完整跟踪到这个请求具体经过了哪些服务，在哪个服务上消耗的时间过长或者出现了报错。

（3）链路追踪与日志关联

对于开发人员来说，直接将问题定位到代码级别是最高效的。但告警信息有限以及指标类数据高度抽象，运维人员在很多时候其实无法给出这么详细的信息，无法有效地辅助开发人员进行问题定位和解决。这时，链路追踪与日志关联的方式就给出了一种有效的解决手段。具体的实现方式如图 5-26 所示。

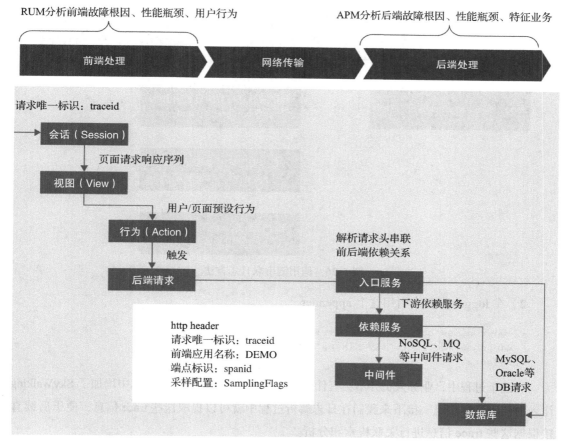

图 5-25　前端串联后端调用链排障示意图

可能会有工程师担心这种方式对代码侵入性很大，很难实践，其实不然，业界有非常多好用的日志框架来帮助解决这个问题，我们只需要额外生成一份日志输出的配置文件做批量下发即可。

以下就用 logback 日志框架配合 SkyWalking 探针（一种业界流行的开源 APM 探针）举例，其中关键的修改点在于：

1）引用 SkyWalking 官方提供的工具类。

```
<appender name="skywalking"
lass="org.apache.skywalking.apm.plugin.log.logback.v1.x.SkyWalkingLogbackAppender" />
```

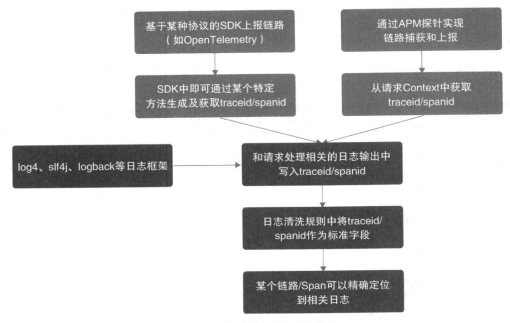

图 5-26　调用链串联日志方法

2）在 logger 配置中引用这个 appender。

```
<logger name="com.example" level="DEBUG">
  <appender-ref ref="skywalking" />
</logger>
```

在这个过程中，业务人员并不会有什么感知，只是会发现输出的日志中增加了 SkyWalking 注入的 traceid 等信息。接下来我们在日志解析过程中就可以提取这些 trace 信息，便于后续直接根据这些 trace 信息进行关联检索和分析。

（4）链路追踪下钻到资源层监控

这里进一步分为以下 3 种不同类型的场景。

1）下钻到组件或数据库排查问题。APM 所捕获到的调用数据中，有一部分是对组件或数据库的调用。这种调用可以将系统所用到的组件和数据库直观地呈现在拓扑图和某条具体的调用链中，如果相关的组件或数据库出现了问题，大概率会在这种可视化的形式中有所体现，例如拓扑图上的状态呈现以及调用链瀑布图中的长条。当然，这里只解决了发现的问题，我们只能在 APM 中判断这些组件或数据库的故障对上游调用者产生了影响，但至于为何产生以及这些组件及数据库的真实运行状态，我们仍然需要借助其他监控工具来呈现和分析。

此时，APM 可以在调用信息中提取出对应组件或数据库的资源标识，可能是 IP 地址，也可能是域名链接，再通过标识信息去对应的组件监控或数据库监控中获取这些资源的核心监控指标信息及相关日志，通过同一个平台的页面跳转或嵌入来实现一套连贯的排障流程，提升此类场景的排障效率。

2）下钻到进程所在的主机 / 容器集群排查问题。当我们在系统中通过 APM 探针或者 SDK 按照规范要求上报了 trace 信息时，一般都会携带对应服务所在的主机或者容器集群信息，最常见的就是主机的 IP 地址以及容器的 containerID，这两种信息会作为我们寻求其他监控工具时对主机和容器监控的索引，从而能够在识别到某个服务节点故障后，对其所在的主机或容器进行下钻，查看到主机和容器层级上更加精确的指标数据或容器数据。

3）下钻到网络行为分析网络问题。我们知道，计算机网络底层有 7 层协议，而大多数情况下会将这 7 层协议转化抽象成单次请求。但不排除有时我们的故障发生在比较深的网络层面，在 APM 调用链中只能得知某一段 Span 的耗时增加、返回码错误或者无响应断链，无法进一步排查深层次的网络问题。这时就可以通过这一进程间请求的 Span 获取到内核态的 sys span，再从 sys span 映射到网络监控中的具体 net span，然后就可以从专业的网络监控中获取到这次网络请求在各个环节的详细信息。图 5-27 所示为一次请求调用的实际网络过程。

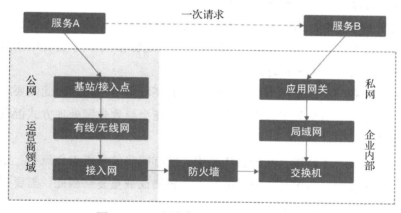

图 5-27 一次请求调用的实际网络过程

通常某次请求出现网络问题的概率还是比较小的，往往是短时间大面积出现网络问题，这个时候我们也可以从 APM 的某些样本请求中获取一个大致的范围，接下来按一定条件跳转到专业的网络监控，查看相应的指标趋势（如丢包数量、丢包率、CRC 校验通过率等）。

5.3.5 告警闭环

1. 告警的定义、挑战和价值

（1）告警的定义

告警是指出现系统或应用的故障、异常或警告等情况时，系统会自动产生并发送相关的信息给相关负责人。这些信息包括警告类型、时间、所属对象、描述信息等。

告警在运维体系中起着非常重要的作用，可以帮助系统管理员和运维团队及时发现和解决系统问题，从而确保系统的正常稳定运行。

1）及时发现问题：告警可以监控系统的运行状况，当发现异常情况时及时通知管理员并提供详细信息，使管理员可以及时发现并解决问题，防止问题扩大。

2）告警自动闭环：告警可以自动匹配事前配置好的策略，对告警进行自动关闭或分派流转。此外，还可以与自动化系统集成，自动触发运维任务和自动修复告警，提高效率，减少人工处理的延迟和工作量。

（2）告警体系建设的挑战

由于运维体系的演变和监控产品的更新换代，企业建设告警体系的时间跨度长、历史遗留问题多，导致告警始终难以形成标准的体系。其中，常见的问题如下：

❑ 缺乏监控指标的定义和标准化。监控指标的定义和标准化是建设告警体系的基础。如果企业缺乏监控指标的定义和标准化，则无法建立明确的告警品质和优先级等标准，导致告警的流程和管理不够规范。

❑ 告警质量不一。监控指标的定义和标准化可以确保告警的质量更加稳定，但在实际情况下，因为特定原因（如监控不到位、告警逻辑错误等），告警的质量可能会不稳定，不利于问题的快速解决。

❑ 告警的分类和归类缺乏标准化。每个企业的环境都不相同，因此需要定制告警的类型和处理方式。但是如果缺乏标准化，则可能会导致告警处理方式混乱，不利于问题的管理。

❑ 告警的处理流程不清晰。在告警体系中，应有明确的告警工作流程。但是如果缺乏明确的工作流程，告警交接时可能存在逻辑错误或重复。因此，需要制定明确的流程并确保所有人员了解和执行。

❑ 告警过多或过少。告警的数量和质量是告警体系的重要衡量标准。告警过多可能会引起人员疲劳，降低告警管理效果；告警过少则会影响业务表现和对问题的管控能力。

综上所述，建设告警体系需要具备监控指标的标准化、告警数量和质量的平衡、明确的告警处理流程及告警分类和归类的标准化。

（3）告警体系的价值

告警体系建设指的是为了解决告警企业在告警管理方面面临的问题，建立和完善一个系统化的警报机制，通过对系统中各种异常情况的监控和分析，及时发现和处理问题，以保证系统正常运行，最终实现系统化管理的价值。

- 提高系统稳定性和可靠性。告警机制能够实时监测系统的运行状态，及时发现和处理问题，避免出现重大故障，提高系统的稳定性和可靠性。
- 减少录入人员工作量。当系统发生异常时，告警系统会自动发送警报信息给相关负责人，避免了录入人员主动去检查系统状态，减轻了他们的工作量。
- 缩短故障恢复时间。通过告警机制，故障信息可以第一时间传达给相应的工程师，以便快速定位问题所在，缩短修复时间，减少系统停机时间。
- 改善客户体验。建立告警机制，能够确保及时、稳定地提供服务，提高客户满意度，降低客户流失的风险。
- 优化运维管理。告警机制可以记录系统的运行状态和问题解决过程，并提供报告和分析，为优化运维管理提供决策依据。

总之，告警体系建设在保证系统运行的稳定性和可靠性方面起到了非常重要的作用，同时也可以提高运维效率、优化管理决策，从而提高客户体验。

2. 告警体系建设

（1）告警系统阶段性建设

告警系统建设成熟度是指企业或组织在实现有效告警系统方面的成熟度评估。告警系统是一种能够对系统、应用、设备等关键业务和操作进行监控并发出告警的系统，可以有效地帮助用户及时发现问题并迅速处理。告警系统建设成熟度的划分如图 5-28 所示。

目前，大多数企业的告警管理成熟度都在 L2 ～ L4。告警体系建设的成熟度需要从低到高发展，只有低成熟度的告警管理完成后，才能基于原来的建设进行更高层级的优化。

基于告警体系成熟度的规划，先对告警体系制定建设思路并进行落地推广，落地后对告警建设内容进行总结，最后实现告警治理优化及智能预防。

（2）告警体系建设思路

告警管理的根本目标是快速响应和解决故障，提升无故障间隔时间，减少故障发生率和业务影响范围。

基于告警的特性，结合企业实际落地的管理经验，可以将告警管理总结为以下步骤：

- 告警预防。通过一系列的策略预防和减少告警数量，可以帮助系统管理员更及时地识别真正的故障、优化系统性能并加快故障处理的速度。
- 告警感知。当对应的阈值被触发时，监控、拨测等相关前置系统会生成告警信息，包括告警级别、告警类型、告警时间、告警描述等。
- 告警响应。通过邮件、短信、电话、客户端等方式，将告警信息及时发送给相应的管理员或运维人员，或者通过自动化告警系统直接发送到自动化任务流处理中。

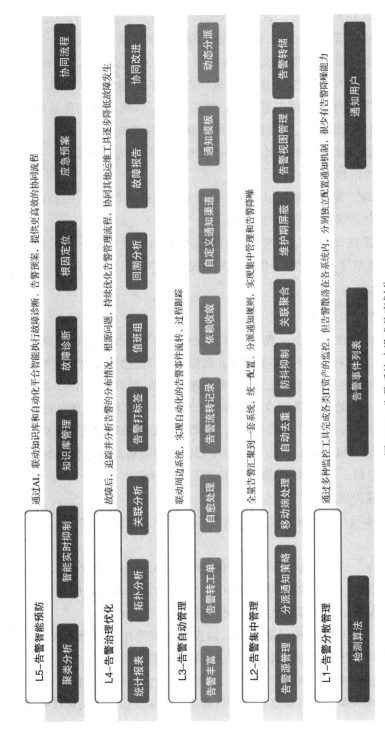

图 5-28 告警系统建设成熟度划分

- ❑ 告警定位。管理员或运维人员收到告警信息后，及时进行相应的处理，尽可能地找到告警原因，保证系统的稳定运行。
- ❑ 告警恢复。当告警指标恢复正常后，监控系统会自动解除告警状态，并通知管理员或运维人员。
- ❑ 复盘改进。对告警事件的处理方式进行分析和总结，从事件中吸取教训，改进容错和预警机制，以减少事件再次发生的概率。

根据告警原理，告警管理可以概括为事前、事中、事后 3 个阶段，每个阶段都有对应的关注重点，如图 5-29 所示。

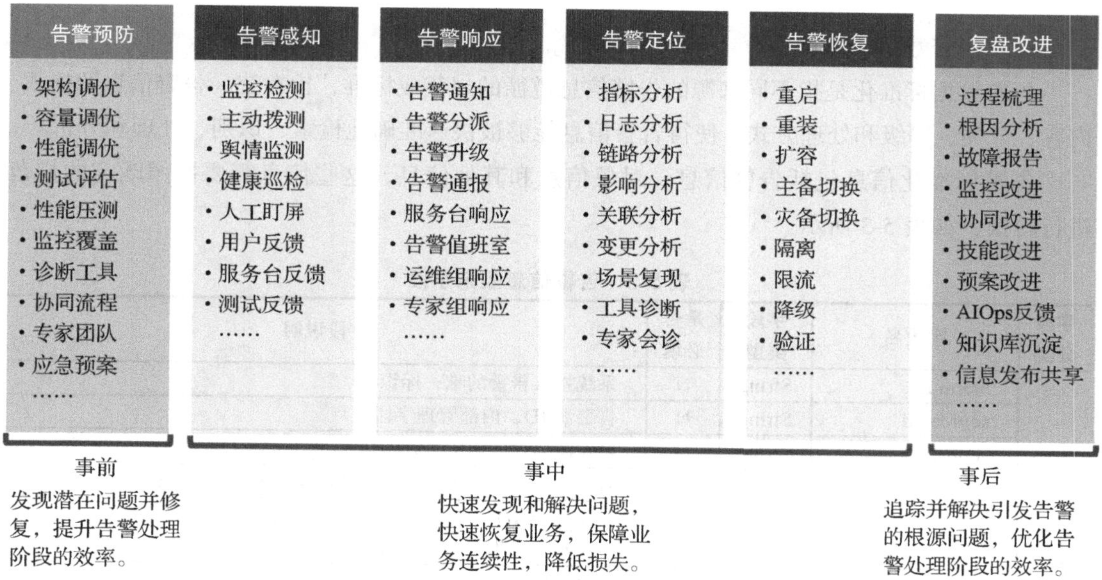

告警预防	告警感知	告警响应	告警定位	告警恢复	复盘改进
·架构调优 ·容量调优 ·性能调优 ·测试评估 ·性能压测 ·监控覆盖 ·诊断工具 ·协同流程 ·专家团队 ·应急预案 ……	·监控检测 ·主动拨测 ·舆情监测 ·健康巡检 ·人工盯屏 ·用户反馈 ·服务台反馈 ·测试反馈 ……	·告警通知 ·告警分派 ·告警升级 ·告警通报 ·服务台响应 ·告警值班室 ·运维组响应 ·专家组响应 ……	·指标分析 ·日志分析 ·链路分析 ·影响分析 ·关联分析 ·变更分析 ·场景复现 ·工具诊断 ·专家会诊	·重启 ·重装 ·扩容 ·主备切换 ·灾备切换 ·隔离 ·限流 ·降级 ·验证	·过程梳理 ·根因分析 ·故障报告 ·监控改进 ·协同改进 ·技能改进 ·预案改进 ·AIOps反馈 ·知识库沉淀 ·信息发布共享 ……

事前
发现潜在问题并修复，提升告警处理阶段的效率。

事中
快速发现和解决问题，快速恢复业务，保障业务连续性，降低损失。

事后
追踪并解决引发告警的根源问题，优化告警处理阶段的效率。

图 5-29　告警管理流程

- ❑ 事前：发现潜在问题并修复，提升告警处理阶段的效率。
- ❑ 事中：快速发现和解决问题，快速恢复业务，保障业务连续性，降低损失。
- ❑ 事后：追踪并解决引发告警的根源问题，优化告警处理阶段的效率。

3. 告警实践落地

告警体系建设不仅仅是工具的落地，更是工具配合管理规范的使用。根据告警生命周期，可将告警管理的各个阶段进行分析与拆解，分别制定落地规范，进行规划实施。如图 5-30 所示，告警体系建设分为告警数据标准化、定义角色及职责、定义告警处理规则、告警治理及持续改善 4 个阶段。

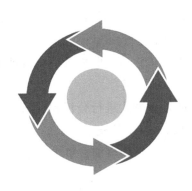

告警数据标准化

通过定义标准化的告警数据，为后续告警的扩展、流转、分析、处理提供有利的基础条件

定义角色及职责

根据组织架构制定告警相关的角色及其职责范围、内容，执行告警流转的处理规则

告警治理及持续改善

事后对告警数据、处理流程、处理结果、处理时长等信息进行复盘，通过复盘找出可优化的环节，并进行改善，优化告警管理流程

定义告警处理规则

事前定义告警流转的处理规则，告警产生后根据规则分配到对应的处理人，较快告警处理策略

图 5-30　告警体系建设流程

（1）告警数据标准化

告警数据标准化是指不同来源的告警信息遵循的规范或标准，旨在统一告警信息的格式、内容、分类、等级和处理方式，使得告警信息能够被快速准确地检索、识别、处理和分析。

告警标准化信息包括告警信息、对象信息和其他信息，这些信息需要按照既定的规范进行转换，如表 5-3 所示。

表 5-3　告警信息规范字段

字段分类	字段名	字段类型	是否必填	字段说明
告警信息	alarm id	String	N	系统接入告警的唯一标识
	source_id	String	N	告警源 ID，内部管理字段
	source name	String	N	告警源名称，内部管理字段
	item	String	N	告警指标，自动生成。例如：kafka cpu usage high
	event _id	String	Y	告警事件 ID。根据告警源 ID＋告警对象＋告警指标＋告警级别，自动生成唯一的告警事件 ID
	alarm time	String	N	告警产生时间
	content	String	N	告警内容
	action	String	N	告警动作，即告警触发 firing 或告警恢复 resolved，若不推送，默认是 firing
	level	String	Y	告警等级。例如：remain/warning/fatal（提醒 / 预警 / 致命）
对象信息	object	String	Y	告警对象。根据实际对象生成，用于告警识别
	bk_obj_id	String	Y	CMDB 业务 ID
	bk_obj_name	String	N	CMDB 业务名称
	bk_inst_id	String	N	CMDB 集群 ID
	bk_inst_name	String	N	CMDB 集群名称
	bk_module_id	String	N	CMDB 模块 ID
	bk module name	String	N	CMDB 模块名称
	bk obj id	String	N	CMDB 模型 ID
	bk inst id	String	N	CMDB 模型实例 ID

（续）

字段 分类	字段名	字段 类型	是否 必填	字段说明
其他 信息	object type	String	Y	告警对象类型，如 microservice、project、kafka，如为 CMDB 纳管，则采用 CMDB 模型名称
	metric name	String	N	告警指标名称，如 cpu usage memory usageapi access,instange order
	metric alarm type	String	N	告警指标触发类型，与告警指标对应，如 slowdown、error、stop 等告警含义
	metric value	String	N	告警指标值，如 80%
	alarm owner	String	N	告警责任人

（2）定义角色及职责

如果系统监测到某些异常事件，会通过发出警告来提醒相应的角色。关键的告警相关角色及其职责如下。

1）监控值班人员。

❑ 负责 24×7 值班和系统监控。

❑ 响应客户投诉工单、热线电话、邮件、传真等事件报告。

❑ 完整记录所有接收的事件信息，包括记录事件报告人的详细联系方式、事件特征表现、描述、发生时间等。

❑ 对事件进行适当的分类、对事件分配优先级等属性。

❑ 尝试使用工具、初步诊断、分析相关信息等方式解决问题。

❑ 将事件分配给最合适的一线支持小组 / 人员来处理。

❑ 检查事件记录的处理进度，保持与事件报告人的联系，适时通知事件处理进展。

❑ 与用户确认事件解决方案，关闭事件。

2）一线支持人员。

❑ 负责对监控值班无法解决的事件进行快速有效的分析，提出解决方案以尽快恢复服务，并在必要时提供现场支持。

❑ 验证事件的描述和信息，进一步收集相关信息。

❑ 进行深入调查研究或协调厂商支持，提供有效的解决方案。

❑ 实施事件解决方案。

❑ 更新事件解决信息，已解决的事件转回监控值班人员。

3）二线支持人员。

❑ 负责提供对一线支持人员无法解决的问题进行进一步调研，找出解决方案并尽快恢复服务。

❑ 验证事件的描述和信息，进一步收集相关信息。

❑ 进行深入调查研究或协调厂商支持，提供有效的解决方案。

❑ 实施事件解决方案。

❑ 更新事件解决信息，已解决的事件转回一线支持人员和监控值班人员。

（3）定义告警处理规则

该阶段定义告警信息的接收方式、处理流程和管理责任，以便及时反馈和响应。

1）事件受理和记录。

❑ 创建事件时必须记录事件报告人信息，事件描述要详细清楚，并标识事件性质、事件来源等。

❑ 受理事件时应该判断事件信息的正确性和完整性，描述不清楚的事件应该要求事件报告人重新填写。

❑ 对于不属于业务支撑系统类的事件应及时通知事件报告人，并标识"误报"后关闭事件。

2）事件初始支持。

❑ 属于监控值班人员技能范围内可以处理的事件，监控值班人员应尝试解决，如果无法解决应及时升级到一线支持人员。不属于监控值班人员职责范围的事件，应立即分派到相应的一线支持人员。

❑ 对于优先级为紧急的事件，监控值班人员应及时升级给一线／二线支持人员并电话通知接收人，同时通知事件经理。

❑ 参考"重复事件原则"，对重复事件进行标识。

3）事件的分派和升级。

❑ 监控值班人员根据事件描述做出判断，分派给合适的一线／二线支持人员。

❑ 如一线／二线支持人员确定事件不属于自己的处理范围，可将事件转派／升级给适合的处理人员或监控值班人员，并准确填写转派理由。

❑ 能够自行处理的事件如无正当理由不得转派给其他人。

❑ 事件单不能重复分派，在无法分派或涉及多个小组需要协调时，应及时升级给事件经理。

❑ 如事件转派的次数超过 5 次，应及时升级给事件经理。

4）紧急事件的再次确认。

❑ 一线／二线支持人员接收到紧急事件后，应立即根据事件优先级标准再次确认事件是否为紧急事件。

❑ 如果确认为紧急事件，应通知相应的管理层，并立即升级到事件经理，同时转入加急事件处理子流程进行处理。如不是，则开始正常事件解决流程。

5）事件的解决和记录。

❑ 事件处理必须遵循时限要求，根据工作情况准确填写工作记录。

❑ 对申报和故障，应尽快采取行动恢复，深入的原因分析可另起问题单，需要与变更、配置信息关联的应准确选择关联信息。

❑ 派单人要求核实或处理的问题必须全部答复，不能遗漏。如因系统原因不能满足要求，应给予明确解释说明。

❑ 答复的结论应与业务规定、基本原则一致。

❑ 如果是重开单的事件，回复内容不能与上一次相同。

❑ 在事件得到解决后，一线／二线支持人员应详细记录事件解决过程及方案并更新事件信息。对于故障，必须准确记录业务恢复时间。

6）事件关闭。

❑ 监控值班人员与申报用户确认事件是否已得到解决，如果解决，事件以成功解决或变通方法解决而关闭；否则，事件以不成功而关闭，重新开事件记录，并与原记录做关联，分派到原处理人员继续处理。

❑ 监控值班人员在关闭事件的同时必须确认事件单记录的业务恢复时间是否准确。

❑ 其他由一线或二线支持人员自行创建的事件单，由开单人负责关闭。

（4）告警治理及持续改善

告警体系需要对告警信息进行分析和统计，以便进行系统优化和预警策略调整。对于告警治理，主要从以下几个关键维度进行分析。

❑ 告警源分析：针对各个监控的告警源进行统计度量分析，如告警接入量、告警等级分布、告警接入方式分布、告警来源分布等，持续提升告警源告警事件接入的有效性和监控能力。

❑ 告警统计分析：针对告警中心事件进行统计度量分析，如今日告警总数、今日关闭告警数、未响应告警总数、未关闭告警数、近 7 天 MTTA、近 7 天 MTTR、近 7 天告警压缩比、近 10 天告警自动处理数等，对告警治理效果进行有效的分析。

❑ 人员分析：针对人员进行告警管理的绩效考核，根据前面定义的告警响应及时率、告警处理及时率、告警质检满意度等指标进行跟踪，提升告警及时、有效解决的能力。

告警体系建设是一个循序渐进的过程，结合告警的建设思路，在每个环节进行规范定义与实施，将告警管理形成初步方案进行流转。在企业实际落地过程中，定期进行告警治理分析。通过分析数据，找到前置步骤可优化的环节并进行持续改善。通过循环迭代的方式优化告警管理体系，完成整体建设。

4. 告警的故障根因定位

当出现错误或异常时，以告警事件作为入口，结合可观测体系中的日志、指标、跟踪、分布式跟踪工具快速定位和诊断问题。

结合经验，我们将故障根因定位的过程分解为：找关系、看指标、钻明细。找关系即为找到资源拓扑依赖关系（主要通过 CMDB 等工具构建）和请求链路关系（主要通过 APM 等链路追踪系统构建）；看指标即为找到故障根源对象的根源指标，根据接收告警时间及指标波动变化找到起始故障点；钻明细即为根据资源对象、故障发生时间范围及关键字等检索条件关联日志明细，锁定具体的故障根因。从告警出发，应用多维数据联动进行故障根因定位的全流程分析，告警体系在观测体系中的场景如图 5-31 所示。

当接收到告警事件后，工程师可基于告警事件详情将故障问题划分为两大类别：一是故障根因明确的，典型如某主机宕机，针对此类告警事件找到具体资源实例后执行重启恢复动作即可；二是未知故障根因的表象异常，典型如某服务、某业务请求接口成功率低于90%，针对此类告警事件仅可感知业务异常，具体故障根因仍需要借助可观测工具联动，通过多维数据分析关联到具体日志明细来确定。

1）如果是未知故障根因的表象异常，建议从告警事件对象出发分析其上下游依赖，确定故障根源对象。用前文提及的调用链追踪系统 APM 可以清晰地构建单应用多服务、多组件（中间件、数据库）全局依赖拓扑，从服务拓扑节点聚合 Apdex 健康指标（主要表现为请求延迟，也可基于多维指标复合计算）来快速锁定该故障对象下游依赖的异常服务或异常组件。

2）如果是组件异常，可以基于服务实例请求组件的链路明细数据聚合成的指标信息，分析服务实例请求组件的错误 SQL/NoSQL 执行命令、慢查询检查其执行命令是否有循环、查询未建索引的大表数据等常规异常问题。当然，部分组件问题主要是组件自身宕机或异常所致，则可通过 CMDB 资源对象标识关联组件实例，分析其自身指标异常，再通过异常指标趋势变化找到起始故障时间关联组件的日志明细来锁定具体故障问题。至此，因组件异常问题导致上层业务请求的故障根因分析流程闭环。

3）如果是依赖的下游服务异常，可以下钻至单服务分析该服务视角下的黄金指标和接口依赖，通过故障在服务实例或接口的分布关系来分析是单接口异常还是单服务实例异常：如果是单接口异常，则错误或异常请求数集中在单一接口，所有实例错误或异常数据量趋于均分；如果是单实例异常，则错误或异常请求数集中在单一服务实例，所有接口错误或异常数据量趋于均分。

4）如果是单接口异常，可随时分析关联时间范围的请求详情找到错误请求，通过关联请求唯一标识 traceid 找到该接口请求的完整调用链路，分析请求上下游依赖关系来找到链路中的错误请求节点，通过 traceid 和 spanid 关联到具体的日志锁定故障根因。

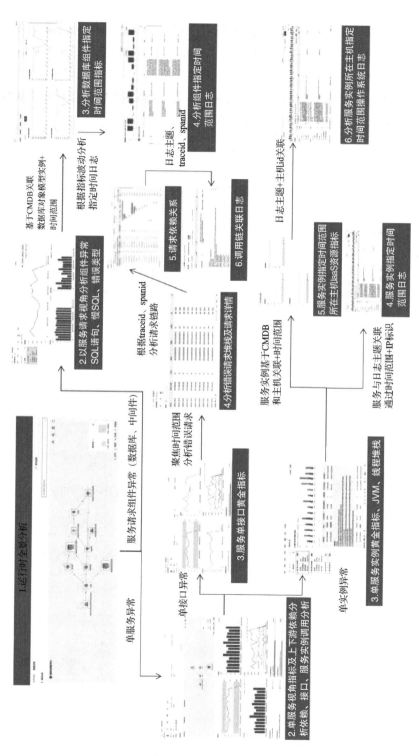

图 5-31　告警体系在观测体系中的场景

　　5）如果是单实例异常，可随时分析关联时间范围的实例请求找到黄金指标、线程堆栈、连接池及日志明细进行故障根因分析，在必要情况下可抓取实例进程的内存快照进行进一步的故障定位（内存快照抓取对服务实例性能有影响，建议谨慎使用）。当然，服务实例宕机或异常有可能是其关联的宿主机异常引发的，可通过 CMDB 资源对象关联的主机，分析主机自身指标异常，找到起始故障时间后关联日志，从而锁定故障根因。

第 6 章 Chapter 6

CMDB 配置管理能力建设

CMDB 是企业运维管理的基础，是运维管理的元数据。CMDB 在国内的建设实践已有 10 年以上，时至今日依然有相当多的企业没有理解好、建设和维护好企业所需的 CMDB 系统。本章将在剖析传统 CMDB 建设方法的基础上，提出消费驱动的 CMDB 建设思路，并给出具体的建设方法论。

6.1 传统 CMDB 建设方法剖析

6.1.1 CMDB 的发展史

IT 运维的配置管理由来已久，早在 ITIL v2 版本中就作为最佳实践出现，并一直延续到 ITIL 4，作为 ITIL 4 服务管理实践中的重要一环，在整个 IT 运维管理体系中发挥着重要作用，业界称之为运维管理的"基石"。

完整的配置管理系统在 ITIL 中定义为 CMS（Configuration Management System，配置管理系统），CMDB 是 CMS 的数据库。但在实际工作中，运维行业往往习惯用 CMDB 指代 CMS，因此在本书后续章节，若未特别说明，CMDB 均指代 CMS，而 CMDB 本身则用 CMDB 库来表示。

ITIL 4 中对于配置管理的作用定义如下：

❑ 配置管理实践的目的是确保在需要的时间和地点提供有关服务配置及支持它们的 CI（Configuration Item，配置项）的准确可靠信息，以及如何配置 CI 及它们之间的关系的信息。

❑ 配置管理收集和管理各种 CI 的信息，通常包括硬件、软件、网络、建筑物、人员、供应商和文档。服务也被视为 CI，配置管理可帮助组织了解为每个服务做出贡献的众多 CI 如何协同工作。

❑ 配置管理提供有关每个服务及其关系的 CI 的信息，它们如何相互作用、关联和依赖，以便为客户和用户创造价值。有关服务之间依赖关系信息的高级视图通常称为服务映射或服务模型，并构成服务体系结构的一部分。

配置管理涉及解决 3 个核心问题：

❑ 如何恰如其分地定义 CI 及其关系？

❑ 如何最小工作量地搜集和维护 CMDB 的准确数据？

❑ 如何确保所维护的数据尽可能大地发挥其作用和价值？

然而，尽管明确了 CMDB 建设的核心关键点，不代表在现实环境中就能够很好地建设并维护 CMDB。在笔者所在的公司进行顾问咨询和项目建设的过程中，无论大型企业还是中小型企业，无论是 IT 系统相对先进的金融行业和运营商行业，还是 IT 相对落后的国有企业，CMDB 的建设和使用情况都存在很多问题。很多时候，CMDB 不仅没有发挥应有的价值，甚至还可能成为其他场景建设的障碍。

6.1.2 CMDB 建设的失败原因

CMDB 建设的失败原因是成本与收益的失衡。建设活动如果得不到明确的价值收益，怎么可能不失败呢？下面列举一些 CMDB 建设的具体失败原因。

1）不清晰的目标与需求。CMDB 建设旨在解决哪些核心问题？建设 CMDB 不应仅仅是机械的，而是一个明确的目标驱动过程。在这个庞大的项目中，涉及建设方、消费方和维护方等相关利益方，需要达成一致共识，确保项目目标的清晰明确，并共同为之努力。

2）不合理的建设范围。过于庞大、没有边界的 CMDB 建设范围一定会导致在项目周期内无法有效地管理实施过程、无法有效地衡量实施的结果。因为 CMDB 的建设往往是跨部门的，跨多个运维场景，需要付出大量的沟通与配合成本，什么都想要、什么都想管，往往会为 CMDB 的建设压下重重的稻草。

3）与运维活动脱节。建设 CMDB 的核心在于重新规划 IT 运维流程和活动，防止与运维活动脱节。例如：使主机的生命周期与应用的生命周期相互匹配；从项目立项、软件设计、产品研发，到产品测试、资源准备、上线投产，再到运行维护、深化开发、持续运营，最终到退役回收，与 CMDB 的相关配置相互匹配。

传统的 CMDB 建设往往脱离了运维活动，需要耗费大量的人力成本去维护 CMDB 的数据准确性。数据录入是低效的建设方式，无法支撑运维活动的消费场景是没有价值的。

4）缺乏管理支持。CMDB 的建设是一个注重管理而非单纯技术的活动，其涉及范围广泛，涵盖多个部门和运维对象。在缺乏组织层面的支持和重视下，往往会导致建设过程推进艰难。

5）不合适的技术选型。传统的 CMDB 往往会有以下几方面的功能限制。

❑ 孤岛严重：不具备或者很难与其他系统联动。

❑ 不够灵活：若物理服务器需要新增一个属性，则系统需要修改代码进行调整，开发需要进行排期，这样的系统远远无法满足日益增长的需求。

❑ 可靠性差：数字化时代下，运维对象的数量爆炸式增长，百万级的实例数据的读写对系统而言是需要考虑的因素。

6.2　消费驱动的 CMDB 建设方法

CMDB 建设是一个体系化的过程，需要在正确的建设原则和实现方法的指引下，重点实现模型管理、数据维护、运营与度量 3 个板块的建设。

6.2.1　CMDB 的建设原则和实现方法

1. 建设原则

CMDB 建设时需要着重考虑以下几个原则：

1）纳管的对象具备应用属性。CMDB 建设需要覆盖应用系统运维管理相关的主要场景和对象，目的是支撑业务，呈现价值。

2）最小化设计。CMDB 的模型设计应遵循最小化的原则，仅将那些具有消费意义的数据及时纳入，而对于尚未被利用的数据则可以暂缓入库。对于新的需要的数据，应采用标准的配置管理流程，并结合自动化手段，以确保高效的入库操作。

3）自动化为主。数据采集以自动化为主，人工为辅。凡是能够通过自动化采集和更新的数据，尽可能采用自动化采集。

4）配置流程管控。将配置数据、自动化执行和流程管控充分融合，实现无缝整合。在需要自动化变更配置数据的情况下，通过结合审批与自动化手段，能够实现配置信息的自动变更。对于那些无法自动化控制的场景，可以通过优化流程来管理，从而降低人工手动更新数据的频率。

5）数据维护者责任制。数据的准确性由数据所属对象的维护团队负责。维护者在整个配置数据生命周期中承担责任，以确保数据质量的准确性和及时性。

6）构建循环体系。建立配置管理维护的规范体系，包括命名规范、流程规范、审计规范、上线规范、变更规范等，实现规范与工具的融合与落地。

2. 实现方法

CMDB 建设以数据消费为导向，使用集中存储、自动采集、流程联动、线上消费作为主要手段，致力于打造统一的 CMDB，确保 IT 运维主数据的可视、可管、可信和可用。

1）统一模型。在运维管理层面统一 CMDB 的拓扑层次、模型类型、属性字段、关联关系架构，实现运维管理平面的配置管理数据模型的一致性，更深层次地拉齐各运维部门的统一术语与认知。

2）自动采集。持续建设配置数据的自动发现、自动采集能力，并将其整合到统一的工具中。通过自定义扩展采集插件的方式，实现尽可能多的软硬件对象配置信息的自动采集，最大程度降低维护成本。

3）系统集成。通过 API 集成与连接，统一 CMDB 与各团队现有的 CMDB 库，遵循统一模型和最小化原则。以运维团队中心级 CMDB 为核心骨架，将各团队 CMDB 数据统一汇入中心级 CMDB，并通过 API 与各运维团队现有 CMDB 相连。这一举措旨在实现运维中心 CMDB 层面的数据统一呈现，以支持数据一体化的运维管理。

4）集中存储。针对所有关键运维管理对象，实现各应用系统、各运维团队以及各类资源的 IT 运维配置数据，在中心级 CMDB 层面实现统一的存储和集中管理。同时，将其作为对外数据消费和反馈的统一入口，确保数据的一致性和高效性。

5）流程联动、自动化。依托敏捷 ITIL 流程，实现配置数据读写、自动化运维操作及运维审批流转的一体化联动整合，确保数据的准确性、可跟踪、可闭环。

6）线上消费。提供在线、易用的 API 体系和说明文档，方便第三方系统集成消费，明确核心场景的集成逻辑。

6.2.2　CMDB 的建设目标与范围

CMDB 的建设目标是有效管理和控制组织的配置项，以支持 IT 服务管理和整体业务流程。这与不同企业面临的问题、处于不同的阶段有关。下面举一个例子：

某企业正在建设 CMDB，旨在保障业务连续性，已经多次出现因应用资源与物理资源割裂导致故障排查困难，从而业务系统中断时间过长造成巨额损失。那么在第一阶段建设 CMDB 的内容中，我们可能就只需要考虑纳管支撑业务的应用系统，内部系统可以先不进行纳管；然后需要建立从应用系统到物理服务器相关的模型，对于机房、机柜的纳管先不进行考虑。这样，我们就可以打通应用系统与物理资源的数据连接，在故障发生时可以快速定位影响面，缩短排查范围与时间。

　　总体而言，CMDB 建设的范围应根据组织的实际需求和复杂程度进行确定。范围的确定可依据多种因素，包括组织规模、业务需求、IT 基础设施的复杂性等。该范围或涵盖整个组织的配置项，或限定于特定业务单元或特定技术领域。在确定范围时，务必平衡投入成本与实际价值，以确保 CMDB 的建设与组织的实际情况相符，并取得最佳匹配。

6.2.3　与 CMDB 建设相关的角色和组织

　　CMDB 不是一个单纯的技术活动，它涉及跨部门的协作，涉及流程（管理）联动，意味着"人"是其中一个重要的因素，若管理层、执行层的人员不重视、职责不清，那么数据治理就是一句口号。

　　我们抽象了 3 类角色：配置经理、配置管理员、配置所有者。3 类角色及对应职责如表 6-1 所示。他们的职责工作对应了 CMDB 的生命周期包括规划、设计、实现、维护、运营。配置经理和配置管理员是 CMDB 的组织者，专门管理和维护 CMDB 的，而配置所有者往往是各个部门中的数据负责人、各个领域的专家。

表 6-1　3 类 CMDB 配置管理角色及对应职责

角色	职责
配置经理	● 负责 CMDB 模型规范的定义 ● 负责 CMDB 管理工具的需求定义 ● 负责 CMDB 整体运营、汇报和持续改进
配置管理员	● 负责具体的模型设计工作，包括对象、属性、关系的定义 ● 负责具体的运营审计工作，并向配置经理汇报 ● 负责 CMDB 的需求收集与实现
配置所有者	● 负责 CI 实例数据的初始化工作 ● 负责 CI 实例数据的维护工作，包括新增、更新、删除 ● 负责 CI 实例数据的准确性 ● 负责配置采集器的需求沟通与研发管理

　　（1）CMDB 组织的工作目标

　　1）面向合规：满足护网、安全审计等数据要求。

　　2）面向效益：IT 架构信息将以服务的形式提供给任何流程、任何部门、任何人员，信息更加真实、及时、方便、科学、规范，以往获取信息所耗费的时间将减少、成本将降低，为自己的利益负责。

　　（2）职责交集与边界

　　应用管理员与资源管理员分别从纵向和横向的方式对 IT 资源进行管理，在配置所有者的角色上存在交集，边界如下。

　　1）由谁管理：资源处于闲置资源池时，由资源管理员负责配置数据保障；资源分派给某个业务时，由应用管理员负责，资源管理员协助。

2）由谁采集：资源管理员负责采集能力的建设，资源分配给业务后，应用管理员需负责业务变更后的配置回写。

3）由谁整改：发现环境中的孤岛对象或数据错误后，优先找应用管理员，再找资源管理员（非业务独占的资源直接找资源管理员）。

6.2.4　CMDB 模型管理

CMDB 的管理规范包括模型设计流程、模型设计规范和模型设计示例 3 个部分。模型设计流程定义了 CI 模型设计的合理过程和活动，模型设计规范定义了模型需要遵循的一般规则，而模型设计示例则针对企业运维管理中常见的 IT 对象，给出具备参考性的 CI、CI 属性以及 CI 关联关系的设计。

1. 模型设计流程

模型设计的主要目标如下：

❑ 确保 CMDB 模型能正确反映 IT 环境真实情况，满足消费场景需要。

❑ 确保 CMDB 模型颗粒度得到控制，避免 CI 模型泛滥。

CMDB 模型设计流程如图 6-1 所示，整体过程分为规划阶段、设计阶段、实现阶段。

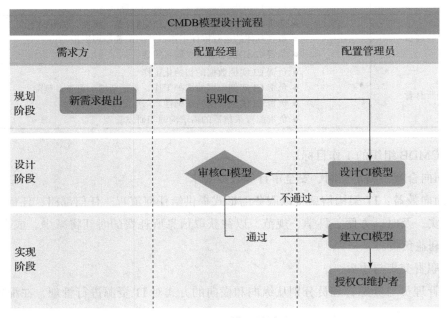

图 6-1　CMDB 模型设计流程

规划阶段的主要角色和主要活动内容如表 6-2 所示。

表 6-2　规划阶段角色活动表

角色	活动	输入	输出
配置经理	识别 CI ● 了解需求背景 ● 对 CI 模型的变更进行决策	新的需求	CI 模型变更需求

设计阶段的主要角色和主要活动内容如表 6-3 所示。

表 6-3　设计阶段角色活动表

角色	活动	输入	输出
配置管理员	设计 CI 模型 ● 定义 CI 的名称（中英文）、所属分类 ● 定义 CI 的属性和关系	CI 模型变更需求	CI 模型定义
配置经理	审核 CI 模型，是否符合规范	CI 模型定义	已审核的 CI 模型定义

实现阶段的主要角色和主要活动内容如表 6-4 所示。

表 6-4　实现阶段角色活动表

角色	活动	输入	输出
配置管理员	根据 CI 模型定义，在 CMDB 系统中进行模型新增、修改	已审核的 CI 模型定义	已实际变更的 CI 模型
配置经理	对于新增 CI，定义对应的数据所有者，并在 CMDB 中授予相应权限	已审核的 CI 模型定义	CI 所有者授权

2. 模型设计规范

（1）字段类型定义

字段类型定义了 CMDB 中设计 CI 属性时所能使用的字段类型范围，如表 6-5 所示。

表 6-5　字段类型定义

类型	说明
短字符	255 个英文字母，85 个汉字
长字符	1000 个英文字母，333 个汉字
布尔	两种值：是或否
时间	如 2018-10-1 7:00:00
日期	如 2018-10-1
用户	下拉选择用户
枚举	固定下拉选择，包含键和值
数字	整型数值
浮点	浮点数值

（2）关系类型定义

关系类型定义了 CMDB 中设计 CI 关联关系时所能使用的关系类型范围，如表 6-6 所示。这里需要注意，我们往往会在 CMDB 定义多种多样的关联关系，如依赖、组成、安装、上联等，但是这么多类型的关系对数据维护、消费都会带来大量的理解和操作成本，我该如何区分安装和依赖？比如，当一个应用架构图呈现在面前时，如何能够快速地知道发生故障时什么对象是直接影响？什么对象是间接影响？这里的建议是对关系进行抽象与精简，并统一术语。

表 6-6　关系类型定义

关系名称	说明
上联 / 下联	特指应用之间、服务之间的依赖关系
运行 / 运行于	主要描述一个 CI 运行于另一个 CI 之上。例如，某应用实例运行于某一台主机之上，反之主机上运行了某些应用实例 总结：物理上的关系，当主机不存在时，上面的相关软件自然就不存在了。这是一种物理上深度的影响关系
包含 / 属于	描述多个 CI 组合成一个单独的 CI，并对外提供服务，且用于组合的每个个体 CI 均能独立对外服务。例如，多个逻辑主机属于一个群集，反之一个群集包含多个逻辑主机 总结：当某个主机实例不存在时，不影响集群对外提供服务，这是一种物理上浅度的影响关系
连接 / 被连接	指存在物理连接情况下的关系。例如，主机连接到交换机上，反之交换机被主机连接 总结：逻辑上的关系，两者之间没有强依赖

（3）枚举值定义

1）业务域。枚举值定义了 CMDB 管理过程中，某些具备全局意义的对象的唯一 ID。以运营商环境为例，可能涉及的枚举值如表 6-7 所示。

表 6-7　枚举值定义

业务	域	枚举值	枚举值编码
IT 云	B 域	IT-B 域	IT-BZ
	O 域	IT-O 域	IT-OZ
	M 域	IT-M 域	IT-MZ
	D 域	IT-D 域	IT-DZ
	E 域	IT-E 域	IT-EZ
	其他	IT- 其他	IT-OT
CT 云	能力域	CT- 能力域	CT-AZ
	业务平台	CT- 业务平台	CT-BZ
业务云	云平台	业务 - 云平台	BZ-WY

2）资源状态。针对配置管理过程中各类资源可能处于的状态，予以统一的定义和说明，这里的定义与资源的生命周期相关，也与这个资源在运维流程中的活动相关，如表 6-8 所示。

表 6-8　资源状态定义

类型	状态	说明
硬件资源	待投运	设备已经处于备件库中
	已上架	设备已完成安装，但未上电
	运行中	设备处于运行状态
	已退运	设备已退出生产或报废，不在机房备件库中
应用系统	开发中	软件还处于研发阶段
	测试中	软件已安装到主机上，但未启动服务
	运行中	软件处于运行状态
	已下线	软件卸载

硬件资源的状态转换说明如图 6-2 所示。

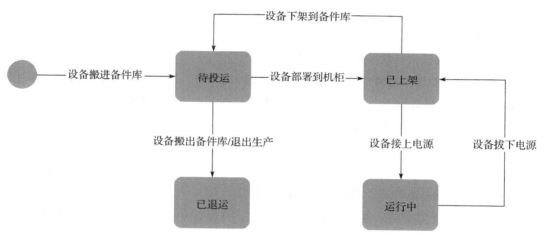

图 6-2　硬件资源的状态转换说明

应用系统的状态转换说明如图 6-3 所示。

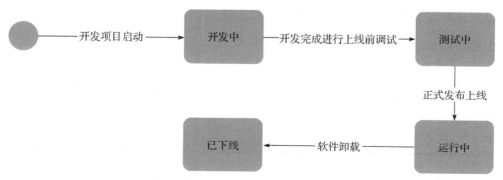

图 6-3　应用系统的状态转换说明

3）配置编码规则示例。

❑ 编码规则：业务域编码 - 一级分类编码 -CI 类型编码 -7 位自增数值，要求为大写字母。

❑ 示例：IT 云管理域下的一台光纤交换机实例的配置编码为 IT-BZ-STG-SFS-0000001。

（4）设计参考原则

1）策略原则。

❑ 不越界：区分配置属性和非配置属性。

❑ 最小可用：

   ■ 与企业现有的架构保持一致。

   ■ 考虑管理成本和收益。

   ■ 识别关键配置信息。

❑ 面向业务：仅纳管支撑业务的 IT 资源对象。

❑ 面向场景：需考虑是否满足消费场景的集成需要。

❑ 自动化：无法自动化采集的属性尽量减少。

2）数据设计原则。通常情况下需满足数据设计的原则，尽量减少数据存储冗余和管理成本的增加，并降低数据不一致性的可能。但对于更新频率不高、查询频率极高的字段，可考虑适当冗余，更便于查询和消费。

3）字段类型原则。

❑ 有按维度做资源统计的消费场景，字段需使用枚举类型，以保证一致性。如操作系统类型、设备品牌等，都应使用枚举类型。

❑ 有容量统计需要的，字段需使用数字类型，并标注单位。如机柜的机位容量（U）、设备的功率（W）等，都应使用数字类型。

❑ 普通字符类型的字段，应按实际情况，考虑使用长字符或短字符，避免不必要的消耗。例如，名称一般使用短字符，描述信息使用长字符。

❑ 其他专有类型使用对应匹配的字段，如日期、时间、用户、布尔等。

3. 模型设计示例

（1）CI 分类

在 CMDB 的建设过程中，建议的 CI 分类如表 6-9 所示。企业需要根据自身的建设情况，酌情进行相关的调整。

表 6-9　CI 分类定义

层次	分类	CI 项
业务层	业务（BIZ）	业务（BIZ）
		集群（SET）

（续）

层次	分类	CI 项
业务层	业务（BIZ）	模块（MD）
		客户（CTO）
		网元（VNF）
基础架构层	计算（CMP）	逻辑主机（HOST）
		物理服务器（SRV）
	网络（NW）	网络设备（ND）
		负载均衡（SLB）
		端口（PORT）
		IP（IP）
	存储（STG）	存储设备（SGD）
		存储池（SGP）
		存储服务器（SGS）
		LUN（LUN）
		光纤交换机（SFS）
		分布式存储集群（DSGC）
		虚拟存储（VSG）
	安全（SEC）	安全设备（SECD）
	虚拟化（VIR）	云资源池（CRP）
基础设施层	机房动环（MR）	U 位（UP）
		机柜（CBN）
		机房（MR）
	数据中心（IDC）	IDC（IDC）
		IDC 专线（SL）

（2）CI 关系

CI 关系定义了 CI 对象之间的关系，对故障定位、资产管理、监控告警等场景具有重要意义。CI 关系如图 6-4 所示。

（3）CI 属性

CI 属性的设计是 CMDB 建设中非常重要的内容，需要为每一种可能消费的 CI 类别进行属性的设计。由于 CI 类别众多，属性往往存在个性化，这里以硬件类通用属性、业务系统属性、逻辑主机属性为例，展示 CI 属性的设计。

1）硬件类通用属性。硬件类设备具备一些相同点，如厂商、序列号、IP 地址等，因此具备一些通用的属性，如表 6-10 所示。

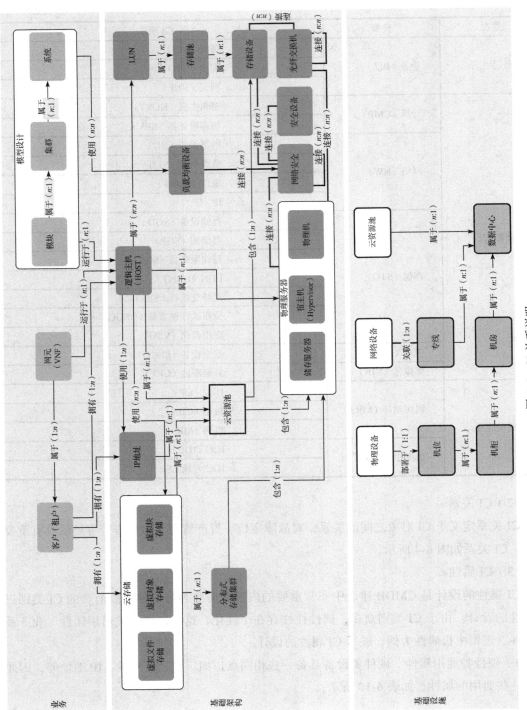

图 6-4 CI 关系说明

表 6-10 硬件类通用属性示例

字段分组	中文名称	英文名称	字段类型	是否必填	数据来源	备注
基本信息	业务 IP	ip	短字符	是	手工	
	带内管理 IP	ibip	短字符	否	手工	存在业务 IP 与带内管理 IP
	带外管理 IP	obip	短字符	是	手工	
	设备状态	status	枚举	是	手工	
	设备品牌	brand	枚举	是	手工	
	设备型号	model	枚举	是	手工	
	设备序列号	sn	短字符	是	手工	
	设备功率	power	数字	是	手工	
	设备供应商	supplier	短字符	是	手工	
	设备 U 高	uheight	数字	是	手工	与对应的关联机位匹配，结合机位的容量进行自动校验
资产信息	固资编号	asset_num	短字符	否	手工	
	购买合同编号	pcn	短字符	否	手工	
	维保合同编号	mcn	短字符	否	手工	
	到保日期	edate	日期	否	手工	

2）业务系统属性。业务系统属性指的是业务系统的整体属性，主要描述基本信息和角色信息，如表 6-11 所示。

表 6-11 业务系统属性示例

字段分组	中文名称	英文名称	字段类型	是否必填	数据来源	备注
基本信息	业务名称	biz_name	短字符	是	手工	
	状态	life_cycle	枚举	否	手工	
	时区	time_zone	时区	否	手工	
	语言	language	枚举	否	手工	中文、英文
角色信息	运维人员	biz_maintainer	用户	是	手工	
	产品人员	biz_productor	用户	否	手工	
	测试人员	biz_tester	用户	否	手工	
	开发人员	biz_developer	用户	否	手工	
	操作人员	operator	用户	否	手工	

集群属性主要针对的是业务集群属性的定义，如表 6-12 所示。

表 6-12 集群属性示例

字段分组	中文名称	英文名称	是否必填	数据来源	备注
基本信息	集群名称	set_name	是	手工	
	集群描述	set_desc	否	手工	
	环境类型	set_env	否	手工	测试、体验、生产

（续）

字段分组	中文名称	英文名称	是否必填	数据来源	备注
基本信息	服务状态	service_status	否	手工	开放、关闭
	备注	description	否	手工	
	设计容量	capacity	否	手工	

3）逻辑主机属性。逻辑主机属性指的是集群所属的具体主机的配置信息，一般需要的属性如表 6-13 所示。

表 6-13　逻辑主机属性示例

字段分组	中文名称	英文名称	字段类型	是否必填	是否关键	数据来源	备注
基本信息	内网 IP	host_innerip	短字符	是	是	自动	
	所属云区域	cloud	外联对象	是	是	自动	
	主机名称	host_name	短字符	否	是	自动	
	操作系统类型	os_type	枚举	是	是	自动	Linux、Windows、Aix
	操作系统名称	os_name	短字符	否	否	自动	
	操作系统版本	os_version	短字符	否	否	自动	
	操作系统位数	os_bit	短字符	否	否	自动	
	内核版本	kernel_version	长字符	否	否	自动	
	CPU 逻辑核心数	cpu	数字	否	否	自动	
	CPU 频率	cpu_mhz	数字	否	否	自动	
	CPU 型号	cpu_module	短字符	否	否	自动	
	内存容量	mem	数字	否	否	自动	
	主机类型	host_type	枚举	否	否	自动	物理机/虚拟机
	虚拟内存大小	v_mem	短字符	否	否	自动	
网络配置	外网 IP	host_outerip	短字符	否	否	手工	
	子网掩码	subnet_mask	短字符	否	否	自动	
	DNS 服务器	dns_serv	短字符	否	否	自动	
	内网 MAC 地址	mac	短字符	否	否	自动	
	外网 MAC	outer_mac	短字符	否	否	自动	
	网关	gateway	短字符	否	否	自动	
	网卡速率	net_card_rate	短字符	否	否	自动	
磁盘信息	磁盘容量	disk	数字	否	否	自动	
	逻辑磁盘数量	logic_disk_num	数字	否	否	自动	
其他信息	主机安装时间	sys_install_time	日期	否	否	自动	
	时区设置	time_zone_set	枚举	否	否	自动	
	时钟同步服务器	ntp_srv	短字符	否	否	自动	
	上次重启时间	last_reboot_time	日期	否	否	自动	

6.2.5　CMDB 数据维护

1. 结合资源的生命周期

在配置数据的管理过程中，针对不同的场景设计多样的维护流程，这既有助于确保 CMDB 管理过程的标准化与规范化，又有利于数据在流转过程中保持准确性。

CMDB 的数据维护流程的建设至关重要，其质量将决定数据的质量和准确性。CMDB 的实例数据设计应用系统、各类技术组件、基础架构和基础设施等多种对象，难以一一列举。下面以操作系统主机资源的生命周期管理为例，详细说明新增、变更、回收等过程的数据维护流程。

（1）主机资源新增

1）场景描述。主机资源的新增录入 CMDB。

2）集成说明。

❑ 原则上，除了特殊情况（如数据初始化），CMDB 的逻辑主机资源的新增源头是"统一运营门户"。

❑ 客户在运营门户填写资源申请单，审核通过并完成交付资源，最后录入 CMDB。

❑ 通过配置发现、定期自动化发现和对比 CMDB 与实际环境的差异，如发现异常，通知配置维护者，最后进行人工审核、补充业务信息并录入 CMDB。

3）集成逻辑。

❑ 正常情况（流程录入先于配置发现）。正常情况集成逻辑如图 6-5 所示。

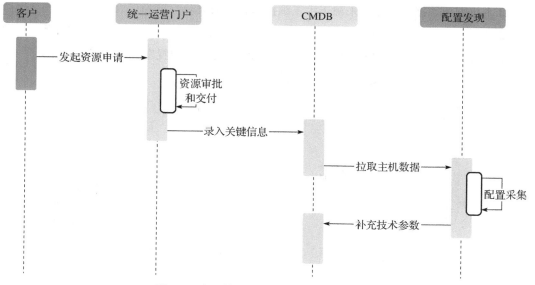

图 6-5　主机资源新增正常情况集成逻辑

❑ 异常情况（自动发现 CMDB 中发现新对象）。异常情况集成逻辑如图 6-6 所示。

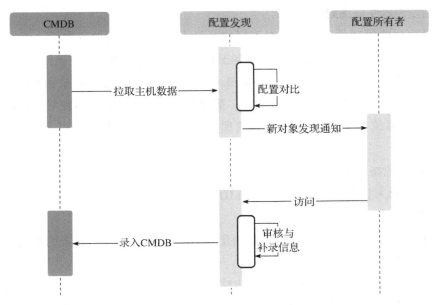

图 6-6　主机资源新增异常情况集成逻辑

（2）主机资源变更

1）场景描述。主机资源的关键配置信息变更，更新 CMDB 逻辑主机。

2）集成说明。

❑ 主机配置数据的变更，来源于手工维护与自动采集。

❑ 针对业务信息（如所属业务域、用途、主要维护人等）的变更，由配置维护者手工维护。

❑ 针对技术信息（如 CPU、内存、磁盘等）的变更，由配置发现自动采集填充。

3）集成逻辑。主机资源变更集成逻辑如图 6-7 所示。

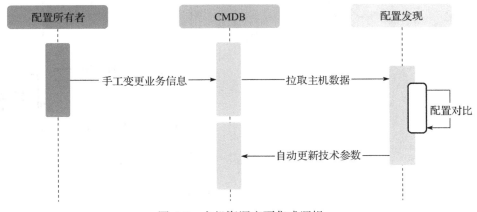

图 6-7　主机资源变更集成逻辑

（3）主机资源回收

1）场景描述。主机资源下线回收，从 CMDB 移除逻辑主机。

2）集成说明。

❑ 原则上，除了特殊情况，CMDB 的逻辑主机资源的回收由"统一运营门户"发起。

❑ 客户在运营门户提交资源回收申请单，审核通过并完成资源回收，最后删除 CMDB
  对应数据。

❑ 通过配置发现、定期自动化发现和对比 CMDB 与实际环境的差异，如发现异常，通
  知配置所有者，最后由人工审核确认后，根据实际情况进行处理（删除脏数据、加入
  黑名单等）。

3）集成逻辑。主机资源回收集成逻辑如图 6-8 所示。

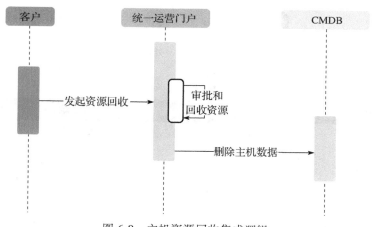

图 6-8 主机资源回收集成逻辑

CMDB 数据的核心价值在于场景消费，因此需要将 CMDB 融入资源申请、可视化展
示、统一监控、自动化运维等各类场景中。这种融入不是单纯的数据输送，在有数据变更的
情况下，还要考虑数据回路的实现，以构建 CMDB 数据的闭环。

2. 资源申请消费场景

资源申请消费场景是常见的运维场景，资源申请的过程往往与 CMDB 数据的变化过程
息息相关。以下分别以虚拟机资源申请和物理机硬件申请为例，说明此类场景对 CMDB 数
据的消费与反馈的过程。

（1）虚拟机资源申请

1）场景描述。客户在运营门户申请虚拟机资源。

2）集成说明。

□ 客户在申请虚拟机资源时，需填写资源的需求信息（如 CPU、内存等）、业务信息（如所属业务系统、业务用途等）。

□ 运营人员审批时，补充必要的技术参数（如所属 VPC）、其他业务信息（如业务域、归属云池、环境类型等）。

□ 运营人员审批时，需判断资源池容量是否满足需要。

□ 审批通过后，资源通过人工交付或云平台 API 自动交付。

3）集成逻辑。集成逻辑如图 6-9 所示。

□ 提单阶段：CMDB 提供业务系统数据支撑，供给 IT 域客户选择为哪些业务系统申请资源。

□ 审批阶段：CMDB 提供 IDC、云池数据支撑，供给运营人员选择从哪些云池交付资源。

□ 处理阶段：资源实际交付完成后，回写 CMDB。

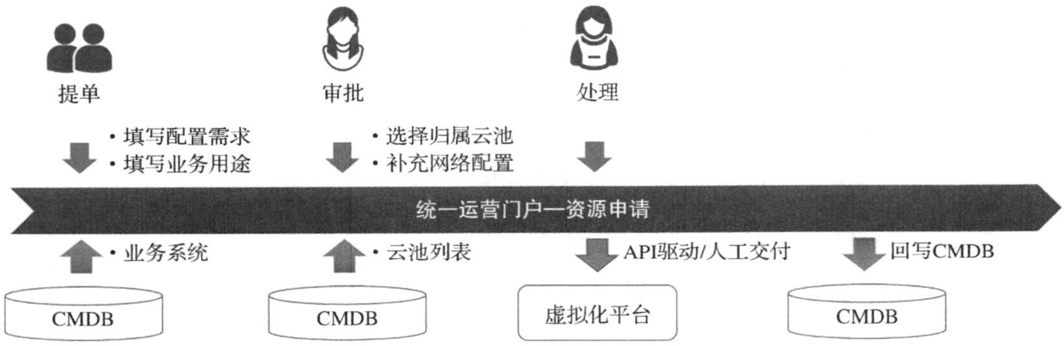

图 6-9　虚拟机资源申请集成逻辑

（2）物理机硬件申请

1）场景描述。客户在运营门户申请物理机资源。

2）集成说明。

□ 客户在申请物理机资源时，需填写资源的需求信息（如 CPU、内存等）、业务信息（如所属业务系统、业务用途等）。

□ 运营人员审批时，补充资源所归属的数据中心。

□ 运营人员审批时，需判断机房机位容量是否满足需要。

□ 审批通过后，资源通过人工交付。

3）集成逻辑。集成逻辑如图 6-10 所示。

□ 提单阶段：CMDB 提供业务系统数据支撑，供给 IT 域客户选择为哪些业务系统申请资源。

□ 审批阶段：CMDB 提供 IDC 数据支撑，供给运营人员选择从哪个数据中心交付物理机资源。

❏ 处理阶段：资源实际交付完成后，回写 CMDB。

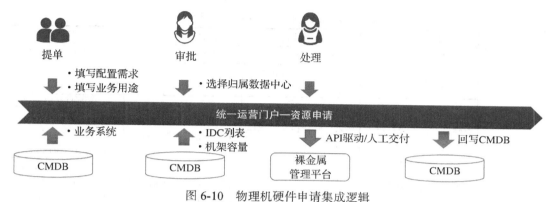

图 6-10　物理机硬件申请集成逻辑

3. 可视化展示消费场景

可视化展示消费场景是常见的运维场景，可视化展示的过程往往需要 CMDB 提供必要的数据。以下分别以资源分析和网络拓扑为例，说明此类场景对 CMDB 数据的消费与反馈的过程。

1）场景描述。通过可视化大屏，展示资源的总体情况。

2）集成说明。

❏ CMDB 对外仅提供原始数据获取的接口。

❏ 数据经过统一的数据汇聚和处理之后，再将处理的结果提供给数据展示系统。

❏ 最后信息数据通过可视化大屏、报表等方式进行展示。

3）集成逻辑。

❏ 逻辑架构。具体如图 6-11 所示。

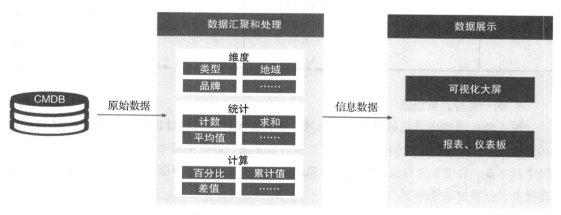

图 6-11　可视化消费场景逻辑架构

❑ 指标计算逻辑。资源分析场景指标计算逻辑如表 6-14 所示。

表 6-14　资源分析场景指标计算逻辑

场景	展示指标	指标描述	CMDB 支撑数据	计算逻辑
资源统计情况	应用数量	应用系统数量总和	系统数据	系统实例的条目数量
	主机节点数量	虚拟机、物理机的数量总和	逻辑主机	逻辑主机实例的条目数量
	硬件设备资源总数	各类型硬件设备（服务器、存储设备、网络设备）总数	物理服务器、存储设备、网络设备配置数据	1. 物理服务器的条目数量 2. 存储设备的条目数量 3. 网络设备的条目数量
	各业务域的硬件设备资源总数	分别展示IT云、CT云、业务云的各类型硬件设备总数	各类型设备数据、设备业务域属性	1. 根据业务域属性区分 IT、CT、业务云 2. 统计各类型设备条目数量
	机房总数	各个数据中心的机房数量总和	机房数据	机房实例数据的条目数量
	机架总数	各个数据中心的机架数量总和	机架数据	机架实例数据的条目数量
资源使用情况	硬件设备资源分配率	已经分配出去的各类型硬件设备数量占比	各类型设备数据、设备状态	1. 设备状态为已上架或运行中的条目数作为已分配设备数 2. 设备状态为非退运的条目数作为设备总数 3. 已分配设备数 / 设备总数得到设备分配率
	服务器资源使用率	已经分配的CPU、内存、磁盘资源占比	逻辑主机、物理服务器	1. 通过所有物理服务器的 CPU、内存、磁盘得出资源总量 2. 通过已分配的逻辑主机（已关联业务的）的 CPU、内存、磁盘得出资源使用总量 3. 使用总量 / 资源总量得到服务器资源使用率

4. 统一监控消费场景

统一监控消费场景是运维的日常场景，在告警事件的分析过程中往往需要 CMDB 提供必要的数据，可能存在的消费场景包括监控对象集成、监控覆盖率追踪、监控维度丰富、告警字段丰富、告警事件分级、告警影响和定位分析、告警关联屏蔽、告警汇聚通知、告警自动派单、告警自动处理等。

以下分别以监控覆盖率追踪、告警字段丰富、告警影响和定位分析等场景为例，说明此类场景对 CMDB 数据的消费与反馈的过程。

（1）监控覆盖率追踪

1）场景描述。监控覆盖率，即已监控的 IT 对象数量和所有的 IT 对象数量的比率，可以通过这个值追踪每个部门、小组、个人负责的 IT 对象的监控覆盖率，监控的执行是否到位。

2）集成说明。

❑ 通过 CMDB 的实例数据，获取每个部门、小组、个人负责的 IT 对象及其数量。

❑ 通过监控系统的监控数据，获取所有 IT 对象的监控状态，从而得到每个部门、小组、个人负责的 IT 对象中被监控的数量。

❑ 最终按部门、小组、个人统计其监控覆盖率，可用于追踪监控的执行下发情况。

3）集成逻辑。集成逻辑如图 6-12 所示。

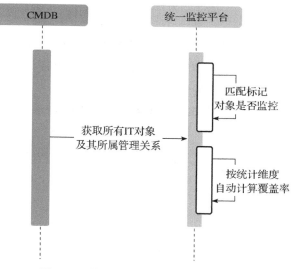

图 6-12　统一监控与 CMDB 集成逻辑

（2）告警字段丰富

1）场景描述。一般来说，监控系统的原始告警事件都会比较简单，只有告警主体、告警指标和告警内容。对于用户来说，在影响分析、事件分级、关联收敛、汇聚通知、自动派单、自动处理等场景缺乏必要的信息支撑。

2）集成说明。原始的告警事件根据其告警的对象主体，在 CMDB 中进行匹配，丰富该主体对象的详细信息，如关联关系、所属应用、重要等级、维护负责人等。

3）集成逻辑。集成逻辑如图 6-13 所示。

（3）告警影响和定位分析

1）场景描述。告警影响和定位分析是指该告警事件产生后，分析是否会对周边的系统、组件、应用等产生影响，是否会有关联的告警产生，并进行问题定位。

2）集成说明。

❑ 通过 CMDB 维护监控对象的所属应用、所在的机房和机柜，以及关联的其他系统和组件等。

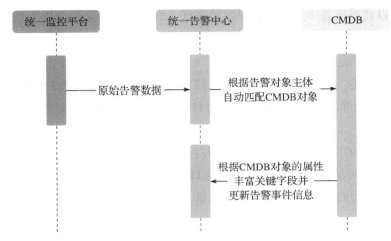

图 6-13　告警字段丰富集成逻辑

❏ 通过告警丰富获取 CMDB 中该对象的所属应用、所在的机房和机柜，以及关联的其
他系统和组件等信息，以拓扑可视化的方式呈现给管理员，辅助管理员进行告警事
件的影响分析和问题定位。

3）集成逻辑。集成逻辑如图 6-14 所示。

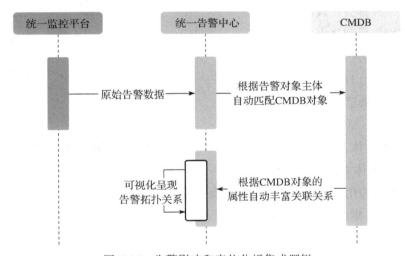

图 6-14　告警影响和定位分析集成逻辑

5. 自动化运维消费场景

1）场景描述。CMDB 作为数据中心自动化运维工具体系的基础数据支撑。

2）集成说明。

❑ 自动化运维的场景通常比较多，相应工具也多。

❑ 各个工具模块都需统一从 CMDB 获取 IT 对象的基础配置数据，如 IP、端口、类型、版本等。

3）集成逻辑。如图 6-15 所示，数据中心自动化场景基于统一 CMDB 主数据进行深度集成交互，如定期自动巡检、服务器开机 / 关机 / 重启、裸金属管理、网络设备配置备份等。

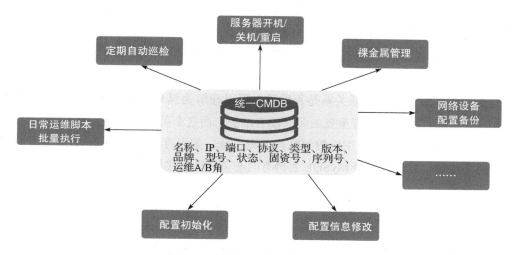

图 6-15　数据中心自动化集成逻辑

6.2.6　CMDB 运营与度量

CMDB 作为运维主数据支撑各类系统，它的重要价值体现在消费场景上，因此数据的准确性对 CMDB 至关重要。数据失真对于消费系统而言可能导致灾难性后果。

数据质量问题往往会在 CMDB 建设的末期暴露出来，原因在于 CMDB 的建设是一个跨部门的重新梳理运维对象与活动的过程，也是一个逐步完善、逐步改变的过程，建设的中前期遇到的核心问题往往是跨部门的协作、项目进度，当数据逐步入库后，数据的规范性、准确性问题就会在消费时凸显。

我们制定相关指标来客观评估 CMDB 的运营和质量状况，目前采用这种方式对存量数据进行检测，这也是基于经验积累的标准方法。然而，这并不能百分之百地反映 CMDB 的情况。

（1）及时更新率

CMDB 数据一定是持续流入的，如果数据长期没有更新，对于物理设备而言，比如存储等情况可能是正常的，因为这种设备上架后，变更的频率几乎为零；而对于 OS 层之上的资源对象，在有自动采集手段的情况下，如果 3 天以上没有更新数据，很可能准确性会出现问题。

及时更新率 = x 天内更新的 CI 实例数 /CI 实例总数（x 的定义与对象与业务场景有关）

（2）CI 增长趋势

不同维度（业务维度的主机、单模型等）的 CI 数据在时间维度的变化趋势可按照年、月、日的方式展示。

（3）数据孤岛

此实例没有与任何实例关联，关联关系是数据的重要因素，CMDB 是现实世界的某种数字化映射，那么对于大部分 IT 资源对象而言，如果不存在关联，往往意味着没有配置负责人维护这个实例数据，或者现实中这个资源对象没有被人使用。

（4）关联完整性

检查对象实例的关键关联关系是否维护，可以理解为孤岛的深层次检查，部分对象可能存在关联关系，但是可能有重要的关联没有维护，而这个关联会影响到核心场景的消费，如故障影响分析。MySQL 与主机的关联是关键关联，如果存在某个 MySQL 实例没有"安装于"某个主机，意味着这个 MySQL 实例有问题。计算方式如下：

$$关联完整性 = \frac{\{符合指定关联规则的 CI 实例数\}}{\{受检实例数\}}$$

（5）属性完整性

本质是针对配置管理员认为重要的需要填充的属性进行检查。例如：检查资源对象的负责人属性是否填充。计算方式如下：

$$属性完整性 = \frac{\{符合指定字段填充的 CI 实例数\}}{\{受检实例数\}}$$

（6）属性规范性

CMDB 建设的过程往往是持续优化的。在建设初期，对于模型属性的规范往往没有考虑清楚，这个时期的数据质量是比较差的。在建设的过程中，根据消费场景对属性的规则有了更加清晰的定义后，我们需要通过定义某些规则，对当前的 CMDB 数据进行规范性的检查，这实际是一个后置的工作。例如：版本号长度不超过 6。计算方式如下：

$$属性规范性 = \frac{\{符合指定字段值规则的 CI 实例数\}}{\{受检实例数\}}$$

6.2.7　CMDB 工具选型

我们需要围绕应用系统的架构、拓扑、消费场景等构建 CMDB 的数据集合，以支撑业务活动。CMDB 建设应该完成以下建设目标：

1）形成运维中心层面的唯一可信的、可消费的 CMDB 数据源。依托 CMDB 的理念导入、工具建设、消费场景融合、运维管理闭环的实现，形成运维中心层面的唯一可信的、可消费的 CMDB 数据源，并通过数据源实现各个团队的运维场景。

2）面向应用系统的运维监控场景，梳理和入库 CMDB 数据。CMDB 需要实现配置数据对于上层的运维监控场景的支撑能力，全面地反映一个应用系统的全局信息，包括架构、拓扑、服务模块、支撑资源、应用环境、投产制品信息等。

3）基于系统的 CMDB 建设框架，建设以消费场景为驱动力，以自动化发现和采集为辅助校验，以运维流程管控为过程的 CMDB 管理闭环。

1. 整体架构

CMDB 整体架构如图 6-16 所示，包括数据标准、配置管理系统、数据共享、数据消费、变更流程等板块。

CMDB 整体架构的详细说明如下：

（1）数据标准

在 CMDB 建设过程中，首先需要统一数据标准，确保在整个运维管理中使用同样一套 CMDB 数据标准和语言，使用同一套框架体系。

CMDB 数据标准的建设需要集合企业的实际情况，可参考的输入来源包括数据治理需求、配置管理最佳实践、数据消费场景等。

一般而言，在数据标准中主要包括以下内容：

❑ 完整定义 CMDB 的应用组件拓扑。

❑ 完整定义 CMDB 的主要 CI 类别。

❑ 完整定义 CMDB 的 CI 最小化属性。

❑ 完整定义 CI 之间的关联关系。

（2）配置管理系统

配置管理系统作为运维管理的 CMDB 管理重心，实现配置数据的统一采集、录入、维护管理和外部消费等功能。

配置管理系统主要包括以下组件。

1）配置采集模块。配置采集模块是通过插件化方式实现配置数据自动采集的组件，核心功能如下。

❑ 具备多样化的数据采集能力，能够通过命令、脚本、API、采集协议等实现不同设备的配置数据的自动化采集。

❑ 需要支持快速发现并采集 IT 环境中的标准硬件、软件等资源信息及关联关系。

❑ 具备自动发现插件和自动采集插件自定义扩展的能力。

❑ 具备发现任务和采集任务的配置和管理能力。

❑ 具备数据映射和同步管理能力。

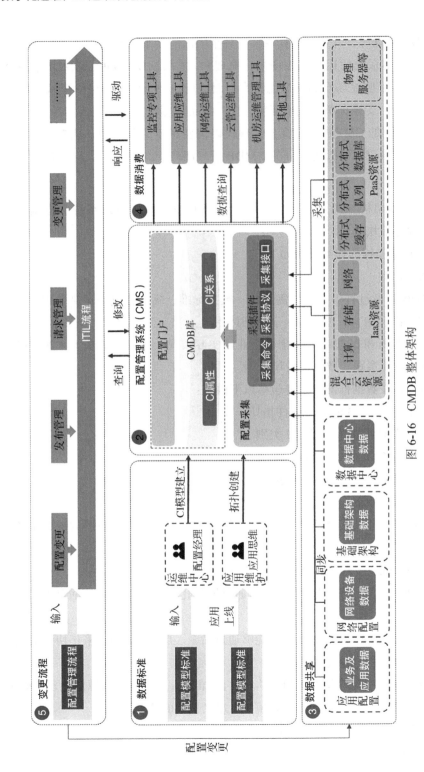

图 6-16　CMDB 整体架构

2）CMDB 库模块。CMDB 库作为定义配置管理 CI、CI 属性和 CI 关系的后台，核心功能如下。

❑ 模型自定义管理、模型属性自定义管理、模型关联关系自定义管理等。

❑ 支持所有资源池的统一查询和全文检索。

❑ 对外提供完备的 API 服务。

3）配置门户模块。配置门户是基于 CMDB 库，围绕配置管理场景，面向不同类型运维人员提供的一站式数据查询、维护、分析、报表等的数据管理工具。核心功能如下。

❑ 数据维护功能：能够支持自动采集、手工录入、Excel 导入等多种方式录入数据，以及支持数据入库后的审批、数据合规性校验等。

❑ 数据分析功能：能够提供多种数据分析场景，包括：通过数据关联分析，助力变更影响预测；通过自动挖掘数据孤岛，保障 CMDB 数据的合规性。

❑ 数据报表功能：能够提供交互式数据查询、傻瓜式图表配置，提供统一的仪表盘进行集中展示。

❑ 配置拓扑功能：能够基于现有入库数据，自动快速生成各个层级应用拓扑，应用资源架构现状一览无余；能够支持灵活的实例拓扑功能，可自定义生成保存多个拓扑随时查看。

❑ 配置权限功能：能够基于角色（权限模板）提供基础权限及属性级数据权限，以精细化权限支撑配置管理规范顺利落地。

4）完备 API 体系。完备的 API 体系可实现 CMDB 与外部运维工具间的数据消费与集成，实现配置数据与运维管理场景的融合；提供支持 CI、CI 属性、CI 关联关系等类型数据的增删改查的各类 API。针对每个 API 地址，需要提供包括请求地址、请求方法、功能描述、请求参数、参数示例、返回结果示例等在内的完备说明。

（3）数据共享

数据共享包括数据采集与同步，基于配置数据治理和数据消费的需求，综合运用多种技术手段实现配置数据的初始化录入和横跨生命周期的持续维护。在企业中，主要通过 3 种方式实现数据的一体化同步与采集。

1）间接工具同步。如果各个运维团队已经通过团队自有的工具实现了所负责的运维对象配置数据的单独管理，并且这些工具在未来一段时间内难以被替换，此时，针对各个团队维护的数据，主要通过 API 的方式，在统一数据标准的基础上，利用配置采集中心进行数据对接、映射和转换，并在审核后写入平台统一 CMDB 库中。

2）直接数据采集。针对企业的传统虚拟化资源以及混合云资源的配置数据，通过 Agent、Agent-less、API 等多种方式进行直接的数据采集，并在审核后写入平台统一的

CMDB 库中。

3）手动批量维护。针对前两种方式无法实现维护管理的数据，如资源的管理性质数据，需要在配置门户中保留手动维护管理的相关功能，支持通过手动的方式实现单实例和批量实例等的统一维护管理。

（4）数据消费

配置数据入库完毕后，通过统一的 API，能够支持各类运维工具直接进行数据的查询和消费。这些工具包括监控专项工具、应用运维工具、网络运维工具、云管运维工具、机房运维管理工具及其他工具。

比较理想的方式是：在具备统一的运维管理平台的情况下，将配置管理的 API 统一注册到平台的 API 网关层，无论是基于运维平台的场景工具还是外部集成的第三方工具，均能够通过 API 网关实现配置管理数据接口的统一调用和数据消费，并且在 API 网关侧实现用户认证、应用鉴权、请求转发、日志记录等功能。

（5）变更流程

针对配置服务管理的过程，需要摆脱过往管理流程与数据变更脱离的情况，通过现代化的 ITIL 工具连接配置数据、自动化执行和审批等不同类型运维步骤，尽可能实现配置数据经审核后的自动变更。总体而言，需要支持两种类型的自动变更：

1）针对需要自动化工具执行变更任务的配置数据变更，在 ITIL 流程中需要增加配置数据查询节点及审批节点，并能够自动填充变更所需的配置数据；在审批节点由相关人员审批，完成自动化的操作执行后，自动将配置数据写入 CMDB 库。

2）针对不需要自动化工具执行变更任务的配置数据变更，则相对简单。在流程中集成配置管理的数据信息，用户勾选具体的业务、拓扑层次、实例对象、需要变更的属性等信息后，经相关节点审批后，自动写入 CMDB 库。

（6）数据校验

1）采集中心需要支持自动化数据发现和采集，并内置校验逻辑，结合自动采集功能进行数据的校验、核准和通知；当发现通过 ITIL 流程写入的数据与自动化采集的数据不一致时，将进行邮件、短信等报警通知，由管理员复核后，进行数据的确认写入操作。

2）针对手动维护的数据，通过设计字段类型，并对字段的值设计校验规则，如是否必填、正则校验、最大/最小值、枚举值、列表值、默认值、用户提示等校验方式，确保字段录入的准确性及合规性。

2. 能力要求

整个配置管理系统需要配置门户模块、CMDB 库模块、配置采集模块 3 个模块构成完整的能力。下面分别介绍每个模块所需要的能力。

配置门户模块所需的能力如表 6-15 所示。

表 6-15 配置门户模块能力说明

模块	能力点	能力描述
配置查询	基础查询	支持关键字查询
		支持设置过滤条件，支持条件组合
		支持过滤条件保存，便于后续使用
	全局查询	支持全局搜索，通过 IP 或其他属性字段进行全局搜索（跨 CI），支持精准匹配 / 模糊搜索，结果支持导出为 Excel
		支持全文检索，搜索结果支持根据模型自动归类，支持点击跳转到实例列表
实例维护	基本维护功能	支持实例信息的增删改查
		支持列属性展示配置
		实例列表支持排序
		所有的基础操作均支持批量操作
	导入导出维护	支持将实例属性导出为 Excel
		支持将实例间的关联关系导出为 Excel，支持导出源端、目的端关联关系
		支持 Excel 导入对实例属性数据进行增删改
		支持 Excel 导入对实例关联关系进行增删改
		Excel 导入时，需对数据进行校验，对于不满足格式的数据进行合理的提示反馈
	关联关系维护	支持提供界面对实例间的关联关系进行快捷维护，界面支持对关联关系、关联类型的快速搜索，方便维护
	业务树	业务是按树形结构来管理的，支持将业务资源渲染成树，便于用户知晓整体的业务结构
		业务树支持快捷地在不同业务间进行切换
数据分析	变更影响分析	支持选择某个实例作为模拟变更的实例，自动分析与其直接关联和间接关联的其他实例，并将结果进行分类展示，结果中的实例可快速对其下钻继续进行影响分析
	差异分析	支持以属性维度的变更为输入值，对配置时间段内发生的实例变更进行快速分析
	孤岛分析	支持配置多个分析规则，限定实例关联的要求，对 CMDB 中不符合规则的实例进行快速检索，结果支持以 Excel 形式进行导出
数据报表	自定义报表	支持用户自定义统计报表，可以指定统计的对象、过滤条件、展示的图表形式
		支持将数据报表进行导出
		支持关联报表，如主机 - 宿主机
		支持对报表配置展示列
	报表分类	支持用户建立不同的报表分类对数据报表进行区分

（续）

模块	能力点	能力描述
拓扑视图	拓扑视图	支持实例拓扑展示
		支持网络拓扑展示
		支持对拓扑进行自定义调整
		支持在拓扑界面进行关联关系的维护
权限管理	授权方式	支持针对用户、用户组、组织架构、角色等维度进行授权
	功能权限	支持对配置管理系统的功能权限进行授权
	数据权限	支持对用户可见的数据进行授权
		支持对用户可维护的关联关系进行授权
		数据授权需支持实例级、属性级授权粒度
操作审计	日志查询	字段级数据变更、多字段、多逻辑查询条件的操作日志的查询、编辑与导出
	日志导出	变更日志可以 Excel 形式进行导出

CMDB 库模块所需的能力如表 6-16 所示。

表 6-16　CMDB 库模块能力说明

模块	能力点	能力描述
模型管理	自定义模型	支持用户灵活自定义模型及模型属性，模型属性支持多类型属性类型，包括字符、数字、浮点、日期、枚举列表、布尔、用户等
	模型分组	支持将模型分类分组
模型关系管理	关系类型	支持在不同模型间建立自定义的关系类型，并且可灵活建立新的关联关系并配置约束（1 对 1、1 对多、多对多）
		支持新建关系时指定关系方向
	模型拓扑	支持以拓扑视图的形式统一展示模型及模型间的关联关系，便于用户整体查看模型蓝图架构
		模型拓扑中模型的位置支持自由拖拽式调整
		模型拓扑中支持可视化拖拽的方式建立模型间的关联关系
实例管理	数据存储	提供 CI 实例数据的存储，支持至少 50 万级别以上的存储能力和查询能力
	数据接口	支持通过接口查询数据、更新数据
	数据推送	支持数据发生变更时候主动推送

配置采集模块所需的能力如表 6-17 所示。

表 6-17　配置采集模块能力说明

模块	能力点	能力描述
发现能力	支持对象	支持网络设备、物理机、虚拟机的自动发现

（续）

模块	能力点	能力描述
发现扩展	扩展能力	1）支持基于 Agent 的发现，满足跨子网的发现需求 2）支持基于协议的发现，覆盖主流协议 ICMP、TCP、UDP、SNMP、SSH、WMIC、LLDP 等 3）支持基于 API 的数据发现
	扩展方式	支持以插件的形式进行横向扩展
任务管理	任务维护	支持设置发现任务的时间和周期
		支持设置发现任务的对象范围（如指定 CI 对象、扫描的网段）
		支持对任务进行停用、启用操作
		支持自定义发现任务所需的参数
	历史记录	提供任务执行历史的记录，便于追溯和审计
		任务历史支持根据任务名、执行时间等进行搜索
		任务历史需展示任务执行的详细结果（数据变更前、变更后）
数据审核	基础要求	对于新发现的数据，在录入 CMDB 前，支持人工审核
	自定义配置	用户可以自定义配置需要审核的 CI 对象
		用户可以自定义配置需要审核的 CI 属性

Chapter 7 第7章

自动化运维能力建设

自动化运维作为企业 IT 运维管理的重要组成部分，对企业 IT 运维在业务连续性保障、敏捷响应业务需求、释放运维人力、提升运维效率上起着重要作用。本章从企业自动化运维的现状与需求出发，对自动化运维能力体系的规划和建设进行详细阐述。

7.1 企业自动化运维现状与需求

企业信息化数字化发展带来了 IT 系统、IT 设备数量的高速增长，运维面临着海量运维的挑战；带来了更多 IT 新技术的应用，运维需要支持不断涌现的新技术对象，需要支持更加复杂的应用架构；也带来了对信息系统可用性的高运维诉求。而企业对运维人员编制的控制也更加严格，运维如何利用高效、高质量的自动化运维技术手段来应对这些挑战，让自己从重复性的日常运维工作中、从加班加点的系统变更和故障修复的工作中、从重复性的新技术对象的运维学习工作中解放出来，专注于以软件工程的思路来设计最适合自身业务特征和诉求的自动化运维系统来支撑整个运维业务，是当前运维人员迫切追求的目标。

7.1.1 企业自动化运维现状

1. IT 运维业务模型

要设计合适的自动化运维工具体系，需要深刻理解运维这个业务。我们可以基于 OASR 运维模型对运维进行抽象。OASR 运维模型将运维业务分解为 IT 运维对象（Object）、运维活动（Activity）、运维场景（Scene）、运维角色（Role）4 层，如图 7-1 所示。

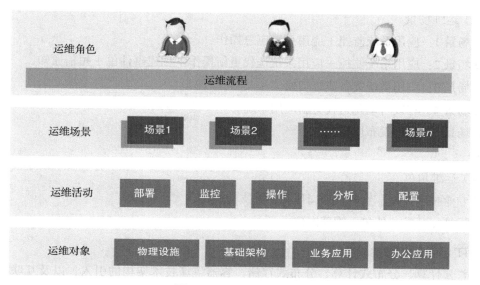

图 7-1 OASR 运维模型

（1）运维对象

❑ 物理设施：数据中心、机房、动环、风火水电、物理服务器、网络设备、存储灾备设备。

❑ 基础架构：网络安全、IaaS 云平台、虚拟化、PaaS 云平台、容器、操作系统、数据库、中间件等。

❑ 业务应用：企业单位内的各类业务信息系统，如 CRM、ERP、信用卡、银行卡、小额货等。

❑ 办公应用：邮件、企微、人力资源 EHR、ERP/OA、知识库等。

（2）运维活动

❑ 部署：包括安装配置、补丁更新、添加或删除对象等，泛指各类运维对象的生命周期过程中的安装、更新、删除、卸载动作。

❑ 监控：对运维对象的状态、性能、规则符合性进行跟踪、比较和判断，并对监控结果产生报警和实时视图。

❑ 操作：对运维对象的日常技术操作，包括命令执行、计划任务、定期巡检、批量操作、技术变更实施、备份与恢复、高可用或灾备的切换和回切等，操作的结果是改变某状态、属性或模式。

❑ 分析：对各类运维对象的状态、性能、过程、变化、数据等进行分析，也包括根据一定规则实施问题诊断，输出分析报告、趋势预测或决策建议。

❑ 配置：对运维对象的对象属性、配置项等进行管理和维护，为运维活动提供权威的配置信息来源。

（3）运维场景

❏ 场景 1：应用系统监控 + 应用系统应急操作。

❏ 场景 2：应用系统监控 + 应用系统迭代更新操作 + 创建事件单 + 短信通知。

❏ 场景 3：应用系统灾备演练切换。

❏ 场景 4：在线自动化迭代更新应用系统。

❏ 场景 5：一键发布应用系统。

……

（4）运维角色

❏ 专业技术岗位、生产管理岗位和服务支持岗位。

❏ 运维、开发、外包、管理岗位。

2. IT 运维现状与挑战

随着云计算、分布式计算、分布式存储、容器等新技术架构的引入，以及互联网模式下各种开源组件的大量应用，企业 IT 基础架构和业务系统正变得越来越复杂（图 7-2），传统的人力运维越来越多地体现出操作低效、容易出错、难以标准化等问题，这样单纯靠人力的 IT 运维方式已经难以满足数据中心运维要求。

图 7-2　传统稳态和互联网敏态业务架构

对于企业来说，无论是自行组建 IT 运维团队，还是购买原厂或第三方的运维服务，都面临巨大挑战。而培养运维能力能够覆盖各种新技术架构、新开源组件的运维人员，所需要付出的成本和难度也越来越高。

IT 运维所面临的挑战主要体现在以下 4 个方面：

1）异构化及规模化：IT 对象包括基础的机房动力设施、网络设备、存储设备、物理服务器、操作系统、各类数据库中间件以及应用系统等。这些对象正趋于规模化、异构化，有效监管变得越来越困难。

2）运维工具烟囱化，难以打通和集中管控。企业 IT 的传统运维工具来源多种多样，包括采购的硬件设备自身带的简易管理控制台、厂家提供的针对该平台部分产品的管理工具、第三方供应商提供的针对部分 IT 对象的管理工具，以及各类开源运维工具等。这些工具在功能上无法联动，在数据上无法打通，无法更好地支撑一些复杂的运维场景，如故障分析、容灾切换、审批与执行联动的请求或变更自动化等，从而导致运维人员需要消耗更多的人工运维精力，也无法高效、高质地支撑业务的正常运转和迭代发展。

3）运维过程无体系化流程。很多企业缺乏在运维方面的流程管控机制，运维工作总是处于被迫救火的状态，难以做到运维经验的有效沉淀和积累，也就无法做到运维工作的优化和进步。因此，面对企业复杂的 IT 环境，如何建设规范、有效的流程管理机制和电子化运维处理流程，是企业运维管理的重大挑战之一。

4）难以标准化。面对庞大的 IT 运维对象，企业 IT 运维人员所采用的手段大多是纯手工、脚本工具、部分管理工具等，这些手段大多低效，手工操作容易出错，且很多常规性的、步骤繁多的复杂操作，无法形成标准化的积累，每次都要凭经验操作，低效且易错。

3. 自动化运维发展趋势

目前，自动化运维的发展呈现出多种趋势，包括国产化趋势、DevOps 趋势、双态 IT 运维的趋势、云计算的趋势等。

1）国产化趋势。基于安全方面以及技术自主化的需要，国家提出了国产化的需求后，涌现了大量的国产化基础设施和技术，这将要求数据中心全面更新自己的运维体系来适应新的环境。另外，面向国产化基础设施的运维能力体系的构建也同样在国产化要求内。

2）DevOps 趋势。DevOps 旨在解决从开发、部署到运维运营互相割裂的状态，使得 IT 运营更有效率、迭代更快，更好地满足业务需求和用户需求。在 DevOps 的影响下，业务对数据中心运维的支撑能力也提出越来越高的要求，包括如何快速交付资源、如何预防保障业务稳定运行、如何快速响应故障等。

3）双态 IT 运维的趋势。企业在数字化、互联网化的过程中，为了保障现有业务的稳定运行，同时适应全新的 IT 技术的变化，产生了两种运维模式：一个是稳态，指针对传统的长期固定不变或变化频率不高的 IT 对象、应用系统以及业务所形成对应以"稳"为主的 IT 运维模式；另一个是敏态，以互联网为首的业务形态要求 IT 运维以快速响应、服务交付等形式提供 IT 运维服务对应以"快"为主的 IT 运维模式。

4）云计算的趋势。云计算是国家新基建的重点，企业通过公有云、私有云，再到混合云和融合云整合资源来提供更大的平台以支撑更多的数字化场景。云时代如何实现跨云运维，同时整合传统数据中心机房运维，是运维需要攻克的课题。

从上述自动化运维挑战以及自动化运维发展的趋势来看，企业 IT 运维团队需要进行组织与流程变革，并且引入新的运维理念和技术来构建新时代的自动化运维体系，来满足不断发展的业务需要。

7.1.2 企业自动化运维需求

1. 生命周期角度

从 IT 对象的生命周期来看，IT 运维人员主要的工作集中在 IT 系统建设以及建设之后的稳定性保障工作上。从这个角度来看，IT 运维人员的职责主要有以下几个方面：

1）IT 系统建设。IT 运维人员需要提供各类 IT 对象资源（包括应用系统）的资源交付与部署服务。

2）IT 系统更新迭代。IT 运维人员需要提供各类 IT 对象资源（包括应用系统）的版本更新和升级服务。

3）日常运维。IT 运维人员需要管理整个生产环境的 IT 资源配置信息，提供日常运维所需的如变更、巡检、安全基线核查、备份、应急切换、故障自愈等一系列服务。

4）辅助业务运营。运维团队经常需要从生产中获取业务数据提供给业务运营团队，在此过程中，运维团队也逐步建立起对业务运营的理解，运维团队可以基于已有的运维技术和掌握的生产数据，参与业务运营活动并贡献自己的力量，从而创造更大的价值。

5）运维左移。随着 DevOps 理念的普及，运维还应该从立项开始，主动参与需求讨论、软件架构设计、测试方案制定等活动。只有这样，运维才能够在架构设计之初更深刻地理解应用架构、业务价值和核心逻辑，从而具备提出架构优化建议的能力来提升应用架构的先进性和稳定性，为后续的运维保障打下更坚实的基础。

2. 价值角度

从运维价值的角度来看，运维的职责主要有以下几个方面：

1）SLO 保障。这是运维最核心的职责，运维需要建立故障管理、变更管理、监控告警等一系列有效的手段来保障业务可用性，做到有效的预防故障，先于用户发现故障，并且能够快速分析和处理故障，尽可能消除或降低故障对业务、对用户的影响。

2）效率提升。应用系统正朝着庞大、复杂的方向发展，在 SLO 要求越来越高的情况下，运维需要建设自动化、智能化的手段来代替人力运维，更加敏捷地响应业务诉求，从各方面提升运维的效率。

3）成本控制。以一个容量管理的例子来理解运维如何实现成本控制：某企业提供面向互联网用户的手游，正常情况下后台实例数是 5 万多个，但在高峰期，可能需要用到 8 万个，而在用户量少的时候，3 万多个就能支撑游戏的正常运行。通过容量管理技术动态地根据业务量来调整游戏应用所需的计算资源，对于企业的成本控制起着非常关键的作用。因此，运维需要在业务动态变化的情况下能够匹配相应的计算、网络和存储资源，既不能让资源闲置，又不能在业务高峰期的时候由于资源性能问题导致业务中断或受损，最终同时实现成本控制、用户体验、业务稳定的目标。

4）安全。安全问题对业务影响往往是致命性的。运维应该重点关注网络、硬件、软件、网站、权限等各个方面的安全，制定和落实安全基线，以发现与杜绝安全隐患。

3. 技术角度

自动化运维正在走向智能运维，因此，企业不再希望是一个个烟囱式的工具解决某些点上的自动化运维需求，而希望是一个一体化、高性能、可持续发展的自动化运维平台来支撑当前和未来的自动化运维需求。

1）一体化。自动化、智能化运维的核心价值在于保障业务的稳定运转和支撑业务的快速迭代发展，因此，运维的重心正逐步地向面向业务、面向应用倾斜，而不是分散地对网络、数据库、中间件等技术对象进行运维。在面向应用运维时，需要针对组成应用的各类软硬件对象进行统一的资产管理、性能管理、变更管理、可用性管理。这就需要我们打破过去的基于一种对象构建烟囱式运维工具的模式，去提供同时支撑各类对象的"监、管、控"一体化的运维能力。传统运维一般会基于技术对象类别构建纵向的运维工具，如网管，包含网络的配置、监控、自动化和分析能力。这类工具构建的成本相对较低，也能够为专业技术运维团队提供完整的运维能力，但随着工具的增多，有以下两个问题不断凸显出来：

❑ 工具之间难以打通。由于各个工具均定义了自己的对象及数据管理方式和规范，当我们需要从一个整体的业务系统维度进行各类观测数据、配置数据、自动化数据的统一分析时，数据融合的难度超乎想象。

❑ 能力重复建设。配置管理能力、可观测能力、自动化引擎能力、数据与 AI 能力在各类烟囱工具中重复建设，在造成成本浪费的同时，也难以将运维能力和运维场景解耦，运维能力无法随着规模不断扩展和增强，也就无法支撑海量设备、多数据中心、国产化、技术异构化的运维发展趋势。

在一体化运维时代，我们需要对运维的基本能力进行抽象，建设横向的配置、可观测、自动化、数据和 AI 能力，让这些能力同时覆盖各类 IT 对象，同时这些能力之间也要实现天然的打通集成。这样的一体化运维才能真正满足不断发展的运维要求。比如我们想要建设一个应急管理的自动化运维场景，就需要可观测体系发现故障，然后基于 CMDB 拓扑和数据分析能力诊断定位应用系统的故障点，然后再驱动自动化能力完成故障的自动化消除；再如建设一个容量管理的自动化运维场景，就需要基于可观测和数据分析能力监控与预测业务量，然后联动自动化能力进行资源预扩容或收缩，以实现业务性能保障和成本控制的平衡。因此，只有我们的运维平台真正做到横向纵向的一体化融会贯通时，才能支撑各类面向业务、面向应用的自动化运维场景建设，如图 7-3 所示。

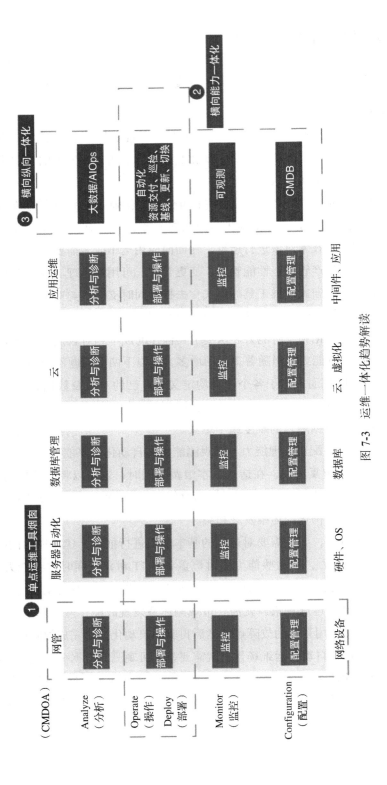

图 7-3　运维一体化趋势解读

2）高性能。随着信息化、互联网化、数字化的不断深化演进，企业的大量业务活动背后是一个个紧密协作的信息系统，也带来了 IT 对象的迅速扩展增加。因此，如何将自动化运维的能力进行解耦抽象，并且在架构设计上充分解决由于海量对象、海量操作、海量计算和海量数据存储带来的性能问题，成为一个自动化运维平台能走多远的关键因素。

3）可持续发展。业务在不断发展，对运维的要求也在不断发展，各类新自动化运维的场景如智能扩缩容、混沌工程等也在很多企业中成功实践，实现了更好的业务支撑。因此，我们需要以一个发展的眼光来审视一个自动化运维平台：它的能力是否可持续增长，是否可以支撑不断增长的自动化场景建设需求，是否可以带来 IT 运维人员的能力转型。

7.2　自动化运维平台设计

7.2.1　自动化运维平台的设计理念

为满足 IT 基础技术、应用架构和业务架构的不断演进，一个先进的运维平台需要遵循以下设计理念。

（1）一个平台

在数字化转型时代，保障应用正常运行、业务正常运转是 IT 运维最重要的使命，面向应用的运维需要整合面向各种 IT 资源对象的各项 IT 运维能力，因此这种整合必然需要用一个内部互通互联的平台来实现。

（2）两个中心

1）以场景为中心：基于 OASR 运维模型，自动化运维平台提供的不仅仅是作业和脚本，还要能够提供深度契合运维场景的场景应用能力，才能在效率、规范上给予运维最大的提升。

2）以能力为中心：运维的场景是不断变化和扩展的，因此我们需要对运维场景进行抽象解耦，不断丰富和增强运维场景所需的通用能力，同时提供场景快速开发迭代的 PaaS 化能力，才能更好地满足自动化运维的需求。

（3）三个原则

1）标准化：众所周知，业务是多样化的，IT 基础架构和应用是异构化的，所以需要抽象出一套标准的规范体系来规范与简化运维、减少运行故障，并且往数据化运维、智能化运维不断发展。

2）自主化：基于软件工程的方式来落实运维工作，运维平台需要具备良好的拓展性，运维开发人员才能通过快速的自主场景开发来满足多变的业务需求。

3）一体化：运维平台需要能够整合已有的运维能力，支持快速地打通和融合，从而实现运维场景的"闭环"。

（4）四个目标

1）质量：运维平台的构建仍然是以保障系统 SLO 为重点目标。

2）效率：运维平台的设计需要让运维从重复性的工作中解放出来，从而有更多的时间投入运维之上的业务辅助运营以及运维之前的应用开发与架构设计上。

3）成本：运维平台需要能够以应用为中心进行容量分析评估，以控制越来越多的 IT 资源设备的成本消耗。

4）安全：运维平台的设计还需要考虑网络、系统、流程、权限等方面的安全设计。

7.2.2 自动化运维平台的设计

基于自动化运维平台的设计理念，进行自动化运维平台的设计，如图 7-4 所示。

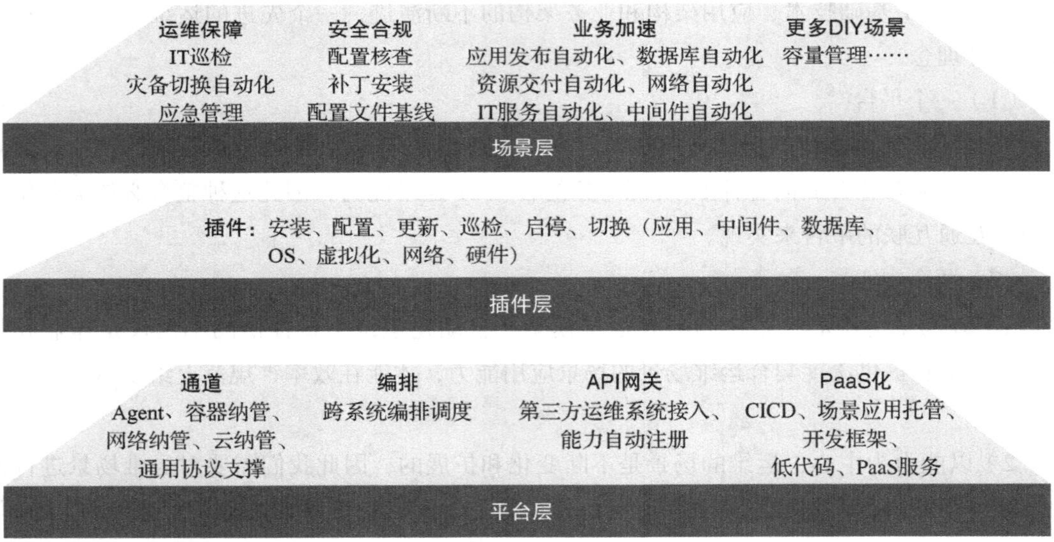

图 7-4 自动化运维平台的设计

（1）场景层

从运维人员的角度，自动化运维平台需要提供各类深度契合运维场景的场景应用能力。场景可以从以下几个维度进行分类设计：

1）基于运维价值划分场景。

❑ 运维保障类：如 IT 巡检、灾备切换自动化、应急管理等。

❑ 业务加速类：如资源交付自动化、应用发布自动化、IT 服务自动化、数据库自动化、中间件自动化、网络自动化等。

- ❑ 安全合规类：如补丁安装、配置核查、配置文件基线等。
- ❑ 成本控制类：如容量管理、动态扩缩容等。

2）基于 IT 对象生命周期管理划分场景。包含从资源交付到交付后的配置入库、日常自动巡检、补丁更新、应用发布、日常变更及应急切换、容量管理与动态扩缩容等。

3）面向 IT 业务连续性管理划分场景。包含从故障预防（应急演练、灾备演练、混沌工程、红蓝对抗、应急预案 / 场景 / 流程管理）、故障发现（可观测体系）、故障分析（IT 立体化巡检、故障定位、故障决策树）、故障处置（自动化切换、自动化编排、自动化验证）到最后的故障复盘（根因分析、监控与预案优化等）。

（2）插件层

插件是场景的关键组成要素。比如，我们建设一个 IT 巡检的场景，既需要包含巡检指标管理、阈值管理、任务管理、报告管理、通知管理等功能，又需要开发各类 IT 对象的巡检脚本。再比如，我们要建设一个数据库自动化场景，也需要开发数据库单机安装、集群安装、数据库巡检、数据库安全基线、数据库应急切换、数据库备份等脚本。我们可以将这些脚本或原子统称为插件，插件是自动化运维平台的核心资产，也是各个运维专家的宝贵经验沉淀，当插件能支持广泛的 IT 设备时，其上的自动化运维场景才不至于是一个空的框架，企业也才能真正做到将专家能力建设在组织上。

（3）平台层

平台是构建插件和场景的基础。平台是否能支持海量异构的 IT 设备，取决于平台是否具有强大的 IT 设备驱动能力。运维的本责仍是运维，开发只是手段，因此运维能否在有限的时间内成功转型，取决于运维是否能够具备快速开发的基础环境，比如是否有便捷的开发框架和低代码能力、有丰富的通用服务能力抽象积累、有提升研发效能的 CICD 流水线、有托管场景运行的 PaaS 环境等。建设平台层的能力可以从以下几个方面入手：

1）通道。也称为设备驱动层，通道的建设需要具备海量、跨区、异构、多功能的能力。海量体现的是对海量设备的纳管，以及海量自动化作业、数据采集任务的支撑；跨区体现的是对多数据中心、云上云下的一体化纳管；异构体现的是针对各类设备，如硬件、OS、数据库等，能够具备相应的驱动手段；多功能体现的是通道应该同时具备支撑自动化、配置采集、状态数据采集的能力，比如面向 OS 的纳管，一个 Agent 就能实现各类 OS 的自动化操作、配置自动化采集和可观测指标的自动化采集。

2）编排。灵活的编排能力是自动化的核心要求。基本的编排能力包含串并行、条件分支、流程嵌套编排。在基本的编排能力上，还需要构建跨系统的编排能力，也就是我们在流程中编排的任务节点，可以是脚本、基于代码构建的原子、作业、第三方系统 API 等。

3）API 网关。通过 API 网关，可以实现对自动化运维中的插件、作业和场景 API 的统一管理。同时，还可以整合运维一体化中的可观测能力、CMDB 能力和 ITSM 能力。此外，API 网关还可以统一管理外部系统的 API，为跨系统的编排调度和场景构建提供系统接入和管理能力。

4）PaaS 化。业务需求是不断变化和演进的，因而运维场景也是在不断变化和演进的，运维人员想要快速构建各类运维场景应用，需要在场景的研运效能上获得更多的能力支持，这些能力包括：

❑ CICD：是否有 CICD 流水线来实现代码到生产环境的自动化部署，让场景开发人员只专注于代码。

❑ PaaS 服务：是否有提供通用的登录、日志、审核、权限、凭据、报告等基础服务，是否有提供自动化场景所需的调度引擎、上行数据处理、消息队列、操作审核等基础服务，让场景开发人员只专注于与场景密切相关的业务代码开发。

❑ 开发框架与低代码：是否有提供现成的开发框架和低代码框架，来提升场景开发人员的开发效率。

❑ 场景应用托管：是否有提供自动化运维场景应用的高可用部署、环境管理、应用监控、运行日志查看、资源扩容、应用上架、发布、下架的自动化运维能力，从而避免运维人员在运维业务系统的同时，还要分出精力来运维自己开发的运维场景应用。

7.2.3　常见的自动化运维场景设计

1. 应用发布自动化

随着分布式系统的不断推广，企业的应用发布越来越频繁，建立一个同时支撑稳态与敏态架构、支持传统和云原生应用的发布系统是 IT 运维支撑业务快速迭代的必备要求。发布系统架构如图 7-5 所示。

应用发布需要基于 CMDB 和应用配置管理进行构建，将应用的各种对象资源及发布对象管理起来后，再结合流程编排能力，自动化发布就成为一件简单的事情了。

关于发布的编排，需要支持执行层面的编排和场景层面的编排。

1）执行层面的编排是指按一台主机需要执行的具体步骤进行编排。我们可以编排一个通用的发布流程，将参数剥离出来，在应用配置管理中统一管理，这样不同的应用模块就可以传入各自的环境参数到相同的执行流程中进行发布，从而避免投入大量精力维护大量的自动化发布流程，也更有利于标准化的践行。

2）场景层面的编排是指按应用模块之间的发布顺序进行编排。在有限的发布窗口中进行大型应用的发布时，会涉及对多个环境、多个集群下的多个应用模块进行特定顺序下的批量发布，此时我们需要提供更为灵活的多环境、多集群、多应用、多主机节点的场景编排能力来支撑各类发布场景。

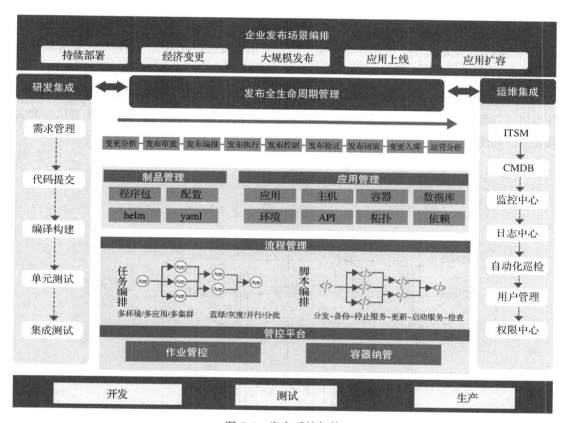

图 7-5　发布系统架构

此外，在发布过程中，我们还需要提供实时掌握发布任务的执行详情的能力，提供对发布任务进行干预，如暂停、恢复、忽略、继续、停止等过程控制的能力。

最后，从发布的全流程管控需求出发，在发布场景中还需构建其他的能力，如 SQL 发布、配置文件发布、与工单对接、快速回滚、发布审计、权限控制、配置回写等。

2.IT 巡检

巡检是 IT 运维必不可少的场景，一方面，各行各业都对巡检提出了相关的制度要求，另一方面，在某些运维场景中，巡检还需要发挥它在故障预防、故障诊断方面的能力。

面向各类设备，巡检的内容应包含性能、容量、健康性、安全、合规类等指标，巡检的业务逻辑如图 7-6 所示。

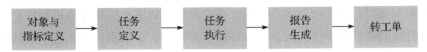

图 7-6 巡检的业务逻辑

随着企业对信息系统业务连续性要求的不断提升，巡检也可以作为一种故障诊断的手段融入故障分析的能力中。使用巡检对整个业务应用系统进行故障点的诊断时，需要具备两个基本能力：

1）应用拓扑管理。在进行应用系统的立体化巡检之前，需要先提前维护好应用系统的各类组成资源对象，以及外部调用或关联的 API、网络设备、负载均衡设备的配置信息和关联关系，如图 7-7 所示。

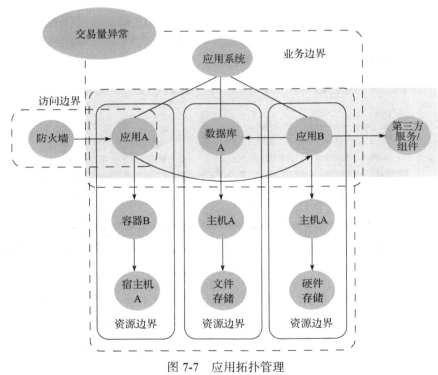

图 7-7 应用拓扑管理

2）各类对象巡检插件的准备。从拓扑中获取到各类对象后，我们可以基于事先准备好的各类对象的巡检脚本、巡检指标、指标阈值，快速对应用系统进行全方位巡检，并根据关联关系给出对应用系统诊断后的故障点和根因点。

3. 资源交付自动化

资源交付是 IT 对象生命周期管理的运维起点，只有做好资源的标准化、自动化交付，才能够为标准化运维打下坚实基础。因此，我们需要定义一套资源交付的可扩展的业务架构，来抽象和管理各类资源的标准交付流程、通用配置和个性化安装软件版本及参数，然后对外暴露为一个个可用的服务，如图 7-8 所示。

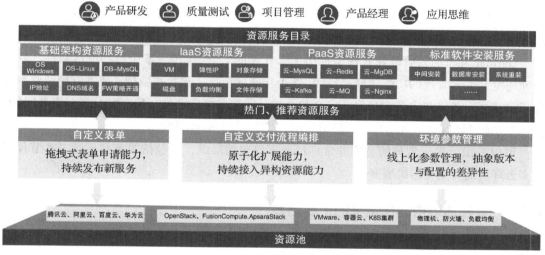

图 7-8　资源交付业务架构

建设资源交付自动化场景能力，除了实现标准化运维的目的外，还需要考虑管理与执行的无缝衔接，当用户完成申请和审批后，后台可以自动化地完成相应的资源自动化安装和初始化配置交付，如图 7-9 所示。

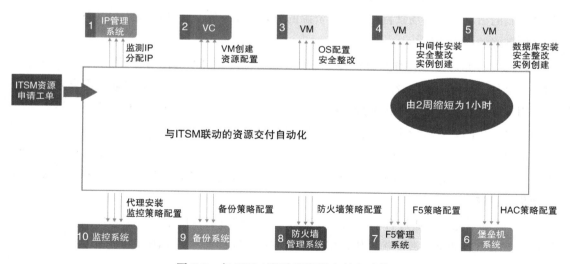

图 7-9　与 ITSM 联动的资源交付自动化

7.3 多云环境自动化运维

云计算技术的成熟和广泛应用，强有力地推动了企业业务的发展，让企业的终端客户随时随地享受云计算带来的便捷服务，同时多云成为越来越多公司的选择。随着企业云平台品类、数量、厂家越来越多，在云计算环境与传统数据中心环境下，由于基础设施及运维模式的不同，给运维管理人员带来了巨大挑战。

Gartner 发布的云管理轮式模型提出了云管理的 7 个功能区、5 个跨功能区属性，较为全面地定义了云管理的功能领域及特性。7 个功能区包括：预置和编排，成本管理和资源优化，云迁移、备份和灾备，身份、安全和合规，监控和可观测性，库存和分类，服务赋能。5 个跨功能区属性包括自动化、云经纪、AI、生命周期和云治理。

可以看出，多云管理的范围非常广泛，不仅包括运维，还包括服务和运营，本节仅围绕多云环境的自动化运维展开。

7.3.1 多云环境自动化运维的主要场景

多云环境自动化运维的主要场景有云资源自动化交付、云资源管理、云应用交付、安全与合规、云成本优化等。

1）云资源自动化交付。云资源自动化交付场景是指利用自动化技术和工具来快速、高效地交付云计算资源和服务的过程。这种自动化能够简化和加速云资源的部署、配置和管理，提供更灵活、可伸缩的计算环境，并减少人工操作的需求。

2）云资源管理。云资源管理场景涉及对云计算环境中的各种资源进行监控、配置、优化和控制的活动。这些场景旨在确保云资源的有效利用、安全性和可靠性，以满足业务需求并提供良好的用户体验。

3）云应用交付。云应用交付场景是指利用云计算技术和服务，将应用程序交付给最终用户的过程。这些场景涉及应用程序的构建、部署、扩展和管理，以满足业务需求并提供优秀的用户体验。在云应用的生命周期中，涉及多角色、跨团队的协同，专业技能、核心关注点与工作流程的差异将导致自动化的落地异常困难。

4）安全与合规。多云环境中的安全与合规性管理是至关重要的。自动化工具或平台可以帮助实现安全策略的自动化执行和合规性检查，如自动化安全补丁管理、访问控制规则的自动化配置等。

5）云成本优化。通过自动化工具或平台，可以进行成本优化的策略和控制。例如，根据负载需求自动调整资源配额，优化资源利用率；定期检查和终止闲置的资源，减少不必要的成本开销。

7.3.2 多云环境自动化运维面临的挑战

在多云环境中进行自动化运维会面临众多挑战，如多云服务提供商、标准化和兼容性、复杂的架构和依赖关系、安全与合规等。

1）多云服务提供商。不同的云服务提供商可能提供不同的工具、API 和管理界面。这导致在不同云环境中进行自动化运维时需要处理不同的技术栈和工作流程。

2）标准化和兼容性。由于缺乏统一的标准，多云环境中的自动化运维可能需要针对每个云提供商定制特定的脚本和工具，因此确保在不同云环境中实现兼容性和一致性是一项挑战。

3）复杂的架构和依赖关系。现代云应用程序通常采用复杂的架构，涉及多个组件和服务之间的依赖关系。管理和协调这些组件和服务之间的交付过程非常复杂，因此确保它们正确地集成和配合工作是一项挑战。

4）安全与合规。在多云环境中，数据和应用可能分布在不同的云提供商之间，而不同的云提供商可能具有不同的安全与合规标准，因此确保在自动化过程中维护数据的安全性和合规性是一项重要挑战。

5）多云的配置管理。在多云环境中，管理和维护各种云资源的配置变得更加复杂。自动化过程中需要确保正确配置和更新资源，包括虚拟机、容器、网络和存储等。

6）故障排除和监控。在多云环境中，故障排除和监控变得更加复杂，因为需要跨多个云提供商进行监测和故障排除。建立一个统一的监控和故障排除系统，跨云环境进行集中管理，是一项具有挑战性的任务。

7）多云的成本管理。在多云环境中，成本管理变得更加复杂。不同的云提供商可能有不同的定价模型和费用结构，而自动化过程中需要对资源的使用和费用进行跟踪和管理。

8）文化和技能转变。实现云资源自动化交付需要组织内部的文化和技能转变。这可能涉及培训团队成员、采用新的工具和流程，并促使团队接受自动化的好处和变革。

7.3.3 多云环境自动化运维的要点

（1）统一管理和编排

采用统一的管理工具或平台，使得可以在不同云提供商之间进行一致的管理和编排。这样可以简化自动化流程，并确保在不同云环境中实现一致性和可管理性。

统一管理和编排通过集中化的管理平台或工具来管理和编排多个分布式应用程序或服务的部署、配置和操作。它提供了对复杂的、由多个组件和服务构成的系统进行统一管理和协调的能力。统一管理和编排的目标是简化和自动化管理和操作应用程序，并提高系统的可靠性、可伸缩性和可维护性，帮助企业更高效地部署和管理分布式应用程序，减少人为错误和手动操作，提高运维效率。

（2）云原生技术

利用云原生技术，如容器化和微服务架构，来实现在多云环境中的自动化运维。这些技术可以提供更高的可移植性和灵活性，使得应用程序可以在不同的云提供商之间进行部署和迁移。

云原生技术通过基础设施即代码和自动化工具来管理基础设施的配置和状态。基础设施定义和配置以可执行代码的形式进行管理，从而实现可重复、可扩展和可维护的基础设施管理。传统应用架构可能更依赖手动操作和配置文件来管理基础设施。

云原生技术倾向于使用声明性配置的方式来描述应用程序的期望状态，而不是命令式的步骤。例如，通过使用 Kubernetes 的 Pod 和 Deployment 配置，可以声明应用程序所需的副本数量、容器镜像和资源需求，而不需要指定每个步骤的执行细节。传统应用架构可能更多地依赖于命令式的脚本和步骤。

云原生技术鼓励使用持续集成和持续交付（CI/CD）流程来实现自动化的应用程序部署和更新。通过自动化的构建、测试和部署流程，可以快速、可靠地发布新的应用程序版本。传统应用架构可能更依赖于手动的部署和更新过程。

云原生技术通过自动化、弹性和声明性配置等方式，提供了更高级别的自动化和灵活性，以适应云环境的要求。它将基础设施和应用程序的管理抽象为可编程的代码，实现了高度可伸缩、可靠和可维护的应用程序部署和管理。而传统应用架构可能更多地依赖于手动操作和脚本，较少具备自动化和弹性的特性。

（3）基础设施即代码

基础设施即代码（Infrastructure as Code，IaC）是一种通过编写代码来自动化管理基础设施的方法。它将基础设施的定义、配置和管理过程抽象为可执行的代码，以实现可重复、可扩展和可维护的基础设施管理。基础设施即代码的核心理念是将基础设施的定义和配置作为代码来对待。这意味着使用通用编程语言（如 Python、Ruby、Go 等）或声明性语言（如 YAML、JSON 等）编写代码来描述基础设施的状态和配置。

通过基础设施即代码处理后，可以获得以下好处：

1）可重复性和一致性。通过代码来定义基础设施，可以确保在不同环境中的一致性；可以重复地创建、配置和管理相同的基础设施，避免了手动操作和人为错误。

2）可扩展性和弹性。通过代码编写，可以轻松地扩展和调整基础设施，以满足业务需求的变化；可以自动化地进行扩展、缩减和调整资源，实现基础设施的弹性。

3）版本控制和追踪。基础设施即代码可以像软件代码一样进行版本控制，方便进行追踪、管理和回滚；可以记录每个版本的基础设施配置，以便在需要时进行恢复和变更管理。

4）自动化和自动化测试。通过基础设施即代码，可以实现自动化的基础设施创建、配置和管理过程，可以编写测试代码来验证基础设施配置的正确性和一致性。

5）协作和共享。基础设施即代码可以作为团队合作的工具，多个团队成员可以共同维护和改进基础设施代码；可以共享代码库、模块和最佳实践，促进团队之间的协作和知识共享。

常用的基础设施即代码工具包括 Terraform、Ansible、CloudFormation 和 Pulumi 等。这些工具提供了丰富的功能和资源管理能力，可以与各种云平台和基础设施提供商集成，以实现基础设施的自动化和管理。

（4）配置管理自动化

配置管理工具可用来管理和自动化云资源的配置。这些工具可以帮助自动化创建、配置和更新云资源，确保资源的一致性和可管理性。

在多云环境中，配置管理工具应具备以下要求，以应对多云环境的复杂性和异构性。

1）多云平台支持。配置管理工具应该能够支持多个主流的云平台，以便跨多个云提供商进行一致的配置管理。

2）统一管理界面。配置管理工具应该提供统一的管理界面，允许管理员在一个中心化的控制台上管理和配置各个云环境的云资源。

3）基础设施即代码支持。配置管理工具应该支持基础设施即代码的原则，允许使用编程语言或声明性语言描述和管理云基础设施。

4）自动化能力。配置管理工具应该提供自动化功能，包括自动化创建、配置和更新云资源的能力，以提高效率和减少手动操作。

5）高度可扩展。配置管理工具需要具备高度可扩展性，能够处理大规模的云资源，并支持快速部署和扩展。

6）版本控制和回滚。配置管理工具应该支持版本控制，允许对配置进行追踪、管理和回滚，以便进行故障恢复和变更管理。

7）安全性和合规性。配置管理工具需要提供安全性和合规性功能，包括身份验证、访问控制和敏感数据保护，以满足安全和合规性要求。

8）第三方集成能力。配置管理工具应该具备与其他工具和服务的集成能力，如监控系统、日志管理工具、持续集成／持续交付（CI/CD）工具等，以实现更强大的自动化流程。

（5）应用系统蓝图

利用应用系统蓝图工具进行应用系统环境的自动化交付是一种高效且可靠的方式，将应用系统蓝图转化为可执行的部署流程，自动化地创建和配置应用系统所需的环境，如配套的操作系统、数据库、中间件、接口及参数文件内容等。

通过应用系统蓝图工具进行应用环境的自动化交付，可以获得以下好处：

1）提高部署速度和一致性。自动化流程消除了手动设置和配置环境的需求，减少了人为错误的风险，并提供了快速、可靠、一致的部署体验。同时可实现生产环境、测试环境、研发环境的一致性，减少应用程序适配不同的运行环境的问题。

2）简化管理和维护。应用系统蓝图工具提供了集中管理和维护应用环境的能力，不同团队成员可以轻松地管理和更新多个相同的运行环境，包括开发、测试和生产环境。

3）可重复性和可扩展性。应用系统蓝图工具使用声明性的配置方式，应用系统运行环境的创建、配置过程可重复、可审计，并支持快速扩展应用资源的能力。

4）降低成本和风险。自动化交付可以减少人力资源的需求，并降低由于手动设置和配置环境引起的错误和故障风险，从而降低了应用交付和运营的成本与风险。

7.3.4 多云环境自动化运维的实践

多云环境下构建自动化能力的方式有多种，如基于有良好生态的 Ansible、Pulumi、Terraform 等开源自动化和编排工具，或者基于有完整多云环境管理能力的多云管理平台。考虑到多云环境自动化运维对于企业的多云管理而言并非一个独立的场景，通常需要与其他场景的工具链打通，以及对云运营提供能力和数据支撑，仅采用自动化和编排工具会带来较高的定制和集成成本。我们建议基于 PaaS 平台建设多云运维管理平台，利用 PaaS 平台的扩展性、集成能力，扩展云平台及云资源的自动化能力，集成自动化平台，实现从基础设施到应用架构的一体化自动化。

1. 云资源层

云资源种类繁多，不同企业对云资源纳管范围要求也不同，通常包括基础设施、IaaS 云、PaaS 云、应用组件及容器等。对不同资源可采用的纳管方式也不尽相同，具体如下。

❏ 基础设施：包括裸金属服务器、网络设备、存储设备等，纳管方式主要通过 IPMI、SNMP、SSH、CLI 等协议实现。

❏ IaaS 云：包括公有云、私有云、虚拟化、超融合等，纳管方式主要通过 API 实现。

❏ PaaS 云：包括容器 PaaS 云平台、数据库 PaaS 云平台、中间件 PaaS 云平台、大数据云平台等，纳管方式主要通过 API、SSH、CLI 等实现。

❏ 应用组件：包括操作系统、数据库、中间件等，纳管方式主要通过 Agent 实现。

❏ 容器：通过容器管理平台纳管容器集群，纳管方式主要通过 API、SSH、CLI 等实现。

云资源大部分都是跨不同的物理空间、不同的数据中心、不同的网段。因此，对云资源的纳管还需要云管理平台能够支持跨云、跨数据中心、跨网段的多级管控能力。

2. PaaS 层

PaaS 层分为 iPaaS 和 aPaaS，两者结合提供了稳定的底层架构及快速扩展能力。

1) iPaaS。iPaaS 层首要解决的是资源纳管能力，前文介绍了需要纳管的资源分类及纳管方式，其中需要重点介绍的是 IaaS 和 PaaS 资源纳管。一个 IaaS 云或 PaaS 云通常具备多种资源，而 IaaS 云和 PaaS 云的底层架构也分为多个种类，无法通过一次适配即完成所有 IaaS 云和 PaaS 云的纳管。因此，我们需要采用插件式适配器来对 IaaS 云和 PaaS 云进行纳管，为每个需要纳管的 IaaS 云和 PaaS 云开发相应的适配器，同时屏蔽云本身带来的资源分类、属性的差异，每次扩展云种类时，无须对上层的功能进行调整。

iPaaS 层其次要解决的是基础通用能力，包括 CMDB、作业执行以及编排引擎。本着"一切皆可编排"的理念，编排引擎是 iPaaS 层要解决的重点能力。对于用户来说，通常有以下几个场景需要进行编排。

- ❑ 服务编排：编排设计面向用户的服务流程，无须开发即可满足不同企业、不同用户的服务流程需求。
- ❑ 资源编排：基于基础设施即代码的理念，通过资源编排形成企业内部标准化、模板化的资源交付，降低资源交付的难度，为 DevOps 提供持续交付能力。
- ❑ 运维编排：将运维操作标准化、流程化，并将编排好的运维流程快速发布为运维工具供用户使用。
- ❑ 运营编排：提供可视化运营编排能力，运营人员可根据需要自行编排运营分析报表及大屏。

2) aPaaS。aPaaS 层主要解决功能开发的难度及扩展性，aPaaS 提供了以下能力。

- ❑ API 网关：将 iPaaS 的资源纳管、作业执行、编排引擎等通用能力，以 API 方式向云管理平台提供，同时支持 API 自助接入以实现与第三方系统的集成。
- ❑ 开发者服务：提供高效的开发框架及开发者中心，只需要开发业务核心代码。
- ❑ 运行环境托管：支持一键部署，快速实现运行环境托管。
- ❑ 低代码：基于低代码与 iPaaS 的编排引擎能力，便于用户快速构建云管理平台功能扩展。

3. 资源对象组件化

通过 PaaS 平台的资源适配器将多云环境下需要管理的对象实现了统一的纳管，结合自动化的场景及要点，对云资源对象需要进行管理扩展，对云资源对象进行更为丰富的描述，包括资源对象操作、监控告警、负载指标、合规策略、计费项等进行定义，以满足上层的自动化管理场景。每一个被描述的资源对象，我们称之为"组件"，统一资源对象管理的主要目标是通过组件对云资源对象进行标准化的定义，在屏蔽多云平台的差异性的同时兼具可扩展性，支撑上层自动化场景，为自动化场景提供准确的配置信息。

1）组件模型。根据云资源对象的特点，抽象出云资源类型的分类，并定义该云资源分类的基本特征，形成组件模型，如云主机。

2）组件实例。将组件模型实例化为具体的云资源类型，如某某云的云主机，组件从组件模型继承基础模型，同时支持对组件的定义进行扩展，以匹配具体云平台的云资源特征。

3）组件描述。在基础的配置管理模型基础上，对组件进行扩展描述，通常包括常规操作、监控告警、合规模型、负载模型等。

❑ 常规操作：定义组件所支持的增、删、改、查等各种操作，如操作所对应的云平台管理系统的 API、脚本、自动化流程。

❑ 监控告警：定义组件的监控指标、告警阈值、告警处置动作等，指标支持从云监控、Zabbix、Prometheus 等各种监控系统获取，告警处置动作支持关联服务流程、脚本、自动化流程等。

❑ 合规模型：定义组件的合规模型，如合规指标、合规检测脚本等。

❑ 负载模型：支持配置组件的负载模型，定义组件的负载指标，支持选择已配置的监控指标作为负载指标。

4）组件管理。在组件管理架构下，一个具体的资源对象如某个云平台下的一台云主机，等同于组件的一个具体实例。该资源对象被平台纳管后，我们对该资源对象就已经具备了组件中描述的管理能力，能够实现该管理能力支撑的自动化场景。

通过组件的定义，可将企业内云平台及应用系统所涉及的资源对象进行全量描述，并与配置管理、编排引擎、自动化引擎实现联动，从而解决多云环境下的不同云平台的差异性带来的标准化、兼容性问题。

4. 基于应用蓝图的云应用交付

云应用交付是一项需要多角色、跨团队协同的工作，通常包括应用开发团队、应用运维团队、基础架构运维团队等。在云应用交付过程中，确保需求、目标、沟通语言的一致性，往往比具体的操作技术实现更为重要，我们在此重点介绍基于应用蓝图的云应用交付实践。

（1）基础支撑

❑ 应用组件：在资源对象组件化的基础上，将应用组件进一步深化，包括可视化、依赖关系。

❑ 配置管理：存储和管理应用环境组件实例化后的配置数据，确保配置数据的一致性。

❑ 编排引擎：自动化编排引擎，实现复杂应用环境自动化交付的手动、自动化流程编排。

❑ 自动化引擎：稳定、可靠的自动化引擎，支持并行、串行的自动化操作执行，以及任务重试。

（2）应用定义

❑ 可视化画布：面向应用开发 / 应用运维团队，提供应用蓝图可视化画布，通过拖拉拽的方式绘制应用架构，包括应用组件、组件关系、部署参数、参数传递等，降低应用部署难度。

❑ 应用管理：将绘制的应用蓝图保存为应用，应用可被修改、复用。支持版本管理，可查看历史版本的应用配置，并恢复到历史版本。

❑ 应用组合：考虑到部分应用的复杂性，应支持对应用进行组合，如一套应用系统由多个子系统组成。

（3）应用交付

❑ 应用蓝图审批：支持对应用蓝图中绘制的应用架构、部署参数等进行审批。

❑ 应用自动化交付：基于已保存的应用蓝图自动化编排交付流程，调用自动化引擎交付各应用组件（包括云资源、应用软件、应用程序包、容器、初始化脚本等），并将执行结果实时回写至应用蓝图，在应用蓝图上查看部署进度。

❑ 配置回写：将交付完成的应用组件实例回写至配置管理平台。

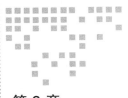

敏捷 ITSM 能力建设

ITSM 是一套流程和技术，用于帮助 IT 部门规划、交付和支撑 IT 服务。ITSM 相当于运维管理中的"连接器"，对外连接终端用户，提供更好的 IT 服务质量，对内连接一线、二线运维人员，使得整个运维管理组织的协作更加顺畅。

而早年的 ITSM 建设更多注重流程规范，仅是将人与人进行了连接，并没有与其他运维管理系统进行打通融合，带来的问题是流程效率较低，无法满足业务不断发展的要求。

本章主要介绍敏捷 ITSM，是一种新的建设理念，用于打破 ITSM 的流程烟囱，最大化提升服务流程效率。

8.1　建设背景

8.1.1　VUCA 时代的挑战

VUCA 是 Volatility（易变性）、Uncertainty（不确定性）、Complexity（复杂性）、Ambiguity（模糊性）的首字母缩写。VUCA 时代要求企业更加敏捷、开放、高效，对于充分竞争的行业更为显著。为了应对外部的不确定性，企业业务已由传统的稳态业务发展成稳态业务与敏捷业务（也称敏态业务）并存的状态，如图 8-1 所示。

此外，敏捷业务和新技术的引入也带来了应用架构的变化。如图 8-2 所示，业务系统的应用架构发生了变化，IT 运维将长期面临"双态 IT"的挑战。

图 8-1　稳态和敏态

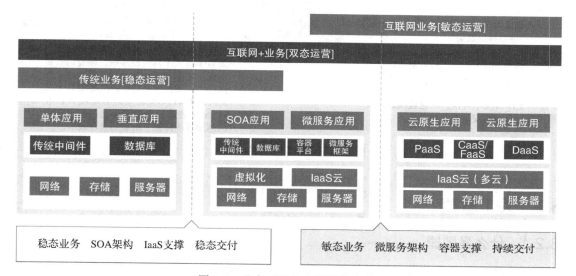

图 8-2　业务系统的应用架构变化

8.1.2　ITSM 现状和挑战

企业数字化转型带来的 IT 运维规模大、需求变化快，直接导致运维团队的规模也越来越大。对于运维管理者来说，管理负担不仅变重了，还难以满足业务发展的需求。

其中一个原因是缺乏有效的支撑工具。随着业务的数字化转型和敏捷化，IT 运维也需要进行数字化转型，以便跟上业务的步伐，变得更加敏捷。然而，企业现有的 IT 服务管理系统基本上是为过去的传统运维模式设计的，以流程的合规和系统的稳定为主，并不会太多考虑流程的效率。很明显，这种旧模式已经无法满足当前的需求，甚至成为业务扩展的绊脚石。如图 8-3 所示，问题主要表现如下：

❑ 办事无门，效率低，服务体验差，用户抱怨多。

❑ 场景需求变化多，定制和更新成本高、响应慢。

❑ 服务质量无法有效衡量，难以持续改进。

❑ 流程零散，工具孤立，无法追踪闭环管理。

办事无门，效率低
服务体验差，用户抱怨多

1.响应效率慢：IT规模急速扩大，流程订单量暴增，通过人肉来交付服务已难以满足业务伺服务效率诉求。
2.入口单一：IT支持入口单一，提交请求不方便，只有PC端入口。
3.服务多而杂：服务目录多而复杂，难以找到自己所需，对服务台人员的依赖比较重

服务质量无法有效衡量，
难以持续改进

1.缺乏流程响应和处理的度量：流程处理时而快速时而缓慢，没有清晰的SLA界定和度量，导致处理无法让用户满意。
2.团队工作情况不可视，缺乏度量，难以进行合理的安排调度和考核。

场景需求变化多，
定制和更新成本高、响应慢

1.国产化要求：使用国外ITSM工具的，由于国产化政策，国内可获得的软件定制/维护服务越来越少，并且纯定制成本高。
2.市面产品持续迭代能力差，响应慢：使用小厂、自研的产品原开发团队不在或原厂商不再提供支持。
3.集团与分公司管理要求不同，场是化要求更高：集团化管理场景和各部分分子公司的个性化的管理要求，难以平衡。

流程零散，工具孤立
无法追踪闭环管理

1.烟囱式工具建设零散，管理难度大：大量烟囱式工具建设零散，需要通过流程进行贯穿，市面上流程工具僵化，无法改造或进行改动需要付出高成本。
2.ITSM与ITOM场景融合难度大：在ITSM填表单后仍需要手动运维，流程的落地反而降低了运维的处理效率。

图 8-3 IT 服务管理的新挑战

8.2 关于敏捷

8.2.1 什么是敏捷

《VeriSM 数字化时代的服务管理》一书中提到，敏捷是一种思想，是一种快速应对变化和解决问题的能力。如今，敏捷应用已非常广泛，业务要敏捷，研发要敏捷，运维要敏捷，整个中国都要敏捷。为什么要敏捷呢？经济和社会的发展要求我们的企业要敏捷，整个中国正处在高速变化的过程中，变化以及变化所带来的不确定性成为这个国家带给人们的最大想象。

高速增长的中国经济，使得金融、政务、运营商等关键行业对企业级应用的需求在不断地变化。大到新政策的发布、组织间的兼并与收购、新业务模型的涌现，小到企业内部的业务流程重组、组织架构的调整、新创意的产生，这些来自市场、管理、技术等环境的不断

变化，以及组织对变化环境的不断适应就成为当前中国企业的信息化系统不得不面对的客观现实，因此敏捷就成了共同关注的主题。

8.2.2　ITIL 的发展

1. 发展历程

20 世纪 80 年代末，英国政府部门 CCTA 为提高 IT 服务质量、高效经济地使用 IT 资源，组织国内外行业专家开发了信息技术基础设施库，即 ITIL v1。ITIL 从发布到现在已经经历了 4 个版本，其中，ITIL v1（1989 年，CCTA 发布）关注 IT 基础架构管理，对 IT 任务进行职能化的拆解，每个部门和每个岗位都有专业的分工，存在基本的工作流程。

ITIL v2（2000 年，OGC 发布）由 6 个模块构成，分别是业务管理、服务管理、IT 基础架构管理、应用管理、安全管理、IT 服务管理规划与实施。其中，服务管理是其核心模块，包括服务支持和服务交付两个流程集（10 个流程）及一项服务职能。

ITIL v3（2007 年，OGC 发布）是 ITIL v2 的加强版（v2 的所有流程和职能在 v3 中同样存在），它引入服务的生命周期概念，将所有流程进行了模块化划分。其中，服务策略是生命周期运转的轴心；服务设计、服务转换和服务运营是实施阶段；持续服务改进用于不断优化各模块服务水平。

ITIL 4（2019 年，AXELOS 发布）重点强调价值创造，其定位是一个服务管理框架，而不再单纯的是最佳实践，其范围已经超越了对于 IT 运维业务的管理，在数字化转型下已经可以对整个 IT 部门的整体业务进行全面管理，以引领组织业务发展、创造新的商业模式，最终向客户交付的是价值。

ITIL 从 v2 版本开始进入中国，大型企业及金融机构对 ITIL v2、v3 陆续进行了研究和实践，目前对 ITIL 4 处于初步探索和研究阶段。ITIL 对国内运维领域最大的影响在于提供了完整的 IT 服务管理流程建设指导，但对技术运维和数据运维关注不足。ITIL 发展历程如图 8-4 所示。

2. 关于 ITIL 4

关于 ITIL 4，相信很多人都在观望，它能够给我们带来什么呢？是否能够帮助我们应对新的挑战？ ITIL 4 的产生具有时代意义，它是对流行的 ITSM 建设框架的一次重大改革，为实施 ITSM 流程的企业提供了更加清晰的建设思路，以实现自动化和精简化。ITSM 的敏捷流程管理平台一般提供变更管理、事件管理、问题管理、服务目录、工作流引擎等核心功能，具备较强的灵活性、扩展性和自动化特性。

AXELOS Global Best Practice 的首席产品官 Margo Leach 表示，在 ITIL 的过去迭代中，对变更管理咨询委员会的关注导致了人们对 ITIL 有不够敏捷或阻碍快速部署的不良印象。然而，ITIL 从来就没有打算以一种必须评估或梳理每个变更的方式来实现。ITIL 4 框架可以帮助组织构建更灵活的 ITSM 策略，现在已经将敏捷和 DevOps 实践融入框架中。敏捷的 ITSM 可以帮助组织快速实现协作和沟通，降低协作过程中的沟通成本，提高协作效率。

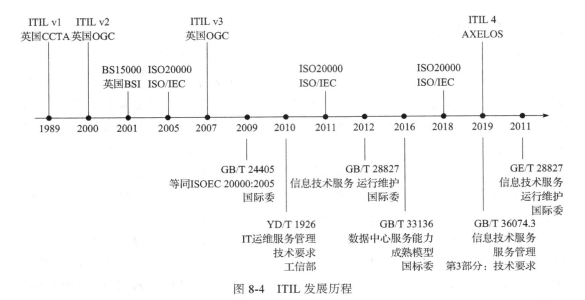

图 8-4　ITIL 发展历程

总的来说，ITIL v2 侧重于流程，是以流程为中心的思想；ITIL v3 侧重于服务，关注 IT 如何为业务赋能；而 ITIL 4 侧重于价值，核心理念是 IT 即业务。这就是 ITIL 三个关键版本之间的本质区别，通过对比，我们也更能理解 ITIL 4 背后的含义。

8.2.3　流程敏捷化的特性

前面介绍的敏捷概念比较抽象，如果流程变得敏捷化，具体会表现出什么特点呢？

（1）流程的数量变多

为了实现流程的执行自动化及度量可视化，流程必须进行场景化、结构化的拆解，这样才能为后续的自动化执行和度量统计提供结构化的输入参数。但场景是无数的，所以需建设流程的数量只会越来越多，不再是几个传统经典的 ITIL 流程，而会变成几百上千个场景化的流程。

（2）集成的系统变多

为实现场景端到端的数字化，流程不仅需要贯穿多个职能团队，还需要连接各种信息系统，如呼叫中心、智能客服、OA、即时通信、CMDB、自动化运维平台等，以此来实现更高的效率和更好的用户体验。

（3）变动的频率变高

多变的环境可能会导致运营管理上的频繁调整，虽然这些调整可能是细微的，但仍然很重要。部分行业甚至需要应对强审计的行业监管要求，也会导致流程的频繁变动。

8.2.4　敏捷流程打通组织的"经脉"

在自动化运维时代，运维组织内部拥有越来越多的运维工具系统，如监控系统、告警系统、配置管理系统、自动化作业系统、云资源管理系统等。这些系统分布在不同的运维职能团队中，成为支撑 IT 运维的基础。

然而，由于存在"部门墙"，因此在运维内部很容易形成职能孤岛或信息孤岛。通过结合运维服务总线，流程得以打通运维的经脉（就像武林高手打通了任督二脉），让流程成为流经运维管理框架的血液，赋予了它们生命，并更加清晰地定义了它们之间的关系，从而使运维变得鲜活起来，如图 8-5 所示。可以说，流程将成为下一代运维管理关注的核心。当运维管理重点转移到对流程的管理后，IT 运维将变得更有弹性，将更快地响应来自业务的需求，运维组织也将变得更敏捷。

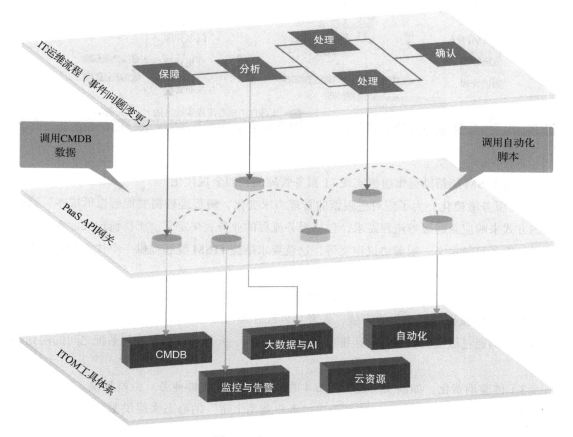

图 8-5　打通运维组织经脉

8.3 敏捷 ITSM 架构规划

8.3.1 业务设计

ITSM 承载了运维部门主要的过程管理活动，其管理理念和方法主要是基于 ITIL 最佳实践。围绕敏捷的理念，ITSM 的业务设计参考如图 8-6 所示。

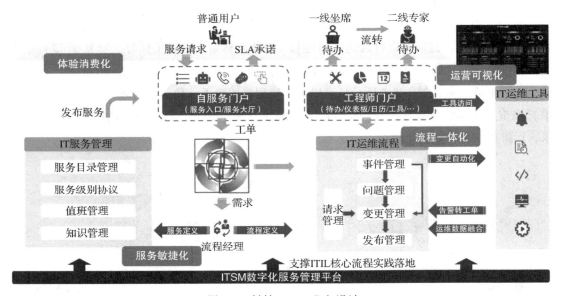

图 8-6　敏捷 ITSM 业务设计

敏捷 ITSM 能帮助运维组织实现 IT 服务管理的"四个现代化"。

1）服务敏捷化。为了应对更频繁的管理需求变化，流程经理需要能够以低成本、高效率的方式来响应新的服务流程需求，包括服务流程的业务表单定义、工作流定义、业务规则定义、服务目录定义、服务协议定义等，这就要求敏捷 ITSM 能够提供一个快速构建流程服务场景的数字化服务管理平台。

2）流程一体化。敏捷 ITSM 能够打破流程孤岛，实现普通用户和一线、二线运维的连接、变更管理流程与自动化的连接、告警与事件管理流程的连接、各管理流程与 CMDB 的连接等，即通过敏捷流程来贯穿运维组织中的人与人、人与系统、系统与系统之间的端到端连接。

3）体验消费化。如前文所述，ITIL 4 的核心理念是 IT 即业务。也就是说，敏捷 ITSM 的"用户"就是"客户"，应该转变为以"客户就是上帝"的心态来提供服务。因此，作为直接面向客户的 IT 服务台，应该提供更便捷、更易用的服务渠道和使用体验。

4）运营可视化。过程改进依赖于问题洞察，而问题的洞察又依赖于客观的度量。敏捷 ITSM 应具备对各个管理流程的度量能力，并通过可视化的方式进行度量结果的呈现，针对事件管理、问题管理、变更管理、请求管理、IT 服务台等几个核心管理实践的持续洞察和改进尤其重要。

8.3.2　工具架构

ITSM 工具应该如何支撑敏捷的理念，如何实现业务架构提出的四个现代化能力诉求？工具的应用架构设计是关键。图 8-7 给出了一种顶层应用架构设计的参考，建议分为平台层、业务层、融合层、表现层及渠道层。

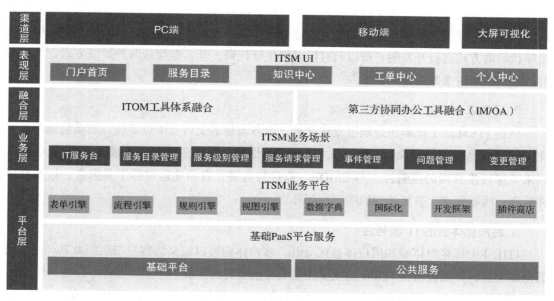

图 8-7　敏捷 ITSM 应用架构

整个架构是一个厚平台、薄前端的设计理念。平台层作为敏捷的重要基础，需要建立牢固的基础能力和良好的可扩展性，以支持上层各类业务场景的快速构建。ITSM 的业务场景单独一个层次，基于平台层的基础能力和扩展开发框架进行构建。融合层解决流程孤岛问题，更好地实现流程与其他系统之间的融合联动。表现层和渠道层则是与终端用户互动的部分，强调简洁、个性化和易用性。

总的来说，该应用架构实现了平台化、集成融合、个性化体验等敏捷 ITSM 的关键能力。接下来将会详细介绍这些关键能力。

8.3.3　关键能力

1. 低代码敏捷的平台化架构

能够应对多变的需求是敏捷的要求之一，而快速应对变化的核心思想则是"以不变应万变"。为了做到这一点，系统必须是一个平台化的架构，并且是一个基于低代码引擎技术的平台化架构，这样才能更敏捷地构建上层业务场景。

低代码技术引擎主要包括表单引擎、流程引擎、报表引擎、规则引擎、视图引擎等引擎能力。具备这些引擎能力的系统，可以以低代码的方式构建管理场景，包括工作流、业务表单、管理策略等，这种方式的成本是最低的，效率是最高的。

当然，我们很难奢求所有场景需求都能够在不动代码开发的情况下完成响应，所以除了低代码引擎之外，平台化架构还需要具备可扩展的开发框架，以支持更复杂的场景模块开发。例如变更日历、知识库等，这些支撑能力对于提升流程效率是有帮助的，但又是难以通过零代码的方式进行开发的，所以只有同时提供低代码、开发框架这两种扩展方式，才能更好、更快地响应未来变化的需求。

2. ITOM 融合的运维流程

敏捷 ITSM 除了能够快速响应变化之外，服务流程的交付效率也要快，而端到端的数字化工作流则是实现服务交付高效的关键。ITSM 作为一体化运维的"连接器"，应能通过流程来贯穿运维管理的监管控，与 CMDB、监控与告警、自动化运维等工具融合，以实现事件管理、问题管理、变更管理的端到端闭环。

3. 客户化体验的 IT 服务台

ITIL 4 中将客户体验和用户体验区分开，客户体验可以定义为客户与组织及其产品之间的全部交互，并强调敏捷 ITSM 应该要注重服务消费者的体验。

ITIL 4 中认为，服务台应该是服务提供商与用户之间的"知心大姐姐"。随着自动化、人工智能、机器人过程自动化（RPA）和聊天机器人的增加，服务台正在通过在线门户和移动应用程序直接提供更多自助式服务和解决方案，以减少电话联系，减少低级别工作，使得服务台在需要个人联系时能更好地专注于优秀的客户体验。

不仅仅是 IT 行业，在生活中我们也能够看到很多类似的转变，数字化转型可以说无处不在。如图 8-8 所示，我们可以更直观地感受到数字化转型带来的变化，形象、体验和效率都已跨入了新时代。

总结来说，数字化 IT 服务台应该提供以下几个方面的核心能力。

❑ 多种互动渠道，如电话、PC、移动端、邮件、即时通信等。

❑ 提供自服务门户，标准化的场景可以由客户自助式完成，好处是可以 24 小时获取使用服务，并且无须等待。

❑ 提供机器人助手，通过 AI 减少低级别的咨询工作，以进一步减少服务台坐席工程师的压力。

图 8-8　传统服务台与数字化服务台

8.4　敏捷 ITSM 建设路径

鉴于每个企业的 IT 规模不同，投入运维组织建设的资源也不同，因此敏捷 ITSM 的建设往往不能一蹴而就，需要分阶段进行。

图 8-9 是基于大量项目建设的经验总结，作为敏捷 ITSM 能力建设的参考路径。一般建议分成 4 个阶段进行建设。对于运维团队规模不大、运维管理建设刚起步的企业来说，可以先把基础的流程规范建设起来，使得运维工作能够有序开展。随着 IT 规模和团队规模的逐步扩大，再针对自动化方面的能力进行加强，此时整个运维管理体系相对完备，并为后续的敏捷化、智能化打好基础。

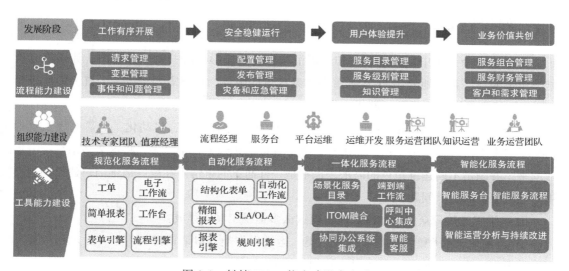

图 8-9　敏捷 ITSM 能力建设参考路径

统一运维门户能力建设

随着运维管理体系的数字化转型，支撑运维管理的信息系统变得越来越多，这导致了运维服务的入口变多、运维数据变得分散。运维人员日常需要在各个系统之间进行切换、查找和操作，这会降低工作效率和体验。因此，如何为运维人员提供一个统一、便捷的工作空间，也成为运维管理者需要思考和解决的问题。

本章主要介绍如何通过统一运维门户能力建设，为运维人员提供一站式的工作体验。

9.1 建设背景

为了将各个系统中常用的服务和数据汇聚在一起，形成统一的服务视图，让运维人员能够更加便捷、直观地使用 IT 运维管理体系提供的服务，我们需要建设一个统一的运维门户入口，也称为运维人员的一站式工作台。

运维部门正在通过建设各种监控工具、CMDB、流程工具、自动化工具、报表工具等信息系统来支持日常运维工作，而这些运维工具可能达到上百个之多。将这么多系统统一集成起来，并满足不同运维角色的需求，也不是一件简单的事情。在统一运维门户建设的过程中，通常会面临以下问题：

❑ 运维工具数量众多，如何快速实现这么多运维工具的集成？

❑ 运维工具种类繁多，有数据展示类、运维操作类、申请审批类等，并且风格可能不统一，那么不同类型的工具应该如何接入呢？

❑ 访问人数众多，不同岗位角色所关注的信息有差异，如何既统一又能满足所有人的个性化需求？

9.2　一站式与个性化

1. 一站式

一站式体验最初来源于网络商城购物，目的是让顾客享受到一次性完成或一步到位的便捷服务（俗称一条龙服务），不再需要东奔西走，不仅节省了时间，还提高了效率，以适应现代人快节奏、高效率的要求。

在现今的社会中，人们的生活节奏越来越快，时间变得越来越宝贵，因此，一站式服务逐渐普及并成为一种非常受欢迎的服务形式。通过一站式服务，用户可以在一个地方完成所有的服务需求，无论是购物、旅游、住宿还是其他方面的服务，都可以通过一站式服务得到满足。这种服务形式不仅方便用户，还可以提高用户的满意度和忠诚度。

除了在商务领域，一站式服务在其他领域也得到了广泛的应用。比如，在医疗领域，一站式服务可以为患者提供全方位的医疗服务，从挂号、检查到诊断、治疗和康复，一站式服务可以让患者在一个地方完成所有的医疗需求。在教育领域，一站式服务可以为学生提供全方位的教育服务，从选课、上课到考试和毕业，一站式服务可以让学生在一个地方完成所有的教育需求。

对运维人员来说，统一运维门户就是他专属的一站式工作台，可以在工作台完成日常的工作闭环。通过一站式工作台，运维人员可以快速、高效地完成各种运维任务，提高工作效率和工作质量。因此，一站式服务不仅是用户的需要，也是运维人员的需要，它可以大大提高工作效率和工作质量，为企业带来更多的价值和收益。

2. 个性化

在运维组织中，不同岗位职能之间存在很多差异。其中，数据库管理员、网络管理员、系统管理员、运维总监等岗位需要关注的信息或频繁使用的工具各不相同。一个成功的统一运维门户不仅需要具备一站式的特点，还需要满足不同岗位角色的个性化诉求。例如，数据库管理员可能需要在门户中查看数据库性能和容量方面的信息，而网络管理员则可能需要查看网络拓扑图和流量监控等信息。同时，系统管理员需要能够快速访问日志文件和执行基本的系统管理任务，而运维总监可能更需要关注整个运维团队的绩效和预算。

因此，一个优秀的运维门户需要考虑到不同岗位的需求，为每个角色提供个性化的功能和工具，以便他们能够更好地完成自己的工作，提高整个运维团队的效率。

9.3 架构规划

9.3.1 业务设计

如图 9-1 所示，统一运维门户是一个面向所有 IT 运维服务消费者的门户。它是运维工程师的一站式工作台、运维管理者的运营驾驶舱和运维服务的第一入口。其核心价值定位如下：

1）面向普通用户，提供统一的服务入口，使其能够获取完整的 IT 服务目录，实现"信息一览无遗、服务一键直达"。

2）面向运维工程师，提供统一、便捷的工作台。其中包括快速获取待办列表、快捷提单和访问运维工具、查询资产信息、查看运维仪表板和值班信息等。

3）面向运维管理者，提供度量报告、运营视图、综合大屏、待办审批等。这些工具有助于管理者快速了解整体的运维工作情况，并能够持续洞察和改进运维管理中的问题。

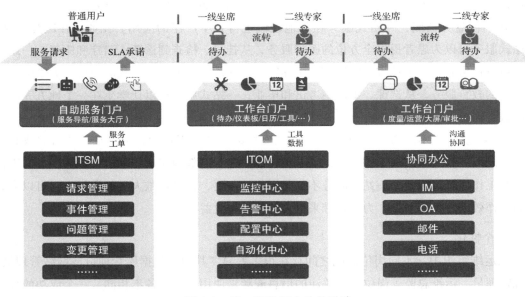

图 9-1　统一运维门户业务设计

9.3.2 工具架构

统一运维门户工具的应用架构建议分为 3 层，如图 9-2 所示。

1）平台层：主要提供系统接入能力、视图引擎能力和扩展开发能力，是实现多系统集成和门户场景构建的基础。引入视图引擎能力是为了门户场景构建时能够更灵活和高效。系统接入能力建议复用运维 PaaS 底座的 API 网关，避免重复建设。

2）设计层：主要提供门户设计器、门户模板库、门户组件库能力。门户设计器提供门户可视化编排能力，并通过多个组件组装成不同的门户模板，以实现场景化和个性化的诉求。

3）展现层：是最终门户模板的实例化渲染，能够根据不同用户的角色呈现不同的视图，同时为使用者提供多种访问渠道，通常包括 PC 端和移动端。

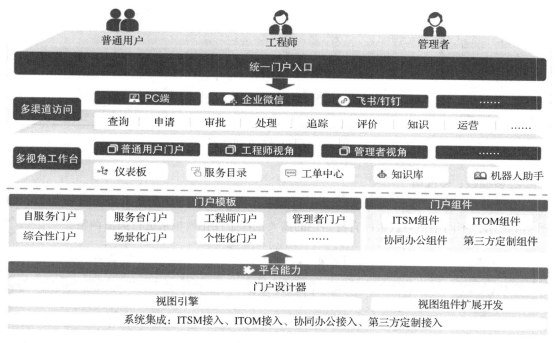

图 9-2　统一运维门户应用架构

9.3.3　关键能力

1. 视图组件化、自定义

门户的使用范围比较广泛，涉及众多角色和用户数量，往往难以建立一套工具或模板来满足所有人的需求。因此，门户视图的灵活性和可扩展性就显得尤为关键。如图 9-3 所示，我们可以通过引入视图引擎的低代码技术来解决不同用户个性化需求。

门户设计器可以将组件拖放到画布中，并进行自由排版。对于单个组件，它应该提供样式设置，包括字体、颜色、间距和其他场景配置。用户完成设计后可以进行效果预览，确认无误后再进行发布。需要注意的是，这个功能通常只对管理员开放，最终用户只能使用管理员发布的模板。

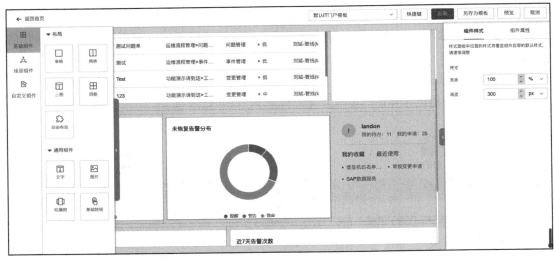

图 9-3　门户可视化设计器

2. 多模板、多视角

为了兼顾用户个性化和运维场景化的需求，统一运维门户需要具备多模板能力。如图 9-4 所示，不同用户可以根据自身角色的需要选择个性化模板来进行灵活调整。

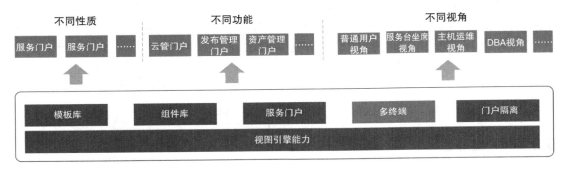

图 9-4　基于视图引擎的多模板和多视角能力

除了为个人用户提供模板之外，还可以为特定的运维协同场景建立模板，如应急灾备、护网演练等。基于敏捷的能力，可以有更多的想象和创新。

3. 可集成性

要实现所谓的一站式工作台，意味着需要将多个系统的能力集成到一个地方。因此，门户的集成能力非常重要，需要具备单点登录、组件扩展、接口封装、页面嵌入等方面的集成能力。通常会面临的集成场景如下：

1）跳转类场景，如监控系统快捷访问、可视化大屏快捷访问等。此类场景比较简单，通过组件扩展配置的方式来集成跳转链接即可，基本不需要代码开发。

2）操作类场景，如 CMDB 数据查询和修改、主机运维操作。此类场景通常使用页面嵌入（或者微前端集成技术）的方式进行集成。

3）数据类场景，如告警信息、统计报告。此类场景通常使用组件扩展和接口封装的方式进行集成。

4）其他场景，如呼叫中心集成实现来电弹屏、智能客服集成实现即时通信等。此类场景通常也使用组件扩展和接口封装的方式进行集成。

9.4　实践案例

1. 运维工作台门户

图 9-5 展示了一个面向运维工程师的专属工作台门户的简单示例。运维人员可以从该门户开始一天的工作，获取优先处理的工作待办、重要公告信息以及其他处理事项所依赖的运维工具，这些工具都可以从门户进行统一访问。

图 9-5　工作台门户

2. 运维服务门户

图 9-6 展示了另一种运维门户的视角，主要面向运维服务的消费方，用户可能是 IT 部门的任何一个职能团队。门户中呈现了所有 IT 运维所提供的服务，真正做到了信息一览无余、服务一键直达。

图 9-6　门户服务目录

第 10 章 *Chapter 10*

运维管理度量指标体系设计

本章主要介绍度量指标体系相关知识，从建设原则和建设的必要性出发，阐述了度量指标体系的核心要素，包括以业务为导向的指标体系拆解、指标全生命周期管理、度量管理工具能力要求、管理流程与规范等内容；结合运维实际场景，围绕运维价值、运维服务体系、运维业务管理、运维工具建设成效等核心模块，提出了较为体系化的度量指标设计。

10.1 度量指标体系概述

数据作为企业的核心生产要素，通过对数据的治理、集中及有效利用，建设符合企业自身情况的度量指标体系，充分发挥数据的价值，以数据驱动运营与决策，基于度量指标合理规划企业活动，优化资源配置和使用效率。

10.1.1 基本概念

度量指标（metrics）是用来衡量物体性质或对象属性的数据，如指数、规格、标准等。从软件工程的角度来看，度量指标将所有东西都量化、数据化，并设置目标值作为基准。

维度（dimension）是指对象的各个描述性属性或特征，属于说明数据。例如，磁盘使用率的维度可以包括"盘符"。

运维管理度量指标体系（Operation Management Metrics System）是指围绕企业 IT 运维

领域进行度量指标的规划、设计、运营等管理，建设以业务为导向的较为完善的指标体系内容，有效衡量 IT 运维领域各个活动的质量。

10.1.2 建设原则

1. 业务导向原则

现代管理学之父彼得·德鲁克说过："如果你不能衡量它，那么你就不能有效增长它。"在运维管理领域亦是如此，每个活动设计的最终目的都是保障企业 IT 系统的稳定性和业务的连续性。因此，在运维管理度量指标体系的设计中，需要以业务为导向，确定活动域的核心指标，层层拆解出具体的指标。

2. 合理有效原则

在进行指标选取时，需要具备合理性和有效性，避免指标冗余、混乱、隔离、不一致以及谬误等，主要从以下 3 方面衡量：

1）可理解。指标无任何歧义，能明确测量系统或活动的具体性质。

2）可采集。指标数据源能通过各种技术手段从相关系统进行采集，并以确定的计算方式得出具体指标。

3）可度量。指标值必须是可量化的数据，结合运维经验配置合理的阈值进行有效管控。

3. 规范管理原则

俗话说："无规不成方圆"。在度量指标设计的过程中，必须遵循企业自身的指标管理规范，如指标命名规范、指标字典、数据采集规范，以及标准接口技术规范等。

4. 消费目标原则

指标的设计要考虑其消费场景，如果一个指标无任何消费场景，那么该指标是无意义的。指标只有被消费了，才会产生价值。例如，监控中的黄金指标能有效衡量业务的健康情况，更好地辅助运维人员为业务保驾护航。

10.1.3 建设的必要性

1. 运维管理过程可度量和可控

运维的价值通常从以下 4 个维度进行衡量：

1）质量。业务的质量保障是运维的核心体现。一方面，对外产品或服务的质量可以通过一些用户体验相关的指标去度量，如页面访问耗时、页面请求错误率等；另一方面，对内产品或服务的质量可以通过一些可用性或稳定性相关的指标去度量，如进程状态、服务可用率等。

2）成本。合理控制运维成本，能直接提高企业的效益。一方面，从节约资源消耗入手，可以通过利用率相关的指标去度量，如 CPU 利用率、带宽利用率等；另一方面，从降低人力投入入手，可以通过一些运维服务能力的指标去度量，如人均维护服务器的数量。

3）效率。自动化能力的提升可以减少运维人员重复的工作量，提升运维效率。运维效率可以通过故障处理、资源交付、变更等运维场景维度的相关指标去度量，如故障定位问题效率、资源交付效率、变更效率等。

4）安全。安全作为 IT 运维的生命基线，需要尤为重视，从人员管理、网络安全、数据安全等多个维度去管控。运维安全可以通过安全事件次数、存在漏洞比率、安全配置合规率等指标去度量。

不论从何种维度出发，我们会发现每个活动和要素都能通过一些核心指标去衡量其效果，实现运维管理过程的可度量和可控。

2. 使 IT 能力更加健全完备

通过运维管理度量指标体系的建设，可以提供有效的指标持续优化 IT 运维服务的各个过程，改进原有产品与服务体系的不足之处。基于度量指标体系可以有效地指导运维管理过程工具能力建设，识别运维域的共性能力，建设平台通用组件作为原子能力，避免传统工具的烟囱式发展，减少重复造轮子，降低工具维护成本，提升 IT 组织对 IT 资源的全生命周期管理能力。

3. 构建基于指标数据的决策网络

在传统的运维活动过程中，由于缺乏有效的指标体系建设，管理人员的运维决策过程依赖于人员的运维实战经验，使得决策效率低下和质量得不到保障。通过运维管理度量指标的建设，将运维活动和管理过程的核心指标进行提炼，及时获取异常指标，提供管理人员有效的数据支撑，提高决策的有效性。

10.1.4　度量指标体系要素

1. 以业务为导向的指标体系拆解

运维管理度量指标设计的最终目标是展现业务健康状况，寻找当前业务问题，预测业务的发展趋势，为下一步运维管理工作指引方向。因此，我们在设计具体度量指标时，需要遵循以业务为导向的原则。通常我们会使用 OSM 的理论模型进行指标的设计，分为以下 3 个方面。

1）目标（objective）：指具体的业务目标。运维管理环节和活动都服务于相应的业务目标，例如，要提高业务总利润，在运维层面就要将降低业务运维成本的投入作为目标。

2）策略（strategy）：为达成业务目标所采取的具体策略。例如，为了保障业务健康运行，我们需要通过监控的手段进行监测业务是否正常提供服务。

3）度量（measurement）：反映策略的有效性。例如，为了保证监控手段的有效性，需要设置一些监测的黄金指标（如可用率指标）进行度量。

2. 指标全生命周期管理

指标的全生命周期管理过程分为以下 4 个阶段。

1）指标定义阶段。在指标定义阶段，通常包含以下要求：

❑ 具有明确的指标命名、指标字典、指标分类规则。

❑ 支持全生命周期的指标清理规则。

❑ 支持自动化的数据采集和部分与流程结合的手工采集机制。

❑ 支持指标科学的测量方法，包括测量均值、峰值、谷值能力等。

❑ 支持指标数据的检测、统计、分析能力。

❑ 具有完善的指标消费场景目标，支持场景闭环能力。

2）指标建模阶段。指标通常会与具体的对象模型进行关联，以模型作为指标的汇聚，形成以模型为中心的指标集，类似的对象模型可以作为指标的继承或派生的主体。CMDB 和监控的指标体系往往与运维对象强相关，数据库可设置不同的指标集模型，如 Oracle 模型指标、MySQL 模型指标、MongoDB 模型指标。

3）指标接入阶段。在指标数据的接入阶段，由于采集对象的异构性，需要采用各种方式的接入手段：一方面需要支持主动的指标采集方式，如 Agent、SDK 插件、协议等方式；另一方面需要开放标准的 API 给第三方系统上报指标数据。

4）指标消费阶段。在指标消费阶段，通常根据消费场景的不同，使用方式差异性较大。最常见的有以下几种。

❑ 指标异常检测：通过规则判断识别出异常的指标数据，并产生告警信息通知业务负责人。

❑ 指标关联分析：通过对象之间的关联关系，自动识别异常指标影响的对象范围。

❑ 业务健康度分析：通过设置业务关联对象核心指标的权重，判断业务整体的健康程度。

3. 度量管理工具能力要求

度量指标管理工具通常包含以下能力：

1）数据采集能力。

❑ 支持 Agent 插件采集数据，兼容 Exporter 插件、Datadog 插件生态，快速扩展插件。

❑ 支持 Python、Shell、Perl、Bat、PowerShell、VBS 等任何格式脚本插件。

❑ 支持通用协议的方式采集数据，如 SNMP、SNMPtrap、JMX、IPMI 等多种协议扩展插件采集能力。

❑ 支持数据库或外部系统源推送的采集方式。

❑ 支持标准接口方式上报数据。

2）指标处理能力。

❑ 支持指标数据转换、汇聚、填充等清洗手段。

❑ 支持指标数据存储异构化，如 ElasticSearch、MySQL、MongoDB 等数据库的存储。

❑ 支持指标数据的清理规则。

❑ 支持指标数据的稽核。

3）指标管理能力。

❑ 支持度量元数据的管理。

❑ 支持指标的基本配置。

❑ 支持指标基线的管理。

❑ 支持指标告警管理。

4）指标展示能力。

❑ 支持度量元地图展示。

❑ 支持对象的指标数字画像。

❑ 支持度量仪表盘的配置及模板的管理。

4. 管理流程与规范

在度量指标体系中，需要定义相应的管理流程和规范。

1）指标管理流程。通常企业在指标生命周期的管理过程中都会制定相关的管理规范，约束各个阶段人员角色的活动与协作。监控指标管理流程如图 10-1 所示，详细描述了监控指标在需求、设计、接入、消费阶段的各部门角色的活动协作流程。

2）指标分层规范。指标体系应按照分层理念进行设计，如监控的分层指标可包含静态功能指标、动态运行指标、状态属性指标。

❑ 静态功能指标应从保障角度度量，包括战略、管理、工程和技术措施等指标。

❑ 动态运行指标应从运行角度度量，包括系统运行维护状态类（预警、检测、自愈）等指标。

❑ 状态属性指标应从效果角度度量，包括状态监控、基线管理、保障效果等指标。

3）指标分级规范。指标体系应设置分级，一般三级的指标分级设计较为合理。

❑ 一级指标应包含研发、运维、运营各环节都认可的、可衡量业绩的核心指标。

❑ 二级指标应包含一级指标目标拆解，主要内容为流程中的指标。

❑ 三级指标应包含二级指标目标拆解和子流程中的指标。

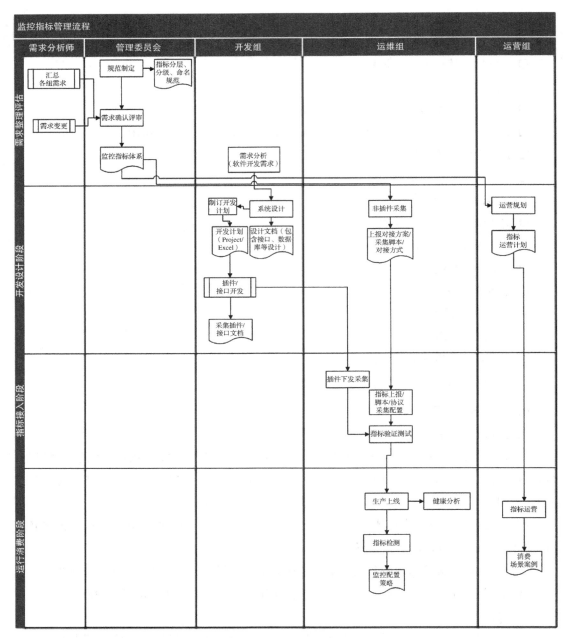

图 10-1　监控指标管理流程

4）指标命名规范。定义统一的指标命名规则，包含编号的长度限制、编码的构成、各组成部分的具体含义等。例如，监控的指标命名规则可以设置成"监控分层—监控对象—监控指标"，如 Component-Oracle-TablespaceRate（指组件服务层中 Oracle 对象的表空间使用率指标）。

10.2　度量指标体系的设计

运维是一项非常复杂的工作，运维管理者需要以业务为导向设计一套科学的度量指标，围绕运维价值、运维服务体系、运维管理能力、运维工具建设成效等层面进行细化，保证重点运维工作的高效开展，提升运维工作效率和服务质量，使得各运维团队人员的工作价值得到有效的体现和度量。

10.2.1　运维价值度量指标

运维本身不产生直接效益，运维的价值就是在保证业务能正常、安全、稳定运行，因此我们在设计运维价值度量指标时需要以业务价值为基础，再从 IT 价值层层拆解到运维价值。

1. 业务战略关键度量指标

在现今强烈的竞争市场环境下，越来越多的企业开始做数字化转型战略规划。数字化转型的本质是业务价值重塑，实现提质降本增收的关键目标，因此必须设定一些关键的度量指标。

1）营收目标值。企业的营收目标一般会基于去年营收业绩，从目标市场盘子进行分析诊断，从而设置一个相对合理的数值。

2）业绩增长率。企业营收定义后，通常会划分至不同的区域利润中心，由各区域销售制定业绩增长率，通过加强市场营销、研发、客户服务、交付效能等手段进行提升。

3）客户增长率。业绩目标达成的关键路径是提高客户增长率，通过市场引流、直销、渠道等多种方式触达目标市场客户，构建解决方案获取客户信任。

4）行业标杆数量。在目标行业及市场开拓过程中，需要建设不同细分行业标杆案例，这样才能在行业中打开口子，提升其所在行业的竞争力。

2. IT 价值度量指标

业务数字化转型战略定义好一系列指标后，需要按企业价值链视角拆分到 IT 部门的关键指标，以便更好地支撑业务战略目标的达成。

1）传统财务视角度量指标。传统 IT 的关键价值会以财务的视角进行拆解度量，以下是 6 个核心指标说明。

- ❑ ROI（投资回报率）：通过投资而应返回的价值，即企业从一项投资活动中得到的经济回报。
- ❑ TCO（总拥有成本）：一项帮助组织来考核、管理和削减在一定时间范围内组织获得某项资产的相关联的所有成本的技术。
- ❑ NPC（净现值）：一项投资所产生的未来现金流的折现值与项目投资成本之间的差值。
- ❑ IRR（内部收益率）：资金流入现值总额与资金流出现值总额相等、净现值等于零时的折现率。

❑ EVA（经济增加值）：全面衡量企业生产经营真正盈利或创造价值的一个指标或一种方法。

❑ 投资回收期：投资项目投产后获得的收益总额达到该投资项目投入的投资总额所需要的时间（年限）。

2）面向业务价值度量指标。与传统财务视角不同，IT 部门需要更关注业务层面的价值，围绕关键业务价值定义度量指标。

❑ 系统绩效：主要用于 IT 部门项目建设有效性的绩效评估。

❑ IT 支持绩效：主要用于 IT 部门支撑业务连续性的绩效评估。

❑ IT 业务合作比例：主要用于 IT 部门与业务部门的合作水平评估。

❑ 服务水平有效性：主要用于考量 IT 服务是否满足内外部客户的需要。

❑ 新项目指数：主要用于考量企业 IT 战略项目的投入程度。

❑ IT 总成本指数：主要用于 IT 部门人员、设备、管理等花费成本的评估。

3. 运维价值度量指标

运维管理的重要职责之一是保障业务连续性——负责系统的运行维护，保障业务安全、稳定地运行。在 VUCA 的数字化时代，运维管理仅关注业务连续性保障是远远不够的。新的时代提出了新的要求——BVSSH，即更快（Sooner）、更安全（Safer）地交付更好（Better）的价值（Value）给客户，同时让客户和员工满意（Happier）。

1）业务连续性。业务连续性比较常用的衡量指标有 MTTR/MTBF、SLA/OLA 和 RTO/RPO。

❑ 平均恢复时间（Mean Time To Repair，MTTR）：指系统从发生故障到恢复结束之间的时间段的平均值。

❑ 平均故障间隔时间（Mean Time Between Failure，MTBF）：指系统两次故障发生时间之间的时间段的平均值。

❑ 服务水平协议（Service Level Agreement，SLA）：是服务提供商与其客户之间关于提供满足客户期望的服务的协议或合同。SLA 都是关于满足业务级别要求和管理业务期望的，例如，如果发生中断，业务可以期望服务中断多长时间。

❑ 操作级别协议（Operation Level Agreement，OLA）：是服务提供商为其内部客户建立的遵守 SLA 的承诺或协议。OLA 用于监视内部服务协议，例如事件的响应时间、分配给 IT 组的问题、支持多个应用程序的服务器的可用性等。

❑ 恢复时间目标（Recovery Time Objective，RTO）：当业务发生中断后，从业务发生中断时开始，到将业务恢复到正常所需要的时间。

❑ 恢复点目标（Recovery Point Objective，RPO）：是指可接受的数据丢失的最大数据量，也就是容忍丢失的最大数据量。RPO 表示从丢失事件到最近一次备份的时间度量。

2）敏捷交付业务价值。

❑ 前置时间（Lead Time）：从用户提出需求到最终将价值交付给客户的端到端的时间。减少前置时间可以促进快速的反馈和学习。

❑ 流动效率（Flow Efficiency）：工作时间（如软件开发、测试、部署）除以前置时间得到的百分比，与工作时间（Working）相反的就是等待（Waiting）时间（如流程审批）。需要特别注意的是，流动效率关注的是"事"，而资源利用率关注的是"人"；提升流动效率需要通过识别减轻流程的障碍，限制正在进行的并发工作，而不是增加人的工作。

❑ 吞吐量（Throughput）：是指给定时间内交付到客户手中的有价值的项目的计数。

3）提升客户满意度。

❑ 满意度评分（Satisfaction Score）：客户满意度评分，包括交付、数量、规格、型号等符合程度和服务方面的具体评分，用于反馈客户获取产品与服务的质量。

❑ 净推荐值（Net Promoter Score，NPS）：又称口碑，是一种计量某个客户将会向其他人推荐某个企业或服务可能性的指数。NPS 既可以用于度量产品服务，又可以用于度量员工的忠诚度。通过密切跟踪 NPS，企业可以让自己更加成功。

10.2.2　运维服务体系度量指标

针对运维服务的管理，从服务过程、服务资源、服务质量三个维度进行指标的详细设计，有效衡量运维服务的价值。

1. 服务过程指标

从服务级别、服务报告、服务请求、事件管理、问题管理、配置管理、信息安全等服务过程进行具体的度量指标设计，如表 10-1 所示。

表 10-1　服务过程指标

类别	服务过程	指标度量项	指标要求	计算公式	考核周期
服务过程	服务级别	SLA 达成率	≥ 90%	达成 SLA 要求的项目数 / 项目总数 ×100%	每季度
	服务报告	服务报告按时交付率	≥ 80%	服务报告按时交付数 / 服务报告总数 ×100%	每季度
	服务请求	平均响应时间	≤ 15min	所有状态为处理、复核、关闭状态的服务请求记录中响应时间总计 / 所有状态为处理、复核、关闭状态的服务请求总数	每月
		平均处理时间	≤ 1 天	所有状态为复核、关闭状态的服务请求记录中处理时间总计 / 所有状态为复核、关闭状态的服务请求总数	每月
		客户满意度	≥ 95%	服务请求处理满意数 / 处理请求总数 ×100%	每月

（续）

类别	服务过程	指标度量项	指标要求	计算公式	考核周期
服务过程	事件管理	事件处理及时率	≥ 90%	及时响应和解决的事件 / 每月总事件 ×100%	每月
		事件平均解决时间	≤ 2 天	累加完成事件的（事件解决时间 – 事件登记时间）/ 完成的事件数量	每月
		一线解决率	≥ 50%	服务台及一线运维工程师独立解决的事件 / 季度总事件 ×100%	每月
		二次打开事件百分比	≤ 5%	二次打开事件数量 / 事件总数 ×100%	每月
		分派准确率	≥ 80%	一次分派正确的事件数量 / 事件总数 ×100%	每月
		事件处理满意度	≥ 95%	事件处理满意数 / 处理事件总数 ×100%	每月
	问题管理	问题解决率	≥ 80%	成功解决的问题数 / 当月发生问题总数 ×100%	每月
		问题平均解决时间	≤ 3 天	问题被解决所需的平均时间	每月
		问题处理及时率	≥ 90%	及时分派和处理的问题 / 每月总问题 ×100%	每月
		重大问题比例	≤ 20%	在问题总数中过滤问题优先级 = ' 最高 '/ 每月总问题 ×100%	每月
	配置管理	配置项更新时间达标率	≥ 80%	配置项变更时在 7 日内更新记录的项目数 / 发生配置项变更的项目总数 ×100%	每月
		抽查配置管理数据库准确率	≥ 90%	抽查的配置项记录与现场实际相符的项目数 / 抽查配置项的项目总数 ×100%	每月
	变更管理	变更成功率	≥ 90%	变更成功的数量 / 变更总数 ×100%	每月
		紧急变更比率	≤ 5%	紧急变更的数量 / 变更总数 ×100%	每月
		被拒绝的变更比率	≤ 10%	当前变更中未通过审批的数量 / 变更总数 ×100%	每月
		附带方案的变更比率	≥ 95%	附带变更方案附件的变更记录数量 / 变更总数 ×100%	每月
	发布管理	发布实施成功率	≥ 90%	发布实施成功总数 / 发布实施总数 ×100%	每季度
	信息安全	客户信息泄露次数	0 次	服务过程中不得发生客户信息泄露	每季度
	应急响应	应急事件投诉	≤ 1	因应急事件处理不及时导致客户投诉的次数	每季度

2. 服务资源指标

从人员、资源、服务台等维度对服务资源进行相应的度量指标设计，如表 10-2 ～表 10-4 所示。

表 10-2 人员相关指标

序号	衡量指标	指标计算说明	目标值
1	储备计划完成率	人员储备实际数量 / 人员储备计划数量 ×100%	100%
2	人员招聘到岗率	人员招聘实际数量 / 人员招聘计划数量 ×100%	95%
3	培训人次完成率	实际培训人次数量 / 计划培训人次数量 ×100%	100%

（续）

序号	衡量指标	指标计算说明	目标值
4	培训课时完成率	实际培训课时数量 / 计划培训课时数量 ×100%	100%
5	培训人员合格率	培训人员合格数量 / 参加培训人员数量 ×100%	90%
6	培训计划完成率	完成培训项数量 / 计划完成培训项数量 ×100%	100%

表 10-3 资源相关指标

序号	衡量指标	指标计算说明	目标值
1	运维工具完好率	运维工具完好数量 / 工具总数量 ×100%	95%
2	事件回访率	事件按时回访完成数量 / 事件总量 ×100%	95%
3	备品备件可用率	可用的备品备件 / 备品备件总数量 ×100%	95%
4	知识库访问次数	每月访问知识库次数	300
5	客户满意度	客户满意户数 / 服务客户总户数 ×100%	90%
6	客户响应及时率	响应及时次数 / 响应总次数 ×100%	95%

表 10-4 服务台相关指标

序号	衡量指标	指标计算说明	目标值
1	呼叫响应及时率	从呼叫到开始服务的时间	远程服务 0.5h，现场服务 2h
2	信息发布及时率	从信息确定到告知客户的时间	0.5h
3	突发事件完成率	处理完成的事件数 / 事件总数 ×100%	95%
4	供应商告知及时率	从决定通知供应商到通知到供应商的时间	0.5h
5	执行服务任务合格率	合格服务次数 / 服务总数 ×100%	85%
6	监控客户系统准确率	监控客户系统正确的次数 / 监控总数 ×100%	90%
7	呼叫放弃率	振铃 25s 不接次数 / 总的电话次数 ×100%	5%
8	事件解决率	解决的事件数 / 总的事件数 ×100%	80%
9	客户满意度	按月调查，包括满意、比较满意、一般、不太满意、不满意 5 档	满意
10	呼叫平均应答时间	各次呼叫振铃次数之和 / 呼叫总数	2 次
11	事件解决平均时间	各次解决事件时间之和 / 事件总数	0.5h
12	一线解决事件百分比	一线解决事件数 / 事件总数 ×100%	85%

3. 服务质量指标

从运维质量的满意度、投诉处理、内审、管理评审等方面进行详细的度量指标设计，如表 10-5 所示。

表 10-5 运维质量评价指标

类别	指标项	指标度量项	指标要求	计算公式	考核周期
运维质量	满意度	客户满意率	≥ 90%	客户评分为好评或以上的有效调查问卷数 / 总有效调查问卷数 ×100%	每季度
	投诉处理	投诉处理率	≥ 95%	有效处理的投诉数量 / 收到的投诉总数 ×100%	每月
	内审	内审次数	≥ 2 次	内审检查次数	半年
	管理评审	管理评审次数	≥ 1 次	管理评审检查次数	一年

10.2.3 运维业务管理度量指标

我们可以将运维当成一个业务来理解，在运维业务管理过程中，需要紧扣定义的运维价值度量指标，设置关键目标，从管理类与技术类维度进行拆分，分解到各运维小组共同为目标负责。

1. 管理类度量指标

从运维的生产安全稳定与生产服务质效两方面进行详细的度量指标设计，如表 10-6 所示。

表 10-6 管理类度量指标

类别	关键目标	指标度量项	指标要求	计算公式	考核周期
管理类	生产安全稳定	整体系统可用率	≥ 99%	所有系统服务正常可用的时间 / 全年时间 ×100%	全年
		灾备系统可用率	≥ 95%	服务正常可用的灾备系统时间 / 全年时间 ×100%	全年
		单系统可用率	≥ 99.9%	单系统服务可用时间 / 全年时间 ×100%	全年
	生产服务质效	重点安全风险处置时效	≥ 90%	按时处理的重点安全风险事件 / 重点安全事件总数 ×100%	每月
		运维管理流程线上化管理	≥ 80%	基于线上协作的运维管理流程 / 运维管理流程总数 ×100%	每月
		操作自动化率	≥ 60%	基于自动化平台进行的运维操作 / 运维操作总数 ×100%	每月

2. 技术类度量指标

从运维的故障及时发现、告警有效治理、故障有效处置以及变更风险控制等方面进行详细的度量指标设计，如表 10-7 所示。

表 10-7　技术类度量指标

类别	关键目标	指标度量项	指标要求	计算公式	考核周期
技术类	故障及时发现	监控整体故障发现率	≥ 90%	监控系统发现的故障事件数量 / 故障事件总数 ×100%	每月
		一分钟故障发现率	≥ 80%	一分钟内发现的故障数量 / 故障事件总数 ×100%	每月
		日志告警整体时效性	≥ 80%	及时发现通知的日志告警数量 / 日志告警总数 ×100%	每月
	告警有效治理	告警降噪率	≥ 70%	（原始告警 – 有效告警）/ 原始告警 ×100%	每月
		告警策略命中率	≥ 80%	不同类型的策略匹配的告警数 / 告警总数 ×100%	每月
	故障有效处置	告警响应及时率	≥ 90%	及时响应的告警数 / 告警响应总数 ×100%	每月
		告警处理及时率	≥ 80%	及时处理的告警数 / 告警处理总数 ×100%	每月
		故障处置标准化率	≥ 60%	故障事件标准化处置的数量 / 故障事件总数 ×100%	每月
		故障处置自动化率	≥ 60%	故障事件自动处置的数量 / 故障事件总数 ×100%	每月
		应急预案命中率	≥ 60%	重大紧急事件匹配有应急预案的数量 / 重大紧急事件总数 ×100%	每月
	变更风险控制	变更自动化率	≥ 60%	自动化变更总数 / 总变更数 ×100%	每月
		变更成功率	≥ 90%	已成功实施的变更数量 / 已实施变更的总数 ×100%	每月
		重大变更故障率	≤ 20%	重大变更故障数量 / 重大变更的总数 ×100%	每月

10.2.4　运维工具建设成效度量指标

在日常运维过程中，我们需要建设 CMDB 工具、监控工具、ITSM 工具、自动化工具等，才好更好地提升运维人员的效率。在工具建设过程中，往往需要关注工具建设的成效，本节通过设计工具运营相关度量指标来辅助运维管理者进行判断。

1. CMDB 工具运营度量指标

CMDB 是运维的基石，其地位毋庸置疑。CMDB 作为运维主数据支撑各类系统，它的重要价值体现在消费场景上，所以对 CMDB 最重要的是数据的准确性，数据的失真对于消费系统而言是灾难。数据质量问题往往会在 CMDB 项目建设的末期爆发，原因在于 CMDB 的建设是一个跨部门的重新梳理运维对象与活动的过程，也是一个逐步完善、逐步改变的过程，建设的中前期遇到的核心问题往往是跨部门的协作、项目进度，当数据逐步入库后，数据的规范性、准确性问题就会在消费时凸显。因此，建设 CMDB 运营度量指标可保障 CMDB 数据质量。

基于 CMDB 数据治理模型进行详细的度量指标设计，如表 10-8 所示。

表 10-8　CMDB 工具运营度量指标设计

序号	衡量指标	指标说明	计算方法说明	目标值（按每月）
1	配置项记录出现错误的比率	记录出现错误的配置项（按配置项类别统计）	记录出现错误的配置项数量 / 所属类别配置项的数量 ×100%	1%
2	新增配置项的比率	用于统计不同类别配置项的更新情况	新增配置项的数量 / 配置项数量（类别）×100%	5%
3	修改配置项的比率	用于了解配置项的审计情况	修改配置项的数量 / 配置项数量（类别）×100%	5%
4	配置实例自动发现比率	用于了解配置实例自动发现情况	自动发现的实例 / 总实例数量 ×100%	80%
5	配置属性自动采集比率	用于了解配置属性自动采集情况	自动采集的配置属性数量 / 配置属性总数量（类别）×100%	60%
6	配置项流程使用率	用于了解配置项标准化流程管理的情况	流程化管理配置项数量 / 所属类别配置项的数量 ×100%	80%
7	配置项查询次数	用于了解配置项被消费的频繁程度	配置项通过管理界面或接口查询的总次数	100
8	配置完整性比例	用于了解配置实例属性维护情况	符合指定字段填充的配置实例数 / 受检实例数 ×100%	95%
9	配置关联完整性比例	用于了解配置实例关联关系维护情况	符合指定关联规则的配置实例数 / 受检实例数 ×100%	90%
10	配置规范性比例	用于了解配置实例数据维护是否符合规范	符合指定字段值规则的配置实例数 / 受检实例数 ×100%	95%
11	配置及时更新率	用于了解配置数据是否按要求及时更新	在约定时间内更新的配置实例数 / 配置实例总数 ×100%	90%
12	配置数据消费合规率	用于了解从第三方系统同步数据的合规情况	按约定数据规范返回的接口数 / 接口总数 ×100%	95%

2. 监控工具运营度量指标

（1）监控体系度量指标

企业内部的监控对象成千上万，纷繁复杂，如何梳理一套有效的监控对象指标管理体系？一般来说，监控对象指标体系首先从监控对象分层开始设计，然后到对象，再到指标，一步步细化，构建适合企业自身的可观测指标体系。

从企业业务应用的视角来看，一般将企业监控的对象分为 6 层：基础设施层、硬件设备层、操作系统层、组件服务层、应用性能层、业务运营层。参考图 10-2，下面对每个层级进行详细的说明。

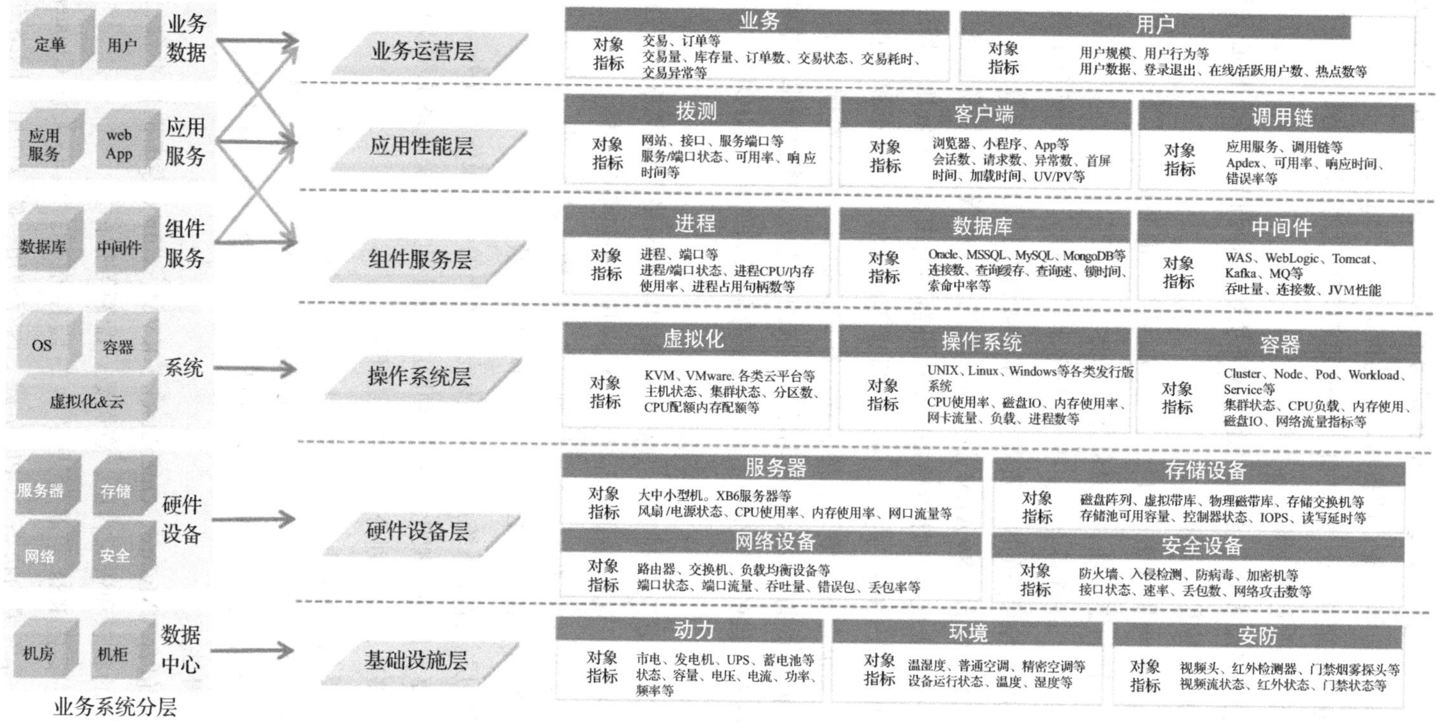

图 10-2　监控对象与指标分层设计

1）基础设施层。基础设施层一般指机房的基础设施配备，用于保证机房的正常运转，包含动力、环境、安防等设备，即机房动环监控的核心关注点。

动力主要包含供电系统、发电机、UPS 电源等电力供应设备，核心关注电力的状态、容量、电压、电流、稳定性、频率等指标。

环境主要包含温湿度计、空调、通风等环境监测和调节设备，核心关注环境设备的运行状态、环境温度、湿度等指标。

安防主要包含视频摄像头、门禁、烟雾探测器、消防设备等安全防护设备，核心关注设备的运行状态、视频稳定性、门禁状态等指标。

2）硬件设备层。硬件设备层一般指服务器、存储、网络、安全 4 类常见硬件设备对象，用于提供应用运行所需的硬件资源，是基础硬件监控的核心关注点。

服务器设备主要包含 X86/ARM 服务器、小机、大机等计算资源设备，随着分布式计算技术的普及，小机、大机这种性能超强的专用机器逐渐淘汰，X86 服务器成为当下主流；核心关注服务器的电源、CPU、内存、磁盘、风扇等配件的工作状态和性能指标。

存储设备主要包含磁盘整列、磁带库、存储交换机等存储资源设备，随着虚拟存储技术的出现，专用而昂贵的存储设备逐渐减少，取而代之的是廉价的服务器设备配合大量的硬盘通过虚拟化技术提供的存储资源；核心关注存储设备的容量、IOPS、运行状态、读写速率等指标。

网络设备主要包含交换机、路由器、负载均衡等网络资源设备；核心关注网络设备的运行状态、端口状态、端口流量、吞吐量、错误包、丢包率等指标。

安全设备主要包括防火墙、入侵检测设备、防病毒设备、加密机等；核心关注安全设备的运行状态、接口状态、速率、丢包数、网络攻击数等指标。

3）操作系统层。操作系统层除包含传统意义上的各类操作系统外，还应包含虚拟化层和容器化层，主要考虑到虚拟化层和容器化层本质上也是由操作系统驱动而提供的一种底层资源服务，如有需要，单独划分一层也未尝不可。

操作系统主要包含 Windows Server、Linux 系的 CentOS、RHEL、Suse、Ubuntu、AIX、UNIX 等服务器操作系统；核心关注 CPU 使用率、内存使用率、磁盘使用率、磁盘 IO 速率、网卡流量等指标。操作系统监控指标设计至少需要包含指标名称、含义、类型、单位，且指标具备可获得性。

虚拟化主要包含 VMware、OpenStack、KVM、Citrix 等虚拟化平台；核心关注平台主机、集群、存储的状态和资源容量、资源数、配额等指标。

容器指标主要指 K8s 容器管理平台的监控指标；核心关注 Cluster、Service、Pod、Workload、Node 等资源的状态、CPU 负载、内存使用、磁盘使用、网络流量等指标。

4）组件服务层。组件服务层一般指数据库、中间件及其运行进程等软件资源对象，部分监控系统经常将进程归属于操作系统监控，或者独立进行监控，反映的都是进程本身的状态，但进程本质是各种数据库、中间件软件资源服务化的表现形式，应当隶属于资源实例监控的一部分。

数据库主要包含企业常用的各种关系型数据库 MySQL、Oracle、MSSQL 等，以及非关系型数据库 MongoDB、Redis、InfluxDB 等；核心关注数据库的连接数、读写速率、锁、索引命中率、连接数等指标。

中间件主要包含 Web 中间件、消息中间件两种，如 WebLogic、WAS、Tomcat、Kafka、RabbitMQ 等，其他的还有配置中间件、分布式事务、任务调度中间件等；核心关注中间件的吞吐量、连接数、JVM 性能等指标。

一般只有数据库、中间件或者应用本身的进程才会进行监控，进程监控核心关注进程状态、端口状态、进程的性能使用率等指标。

5）应用性能层。应用性能层一般包含应用系统服务端和客户端两个方面，其中服务端主要指服务调用链，客户端主要包含移动端 App、PC 端 Web 页面以及小程序。

对于服务端的调用链，核心关注可用率、错误率、响应时间、吞吐率等关键性能指标以及 Apdex 指标。

对于客户的移动端 App 和 PC 端的 Web 页面，核心关注会话数、请求数、异常数、首屏时间、渲染时间、响应时间、PV、UV 等关键性能指标。

另外，对于应用和服务的基础探活，也可以采用协议拨测的方式来实现，此时主要关注网站或接口的拨测可用率、拨测响应时间。

6）业务运营层。业务运营层主要指业务系统中的业务数据的监控，一般需要根据业务系统的特点来进行梳理，常见的业务系统主要关注交易量、交易耗时、库存量、用户数、活跃用户数、在线用户数等业务核心指标。

（2）监控运营管理度量指标

对于企业可观测体系建设来说，除关注监控目标对象本身的指标外，还需要关注管理运营的指标，一般来说，可观测运营管理主要是应用健康度、告警管理效率两大核心运营指标。

1）应用健康度属于综合指标，一般用来衡量资源对象、应用系统的综合运行情况。

对于某个特定的资源对象来说，健康度的衡量主要取决于该资源对象的指标，不同的指标权重不同，根据指标等级不同，权重也不一样。指标的等级（权重）一般分为 3 级：核心指标（死生指标，60%）、关键指标（告警指标，30%）、常规指标（分析指标，10%）。

❑ 核心指标一般不会定太多，主要反映这个监控对象的可用性和健康度，1 到 2 个即可。

❑ 关键指标是看核心性能是否正常，参考谷歌定义的 SRE 四大黄金指标（饱和、错误、延迟、流量）。

❑ 常规指标可以根据实际的业务场景去考虑，主要用于告警分析时的数据参考。

对于某个特定的应用系统来说，健康度的衡量除了考虑应用系统本身的指标分级权重之外，还需要考虑该应用系统的组成资源 / 服务的健康度。不同的资源，根据资源 / 服务在该应用系统整体架构中的重要程度可以设置不同的权重。一般来说，单点的资源比高可用的资源的权重要高。

2）告警管理效率一般指告警处理过程的相关指标，包含 MTTI、MTTA、MTTR、MTBF 四种指标，用于阐述一个系统的告警（故障）发现时间、响应时间、恢复时间（诊断时间 + 处理时间）、无故障运行时间。其中：

❑ MTTI（平均告警发现时间）= 发现时间 – 发生时间（一般可忽略）

❑ MTTA（平均告警响应时间）= 响应时间 – 发现时间

❑ MTTR（平均告警恢复时间）= 恢复时间 – 发生时间

❑ MTBF（平均无故障运行时间）= 运行时间 – 故障时间

告警管理的根本目标是减少 MTTA，缩短 MTTR，提升 MTBF，即：快速发现并响应故障；快速定位并解决故障；减少故障发生，提升业务连续性。其中，MTTA、MTTR 是运维团队工作的故障处理的最好衡量指标，直接反映了团队的故障处理效率和故障处理能力。

除上述两大关键运营指标之外，我们经常还使用其他关键度量指标进行运营管理：

❑ 监控告警未及时响应 =（故障告警起始时间到告警确认时间间隔 >10 分钟）次数 / 监控告警响应总次数 ×100%

❑ 监控告警确认及时率 = 1– 监控告警未及时响应次数 / 监控告警总次数 ×100%

❑ 监控告警未及时关闭 =（监控告警从告警确认时间到告警关闭时间间隔 > 72 小时）次数 / 监控告警响应总次数 ×100%

❑ 监控告警关闭及时率 = 1– 监控系统告警未及时关闭次数 / 监控告警总次数 ×100%

❑ 监控系统安装覆盖率 =$\sum$ 生产环境已纳入监控的对象个数 /$\sum$ 生产环境应纳入监控的对象个数 ×100%

❑ 监控告警发现率 =$\sum$ 由监控发现的生产故障事件 /$\sum$ 生产故障事件 ×100%（第一时间重点业务发现，行内 85%）

❑ 监控告警量 = 日均告警数量（1000 以内）

企业可根据自身的运营需要进行选取和输出，辅助企业可观测体系的治理。

3. ITSM 工具运营度量指标

如图 10-3 所示，从 ITSM 系统建设运营视角出发，ITSM 工具运营度量指标可参考以下 ITSM 成熟度模型的 5 个等级的要求。

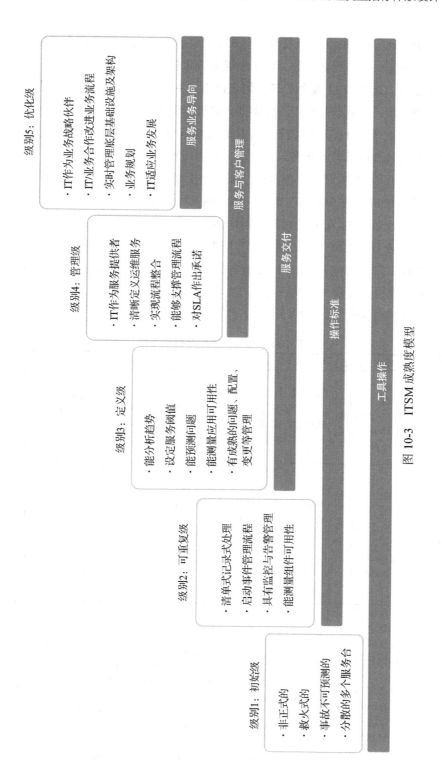

图 10-3　ITSM 成熟度模型

- 初始级。此等级 IT 服务管理水平仍处于混乱状态，人员被动救火式运维，没有正式的流程规范，由各团队人员分别承担服务台角色。
- 可重复级。此等级 IT 服务管理开始走向重复有序的方式，落地监控告警管理以及事件管理实践，有效管理生产故障事件，提升业务保障能力。
- 定义级。此等级 IT 服务管理已基本形成规范化，有成熟的问题、配置、变更等管理，能有效分析及预测问题，运维服务能力得到有效的提升。
- 管理级。此等级 IT 服务管理水平已基于处于稳定管理阶段，能清晰定义运维服务目录，以及对 SLA 作出承诺与保障，提升内部用户服务体验和业务连续性。
- 优化级。此等级 IT 服务管理开始走向创新的运维数字化转型之道，运维与业务融合程度高，业务形态变得更加敏捷，共同为客户持续创造价值。

基于 ITSM 工具能力建设将企业 IT 服务管理水平往更高成熟度演进，如表 10-9 所示，通过定义愿景 / 管控、流程、组织 / 人员、技术、信息、产品等维度关键度量指标项，方便企业更清晰地理解自身所处的阶段。

表 10-9 ITSM 成熟度度量指标

级别	愿景 / 管控	流程	组织 / 人员	技术	信息	产品
级别 1：初始级（Initial）	缺乏资金和资源；偶尔的报告和回顾；报告和回顾结果未作保留	非严格定义流程和步骤，仅在特殊情况下才偶尔使用；无规律、无计划性的流程活动	非严格定义的流程角色和职责；以个人为中心，强调"个人英雄主义"	流程为手工操作，或者仅有少量零散的工具	无明确信息需求；偶尔的信息收集	按技术能力提供服务
级别 2：可重复级（Repeatable）	缺乏明确清晰的目标；具有必要的资金和资源；非计划性的活动、报告和回顾	基于自身经验初步定义部分流程和步骤；流程在个别部门使用；大部分是被动的流程活动；无规律、无计划性的流程活动	基于经验自发定义的流程角色和职责；按职能进行技术分工，但仍存在"以人定岗"现象	有许多零散的工具，但缺乏控制；在分散的地点存储数据	被动接受信息需求；信息在个别部门范围内收集；自发定义的信息收集和分析机制	对现有技术能力进行梳理，基于经验自发定义服务目录
级别 3：定义级（Defined）	具有明确定义并达成共识的目标实现目标的规划被公布，并得到监控和回顾；具有充足的资金和合适的资源；有计划地定期报告和回顾	明确定义并被文档化的流程和步骤；在所有部门正式公布并推行；存在主动性的流程活动；有计划、有规律的流程活动	以流程为中心，明确定义流程角色和职责；达成共识的角色目的和目标；具有流程培训的计划	持续的数据采集，有报警和阈值监控；保存并使用整合的数据进行计划、预测和趋势分析	明确定义的信息需求；信息在所有部门范围内收集；明确定义的信息收集和分析机制	明确定义服务目录；基于 SLA 约定提供服务

（续）

级别	愿景/管控	流程	组织/人员	技术	信息	产品
级别4：管理级（Managed）	目标实施进度测量；基于业务及IT计划的流程规划；有效的管理报告；有计划地定期回顾和改进	明确定义流程、步骤和标准，并植入在人员岗位职责要求当中；明确定义各流程之间接口及相互关系；系统开发流程与服务管理流程相互集成；以主动性流程为主	以服务为中心，注重流程内部及流程之间的团队协作；人员岗位描述中明确定义流程角色和职责，并对相关绩效进行监控、度量和分析	通过集中集成的工具、数据库和流程，进行持续的监控、测量和报告	主动收集和更新信息需求；基于流程的跨部门综合信息收集、分析和发布信息成为流程改进的重要输入，实现可量化的流程管理	建立IT服务成本核算机制并向服务使用方收取费用；通过量化的指标监控、测量、分析和改进以实现对服务质量的管理
级别5：优化级（Optimizing）	与整体业务规划目标一致的完整的战略规划；通过监控、衡量、报告、警报和评审等活动进行持续改进；有计划地定期回顾和审计，以检验效果、效率与合规一致性	持续改进的流程、步骤和标准，价值被企业认同并融合成为企业文化的一部分；完全主动的流程	具备与业务一致的目的和目标，并对其进行主动的持续的监控；角色和职责被企业认同并融合成为企业文化的一部分	良好文档化的、完整的工具架构，实现对人员、流程和技术的全面集成	依照业务规划制定信息需求，保持目的和目标的一致；信息成为业务决策的重要输入	主动预测业务战略及需求的变化，并依照变化灵活的提供定制化服务

ITSM 工具的详细度量指标请参考 10.2.2 节。

4. 自动化工具运营度量指标

从自动化工具运营视角出发，按成熟度可分为以下 5 个等级：

❑ 初始级。此等级属于无自动化或自动化程度非常低的阶段，以手工处理为主，聚焦于问题，处理效率低下，处理复杂情况的能力取决于工程师个人技能水平。

❑ 稳健级。此等级属于批量处理自动化阶段，人工调用自动化脚本处理，聚焦于任务，基于脚本，纯手工流程，容易形成知识孤岛，处理复杂情况能力有限。

❑ 优秀级。此等级属于事件驱动自动化阶段，使用孤立的工具，聚焦于流程，基于规则策略执行运维动作，增加管理时间，处理复杂情况能力增强。

❑ 卓越级。此等级属于独立交付自动化阶段，使用集成的产品工具，聚焦于 IT 运营，基于模型，单一模块独立任务实现无人干预，通过减少操作时间提高 IT 运营效率。

❑ 引领级。此等级属于联合交付自动化阶段，拥有一体化的平台产品，数据和能力互连互通，并基于动态分析实现多模块联动，关键任务以联合交付方式提供，服务随环境动态变化，自动持续交付。

基于以上自动化工具运营成熟度的 5 个等级，企业可以根据运维场景如日常运维类、故障应急类、安全管控类、优化提升类等设计相应的指标，评估指标达标情况以及覆盖率，根据评估结果综合衡量企业 IT 运维自动化水平。

（1）日常运维类

在日常运维层面如资源交付、配置变更、日常作业、日常监控、资产管理、工单管理等自动化场景进行具体的指标设计，如表 10-10 所示。

表 10-10 日常运维类评估指标

能力领域	能力子域	评估指标项	评估项说明
资源交付	部署发布	操作系统自动部署	实现终端、裸金属或虚拟机操作系统的自动化安装与配置
		基础软件自动部署	实现平台、数据库、中间件等公共软件自动化安装配置
		应用软件自动部署	应用系统软件的自动化发布部署
配置变更	变更管理	变更执行自动化	变更操作执行和编排（服务权限开放、升级、资源扩缩容、网络策略开通等）
	补丁管理	补丁自动化	针对操作系统、数据库、中间件、应用、云平台等安全补丁进行合规检查与自动化安装
日常作业	健康巡检	巡检自动化	针对服务器、存储、网络、操作系统、数据库、中间件、应用、云平台等对象的运行关键指标和日志周期性自动巡检并生成报告
	常规作业	应用后台作业自动化	跨平台、跨系统的批量作业协同调度操作
		维护作业自动化	重复性地维护作业自动运行并生成报告
		数据处理自动化	常用报表的自动化处理及生成
日常监控	监控管理	监控指标自动化	各个软硬件监控对象的监控指标采集自动化
资产管理	资源管理	资源信息采集	资产管理数据模型设计，资产数据初始化，并自动从第三方系统导入资产信息，实现资产信息的自动同步
		资源信息维护	资产管理模块中所保存资产数据的增、删、改等维护操作的自动化处理
工单管理	工单管理	交互问答自动化	通过人工或通信机器人进行自动化实时消息交互获得信息
		信息分析自动化	请求管理、变更管理、问题管理、事件管理、SLA 等信息分析报表的自动化
		知识图谱自动化	建立问题故障知识库或建立完善的问题故障关联分析知识图谱自动化更新
		操作自动化	根据定位的故障原因回复客户，指导客户操作，远程登录协助操作或远程自动化操作
		派单自动化	根据工单类型、复杂度和故障级别，将工单派发给适合的后台人员

（2）故障应急类

在故障应急层面如故障恢复、灾难应急等自动化场景进行具体的指标设计，如表 10-11 所示。

表 10-11　故障应急类评估指标

能力领域	能力子域	评估指标项	评估指标说明
故障恢复	故障检测	故障检测自动化	硬件设备、操作系统、数据库、中间件、应用、业务等对象故障的检测告警自动化
	故障诊断	故障诊断自动化	硬件设备、操作系统、数据库、中间件、应用、业务等对象的故障定位和诊断自动化
	故障恢复	故障恢复自动化	硬件设备、操作系统、数据库、中间件、应用、业务等对象的故障自愈
灾难应急	备份恢复	备份自动化	操作系统、数据库、应用等对象数据的备份自动化
		备份恢复自动化	操作系统、数据库、应用等对象数据的备份恢复自动化
	应急切换	应急切换自动化	操作系统、数据库、应用、平台、业务等应急切换自动化（HA 切换或集群方式）
	容灾切换	同城灾备切换	主数据中心到同城灾备中心的配置检查、比对、切换和验证
		异地灾备切换	主数据中心到异地灾备中心的配置检查、比对、切换和验证

（3）安全管控类

在安全管控层面如安全检测、安全加固、安全审计等自动化场景进行具体的指标设计，如表 10-12 所示。

表 10-12　安全管控类评估指标

能力领域	能力子域	评估指标项	评估指标说明
安全检测	安全监测	异常访问检测自动化	访问操作监控、终端外挂行为、异常账户登录、4A 绕行等
		异常操作监测自动化	审核日志清除、访问权限修改、异常账户登录、非法程序运行、高危日志
		网络入侵监测自动化	恶意扫描、密码猜测攻击、DNS 利用、FTP 利用、拒绝服务（DDoS）攻击、病毒类攻击、CC 攻击、Web 攻击等
	合规检查	安全基线检查自动化	主机操作系统、数据库、中间件、管理软件等安全基线配置检查
		安全漏洞检查自动化	高危安全漏洞的存在检查

（续）

能力领域	能力子域	评估指标项	评估指标说明
安全加固	系统安全加固	终端安全加固自动化	终端接入安全，终端漏洞修复
		主机安全加固自动化	用户权限管理；Telnet、FTP、SSH 等服务端口管理；操作系统、数据库、中间件安全漏洞修复
		Web 安全加固自动化	Web 应用访问控制、安全漏洞修复
	网络安全加固	访问控制加固自动化	通过 4A 平台等控制终端远程访问
		入侵防范加固自动化	设置防火墙访问规则，限制 IP 地址与端口
	应用安全加固	应用安全加固自动化	应用账户密码管理、权限管理、漏洞加固
		数据安全加固自动化	数据访问安全控制、数据保密脱敏管理、备份恢复管理
安全审计	系统安全审计	终端安全审计自动化	终端登录、权限和操作审计
		主机安全审计自动化	主机登录、权限和操作审计
		数据库安全审计自动化	数据库登录、权限和操作审计
		中间件安全审计自动化	中间件软件登录、权限和操作审计
	网络安全审计	网络访问审计自动化	网络访问审计
		入侵攻击审计自动化	入侵和攻击审计等
	应用安全审计	应用安全审计自动化	应用账户登录、权限和操作审计
		数据安全审计自动化	数据保存、访问审计、备份恢复审计

（4）优化提升类

在优化提升层面如容量优化、流程优化等自动化场景进行具体的指标设计，如表 10-13 所示。

表 10-13　优化提升类评估指标

能力领域	能力子域	评估指标项	评估指标说明
容量优化	资源优化	容量优化	服务器、存储、网络等资源的容量评估和优化
	性能优化	性能优化	存储、网络、操作系统、数据库、中间件、应用等资源的容量性能优化
流程优化	流程节点优化	日常运维流程优化	日常运维如资源交付、配置变更等流程的优化
		故障应急流程优化	故障应急如故障恢复、灾难应急等流程的优化
		安全管控流程优化	安全管控如安全检测、加固、审计等流程的优化

第 11 章 *Chapter 11*

运维可视化能力建设

数字世界需要可视化，从智慧城市建设到停车空位、厕所空位的展现，可视化技术在生活中的应用已经无所不在。对于运维管理者而言，如何感知日常的运维管理情况？当遇到紧急事故时，如何快速获取有效信息，以更高效、更准确地做出运维决策和指挥调度？运维可视化能力建设是解决这些问题的关键之一。

本章主要介绍如何通过低成本、高效率的方式实现实用性和高颜值兼具的运维可视化能力。

11.1 建设背景

1. 运维可视化诉求

大部分国内大型企业都设有企业总控中心（Enterprise Command Center，ECC），它的作用相当于"运维的驾驶舱"，在发生重大紧急事件时成为线下应急指挥作战室，是运维组织对运行监控、现场值班、联络调度、事件处置等职责的日常工作场所。

在采用两地三中心技术架构的运维组织中，主数据中心通常设置了物理的 ECC 工作空间，所有运维团队的值班人员都在这里值班。作为公司最核心的应急处置场所，做好 ECC 管理工作是加快应急协同的最重要措施。

从数据赋能角度来看，ECC 能够将企业的业务与运营指标进行统一展示。从应急管理角度来看，ECC 能够提供应急指挥的指标展示、应急预案管理、场景可视化、应急过程监控感知，以及应急决策指挥涉及的应急管理协作平台等。在场景可视化中，ECC 里通常有一块比较大的屏幕，是很多运维组织十分重视的数据可视化载体，如图 11-1 所示。

图 11-1　ECC 可视化大屏

2. 面临的挑战

信息的可视化呈现确实可以帮助运维管理者对现有的运维情况有一个全局、直观、实时的掌握，以实现及时响应和辅助指挥调度的效果。但在实际建设过程中，也会遇到诸多困难。

- ❑ 数据分散在各个系统中，无法全局直观展现，有效的数据信息展现比较困难。
- ❑ 数据统计难，需要人工综合各系统数据制作统计分析报表，耗时、费力、数据不准确、不及时。
- ❑ 建设需投入的资源大，不可持续。如图 11-2 所示，在设计、开发、维护等各个环节都需要投入不少的人力和时间成本。

设计难
设计人员缺乏数据展现的设计经验，对于数据可视化的设计无从下手。

开发难
开发人员实现设计出来的交互式图表和特效，难度大，耗时多。

可维护性差
没有可视化的设计器，场景需求稍作变化，就要开发人员或开发商介入。

图 11-2　可视化工具建设的挑战

11.2　工程可视化要求

11.2.1　实用性和高颜值

数字化转型为"可视化"带来了一波热潮。在各种 IT 项目的建设中，都少不了一两张可视化大屏。但这些投入了大量资源设计的大屏，可能经过一两次领导参观之后，就基本没有什么用处了。因此，大家逐渐会觉得可视化大屏的建设只是一种"面子工程"，实际带来的价值非常有限。

造成这个问题的原因是没有思考清楚可视化的定位。在可视化大屏建设规划前期，并没有真正思考如何能够更好地感知运维管理的态势，只是从"颜值"的角度下了功夫。因此，最终的建设成果只是一层漂亮的皮，缺乏灵魂。

可视化大屏建设最重要的是从管理者的视角去思考和规划信息架构，其次才是如何更直观地呈现。实用性和高颜值是可以兼顾的。

11.2.2　低成本和高效率

可视化建设的高昂成本投入往往也是运维团队望而却步的原因之一。此外，可视化的建设主要依赖于 UI 设计和前端开发能力，这些都不是运维人员所擅长的。可以看出，想要长期在运维层面投入较大的资源来响应可视化的建设需求是比较困难的。因此，低成本、高效率的建设方式是运维可视化能力所探寻的方向。

11.3　工具架构规划

11.3.1　业务设计

对于运维管理者来说，综合的可视化信息包括资源、监控、安全、流程等，这些信息能够帮助他们感知整体的运维态势。在重大事件或重要的运维演练中，运维管理者可以通过可视化信息实时掌握动态，从而更有效地进行指挥作战。同时，一线运维值班人员可以通过可视化大屏实时获取运维告警事件信息，并及时对事件进行响应和处理，这也是可视化建设的重要应用之一。如图 11-3 所示，通过针对不同的管理视角提供专业的可视化方案，形成全方位的运维管理"驾驶舱"。

11.3.2　工具架构

运维可视化工具如何同时满足低成本和高颜值要求？图 11-4 给出了一种可视化应用架构设计的参考，分为数据层、能力层和展示层。各层次的职责如下：

1）数据层主要提供数据接入能力，可以便捷地集成 CMDB、监控告警、自动化等运维工具的实时数据，以及通过 API 和数据库连接方式接入外部系统数据源。

2）能力层主要提供无须编码的设计能力，通过可视化组件库、可视化设计器以及大屏模板等功能快速组装大屏。该层是实现低成本和高颜值的关键，通过零代码的能力来实现低成本构建，通过 H5、CSS3、SVG、Three.js 等前端技术实现动画、2D、2.5D、3D 等可视化组件，并提供大量开箱即用的运维对象组件。

3）展示层是将已设计好的可视化大屏进行渲染，以 PC 端的 Web 形式呈现为主。

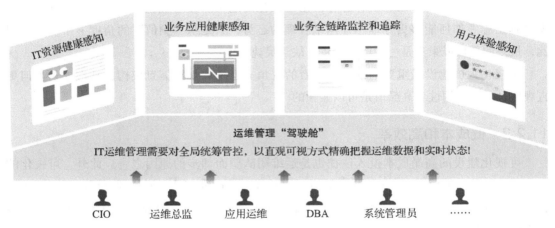

图 11-3　IT 运维管理"驾驶舱"

11.3.3　关键能力

1. 低代码设计器

目前，企业在自主构建运营可视化过程中经常会面临一些问题，比如对于数据可视化的设计无法下手、缺乏想法和经验。此外，设计出来的很多图表与特效开发起来耗时耗力，可复用性不高，稍作调整就要开发人员或开发商介入。在大屏展示的过程中，还经常遇到分辨率适配的各种问题。针对这些问题，一个灵活、便捷的可视化设计器可以较好地解决这些问题，并提高大屏可视化绘制的效率，如图 11-5 所示。可视化大屏设计器通常需要具备以下能力：

❑ 组件库。一个丰富的组件库可以给大屏提供丰富多彩的素材，通过对组件库中组件的拖拉拽和简单的编排使用，可以快速地构建一种炫酷的大屏，常见的组件库分类有数据图标类、交互控制类、中心场景类、辅助装饰类、动态效果类和自定义组件。

❑ 数据源配置。为了方便将数据快速地在组件中呈现出来，需要一个灵活的数据源配置将前端组件与后端数据库快速衔接起来。

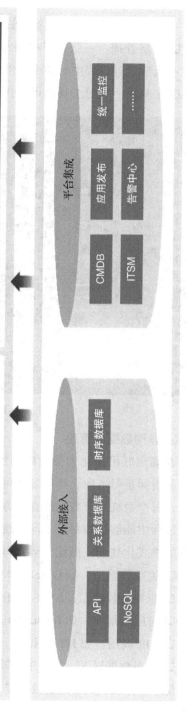

图 11-4　运维可视化应用架构

❏ 样式设计。由于每个组件在针对不同大屏风格要求的配色是不一致的，因此针对组件进行灵活的样式调整和设计是非常重要的。

❏ 图层管理。一张大屏中通常都是由各种组件组合而成的，为了便于大屏设计人员在大屏设计过程中对各个组件进行管理，需要具备一个灵活的图层管理能力。

❏ 工具栏。通过工具栏可以让大屏设计的过程更智能和便捷。

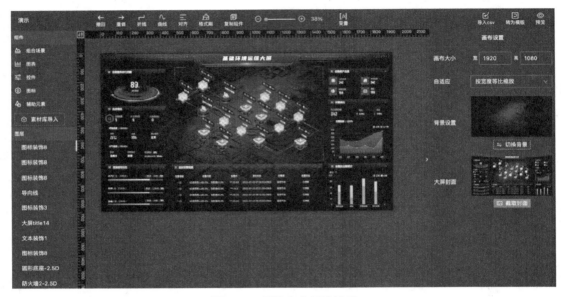

图 11-5　可视化大屏设计器

2. 异构数据源管理

在确定好可视化大屏面向的用户和需要展示的指标后，还有一个比较关键的点是要确保这些指标是可落地、可度量和可采集的。通常情况下，这些数据都是分散在各个业务系统中的，每个系统对于数据的存储方式和对外提供的方式都是不相同的。为了方便后续可视化建设过程中能够快速对接不同系统的指标数据，运营可视化需要支持不同数据源的接入以及数据的格式化处理。因此，运营可视化建设需要兼容以下数据接入的方式来提高效率：

❏ 关系数据库，如 Oracle、MySQL、MSSQL、DB2 等。

❏ 非关系数据库，如 ES、MongoDB。

❏ 时序数据库，如 InfluxDB。

❏ API 调用，如 HTTP 接口。

❏ 静态数据导入，如人工手动录入，或者 Excel、CSV 格式文件导入。

除了上述提到的常用的数据接入的能力之外，为了支持不同企业异构化产品存在的差异性，数据接入还需要能够支持自定义编码。另外，也需要具备对数据进行一定的清洗处理的能力。

3. 运维可视化组件

为了实现运维场景大屏的快速构建，需要提供符合运维领域特性要求的可视化组件。这些组件通常包括基础设施类对象、基础架构和软件类对象以及应用类对象。在实现这些组件时，需要注意它们应该具备颜色动态变化的能力，以响应状态监控的场景。这样，当出现异常情况时，这些组件可以及时改变颜色，提醒运维人员进行处理。

如图 11-6 所示，在实现这些组件时，需要考虑它们在大屏上的显示效果。比如，对于基础设施类对象，可以使用机房的图标来表示，同时使用不同的颜色来表示不同的机房状态；对于基础架构和软件类对象，可以使用数据库、中间件等图标进行表示，同样使用不同的颜色来表示它们的状态；对于应用类对象，可以使用应用程序图标进行表示，同样使用不同的颜色来表示它们的状态。

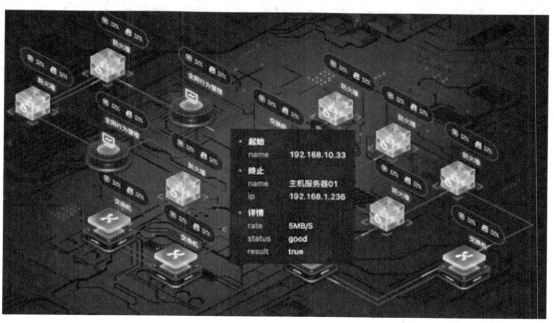

图 11-6　运维可视化组件

除了可视化组件之外，还需要提供数据源来支持这些组件的显示。这些数据源可以来自不同的监控系统，如 Zabbix、Nagios 等。通过连接这些监控系统，可以获取实时的监控数据，然后将这些数据转换为可视化组件来进行显示。

综上所述，要实现运维场景大屏的快速构建，需要提供符合运维领域特性要求的可视化组件，并且这些组件需要具备颜色动态变化的能力。同时，还需要提供数据源来支持这些组件的显示。

11.4 实践案例

图 11-7 展示的是资源统计类的可视化大屏。通过对各类 IT 资源的数量、容量、使用率、状态等指标进行实时统计和展示，可以帮助管理者获得如下提升：

❑ 实时感知资源的整体规模，对各类资源数量做到心知肚明。

❑ 实时感知资源的使用情况，辅助资源分配利用。

❑ 实时感知资源的健康状态，确保资源稳健运行。

图 11-7　资源可视化

图 11-8 展示的是监控类的可视化大屏。针对单个核心业务应用的监控可视化，通过监控和展示该应用的业务链路、所依赖资源的运行情况、应用的相关实时告警等信息，可以帮助运维人员获得如下提升：

❑ 实时感知核心业务视角的健康状态，工作起来更放心。

❑ 实时感知核心业务的事件处理进展，便于管理者进行监督，提高处理时效。

❑ 核心业务如果出现重大故障，便于管理者获取综合信息，以辅助指挥和决策。

图 11-9 展示的是操作类的可视化大屏，主要展示自动化运维场景中，操作过程的任务执行情况。操作类的可视化场景通常包括灾备切换过程、应急演练过程、重大变更过程等，通过对操作过程的可视化实时呈现，可以帮助运维人员获得如下提升：

❑ 实时感知操作过程的进展，减少沟通汇报成本，拉齐参与人的认知，使得管理者对重大演练或变更具备掌控力。

☐ 通过将执行任务编排成按一定顺序的流程，并提供统一的可视化视图，可以让执行者之间能够更好地协同配合。

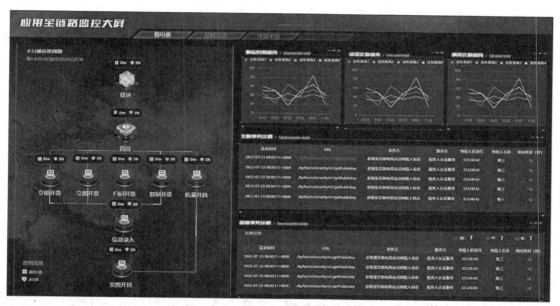

图 11-8　监控可视化

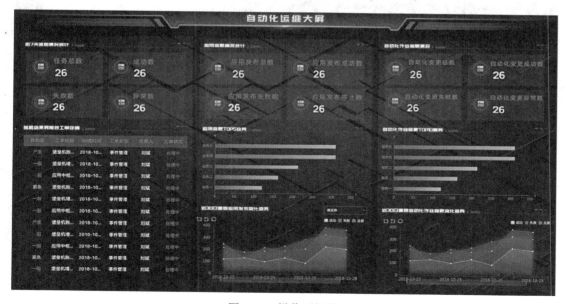

图 11-9　操作可视化

图 11-10 展示的是运营类的可视化大屏，主要针对运维服务管理的服务质量和服务绩效进行度量。通过对事件管理、问题管理、变更管理、请求管理等服务流程进行度量和呈现，如问题关闭率、事件处理时效、变更成功率等指标，可以给管理者带来如下提升：

❑ 实时感知当前运维团队的工作进展，通过工单量情况一方面可以监督运维人员的工作执行，另一方面可以洞察耗费人力更高的事项，以进行人力调度。

❑ 定期感知流程的具体运行情况，以支撑流程的持续改进。

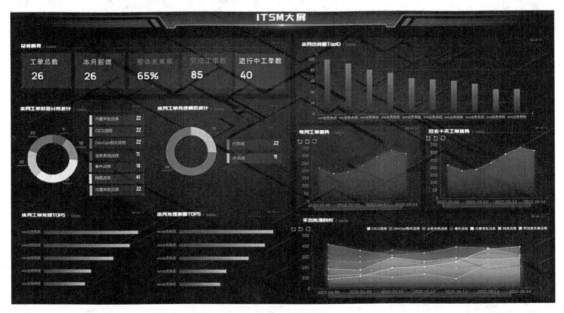

图 11-10 运营可视化

图 11-11 展示的是安全类的可视化大屏。通过可视化显示漏洞的扫描情况、网络安全的攻击事件等，使网络安全态势感知可见、可控、可管、可预测，可以给管理者带来如下提升：

❑ 通过对环境因素的获取、理解和预测分析，可以迅速、全面、准确地感知到过去、现在和未来的安全威胁。

❑ 对已有的网络安全基础设施进行收集和分析，发现所面临的网络威胁态势，并对正在发生的威胁和未来的破坏进行客观、准确、及时、直观的展示和报警。

❑ 为未来的网络安全风险威胁分析、安全保障措施提供客观的决策依据。

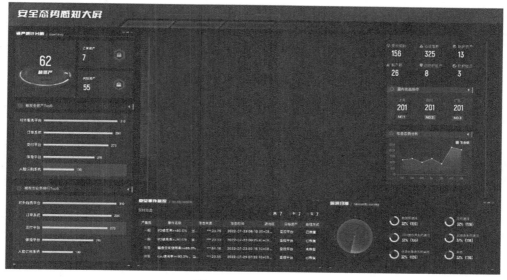

图 11-11　安全可视化

第 12 章

Chapter 12

运维数据治理能力建设

通过本章的学习，读者将了解到运维数据治理的背景与收益，了解运维数据治理的方法和技术落地，以及掌握运维数据治理体系的建设方法和实践。这将有助于读者在实际工作中应用运维大数据分析与治理的技术和方法，提升运维效率和决策能力，推动企业的数字化转型和运维管理的持续改进。

12.1 运维数据治理的背景与收益

12.1.1 运维数据治理的背景

IT 运维管理随着业内方法论和实践的变化，衍生出新的价值内涵。随着所需运维系统中对象类型的膨胀、对象目标数量的几何级增长，IT 运维对象产生的数据也在指数级增加。在此背景下，IT 运维管理的数据治理越发重要，运维数据治理不仅可以帮助运维工程师理清各运维对象的静态、动态信息，以更好地保障业务连续性；也可以帮助运维部门管理人员，更灵活地使用 IT 运维数据，以数据驱动的模式助力业务运营。

IT 运维走向 IT 运营关键的一步就是如何把运维的数据活化起来，之所以是 IT 运维数据活化，是因为 IT 运维有全量的运行数据，并且是连接技术与业务的桥梁。

企业运维数据究竟包含哪些数据类型呢？我们可以将其大致划分为 5 个领域。

1）配置领域：包括 IT 资产管理系统、配置管理中各类电子信息设备的基本信息、技术参数及关联关系等信息，例如 PC 机、服务器、存储设备、网络设备、安全设备、辅助设备、机房环境设备、套装软件及应用系统软件等。

2）状态领域：包括 IT 监控、自动化运维、安全监测等采集的设备软硬件性能、状态、事件、日志、告警以及其他实用化数据等。

3）流程领域：包括运维流程管理中执行一个业务流程所产生的相关记录数据。

4）作业领域：包括自动化作业、故障自愈、编排处置步骤等作业执行流程数据和操作审计数据。

5）知识领域：包括故障事件处理经验、其他相关知识库，以知识主题、关键字索引、内容等形式存在。

然而，很多企业在运维数据的治理和消费方面都会遇到以下关键问题：

❑ 运维数据的异构性很大，接入和管理都很困难。很多类型的运维数据如告警事件、日志、作业、流程等都是非标数据。

❑ 运维数据的分析和处理要求很高，需要对数据进行实时、离线、聚合、关联等复杂处理。

❑ 运维数据的消费需要场景化。这不仅仅是报表和可视化呈现，而且需要将计算输出的数据作为更多运维和运营系统的数据输入。

❑ 运维数据治理的标准和规范也是一个问题，特别是如何进行元数据定义、管理标准、质量管理及安全管理等方面的问题。

因此，我们需要探索运维数据治理的方法和技术在实践中的应用。在这之前，我们先讨论运维数据治理的收益。

12.1.2 运维数据治理的收益

运维数据分析的价值主要体现在运维和运营两个层面。在运维层面，核心任务是保障业务连续性。而在运营层面，则需要辅助业务决策。具体展开分析包括以下 4 个方面。

1）提升业务连续性保障。通过对日志、性能、容量、安全、可用性、业务感知、客户反馈等数据进行分析，可以快速发现影响业务系统的潜在问题，并在异常问题发生前进行应用优化，提升系统的健壮性。同时，基于日志的异常检测可以帮助故障问题的排查和快速根因分析定位，进一步提升业务连续性保障能力。

2）提升 IT 服务质量。通过大数据平台对 IT 服务过程分析、IT 服务成本分析、IT 服务质量分析，可以提高服务质量和客户满意度，持续对 IT 服务进行优化改进，为业务创造价值。这有助于企业 IT 部门从成本中心向服务中心和利润中心的转型。

3）提升用户体验。通过加强业务系统的性能管理，优化响应效率，可以提升用户体验。在目前以业务连续性为基础的监控体系中，加强业务性能管理能力，收集更多的应用响

244 ❖ 数字化运维：IT 运维架构的数字化转型

应、时延、交易失败等数据进行综合分析，了解用户在使用应用过程中的问题、等待时长，并在最短时间内解决问题。

4）辅助业务决策。通过大数据分析和数据挖掘模型，实现企业产品和运营的智能化，可以极大地提高企业的整体效能产出。常见的应用场景包括基于个性化推荐技术的精准营销服务、基于模型算法的风控反欺诈服务。通过数据发现运营问题并确定运营的策略和方向，从而进行战略决策。

在了解运维数据治理的背景和收益之后，我们需要进一步探索运维数据治理的方法和技术在实践中的应用。如何有效地收集、存储、处理和利用运维数据，是企业在运维数据治理中需要解决的重要问题。同时，由于运维数据的异构性和分析处理的要求，企业在运维数据治理的过程中还会面临许多挑战。为了应对这些挑战，需要进行深入的研究和探索，不断优化运维数据治理的方法和技术，为企业提供更好的运维数据支持，进一步提高企业的运维和运营效率，降低 IT 成本，提升企业核心竞争力。

12.2　运维数据治理的方法和技术落地

12.2.1　运维数据治理的方法

运维数据的治理借鉴了大数据领域成熟的数据治理方法，从组织、业务和技术 3 个方面开展，主要包含元数据管理、主数据管理、数据标准管理、数据质量管理、数据模型管理、数据安全管理和数据生命周期管理 7 个部分的内容。

1. 元数据管理

元数据是描述数据的数据，按照元数据的用途不同可分为 3 类，如图 12-1 所示。

技术元数据	业务元数据	管理元数据
·数据结构 ·计算逻辑 ·集群配置 ·上下游关系	·数据分类 ·业务标签 ·统计口径 ……	·人员信息 ·角色信息 ·权限信息 ……

图 12-1　元数据分类

要充分发挥元数据的能力，我们需要做好元数据采集、元数据模型和元数据存储，并支撑元数据分析场景，如图 12-2 所示。

在元数据管理中，需要考虑数据采集的自动化和标准化，以便更好地支持数据治理。同时，应该建立元数据模型，定义元数据的类型和属性，以支持各种元数据的管理和分析。

在元数据存储方面，应该考虑采用标准化的元数据管理工具，如 Apache Atlas 等，以便实现元数据的管理和查询。最后，在元数据分析方面，需要建立血缘分析、差异分析和质量分析等功能，以便更好地理解和管理数据。

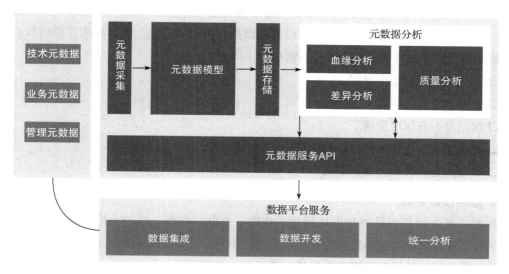

图 12-2　元数据管理架构

通过元数据管理，可以更好地管理和利用运维数据，提高运维效率和业务价值，为企业提供更好的数据支持。

2. 主数据管理

主数据管理是对需要共享的数据建立统一视图和集中管理，为各业务系统调用提供服务。主数据管理需要提供以下能力。

- ❑ 数据采集：能够将分散在各类操作系统、各种数据库、中间件和消息队列中的运维数据进行采集，并上报到集中管理的主数据管理平台。
- ❑ 数据清洗：能够将异构的各类运维数据，如日志、指标、流程及事件等，在采集之后进行清洗，实现对运维数据的结构化或扁平化。
- ❑ 数据存储：能够根据运维数据的消费场景提供各类存储，如关系型数据库、时序型数据库、分析型数据库或文本型数据库等。
- ❑ 数据消费：能够提供多种数据消费的方式，如页面查询、接口查询或消息订阅等。

3. 数据标准管理

数据标准是一套由管理制度、管控流程和技术工具共同组成的体系，通过这套体系来推广和应用统一的数据定义、数据分类、数据格式、数据转换、数据编码等进行数据标准化，保障数据定义和使用的一致性、准确性和完整性。简单来说，数据标准是指保障数据的内外部使用和交换的一致性与准确性的规范性约束。需要注意的是，数据标准不是单一的规范文档或制度文档，而是一整套数据标准化实现体系。

数据标准管理是在数据标准管理组织的推动和指导下，遵循协商一致制定的数据标准规范，借助标准化管控流程和工具，得以实施数据标准化的过程。数据标准管理的核心意义在于从共享、价值、效率和成本 4 方面解决以下问题：

❑ 有没有数据，是否可用。

❑ 数据含义是否明确。

❑ 数据是否有深层价值。

❑ 数据应用能否快速覆盖全部业务。

❑ 平台内是否有大量相似数据。

4. 数据质量管理

数据质量管理是指针对数据从计划、获取、存储、共享、维护、应用到消亡的全生命周期的每个阶段可能引发的数据质量问题，进行识别、度量、监控和预警等管理活动，并通过改善和提高组织的管理水平使数据质量获得进一步提高。

目前常用 MTC-DQM 来做数据质量管理。六西格玛强调以事实驱动管理，但事实必须以数据来支撑。与六西格玛管理方法不同，MTC-DQM 推荐采用十步数据质量管理方法，总体来说就是通过不断对数据循环检查、纠正数据错误等管理措施，最终使数据质量螺旋上升。

5. 数据模型管理

数据建模和数据模型在 DMBOK 2.0 中被定义为以下内容。

❑ 数据建模：发现、分析和确定数据需求的过程，并采用数据模型的精确形式来表示和传递这些数据需求。

❑ 数据模型：描述组织已经理解或未来需要的数据，通过标准化的符号来快速理解其内容。

数据模型管理可以帮助运维人员在建立运维数据仓库时解决以下问题：

❑ 字段含义相同，但字段名称因人而异，叫法不一致。

❑ 指标名称相同，但指标统计口径不一致。

❑ 缺乏统一、规范的维度表，很难集成一致性维度。

❑ 缺乏统一的数据仓库分层建设，导致对 ODS（数据接入层）、DWD（明细数据层）等底层数据重复建设。

❑ 数据开发规范依赖开发人员的个人习惯，如指标命名规范、代码规范。

运维管理领域尚未形成成熟的概念模型，因此无法采用传统的自上而下的实践路线（从概念模型到逻辑模型，再到物理模型）。相反，需要采用自下而上的方法：通过基于科学方法论的梳理，从业务模型到物理模型，再提炼为逻辑模型，最终高度抽象出概念模型。梳理数据模型的科学方法论可参考信息资源梳理的 IRP 理论。

6. 数据安全管理

数据安全管理涉及数据梳理与识别、数据安全认责、数据分类分级和数据安全授权等方面。

- ❑ 数据梳理与识别：通过数据梳理来理清企业数据资产的分布，并明确保密和敏感数据的分布情况，以确定敏感数据的 U/C 矩阵。数据资源梳理可以采用自顶向下的梳理 IRP（信息资源规划）、BPM（业务流程管理），需求驱动的自底向上梳理等方法。
- ❑ 数据安全认责：推荐采用"谁生产、谁管理、谁负责"的数据认责原则进行数据归属权确认。信息化部门通常被认为是数据安全的主体部门，但实际上信息化部门只是信息化系统的实施者和维护者。数据安全治理应从源头抓起，数据的生产部门和使用部门有责任对数据的安全管理负责。
- ❑ 数据分类分级：根据数据的来源、内容和用途对数据资产进行分类，并由业务部门根据数据的价值、敏感程度和影响范围进行敏感分级。这样可以将分类的数据资产划分为公开、内部、敏感等级别，并分配给相应的用户角色，建立敏感分级数据与用户角色的访问控制矩阵。
- ❑ 数据安全授权：根据业务场景设计数据使用流程和安全防护策略，控制数据访问权限。在设计数据访问权限时，需要结合数据安全等级并切合实际业务，将数据安全管理回归到业务中去，以达到数据使用的安全合规。

7. 数据生命周期管理

数据生命周期管理（Data Life cycle Management，DLM）是一种基于策略的方法，用于管理信息系统的数据从创建和初始存储到过时被删除的整个生命周期内的流动。

在数据的生命周期中，数据价值决定数据全生命周期的长度，并且数据价值会随着时间的变化而递减。同时，数据的采集粒度与时效性、存储方式、整合状况、可视化程度、分析深度和应用衔接的程度都会影响数据价值。因此，我们需要针对数据生命周期各个阶段的特点采取不同的管理方法和控制手段，才能从数据中挖掘出更多有效的数据价值。

为实现数据价值的挖掘和应用，企业需要重视数据全生命周期管理。在数据采集策略和范围、存储和计算资源投入、数据整合能力、可视化程度和分析广度与深度等方面，都需要投入相应的资源。

12.2.2 运维数据分析场景

随着企业业务的快速增长，运维面临的数据量规模呈现爆发式增长，从原先的 GB 级不断扩展到 TB 级，甚至是 PB 级的数据量。企业管理的运维对象如服务器、网络设备、安全设备、操作系统、数据库、中间件、业务系统等，每时每刻都产生大量的数据，有结构化数据、半结构化数据和非结构化数据。利用运维大数据平台进行统一的数据接入、数据清洗、数据开发、数据存储、数据消费等过程，深入挖掘运维数据分析场景应用，从大的类别来分主要分为运维域和运营域，运维域围绕业务保障开展，运营域围绕用户体验和业务运营开展。典型场景列举如下。

1. 日志分析场景

日志分析是运维解决系统故障和发现问题的主要途径。使用大数据技术分析各种日志数据，如硬件日志、系统日志和应用日志等，通常有以下日志分析的场景。

1）回溯取证。日志反映了 IT 系统的事实数据，大数据平台通过实时收集日志数据，并为这些数据字段编制索引，将非结构化日志进行结构化处理，赋予了用户在海量数据快速搜索匹配的能力。用户可以使用字段、数值范围、时间、关键字等搜索条件快速定位相关日志，方便追溯问题，并可以通过配置关键字告警实现监控。

2）安全事件分析。通过系统、网络设备、安全设备等日志的分析，可以有效监控用户网络行为。基于大数据分析平台从海量日志中实时筛选、甄别出可疑操作，如暴力破解、DDoS 攻击、SQL 注入攻击等，及时产生安全事件预警，提高企业 IT 运维安全合规水平。

3）故障排查。日志的异常检测可以帮助故障问题的排查和快速的根因分析定位。异常检测的日志分析过程主要包含 4 个步骤：日志收集、日志解析、特征提取和异常检测。大规模的各个系统通常会生成日志来记录系统状态和运行时信息，每个日志基本包含时间戳和发生事件的记录信息，这些信息对异常检测的判断十分有价值。例如，通过 Web 应用日志的分析可以快速定位攻击源 IP。

4）用户行为分析。通常一些应用日志会详细记录用户的操作行为，使用大数据分析技术对汇集的应用日志进行深度分析，以人为主轴对经常访问的应用、经常访问的模块及操作频率情况、操作的时间分布、操作的主要内容等操作行为习惯进行总结和归纳，建立用户行为档案，生成用户画像，为用户运营研判提供决策依据。

2. 指标分析场景

指标分析是针对结构化数据如监控系统指标数据进行分析，常见的场景有以下 3 种。

1）动态阈值监控。以银行应用系统为例，基于大数据技术弹性分布式框架，实现指标数据的实时采集、实时处理和实时分析，将监控数据实时加载到大数据平台中，通过数据挖掘和机器学习等技术，分析数据的趋势，自动调整阈值，实现自适应阈值监控。这种方式可以大大减少虚警和漏警的情况，提高监控的准确性和可靠性。

2）性能分析。在运维场景下，性能数据是非常重要的指标。通过大数据分析平台对服务器、网络设备、数据库等系统进行性能监控，分析其性能数据，包括 CPU 使用率、内存使用率、磁盘使用率、网络带宽等指标。通过对这些指标的分析，可以了解系统的瓶颈，优化系统性能，提高系统的稳定性和可靠性。

3）容量规划。容量规划是指预测未来业务增长趋势，为系统提供足够的计算、存储和网络资源，以支持未来的业务需求。大数据分析平台可以通过对历史数据的分析，以及对业务未来的预测，提供容量规划方案，避免因为容量不足导致的系统性能下降或业务中断等问题。

3. 配置分析场景

随着业务技术的高速发展与应用，运维对象规模越来越大，复杂性越来越高。针对 CMDB 系统的基础数据的治理尤为重要。应用大数据分析技术常见的配置分析场景有以下几种。

1）关联分析。针对海量的配置实例数据，基于大数据技术进行关联挖掘分析，确认实例的直接和间接的关联数据，形成配置数据地图，为后续的业务影响分析提供重要的基础数据。

2）差异分析。使用大数据技术对模型实例操作的历史数据进行挖掘分析。基于某个时间段实例变更的数据，对变更次数、变更实例数、变更属性等进行计算处理，对配置项进行差异分析。

3）孤岛分析。CMDB 作为运维数据分析的基石，对数据的一致性、完整性、准确性的要求非常高。不产生消费的数据都是无价值的数据，因此，使用大数据的分析技术对已建立关联模型但未按照配置规则建立实例关联的数据进行分析，找出孤岛模型对象和实例数据，定期进行优化。

4. IT 服务分析场景

IT 服务一般都是利用信息技术支持客户的业务流程，由人员、流程和技术组合而成，为客户创造价值。围绕 IT 服务价值分析的源数据一般散落在各个管理系统。通过大数据平台进行数据的统一采集分析。IT 服务分析场景通常分为以下 3 种。

1）服务过程分析。在 IT 服务过程中，针对如服务级别管理、事件管理、问题管理、变更管理、发布管理等产生的海量数据进行大数据分析，分析事件变化趋势、人员服务处理效率等，有效评估 IT 服务的效果和能力水平。

2）服务成本分析。通过大数据平台采集 IT 服务资源如硬件、软件、人力资源、支持服务等的成本投入数据进行分析。这有助于企业建立 IT 服务成本模型、度量标准，持续对 IT 服务成本进行优化改进，为业务创造价值，帮助企业 IT 部门从成本中心向利润中心转型。

3）服务质量分析。针对运维流程系统 IT 服务流程运行的海量数据进行大数据分析。基于服务提供者对客户 SLA 承诺的质量参数，分析 IT 服务质量水平。对 IT 服务质量进行控制、监督、改进和提高，建立 IT 服务质量评价指标体系，通过更有效的反馈提高服务质量和客户满意度。

5. 业务关联分析场景

任何数据和指标的分析如果完全脱离了业务维度就失去其核心价值，企业的业务关联分析是个很复杂的工程，通常需要先明确业务场景和确定分析目标，才能开展核心指标的梳理和分析体系的构建。以下为业务关联分析的 3 个核心场景。

1）业务影响分析。由于业务复杂性较高，传统针对业务关联对象的监控通常由不同的监控系统承载，数据散落在各个监控数据库中，而业务拓扑关联的集群、主机、服务、进程、硬件等关系数据存放在 CMDB 系统。基于大数据平台的统一数据采集分析能力，运维人员可以快速定位业务受影响范围，为后续的应急管理预案的有效启动和故障根因分析提供决策依据。

2）业务健康度分析。通过大数据平台全面掌握信息系统运行数据，快速分析识别业务健康情况的"发病""亚健康""健康" 3 种状态，实现信息系统横向分析，做到事前预警、事中处置、事后分析的闭环管理，IT 运维可管、可视、可查、可溯，帮助企业从传统救火式运维转化为业务健康运维，由被动故障处理转化为主动故障侦测的全新运维体系。

3）业务运营分析。以银行业为例，在宏观经济环境下存在很多的运营风险，部分商业银行开始采用大数据分析技术对银行内外部环境展开分析，实现对运营风险的有效预测，明确银行的风险隐患，为银行运营管理决策提供有效的依据，有利于银行做出针对性的预防措施。比如在信用风险方面，银行基于大数据平台能力构建客户信用评估体系，根据客户历史借贷信用数据进行信用评级和违约风险模拟分析，有效降低银行业务管理的信用风险。

12.2.3 运维数据治理的技术落地

随着企业业务的高速发展，运维大数据平台的重要性越来越凸显。运维大数据平台的整体架构设计涉及数据接入与清洗、数据存储与开发、数据消费与可视化 3 个方面。在数据接入与清洗方面，需要考虑数据来源的多样性和数据质量的保证；在数据存储与开发方面，需要考虑数据存储的可扩展性和数据处理的效率；在数据消费与可视化方面，需要考虑信息呈现的可读性和用户交互的友好性。一个好的运维大数据平台整体架构设计能够提高数据分析的准确性和效率，为企业提供有力的决策支持。接下来，我们将详细介绍运维大数据平台整体架构的设计思路和关键技术。

1. 运维数据治理平台整体架构设计

整体架构以运维数据发挥价值为目标，围绕数据的采集、开发、存储、管理和消费来开展，如图 12-3 所示。

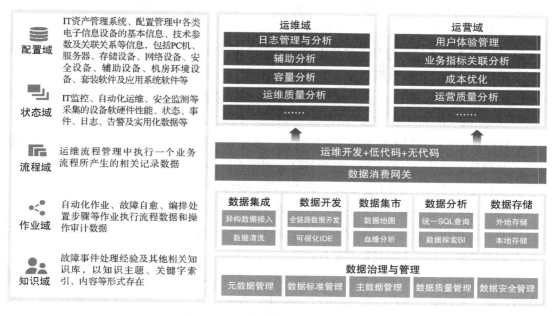

图 12-3　运维大数据平台整体架构

1）数据采集：集成多类数据源，支持跨云、跨数据中心、跨子网的数据采集，兼容各类异构数据源、自助化接入、实时 ETL 和开放式采集框架。

2）数据开发：一站式、低门槛开发，屏蔽多种计算引擎，拖拽式数据流开发 IDE。

3）数据存储：支持内置或对接外部数据存储，兼容不同类型数据，支持统一的多样化数据查询。

4）数据管理：提供元数据管理、数据标准管理、主数据管理、数据质量管理、数据安全管理。

5）数据消费：基于统一的数据网关和低门槛的数据消费方法，包括运维开发、低代码、无代码。

2. 数据接入与清洗的设计

在大数据平台落地的过程中，数据接入和数据清洗是必不可少的两个关键环节。面对各种来源、类型的数据，需要通过数据接入将这些零散的数据整合在一起，纳入统一的大数据平台，并通过数据清洗将数据标准化、去重、补全、纠错，最终形成可以进一步加工、使用的数据。

数据接入功能需要实现多样化的数据接入，并通过自定义扩展数据采集程序框架，面向主机、中间件、数据库、应用程序等多个技术领域中的设备日志、系统日志、中间件日志、性能指标、监控告警等结构化及非结构化数据，实现统一的数据接入。

具体来看，数据源接入包括如下几方面。

❑ 日志接入：通过实时日志采集上报，动态感知新增和删除日志文件等事件，实时采集新增数据上报到数据平台。

❑ 数据库接入：通过自定义插件对远端的数据库进行拉取数据，数据库类型包括 Graphite、InfluxDB、ES、MySQL、Redis、PgSQL、Oracle 等。

❑ HTTP 接入：采用 HTTP 协议采集数据，通过 HTTP 接口获取数据，用户填写相应的基础信息以及接口的参数，包括 URL、时间参数格式、采集周期。

❑ 文件上传接入：通过上传 Excel、CSV 格式的文件，解析文件并将文件内的数据接入平台。

❑ 脚本接入：通过编写自定义脚本，下发到指定目标主机周期性地上报数据。

❑ 消息队列接入：通过实时消息队列数据上报，动态感知消息队列中的内容追加，实时采集新增数据上报到数据平台。

数据清洗是将重复、多余的数据筛选并清除，将缺失的数据补充完整，将错误的数据纠正或删除，最后整理成可以进一步加工、使用的数据。

用户上报的数据可能是多种格式的，如竖线分隔的数据、JSON 格式的数据、普通的行日志数据等。如果需要在数据平台中使用上报的数据，首先需要将数据标准化，转换为统一的 schema 格式的一行行记录。

数据清洗需要支持自定义配置数据的清洗规则，实现在数据集成过程中的预处理，比如 JSON 反序列化、CSV 反序列化、URL 反序列化、遍历、切分、替换、取值、正则提取等（见表 12-1）。数据清洗大致以下分为 4 个步骤。

1）提供原始数据内容。通常如果接入状态是正常的，数据平台会自动提取最新的一条原始数据内容，如果数据没有立即产生，用户可以自己填写一条原始数据。

2）清洗逻辑配置。对原始数据一步步的配置清洗算子，将原始数据中需要的内容赋值给指定的字段，每一次的清洗运算都可以进行单步调试。

3）全局调试。在写好全部的清洗算子配置后，进行全局调试，在结果预览中可以看到原始数据经过全部清洗算子后的结果数据（结构化数据）。

4）结构化结果数据定义。在全局调试成功后，则需要定义结构化的结果数据，包括清洗结果名称、清洗之后的字段名称等，而且通常要在字段中选取一个时间字段，便于后续的统计分析。

表 12-1　数据清洗算法

算法名称	算法描述	示例
JSON 反序列化	反序列化 JSON 字符串成对象	输入字符串 "{\"a\":1}"，解析成功会得到对象 {a:1}，解析失败会报错
CSV 反序列化	反序列化 CSV 数据成列表	输入字符串 "a,b,c"，解析成功会得到列表 ["a","b","c"]，解析失败会报错
URL 反序列化	反序列化 URL ENCODING 字符串成对象	输入字符串 "a=1&b=2"，解析成功会得到对象 {a:1,b:2}
遍历	通过 "迭代器" 的方式遍历列表，将元素依次传入后续算子	输入列表 [1,2,3]，下游算子会被依次传入 1、2、3，每次一个元素
切分	按分隔符切分字符串	输入字符串 "1|2|3"，填写分隔符参数为 " | "，解析后会得到列表 [1,2,3]
替换	替换字符串中的子串 a 为给定字串 b	输入字符串 "hello world"，填写参数将 "world" 替换为 "china"，解析后会得到字符串 "hello china"
取值	按照数字索引或 key 提取数据	输入对象 {a:1}，填写按 key 取 "a" 字段，会得到数据 1；输入列表 [1,2,3]，填写按 index 取 1 索引，会得到数据 2
正则提取	使用正则表达式的命名分组来提取数据	输入字符串 a123b，正则表达式为 a(?P<name1>\d+)b，会得到数据字典 {"name1":"123"}

以上是数据接入与清洗的设计和实现，确保了大数据平台的数据质量和数据准确性。通过数据接入和清洗的整合，可以实现数据源的无缝接入和数据的预处理，为后续的数据分析和挖掘奠定坚实的基础。同时，数据接入和清洗也是大数据平台建设的重要环节之一，需要充分考虑数据源的多样性和数据规模的增长，保证数据的高效、稳定、可靠的接入和清洗，为大数据分析和应用提供有力支撑。

3. 数据开发与存储的设计

传统的大数据计算模型将在线数据处理和离线数据分析从时序上完全分割开来，但随着业务和技术的发展，人们对信息的时效性、可操作性的需求不断增长，因此该架构已无法满足对大数据实时处理的需求。

数据的价值随着时间的推移而降低，因此数据发生后立即进行计算和处理变得尤为重要。实时计算作为针对流式数据的计算模型，可以实时、高效地处理大数据的业务需求。实时计算是一种 "事件触发" 的计算模式，触发源是实时且无界的流数据。流数据按时间顺序被实时计算消费，由于数据发生的持续性，数据流将长久且持续地集成进入实时计算系统。例如一个业务系统的登录日志流，只要业务系统正常运转，登录日志流将一直产生并进入实时计算中去。因此，对于实时计算来说，数据是实时且不终止（无界）的。

实时计算支持以数据时间属性做窗口，需要支持多种窗口类型：滚动窗口、滑动窗口、累加窗口和会话窗口。等待时间用于处理数据时间乱序的情况，例如，设置等待时间为 60s，当数据源数据延迟 60s 之内到达都可以进入窗口计算，这时计算结果将延迟 60s 输出。滚动窗口、滑动窗口的输出时间为窗口的起始时间，而累加窗口和会话窗口则以窗口的结束时间作为窗口的输出时间。对于用户需要进行复杂分析处理且对时延不太敏感的情况，可以使用离线计算。推荐的使用方式是数据经过实时计算的过滤、清洗后，由离线计算进行比较复杂的关联计算和分组计算。

数据开发的工作台为开发者打造一个在线 IDE，通过在画布区域拖拽工作流，为清洗结果表、计算结果表等已格式化的结果表提供数据开发功能。

数据平台需要为不同类型的数据应用提供丰富的持久化存储能力，可以根据实际需要将采集清洗、计算得到的时序、离散数据存储到文件系统、关系型数据库、离线数据仓库等中，并可用参数化方式对数据保留周期等指标参数进行配置。数据存储类型通常包括 HDFS、MySQL、Elasticsearch、Queue 等，各自特点对比如表 12-2 所示。

表 12-2　数据存储类型对比

存储方式	类型	描述	建议使用场景	建议日数据量（单表）	查询模式
HDFS	分布式文件系统	大数据计算常用存储	海量数据离线分析，对查询时延要求不高	TB/PB	可对接离线分析、即席查询、数据分析等方式
MySQL	关系型数据库	开源关系型数据库典型	关系型数据库	GB/千万级以内	查询、关联查询、聚合查询
Elasticsearch	分析数据库，Log Search	常用于存储日志	全文检索及数据分析	GB/TB 级	检索查询
Queue	消息队列	如 Kafka 消息队列	数据订阅	GB/TB 级	客户端连接消费

数据开发和数据存储是大数据平台中重要的组成部分。数据开发通过实时计算模型实现对实时、无界流数据的处理，为实现数据的高效价值挖掘提供支持；而数据存储则为不同类型的数据应用提供丰富的持久化存储能力，以便于数据的后续处理和分析。通过合理的数据开发和存储，可以更好地满足不同业务场景下的数据需求，为企业的业务决策提供有力支持。

4. 数据消费与可视化的设计

经过接入、清洗、开发、存储后，数据最终需要在数据消费环节体现其价值。数据消费与可视化的设计是将数据转化为有用信息的过程，同时也是数据治理的最终目标之一。在设计数据消费和可视化方案时，需要考虑以下几个方面：

1）数据消费的目标和场景。不同的业务场景需要不同的数据可视化方案。因此，在设

计数据消费和可视化方案时，需要先确定消费目标和场景。例如，在运维场景下，需要关注
日志管理分析和故障辅助分析，而在运营场景下，需要关注用户体验分析和业务指标关联分
析（见图 12-4）。因此，需要针对不同的场景制定不同的数据消费和可视化方案。

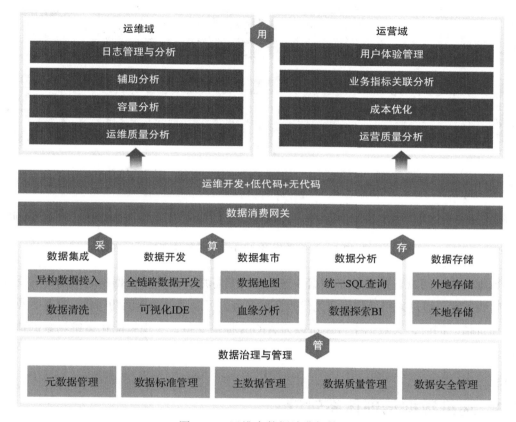

图 12-4　运维大数据消费架构

2）数据可视化的形式。数据可视化可以采用多种形式，如统计图表、地图、仪表盘
等。在选择可视化形式时，需要考虑数据类型、消费场景和受众群体等因素。例如，对于运
维人员，通常需要直观、明了的图表和仪表盘，而对于高层管理人员，则更关注数据的趋势
和洞见，需要较高层次的可视化方案。

3）数据消费的门槛。为了降低数据消费的门槛，可以采用低代码或无代码开发平台。
这些平台可以提供基础的数据可视化组件和模板，使开发人员可以快速构建数据消费和可视
化方案。此外，还可以通过 API 的方式将数据注册到数据消费网关，使其更易于被运维开
发框架调用。

4）智能化运维。随着 AIOps 技术的发展，智能化运维日益成为趋势。大数据平台可以

从支撑运维和运营场景的角度，提供大规模异构化数据的采集、接入、存储、分析和建模等能力，为 AIOps 场景的体系化建设提供坚实基础，如图 12-5 所示。

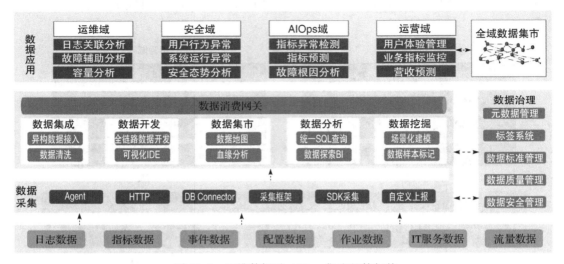

图 12-5　运维数据及 AIOps 集成整体架构

数据消费与可视化的设计是数据治理的最终目标之一，需要根据不同的场景和受众制定不同的方案。通过采用低代码或无代码开发平台，可以降低数据消费门槛，提高数据的利用率和价值。同时，大数据平台还可以为 AIOps 提供支持，实现智能化运维场景的体系化建设。

12.3　运维数据治理体系建设

12.3.1　运维数据治理的管理模式

为了持续保障数据质量和数据可消费，也就是确保数据产生价值，需要采用好的组织模式和管理办法。整个管理模式需要围绕组织架构、管理流程、技术平台、质量管理多个维度展开。

1）组织架构：建议采用三级组织架构。第一级是 IT 数据资产管理委员会，负责对整个运维数据治理进行统筹规划和决策。第二级是 IT 数据资产管理中心，负责具体的运维数据管理工作。第三级包括数据提供、开发和消费人员，他们需要具备运维数据分析和开发的能力，以便数据分析场景和消费场景可以联动起来。

2）管理流程：包括制定管理办法、管理流程、技术规范和模板。这些管理流程围绕数据标准、数据管控和数据应用几个领域来展开。例如，制定数据质量检核规则体系，从完整性、唯一性、有效性等维度，通过管理和技术手段实现数据质量的检核。

3）技术平台：需要在元数据管理、数据质量管理、主数据管理、数据安全管理和数据集成几个维度上开展整体运维数据管理技术手段建设。例如，元数据管理架构可以围绕技术元数据、业务元数据和管理元数据这 3 个维度进行数据标签和血缘分析。

4）质量管理：需要根据业务需求和数据特点制定合适的数据质量标准，明确数据准确性、完整性、一致性、及时性和合规性等方面的要求。接着，通过定期或实时对运维数据进行质量检测，结合自动化和人工检查的方式发现并及时解决数据质量问题。为提升数据质量，需要对检测到的数据质量问题进行根源分析，找出问题产生的原因，制定并实施相应的改进措施。同时，建立数据质量监控机制，对关键数据指标进行实时监控，以便及时发现和处理数据质量异常。最后，通过定期评估数据质量管理的效果，总结经验教训，调整和优化数据质量管理策略和方法，实现数据质量的持续改进。

12.3.2　运维数据治理的组织架构

运维数据治理组织架构的设置目的在于建立明确的企业数据治理组织架构与人员角色定义，明确某类数据的责任人，定义不同数据责任人的职责，对某一特定数据范围内的信息的正确性、一致性和及时性负责。

运维数据治理组织架构的设置遵循以下基本原则。

- ❑ 采用自上而下驱动和自下而上操作相结合的方法，充分调动企业组织人力。
- ❑ 组织架构复用原则：尽量使用企业现有的治理人员组织架构，新的组织架构通常成本高且需要较长的周期才能见效。
- ❑ 制定数据认责机制，以数据的产生方为数据责任主要认定依据。
- ❑ 企业业务部门和技术部门职责均衡、优势互补的原则。
- ❑ 组织架构在实践中通过持续调整、逐步完善的原则。
- ❑ 根据角色职责要求去选择合适的员工来承担，而不是根据现有员工的能力来设置角色职责。
- ❑ 数据治理考核原则：设定企业相应的考核机制，定期对数据治理的执行成果进行考核，必要时采取相应的奖惩措施。

12.3.3　运维数据治理的管理流程

运维数据的管理流程围绕主数据管理流程、数据质量管理流程、数据安全管理流程、数据消费管理流程来展开。

1）主数据管理流程：对需要共享的数据建立统一视图和集中管理，为各业务系统数据调用提供黄金数据。主数据管理流程的核心点在于主数据定义、数据来源分类以及数据血缘关系定义。

2）数据质量管理流程：数据质量管理以数据标准为数据检核依据，以元数据为数据检核对象。通过向导化、可视化等简易操作手段，将数据分析、质量审核与质量报告等工作环节进行流程整合，形成完整的数据质量管理闭环。数据质量管理流程的核心在于数据丢失、延时的处理机制和质量审核机制。

3）数据安全管理流程：数据安全管理贯穿于数据治理全过程，提供对数据的授权、角色分配、授权码申请、授权审批等多种数据安全管理措施，全方位保障数据的安全运作。数据安全管理流程的核心在于授权审批、安全检查管理流程机制。

4）数据消费管理流程：以低门槛的方式提供给运维和运营场景进行消费。数据消费管理流程的核心在于数据申请、消费通道开放、数据提供保障等。

运维数据治理组织架构 / 责任人体系由来自不同层级、业务、功能的人员共同组成，从上到下分为 4 个层次：决策层、战略层、战术层和操作层。

❑ 决策层：主要由企业高层管理人员组成，负责制定数据治理策略和目标，并对数据治理工作进行监督和评估。

❑ 战略层：主要由数据治理委员会、数据治理办公室和数据治理专家组成，负责制定数据治理规划、标准和流程，并对数据质量和安全进行监管和评估。

❑ 战术层：主要由业务部门和技术部门的中层管理人员组成，负责实施数据治理规划并协调业务和技术部门之间的沟通与协作。

❑ 操作层：主要由数据管理员、数据分析师、数据开发人员和运维人员组成，负责具体的数据管理和维护工作。

运维数据治理的管理流程和组织架构需要根据企业自身特点和需求进行设计和优化，以确保数据质量和安全，为企业的业务决策提供有力支持。

12.3.4 运维数据治理的技术平台

运维数据治理所需的技术平台应包含以下几个关键组件。

❑ 元数据管理工具：用于存储、管理和维护企业内所有数据的元数据。这包括技术元数据（如数据结构和数据类型等）、业务元数据（如数据定义和数据负责人等）和管理元数据（如数据质量规则和数据安全策略等）。元数据管理工具还需要提供数据血缘分析功能，以便追踪数据从源到目标的变化过程。

❑ 数据质量管理工具：用于检测、监控和报告数据质量问题。数据质量管理工具应提

供数据质量规则定义、数据质量检查执行和数据质量报告生成等功能，以确保数据
的完整性、唯一性和有效性。

❑ 主数据管理工具：用于维护企业内关键数据实体的单一、一致和准确视图。主数据
管理工具应提供主数据定义、主数据合并和主数据发布等功能，以便在不同业务系
统之间共享和利用主数据。

❑ 数据安全管理工具：用于保护企业内敏感数据的安全，防止数据泄露、篡改和损坏。
数据安全管理工具应提供数据分类、数据脱敏、数据加密和数据访问控制等功能，
以确保数据在存储、传输和使用过程中的安全。

❑ 数据集成工具：用于将不同来源的数据整合到一起，支持数据的抽取、转换和加载
（ETL）过程。数据集成工具应提供数据映射、数据转换和数据质量检查等功能，以
确保数据在整合过程中的正确性和一致性。

❑ 数据可视化和报告工具：用于展示企业内数据分析结果和数据质量报告，支持数据
的查询、统计和可视化等功能。数据可视化和报告工具应提供各种图表、报表和仪
表盘等展示形式，以便用户根据需要快速了解数据情况和数据质量状况。

这些技术平台组件需要根据企业的需求和预算进行选择和部署，可以采用单一厂商的
集成解决方案，也可以使用多个厂商的专项工具进行组合。关键在于为企业的运维数据治理
提供强大、灵活和可扩展的技术支持，确保数据质量和数据可消费。

12.3.5 运维数据治理的质量管理

为了建立有效的数据质量管理框架，需要做如下考虑：建立源系统协同变更管理流程，
确保在源系统变更过程中数据质量的稳定性和准确性；建立数据质量告警处理流程，及时发
现数据质量问题并采取措施进行处理；建立数据质量需求变更控制流程，确保数据质量需求
变更的可控性；建立数据质量问题处理流程，包括问题定位、根本原因分析、问题解决和问
题确认等环节；建立数据质量报告管理流程，将数据质量评估结果及时反馈给相关人员，推
动数据质量的改进和提升。

数据质量管理是一个循环管理过程，需要不断改进和提升。以下是一些经典的质量管
理理论，可以为建立数据质量管理框架提供参考：

1）PDCA 循环质量管理。PDCA 循环质量管理是一种经典的质量管理方法，包括计划、
执行、检查和改进 4 个阶段。在数据质量管理中，可以将其应用于制订数据质量计划、评估
数据质量、解决数据质量问题和持续改进数据质量等方面。

2）Six Sigma 质量管理。Six Sigma 质量管理是一种以减少缺陷数量为目标的质量管理
方法。在数据质量管理中，可以将其应用于识别、分析数据质量问题并采取措施解决问题，

以及跟踪数据质量改进的效果等方面。

3）质量成本管理。质量成本管理是一种通过分析和控制质量相关成本，提高企业的经济效益的质量管理方法。在数据质量管理中，可以将其应用于计算数据质量成本、制定数据质量改进方案，以及评估数据质量改进的经济效益等方面。

建立有效的数据质量管理框架需要考虑到组织架构、明确职责和建立流程等方面，并结合经典的质量管理理论进行实践。通过不断地循环管理和持续改进，提高数据的质量和价值，为企业的发展提供有力支持。

AIOps 建设思路与场景应用

本章介绍 AIOps 能力如何建设，包括 AIOps 概述、能力建设和实践场景。

13.1　AIOps 概述

13.1.1　AIOps 的基本概念

AIOps 是一种基于人工智能和大数据技术的运维管理方法。它旨在通过收集和分析运维数据，运用机器学习、算法等技术，提高运维效率和质量，包括运维决策、故障预测和问题分析等。AIOps 的根本价值在于，通过机器学习和算法来进行运维数据的挖掘，能够有效地帮助人们进行快速决策和止损。

AIOps 的实现需要借助机器学习和大数据技术。首先需要收集和整合各种运维数据，然后运用机器学习和算法等技术进行数据分析和挖掘，以获取有价值的运维信息。通过持续地优化和改进，AIOps 可以实现自动化和连续性的运维管理。

AIOps 的应用场景非常广泛，主要包括自动化运维、性能监测、事件关联等。在企业中，AIOps 的应用可以帮助企业实现数字化转型和业务创新，提高 IT 部门的运维效率和质量，从而提高企业的竞争力和市场份额。

AIOps 是一种颠覆传统运维管理的新体系，是运维的终极形态。在当前的数字化时代，AIOps 已经成为企业实现价值转型和业务创新的重要工具。

13.1.2　AIOps 的发展历程

IT 运维发展到如今的阶段有如下几个特征：

❏ 每个运维人员需要管理的 IT 设备和数据在成倍增长，IT 系统、网络和应用产生数据也呈现快速增长的趋势。

❏ 系统众多，且更改的频率增加，数据呈现出多样化的趋势。

❏ 技术不断更新迭代，全新架构层出不穷，在维护可观测性和参与性方面存在挑战。

❏ 运维故障排查困难，依赖专家经验，且责任界定困难，企业对排障时效性却越来越高。

❏ 运维团队需要在有限的运维预算成本下实现高效运维。

这些问题需要用系统不断地替代人工执行和决策，发展趋势如图 13-1 所示，所以智能化运维才是这些问题的解决方案，这也解释了智能化运维的市场关注度为什么非常高。尽管智能化运维是比较新的技术，在技术成熟度和产品形态上仍有非常大的提升空间，但其发展潜力是毋庸置疑的。

图 13-1　IT 运维发展趋势

回顾 AIOps 的历史，可以看到它从传统的监控工具演变而来。其后，众多企业监控平台纷纷提供 AIOps 功能和服务，打破了传统监控无法快速扩展、高精度监控与数据分析的瓶颈，为 IT 运维开启了一种新的智能化模式。

早期的 AIOps 系统只能进行一些简单的工作，如基于阈值的告警、自适应基线定义以及基于规则的优化。但是随着机器学习、深度学习等技术的进步，AIOps 系统已经得到进一步发展，现在已经可以进行一些更加复杂的工作，如时序预测、异常检测和自动根因分析。

AIOps 系统目前已经广泛应用于各种 IT 运维场景，包括应用程序性能管理（APM）、网络性能管理（NPM）、日志管理、安全事件和配置管理等。此外，AIOps 还可帮助企业实现故障诊断与排查、性能优化和资源优化等工作，从而降低系统维护的难度和复杂度。

13.1.3　AIOps 成熟度模型

在 AIOps 引入过程中，相应的成熟度模型可以帮助企业了解自身的 AIOps 能力，明确目标，并促进 AIOps 能力的优化和升级。当前，AIOps 能力的分级描述已经比较成熟，主要包括 5 个级别，如图 13-2 所示。

❑ 开始尝试应用 AI 能力，还无较成熟单点应用。

❑ 具备单场景的 AI 运维能力，初步形成供内部使用的模型。

❑ 有由多个单场景 AI 运维模块串联起来的流程化 AI 运维能力，可以对外提供可靠的运维 AI 模型。

❑ 主要运维场景均已实现流程化免干预 AI 运维能力，可以对外提供可靠的 AIOps 服务。

❑ 有核心中枢 AI，可以在成本、质量、效率之间从容调整，达到业务不同生命周期对 3 个方面不同指标要求，实现多目标下的最优或按需最优。

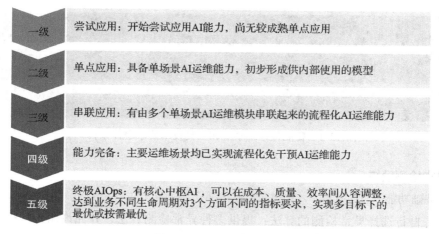

图 13-2　AIOps 能力分级

当前，基于《云计算智能化运维能力成熟度模型第 2 部分：系统和工具技术要求》的 AIOps 系统和工具技术评估已开放质量、成本、效率 3 个部分（图 13-3），包含异常检测、故障预测、告警收敛、根因分析、故障自愈、故障预防、容量预测、知识库构建 8 个模块。

其中，在质量领域的技术成熟度评估作为近些年来常用到的能力成熟度评估模块，包含以下内容。

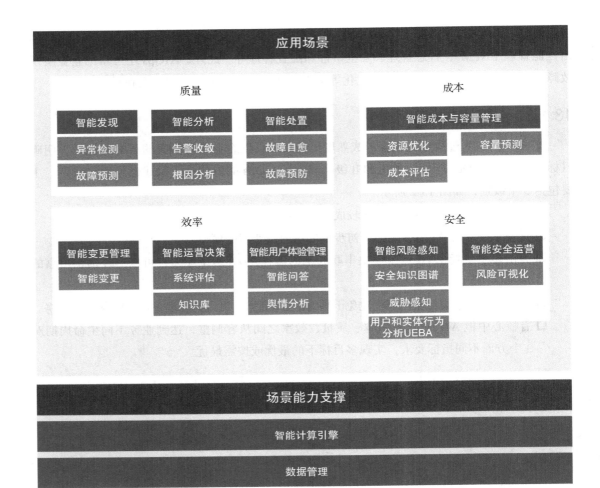

图 13-3 智能化运维系统和工具技术要求总体架构

1.异常检测领域

（1）基础功能

❑ 支持自行选择异常检测的算法：提供多种异常检测算法，并允许用户根据实际需求自行选择合适的算法。

❑ 提供异常检测算法参数的配置：允许用户根据实际需求调整异常检测算法的参数。

❑ 支持对离线运维指标的批量监测：允许用户一次性监测多个离线运维指标，以提高效率。

❑ 支持多种类型数据的异常检测：支持对多种类型数据进行异常检测，如时间序列数据、日志数据等。

❑ 支持对指标数据进行异常检测：通过对指标数据的分析，识别出异常数据点或异常模式。

❑ 支持对指标数据的特性异常的识别：通过对指标数据的分析，识别出特定的异常模式，如趋势异常、周期性异常等。

❑ 支持检测非周期性指标异常行为：对于非周期性的指标数据，能够识别出异常的行为。

❑ 支持根据多种类型历史数据进行模式识别：通过对历史数据的分析，识别出异常的模式，以更准确地进行异常检测。

❑ 支持无须经过长时间历史数据积累的数据异常检测：对于新数据的异常检测，能够不依赖于历史数据进行准确检测。

❑ 支持提取日志模板并支持自动识别日志中模式变化的异常：对于日志数据，能够自动提取日志模板，并根据模板变化识别出异常。

❑ 支持识别和提取常见的公有变量：对于日志数据中的公有变量，能够自动识别并提取。

❑ 支持对变量的异常检测：对于变量数据，能够识别出异常的变化。

❑ 支持对异常进行分级告警：对于不同级别的异常，能够进行不同方式的告警，以便用户及时处理。

❑ 提供异常上报及通知功能：对于异常，能够及时上报并通知相关人员。

❑ 支持对异常检测结果可视化展示：对于异常检测结果，能够进行可视化展示，以便用户更直观地了解异常情况。

（2）高级功能

❑ 支持通过规则或算法对虚假告警进行识别：对于虚假告警，能够通过规则或算法进行识别，以减少误报率。

❑ 支持多指标异常检测：对于多个指标数据，能够同时进行异常检测，并进行关联分析。

❑ 支持识别数据特征：对于数据特征，能够进行自动识别，并进行异常检测。

❑ 支持直接对调用链数据进行实时异常检测：对于调用链数据，能够直接进行实时异常检测，并进行快速响应。

❑ 支持异常检测模型对特殊日期的适配：对于特殊日期，如假期等，能够对异常检测模型进行适配，以提高准确性。

❑ 支持实时匹配日志模板发现异常并可检测到异常日志的重要告警属性：对于日志数据，能够实时匹配日志模板，发现异常并检测到异常日志的重要告警属性，以便及时处理异常情况。

❑ 支持自适应日志模板或包含多类型的规则模板库：对于日志模板，能够进行自适应，并支持包含多种类型的规则模板库，以适应不同的日志数据类型和异常检测需求。

2. 告警收敛领域

（1）基础功能

❑ 支持自动压缩相同或相似告警：对于相同或相似的告警，能够自动进行压缩，以减少冗余的告警信息。

❑ 支持对历史告警进行多维度分析：对于历史告警，能够进行多维度分析，以帮助用户进行问题排查。

❑ 提供告警的拓扑分布展示：对于告警，能够进行拓扑分布展示，以帮助用户了解告警的来源和影响范围。

❑ 支持告警数据按时间窗口聚合：对于告警数据，能够按照时间窗口进行聚合，以便用户更好地了解告警的趋势和规律。

❑ 支持基于告警关联规则的告警收敛：对于关联的告警，能够进行告警收敛，以减少冗余的告警信息。

❑ 提供告警收敛结果视图：对于告警收敛后的结果，能够进行视图展示，以便用户了解告警收敛的效果。

❑ 支持告警收敛参数配置：对于告警收敛的参数，能够进行配置，以满足用户的不同需求。

❑ 支持接入多源监控平台的告警事件：支持接入多个监控平台的告警事件，以便进行统一的告警管理。

❑ 支持告警数据格式的标准化处理：对于不同来源的告警数据，能够进行标准化处理，以便进行统一的告警管理。

❑ 支持设置收敛后的告警推送方式配置：对于收敛后的告警，能够根据用户需求进行推送方式的设置。

❑ 提供收敛后的告警区分功能：对于收敛后的告警，能够进行区分，以便用户更好地了解告警情况。

❑ 提供功能接口 /API：提供接口 /API，以便用户进行二次开发或集成其他系统。

（2）高级功能

❑ 支持基于调用链的故障收敛：对于调用链上的告警，能够进行故障收敛，以减少冗余的告警信息。

❑ 支持收敛算法参数自适应调整：对于收敛算法的参数，能够进行自适应调整，以便提高告警收敛的准确性。

❑ 支持告警收敛规则自学习：对于告警收敛规则，能够进行自学习，以便提高告警收敛的准确性。

3. 根因分析领域

（1）基础功能

❑ 支持提供多种手段来辅助进行根因分析：提供多种手段来辅助进行根因分析，以满足用户不同的需求。

❑ 支持多维指标的关联及下钻分析：支持多维指标的关联及下钻分析，以帮助用户进行深入的根因分析。

❑ 支持产生多个可能的根因：支持产生多个可能的根因，以便用户进行多方面的分析和比较。

❑ 支持对业务指标异常告警：支持对业务指标异常告警进行分析，以帮助用户确定根因。

❑ 支持对识别到的异常模式自动分类：支持对识别到的异常模式进行自动分类，以便更快地确定根因。

❑ 支持潜在故障传播关系的根因定位：支持潜在故障传播关系的根因定位，以帮助用户准确地确定根因。

❑ 支持日志、指标、告警数据关联分析：支持日志、指标、告警数据关联分析，以便进行综合分析和确定根因。

❑ 提供潜在故障传播关系的展示与更新功能：提供潜在故障传播关系的展示与更新功能，以便更好地定位根因。

❑ 支持对根因的影响范围进行分析：支持对根因的影响范围进行分析，以便更好地了解根因的影响。

❑ 支持根因定位结果的实时更新：支持根因定位结果的实时更新，以便更快地确定根因。

❑ 提供多层级指标的根因定位：提供多层级指标的根因定位，以便更深入地定位根因。

❑ 支持基于链路拓扑的根因定位：支持基于链路拓扑的根因定位，以便更准确地确定根因。

❑ 提供功能接口 /API：提供接口 /API，以便用户进行二次开发或集成其他系统。

（2）高级功能

❑ 支持根据人工标注的根因优化根因分析模型：支持根据人工标注的根因优化根因分析模型，以便提高根因分析的准确性。

❑ 支持通过智能算法实现潜在故障传播关系的挖掘：支持通过智能算法实现潜在故障

传播关系的挖掘，以便更准确地确定根因。

❑ 支持链路拓扑的自动发现：支持链路拓扑的自动发现，以便更快地确定根因。

13.2　AIOps 能力建设

13.2.1　AIOps 整体建设思路

已经具备较完善运维监控体系的企业通常会考虑开始建设 AIOps 能力。接下来，企业需要建立 AIOps 平台，收集和清洗所需数据，并根据实际运维痛点明确需要建设的 AIOps 场景。通过分析落地方案，逐步构建 AIOps 平台及场景，并建立持续学习和自动学习机制，以确保模型不断迭代，符合用户需求且达到全局最优解，最终将运维系统建设为企业数据中心运维大脑。

AIOps 建设可分为以下几个阶段。

1）数据准备：此阶段主要进行监控指标体系的建设，包括指标设计和采集方式的确定等。要考虑到未来运维中有哪些场景需要进行分析，从而规划需要采集哪些指标数据，并分析获取这些指标数据的途径。其中部分数据可能需要应用改造才能采集到。如果无法改造应用，则需要考虑从日志中提取相应指标。

2）平台搭建：在数据体系建立完成后，需进行数据存储和分析需求的汇总，以此为需求进行 AIOps 平台的搭建。根据数据准备阶段规划的数据需求，明确不同类型的数据需要采集多少、保存多久、采集时延、分析平滑等。在明确所有数据需求后，就可以进行平台的组件选择，以及存储容量和运算能力的规划。

3）场景明确：明确需要建设的 AIOps 场景，考虑数据支持、算法满足、处理能力、组织能力和人员技能是否匹配。更重要的是结合客户在业务和运维方面的实际问题和需求，优先投入资源到实际运维工作提升最突出的场景。确定场景和实施顺序计划后，实际着手进行后续工作。

4）场景实施：在数据准备工作完成后，可开始具体场景的开发，包括数据关联、展示界面开发、算法试用和调研、相关系统对接等。

5）生产上线：在完成基础功能验收后，将 AIOps 场景进行生产上线，对接到告警、ITSM 等系统中。为普通维护人员创建系统账户，将 AIOps 系统应用到实际工作中。若有相关 SOP 操作流程指导，在场景上线后需更新 SOP 操作流程，在标准流程中体现 AIOps 系统。

6）模型迭代：在场景实际上线后，根据各方面反馈优化模型。除人工收集意见外，系统中还需加入反馈功能。例如，运维人员可以评价 AIOps 产生的告警质量，通过反馈进行模型迭代或重新训练,确保模型与运维人员认知和预期相匹配。

　　7)自动建模:将模型特征工程、超参数调整等高难度优化工作自动化,自动求出全局最优解。降低 AIOps 建设的门槛,使运维工程师能够更轻松地参与其中。

13.2.2　AIOps 平台能力建设

　　俗话说:"工欲善其事,必先利其器。"我们要建立智能 IT 运维,首先必须创建一个方便的工具——AIOps 平台。AIOps 平台的主要功能是以一站式、低门槛和高效的方式,使运维人员和 AI 工程师能够构建和部署 AIOps 场景。

　　尽管目前还没有 AIOps 平台的标准化和普遍认可的产品形式,但在各大互联网公司和大型企业中,正在采取各种方法来构建这样的平台。该产品架构需要包括以下功能或模块:

- ❑ 数据采集:用户可以通过平台收集各种类型的数据,包括日志、指标、事件和配置数据,并通过简单的开发快速扩展新的收集目标。
- ❑ 数据清洗:平台应该能够对收集的数据执行清洗操作,包括过滤、分割、替换,并支持数据结构化或扁平化。
- ❑ 数据存储:平台应该提供各种类型的存储,以确保高可用性,并支持各种查询、计算和消费场景。
- ❑ 数据计算:平台应该支持实时和离线计算,并允许用户自定义计算逻辑。
- ❑ 数据探索:用户应该能够通过探索性分析探索样本数据,以促进更好的数据建模。
- ❑ 样本管理:平台应该帮助用户在模型创建过程中管理和配置样本数据,包括样本注释、训练集和验证集分割。
- ❑ 模型训练:平台应该为用户提供多个内置算法,并支持算法超参数的配置。
- ❑ 模型评估:平台应该评估训练好的模型,确定是否满足用户要求,并根据评估结果支持调整和重新训练。
- ❑ 模型部署:一旦构建出符合用户期望的模型,就可以部署供用户消费。
- ❑ 场景建模:对于简单、特定的场景,用户可以采用低门槛、简化的建模方法,快速解决实际问题。

　　总之,AIOps 平台架构从下到上分为 3 层:数据层、统一分析层和场景层,如图 13-4 所示。

1. 数据层

　　AIOps 数据的最终目标是让多个数据源实时地流入大数据平台。该平台应该能够对各种来源和类型的数据实现收集、分析和处理,并根据数据分析和处理结果自动触发警报、自动操作和工单系统。数据层的构建分为 3 个阶段。

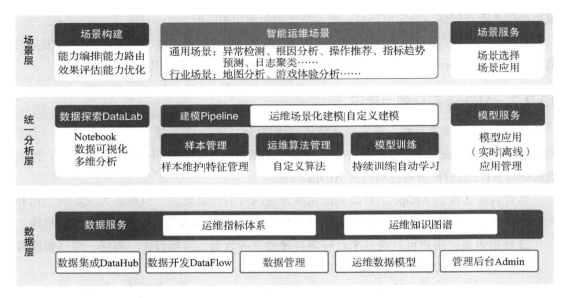

图 13-4　AIOps 平台架构

阶段 1：自定义数据

在这个阶段，用户可以自助访问数据，并定义数据使用。为了提高数据使用效率、便于数据查询和共享，我们应先建立一个数据仓库，包括数据映射、数据字典和数据质量等特性。

阶段 2：标准化数据

在这个阶段，应将已经建立的数据标准集成到平台中。用户访问的数据将根据设置的标准自动处理，确保最终输出的数据符合相同的标准和定义，实现统一数据品质、数据标准化和用户共享。

阶段 3：智能数据

在这个阶段，智能数据的构建可以开始了。知识图谱是 AIOps 数据构建的关键，支持根本原因分析、自动化决策和预测分析。知识图谱主要包括 3 个部分：实体、关系和属性。实体是指数据中的实际对象，如服务器、网络设备和应用程序等。关系是指实体之间的联系，如服务器和应用程序之间的关系。属性是指实体和关系的属性，如服务器的 IP 地址、应用程序的版本和网络设备的型号等。通过构建知识图谱，可以实现数据智能化和自动化分析。

2. 统一分析层

统一分析层是 AIOps 平台的核心部分，主要负责数据分析和机器学习模型的构建和训练。统一分析层的构建分为 4 个阶段。

阶段 1：数据分析

在这个阶段，用户可以使用各种数据分析工具和算法，如 SQL 查询、数据可视化、异常检测和时间序列分析等，来解决实际问题。

阶段 2：机器学习

在这个阶段，用户可以使用机器学习算法构建模型，如分类、回归和聚类等。机器学习模型可以用于预测、分类和异常检测等场景。

阶段 3：深度学习

在这个阶段，用户可以使用深度学习算法构建模型，如卷积神经网络、循环神经网络和生成对抗网络等。深度学习模型可以用于图像识别、自然语言处理和推荐系统等场景。

阶段 4：自动化运维

在这个阶段，用户可以使用机器学习和深度学习算法实现自动化运维，如故障自愈、容量规划和性能优化等。自动化运维可以大大提高运维效率和系统可用性。

3. 场景层

场景层是 AIOps 平台的最终目标，主要负责将统一分析层的功能应用到实际场景中，如故障自愈、自动扩容和性能优化等。场景层的构建分为 3 个阶段。

阶段 1：场景建模

在这个阶段，用户可以使用场景建模工具构建特定场景的模型，如故障自愈、自动扩容和性能优化等。场景建模工具应该具备低门槛、易用性和快速迭代等特性。

阶段 2：场景测试

在这个阶段，用户可以使用场景测试工具测试场景模型的性能、准确性和可用性等，以确保场景模型的稳定性和可靠性。

阶段 3：场景部署

在这个阶段，用户可以将场景模型部署到实际生产环境中，如故障自愈、自动扩容和性能优化等。场景部署应该具备高可用性、灵活性和易于管理等特性。

综上所述，AIOps 平台的构建需要包括数据层、统一分析层和场景层。通过构建 AIOps 平台，可以提高运维效率、降低成本和提高系统可用性。

13.2.3　AIOps 场景能力建设

AIOps 常见应用场景包括单指标异常检测、日志聚类、日志异常检测、根因分析和告警关联分析。这些场景给解决企业的运维难题带来的业务价值非常高。同时，AIOps 本身的目标在于 AI 的工程化落地，因此通常要遵循 AI 项目生命周期的定义目标与范围、数据相关工作、模型相关工作、部署调试相关工作。下面将逐步拆解 AIOps 实践工作流，讲解 AIOps 场景建设从规划到落地的路径。

（1）明确目标

在开始规划 AIOps 场景之前，务必明确 AIOps 的目标。这些目标可能包括提高故障检测速度、降低故障恢复时间、提高系统稳定性等。明确目标有助于为后续的规划和实施提供明确的方向。

（2）数据收集与整合

实现 AIOps 的关键在于收集和整合各种 IT 运维数据，如日志、性能指标、告警等。确保数据质量和完整性，为后续的分析和预测提供可靠的基础。数据收集和整合的关键步骤如下。

1）识别数据来源。明确需要收集的数据类型和来源，如服务器日志、网络设备性能指标等。

2）数据清洗。对收集到的数据进行预处理，去除噪声和无关信息，提高数据质量。

3）数据整合。将不同来源的数据整合到一个统一的数据平台，以便进行后续的分析和处理。

（3）选择合适的算法和技术

根据具体场景和需求，选择合适的机器学习和人工智能算法。以下是一些常见的 AIOps 技术和应用场景，以及相应的算法和技术示例。

1）异常检测：通过分析历史数据，识别系统中的异常行为，提前发现潜在问题。常用的算法和技术如下。

❏ Isolation Forest：一种基于树结构的无监督学习算法，能够有效地检测异常数据点。

❏ Autoencoder：一种神经网络结构，通过学习数据的低维表示来重构输入数据，从而识别异常数据。

❏ 时间序列分析：如 Holt-Winters 模型和 ARIMA 模型，用于分析时间序列数据中的异常波动。

2）根因分析：在发生故障时，快速定位问题根源，缩短故障恢复时间。常用的算法和技术如下。

❏ 贝叶斯网络：一种基于概率图模型的方法，用于表示变量之间的依赖关系，从而推断故障的根本原因。

❏ 关联规则挖掘：如 Apriori 算法，用于发现事件之间的关联关系，从而找到可能导致故障的关联事件。

❏ 决策树：如 CART 和 C4.5 算法，通过构建树形结构来表示故障和原因之间的关系，便于快速定位问题根源。

3）预测性维护：基于历史数据和趋势分析，预测系统可能出现的问题，提前进行维护和优化。常用的算法和技术如下。

❑ 回归分析：如线性回归和支持向量回归，用于预测系统性能指标的变化趋势。

❑ 随机森林：一种基于多个决策树的集成学习方法，用于预测系统可能出现的故障类型。

❑ 长短时记忆网络（LSTM）：一种循环神经网络结构，适用于处理时间序列数据，用于预测系统性能的未来变化。

（4）设计和优化工作流程

分析现有的 IT 运维流程，找出瓶颈和改进点，将 AIOps 技术融入工作流程中，提高运维效率和自动化程度。以下是一些建议。

❑ 优化告警管理：通过智能分析和过滤告警，减少误报和重复告警，提高运维人员的工作效率。

❑ 自动化故障处理：利用 AIOps 技术自动诊断和修复故障，减轻运维人员的工作负担。

❑ 持续优化：根据 AIOps 系统的分析结果，不断优化和调整 IT 基础设施，提高系统性能和稳定性。

（5）逐步实施和调整

采取渐进式的方法，从简单的场景开始实施 AIOps，逐步扩展到更复杂的场景。在实施过程中，根据实际效果和需求进行调整和优化。以下是一些建议。

❑ 制订实施计划：根据企业的实际情况和需求制订合理的 AIOps 实施计划。

❑ 选择合适的工具和平台：根据实施计划选择适合企业需求的 AIOps 工具和平台。

❑ 评估和调整：在实施过程中，定期评估 AIOps 系统的性能和效果，根据实际情况进行调整和优化。

（6）持续学习和改进

AIOps 系统需要不断学习和适应新的数据和场景，以保持其预测和分析能力。同时，定期评估系统性能，确保其始终满足业务需求。以下是一些建议。

❑ 持续监控：对 AIOps 系统进行持续监控，确保其正常运行和高效性能。

❑ 反馈和调整：根据运维人员的反馈和建议，对 AIOps 系统进行调整和优化。

❑ 培训和教育：为运维人员提供 AIOps 相关的培训和教育，提高其技能和知识水平。

遵循以上介绍的方法和步骤，可以系统地构建 AIOps 场景，从而提高 IT 运维效率和质量。

13.3 AIOps 实践场景

13.3.1 单指标异常检测

IT 运维领域要保障服务正常运行，通常做法是先将运维的对象监控起来，其中主要就是对运维对象的指标进行实时监控：通过设定的（算法）规则对指标进行实时检测，当某个指标值不符合设定的规则时，则判定为异常，然后发送相应的告警到告警平台；告警平台收到告警后，会分配给对应的运维人员进行处理，运维人员根据告警信息排查问题所在，最终定位故障的根本原因，并对故障进行修复。从以上流程可以看出，整个过程以告警为中心，所以告警的质量至关重要。如何保证指标类告警的质量？这就需要使用准确、有效的（算法）规则来对指标进行异常检测了。

指标异常检测面对的问题有以下两点：随着业务发展，系统和设备大规模增加导致需要监控的指标呈指数级增加；不同的系统和业务，其指标的形态千变万化，没有一种单一的方法可以覆盖所有指标的规律。

综上，要提高指标异常检测的效率和准确性，降低告警的误报率及漏报率，从而解决单指标异常检测的问题。

在探讨问题的解决方案之前，先简单介绍一下单指标异常检测的相关概念。

❑ 时间序列：一组按照时间发生先后顺序进行排列的数据点序列。时间序列的时间间隔为此时序数据的频率。

❑ 异常：在时间序列中，异常是指在一个或多个信号的模式发生意料之外的变化。

所以，单指标异常检测即对单个变量的时间序列数据进行异常发现的过程，图 13-5 展示了以机器温度数据做单指标异常检测的示例。在运维领域内，CPU、内存、硬盘等资源的使用量、网络流量等指标的异常检测都属于单指标异常检测。

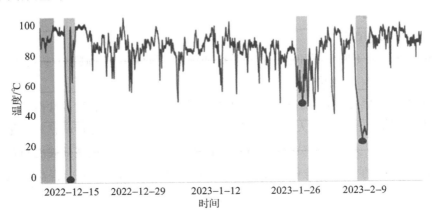

图 13-5 单指标异常检测示例

通过上面的内容，我们对单指标异常检测有了大致的了解，下面来讲述如何实现它。

1. 指标分类

首先要面对指标类型多样化的问题。时序数据的形态各异（图 13-6），如何通过一种有效的分类方式将时序数据分类呢？

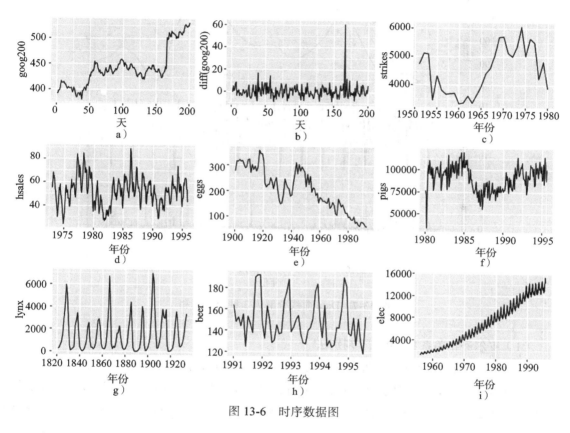

图 13-6 时序数据图

假设一条时间序列是由多种成分相加得来，那么它可以写为如下形式：

$$y(t) = S(t) + T(t) + R(t)$$

其中 $S(t)$、$T(t)$、$R(t)$ 分别是周期成分（Seasonal Component）、趋势成分（Trend-cycle Component）、残差成分（Remainder Component）。如图 13-7 所示，将原始时序数据 Data 通过 STL 分解为 3 种分量（Trend、Seasonal、Remainder）之和。此外，时间序列也可以写成相乘的形式（对于乘性模型，在有意义的前提下可以取对数，将其转化为加性模型）：

$$y(t) = S(t) \times T(t) \times R(t)$$

至此，我们的问题转变为：用什么方法判断曲线的类别（趋势型、季节型、波动型）？下面介绍常用的两种方式。

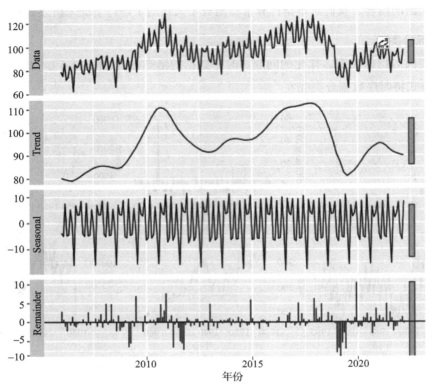

图 13-7　Data 曲线分解为 3 种分量之和

（1）皮尔逊相关系数（PCC）判别法

通过时序数据的分解算法将原始数据分解为 3 个分量，然后分别计算 3 个分量与原始数据的皮尔逊相关系数，取系数最大的分量作为曲线的类别（如最大系数差别较小，可划分此曲线同属 2 个类别）。分解法包括：经典分解法、X11 分解法、SEATS 分解法、STL 分解法等。

（2）依据人工设定阈值的判别法

❑ 是否是波动型：计算时序数据的标准差，并和设定好的阈值（人工经验）进行比较得出。

❑ 是否是趋势型：EWMA 平滑处理时序数据，然后通过一元线性回归拟合曲线，通过对 $y = kx + b$ 的 k 值与设定好的阈值进行比较，得出曲线是否是趋势型。

❑ 是否是季节型：对于非波动型数据，不做季节性判断；对于波动型数据，获取当天、上一天、上周的同一天数据，归一化处理后分别计算当天与另外两天的 MSE，取其中较小值与设定好的阈值进行比较，得出曲线是否是季节型。

2. 对应检测模型构建

针对庞大的指标数据规模问题，无监督算法相较于有监督算法、简单模型相较于复杂模型具有更明显的优势：节省人力、普适性强以及检测效率高。

图 13-8 展示了在对指标数据进行曲线分类后，适用的算法情况（不考虑有监督算法）。在实际应用过程中，通常会针对每种类型的指标采用 2 种及以上的算法进行异常检测，并对结果进行投票决策，以提高检测准确率（考虑到延迟，同比和环比算法都是相对于过去的某个时间范围，而非对应的时间点）。

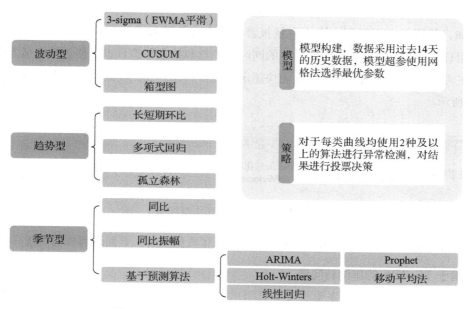

图 13-8　不同类型曲线与异常检测算法适配图

在运维中，发现故障是告警质量的决定性环节。指标异常检测作为运维故障发现、分析和处理流程的开始阶段，其准确性可以避免后续的大量工作。好的指标异常检测方法不仅可以显著提高告警质量，还可以减少运维人员对阈值设定的烦琐工作，对整体运维质量至关重要。

13.3.2　日志聚类

日志中包含软件系统的运行时状态和错误信息，是 AIOps 实践中常见的数据类型。随着系统日益复杂，大量异构日志可以通过日志聚类方法进行归类，快速理解日志全貌，便于问题定位和异常检测。

日志面临以下挑战：

❑ 数据量大。大规模系统每天产生海量日志，每小时可达 50GB（约 1200 万到 2000 万行）。

❑ 格式不统一。不同系统和设备的日志各异，用户定制的日志格式更加多变。

综上，日志信息量大、内容混乱，且格式难以统一，给运维人员的日常检查和故障排查带来困难。如果使用 AI 聚类算法将海量日志划分为几种模式，原来的千万条日志可以归为几十条代表性日志，方便运维人员高效查看和故障排查。

日志聚类通过计算日志文本间的相似度，将相似度高的日志聚合为一类，并提取共同模式。首先使用自然语言处理提取日志特征，然后利用日志文本的相似度进行聚类，挖掘日志模板。

例如，某服务在短时间内产生大量报警和日志，关键报错日志较少，易被其他日志淹没。使用日志聚类可以在产生大量日志的同时，汇总和抽象聚类日志，使运维人员发现异常日志与正常日志的"类别"差异，从而快速定位异常日志，找到问题。日志聚类算法流程如图 13-9 所示。

图 13-9 日志聚类算法流程图

通过上述说明，我们对日志聚类概念和应用有了大致了解。下面讲解如何实现日志聚类。

1. 基于 TF-IDF 的单词转向量

要想实现日志聚类，首先要将文本类型的日志转换成机器学习可以识别的"特征 + 数据"形式。目前有多种方法可以实现，这里选用的是常见且便于理解的 TF-IDF 方法。

TF-IDF（Term Frequency-Inverse Document Frequency）是一种用于信息检索与数据挖掘的常用加权技术，常用于挖掘文章中的关键词，而且算法简单、高效。

下面用截取的一段 Linux 日志（图 13-10）说明相关概念。

```
Jun 15 04:06:18 combo su(pam_unix)[21416]: session opened for user cyrus by (uid=0)
Jun 15 04:06:19 combo su(pam_unix)[21416]: session closed for user cyrus
Jun 15 04:06:20 combo logrotate: ALERT exited abnormally with [1]
Jun 15 04:12:42 combo su(pam_unix)[22644]: session opened for user news by (uid=0)
Jun 15 04:12:43 combo su(pam_unix)[22644]: session closed for user news
Jun 15 12:12:34 combo sshd(pam_unix)[23397]: check pass; user unknown
```

图 13-10 Linux 系统日志样例

❑ 分词：按空格将每行文本分开（实际处理还会有其他分词符号，这里仅作说明）。

- 词频（TF）：某个词在其行文本中出现的次数。如图 13-10 中的 combo 在每行日志的词频都等于 1。
- 逆文档频率（IDF）：总文本行数除以包含该词语的文本行数，取对数再加 1。如图 13-10 中的 combo 在第三行文本的逆文档频率等于 $\log(6/6) + 1$ 即 1。
- 词频—逆文档频率（TF-IDF）：词频 × 逆文档频率。如 combo 这个单词的 TF-IDF 值为 $1 \times 1 = 1$。

TF-IDF 与一个词在所有文本中的出现次数成正比，与该词在所有文本行出现次数成反比。所以，TF-IDF 可以表征一个词在整个文本中的重要程度——一个在所有文本中都出现的词通常不那么重要。

- 优点：简单易懂，计算效率高。
- 缺点：无法体现单词的上下文结构。

2. 降维

经过上面的分词和对每个单词的 TF-IDF 值计算，我们得到了标准的机器学习矩阵输入（以每个单词作为特征，以每行文本的每个单词在所有特征下的 TF-IDF 值作为数值），而所有不重复的单词构成了词向量空间。

对于海量日志而言，所有不重复单词的数量是极大的，这就会导致输入的矩阵维度极高，也极其稀疏，为了提高运算的效率和聚类的效果，在这一步我们需要对上面的高维矩阵进行降维操作，这里选择比较常用的 PCA（主成分分析）降维算法。下面简单介绍其原理。

为了将数据的维数从 n 维降到 k 维，我们按照散度（也就是数据的分散程度）降低的顺序对轴列表进行排序，然后取出前 k 项。

现在开始计算原始数据 $n \times n$ 维的散度值和协方差。根据协方差矩阵的定义，两个特征列的协方差矩阵计算公式如下：

$$\mathrm{cov}(X_i, X_j) = E[(X_i - \mu_i)(X_j - \mu_j)] = E[X_i, X_j] - \mu_i \mu_j$$

式中，μ_i 表示第 i 个特征的期望值，假定 X 是观测矩阵，则协方差矩阵如下：

$$\sum = E[(X - E[X])(X - E[X])^\mathrm{T}]$$

样本 X 的最大方差位于协方差矩阵的最大特征值对应的特征向量上，也就是说想要保留一个矩阵的最大信息，我们只需要保留该矩阵的最大特征值所对应的特征向量所组成的矩阵即可，这个过程就是降维。

因此，从数据中保留的主要成分就是与矩阵的顶部 k 最大特征值对应的特征向量。

降维一般具有以下好处：有助于数据可视化；缓解维度爆炸问题，改善模型训练效果；在压缩数据的同时让信息损失最小化；可以提高模型训练效率。

3. 聚类

经过上面的铺垫，日志的词向量矩阵变得更加好用了，接下来我们使用机器学习中的聚类算法对上面的矩阵进行聚类运算，并给每一类都打上标签，方便后续的汇总。这里聚类的算法选择比较有名的密度聚类算法 DBSCAN，其大致步骤如下：

1）输入样本集 D 和邻域参数。

2）初始化核心对象集合 $\Omega = \varnothing$，初始化类别 $k = 0$。

3）遍历 D 的元素，如果是核心对象，则将其加入核心对象集合 Ω 中。

4）如果核心对象集合 Ω 中元素都已经被访问，则算法结束，否则转入步骤 3。

5）在核心对象集合 Ω 中，随机选择一个未访问的核心对象 o，首先将 o 标记为已访问，然后将 o 标记类别 k，最后将 o 的 ε - 邻域中未访问的数据存放到种子集合 Seeds 中。

6）如果种子集合 Seeds $= \varnothing$，则当前聚类簇生成完毕，且 $k = k+1$，跳转到步骤 4。否则，从种子集合 Seeds 中挑选一个种子点 seed，首先将其标记为已访问、标记类别 k，然后判断 seed 是否为核心对象，如果是，则将 seed 中未访问的种子点加入种子集合中，跳转到步骤 5。

- ❑ 优点：能够找出不规则形状的类簇，并且聚类时不需要事先知道类簇的个数，聚类结果没有偏倚。
- ❑ 缺点：当输入矩阵的密度不均匀、类别间距相差很大时，效果不好；调参相对于传统的 K-Means 之类的聚类算法稍复杂。

通过日志聚类，我们可以将海量日志数据经过 AI 算法分成几类或几十类，运维人员也可以按照业务的实际情况调整聚类的精度，控制聚类的类别数量，大大加快了运维人员查看日志的效率。而一般的日志都会带有时间戳，我们还可以在日志聚类的基础上通过分析某类日志的数量变化情况实现异常检测和对系统的故障做出一定程度的定位。

13.3.3　日志异常检测

运维日志一般指的是计算机系统、设备、软件等在某种情况下记录的信息，而从运维人员所维护对象的所有信息来看，日志是一个非常重要的组成部分。它可以记录下系统产生的所有行为，并依照某种范式表达出来。我们可以使用日志所记录的信息为系统进行排错，实时洞察系统的变化，或者根据这些信息调整系统的行为等。但是随着软件系统的发展，面对繁多、复杂、非结构化的日志，人们如何从中获取有效的信息变成了一大难题。本节从 AIOps 的一个领域——日志异常检测，来探索如何有效地利用日志信息，帮助运维人员进行异常的检测与排查。日志异常检测流程如图 13-11 所示。

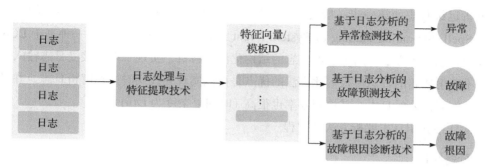

图 13-11　日志异常检测流程

一般地，日志异常检测会对系统进行在线日志收集与分析，并在系统日志中找到不符合预估行为的模式。其主要思路是从系统正常运行的日志数据中学习"健康"状态模型，故障探测过程通过寻找是否有与"健康"状态模型冲突的在线数据来判定异常。现有的基于日志数据的异常检测方法主要分为 3 类，其优缺点对比如表 13-1 所示，本书的方法与基于机器学习的方法相同，都是先基于分词特征划分出"健康"的日志模型，再去在线排查出"异常"的日志模式。

表 13-1　各类异常检测算法的优缺点

异常检测	适用日志类型	优点	缺点
基于图模型的异常检测	事务型日志	充分利用日志序列的上下文关系，构建请求执行逻辑图，具备强大的异常检测能力，能够有效细粒度地探测包括分支异常、性能异常等在内的多种类型的复杂系统异常	忽略了日志的文本特征和统计特征，特别是变量信息，无法探测日志中变量值变化表征的系统异常，同时，该方法对日志序列进行建模往往需要日志文本中包含一定的关联信息，具备一定的限制。另外，刻画系统多线程和并发的复杂情形十分困难，难以保障精度，需要大量的离线日志建模过程
基于概率分析的异常检测	事务型日志、操作型日志	执行效率很高，能够在线快速找到系统运行时的异常，不需要离线建模过程	仅仅关注日志数据在时间轴上的表征，对系统异常探测的范围和质量有限
基于机器学习的异常检测	事务型日志、操作型日志	关注于日志特征的处理和使用，屏蔽了日志的异构性，方法适用范围广，机器学习结果分析可以反映出与异常相关的关键特征，进而帮助理解系统行为	十分依赖日志数据特征的选取和质量，可能需要大量的标注日志数据用于离线的异常检测模型训练，异常检测的范围和质量受限，难以适用于复杂异构多变的大规模分布式系统

分析运维日志的第一步一般是日志解析，现在有很多日志解析工具，本节的方法基于论文"Spell: Streaming Parsing of System Event Logs"而实现，Spell 是一种基于 LCS 的在线流处理日志解析方法，用于事件日志的结构化流式解析，实现了动态接受日志输入并实时处理，不断生成新的日志模板。此方法的优点是可以实现在线实时动态解析日志，并且即使对于每条实时输入的日志，其检测效率也很高（时间复杂度为 $O(n)$）。

下面详细介绍日志解析方法的过程。

1. 预备知识

1）LCS：最长公共子序列，等价于求两个集合的交集。比如对于集合 {1,3,5,7,9} 和 {1,5,7,10}，它们的 LCS 就是 {1,5,7}。

2）token 序列：将日志按照分隔符解析成的一个单词列表。比如对于日志 TextView: visible is system.time.showampm，其 token 序列为 [TextView:,visible,is, system,time,showampm]。

2. 算法流程

1）初始化程序，首先定义一个日志对象 LCSObject，对象包括日志键 LCSseq 和行号列表 lineIds。LCSseq 表示一个序列，它是多个日志消息的 LCS（最长公共子序列），也是新日志的日志模板候选，在实现中用前缀树（PrefixTree）表示。lineIds 表示行索引列表，这些索引存储指向这个 LCSseq 的相应日志条目的行 id。此外，还需定义一个日志对象列表 LCSMap，用于保存每个日志对象。

2）输入 log 数据，按行读取（实现了流式）。对每一行日志，按照自定义的分隔符将日志解析成一组 token。

3）每读取一行日志就遍历 LCSMap，看列表中是否存在 LCSObject 和与它一样的 LCSseq（日志键），如果存在这样的 LCSObject，则将这个日志的 lineIds 添加到 LCSObject 的 lineIds。如果没有，则生成新的 LCSObject 到 LCSMap 中。在遍历 LCSMap 的过程中，对于每个 LCSObject，我们计算它与新日志 token 序列的 LCS，如果最长 LCS 的长度小于一个阈值（一般设置为新日志 token 序列长度的一半），我们认为新日志属于最长 LCS 的那个模板，并且将不同的 token 标记成 * 号，相同的 * 号合并成一个，并把新日志的行索引加入 lineIds 如果不满足阈值条件，我们认为新日志属于一个新的模板。

4）不断读取日志，直到结束，如图 13-12 所示。

3. 算法输入与输出

这里以 Linux 日志为例，将如图 13-13 所示的原始日志输入。

经过算法计算，输出如图 13-14 所示，第一列是日志的模板 ID，第二列是模板的形式，日志之间相同的部分用 * 号表示。

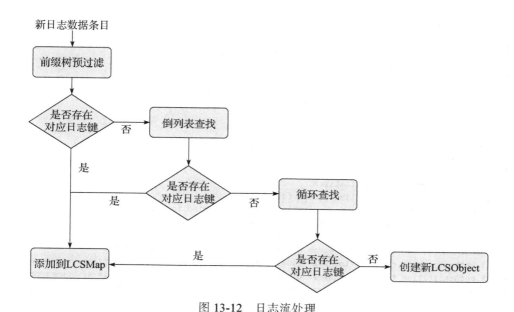

图 13-12　日志流处理

```
check pass; user unknown
authentication failure; logname= uid=0 euid=0 tty=NODEVssh ruser= rhost=218.188.2.4
check pass; user unknown
authentication failure; logname= uid=0 euid=0 tty=NODEVssh ruser= rhost=218.188.2.4
check pass; user unknown
authentication failure; logname= uid=0 euid=0 tty=NODEVssh ruser= rhost=218.188.2.4
check pass; user unknown
authentication failure; logname= uid=0 euid=0 tty=NODEVssh ruser= rhost=218.188.2.4
check pass; user unknown
check pass; user unknown
check pass; user unknown
authentication failure; logname= uid=0 euid=0 tty=NODEVssh ruser= rhost=218.188.2.4
check pass; user unknown
authentication failure; logname= uid=0 euid=0 tty=NODEVssh ruser= rhost=218.188.2.4
authentication failure; logname= uid=0 euid=0 tty=NODEVssh ruser= rhost=218.188.2.4
authentication failure; logname= uid=0 euid=0 tty=NODEVssh ruser= rhost=218.188.2.4
check pass; user unknown
authentication failure; logname= uid=0 euid=0 tty=NODEVssh ruser= rhost=218.188.2.4
check pass; user unknown
authentication failure; logname= uid=0 euid=0 tty=NODEVssh ruser= rhost=218.188.2.4
check pass; user unknown
authentication failure; logname= uid=0 euid=0 tty=NODEVssh ruser= rhost=218.188.2.4
```

图 13-13　Linux 日志

　　在经过上面算法的处理后，成千上万条日志归纳成了几十个模板，运维人员至此可以快速预览整体日志的情况，而免于淹没在海量日志的烦恼中。

```
LogId,LogTemplate
L1,*** info [mice.c(<*>)]:
L2,<*> HIGHMEM available.
L3,<*> LOWMEM available.
L4,ACPI disabled because your bios is from <*> and too old
L5,ACPI: ACPI tables contain no PCI IRQ routing entries
L6,ACPI: Interpreter disabled.
L7,ACPI: Subsystem revision <*>
L8,ALERT exited abnormally with [1]
L9,"ANONYMOUS FTP LOGIN FROM <*>, (anonymous)"
L10,apm: BIOS version <*>.<*> Flags <*> (Driver version <*>)
L11,audit(<*>.<*>:<*>): initialized
L12,audit: initializing netlink socket (disabled)
L13,Authentication failed from <*> (<*>): Permission denied in replay cache code
L14,Authentication failed from <*> (<*>): Software caused connection abort
L15,authentication failure; logname= uid=0 euid=0 tty=:0 ruser= rhost=
L16,authentication failure; logname= uid=0 euid=0 tty=NODEVssh ruser= rhost=<*>
L17,authentication failure; logname= uid=0 euid=0 tty=NODEVssh ruser= rhost=<*>  user=guest
L18,authentication failure; logname= uid=0 euid=0 tty=NODEVssh ruser= rhost=<*>  user=root
L19,authentication failure; logname= uid=0 euid=0 tty=NODEVssh ruser= rhost=<*>  user=test
L20,BIOS-e820: <*> - <*> (reserved)
L21,BIOS-e820: <*> - <*> (usable)
```

图 13-14　计算后的日志模板

基于这些日志模板，我们可以做哪些异常检测呢？一般的做法是先对系统长期无异常时间的日志进行解析，生成"健康"类型的模板，基于这些"健康"模板，我们可以对新产生的日志进行算法解析，当发现新日志不属于已解析的日志模板的一种，则发出告警，说明产生了异常的日志。由相关人员确认是否是异常日志，如果误报，则反馈给算法，将此日志生成新的"健康"模板。通过人员反馈，不断让算法学习，达到一个更好的效果。

监控每一类模板的数量变化，比如对于 B 类日志，它每天的日志新增量在 1 千条左右，如果某天其日志增量骤升或骤降，则发出告警，说明存在异常的情况。

监控每天日志增量的变化情况，纳入单指标异常检测算法进行判断。

针对具体的日志类型做特定的过滤后，再进行日志数量的监控。比如某类日志存在固定的字段（发送方、接收方），则可以先对特定的发送方 / 接收方进行一遍日志过滤，再监控此类日志的变化量。有针对性地对重点对象日志进行监控。

对某类模板的参数量（即模板中的 * 号表示的值）进行监控：

❏ 参数量是离散型数据（比如状态字段，只有几种情况），如果其占比发生变化（比如状态字段，在历史数据中成功与失败之比为 9∶1，某天变成了 5∶5），则判断日志发生异常。

❏ 参数量是连续型数据（比如传输时间，取值是可以连续变化的），如果其范围发生变化（比如传输时间一般都在 20 ～ 900ms 之间，而某日志参数值不在这个范围），则判断日志发生异常。

通过日志异常检测，我们不但可以根据实际情况自定义精度实现合理的模板生成，加快运维人员查看日志的效率，还可以通过上面介绍的方法对日志状态进行监控，及时发现异常，保障系统健康运行。

13.3.4　根因分析

一个调用链（trace）代表一个事务或流程在分布式系统中的完整执行过程。针对一个业务请求，调用链记录了由系统的全部服务调用与执行过程所组成的有向图，通常包括服务标识、调用关系、执行时间等信息。调用链是运维领域中的重要可观测数据之一，是目前在分布式系统运维过程中进行异常检测、根因定位等分析工作的依据。

基于调用链数据的根因定位和分析（Root Cause Analysis）即利用调用链数据诊断与系统故障相关的根因信息。目前在基于微服务等架构的复杂系统中，服务数量众多、服务之间通过调用相互关联，故障在关联服务之间产生涟漪效应，通过故障传播会使系统产生大范围异常，因而调用链数据中所包含的服务 / 接口 / 方法之间的调用关系可为故障根因分析及故障的修复和解决提供重要依据。调用链根因定位和分析的基本任务是针对业务故障基于调用链数据的分析和排查确定导致故障的根因，如故障类型、故障位置、故障组件等。

学术界针对根因定位和分析的评测指标比较多样，包括精确率（Precision）、召回率（Recall）、F1 值（F1 score）、Top-k 准确率（Top-k Accuracy，A@k，k=1, 2, 3…）、Top-k 召回率（Top-k Recall，R@k，k=1, 2, 3…）等，其中：

❑ Top-k 准确率指前 k 个预测结果中包含正确根因的概率，等于前 k 个预测结果中包含正确根因的故障数量占全部预测故障数量的比例，越大越好。

❑ Top-k 召回率指所有故障中前 k 个被正确预测根因的概率，等于前 k 个预测结果中包含正确根因的故障数量占全部实际故障数量的比例，越大越好。

分布式架构下的调用链数据具有如下特点：

1）调用链数据涉及多个层次且规模巨大。调用链中的对象涉及服务、主机、中间件、容器等多个层次，通常一个业务功能由几十个系统服务组成，这些系统服务由大量的主机 / 容器承载，与众多数据库、中间件及平台组件相关，涉及庞大的基础资源。

2）调用链数据具有复杂性和动态性。服务之间的调用依赖关系、相互影响日趋复杂，而且服务调用频繁变化和更新。

3）分布式系统的调用链数据获取难度加大，容易出现断链和错链的情况。

调用链数据所具有的上述特点给根因定位和分析带来难度，调用链根因定位和分析面临如下挑战：

1）业务故障数据稀少、调用链等可观测数据庞大，二者差距极大。

2）关系的复杂性以及断链和错链等数据的完整性、准确性问题极大影响根因分析的结果。

3）故障传播的链路往往很长，根因可能隐藏在深层次对象中。

4）根因分析和定位结果需具有解释性，以帮助专家实施正确的决策。

经过调研发现，调用链根因分析和定位利用调用链中包含的调用依赖关系数据进行故障根因的分析和定位，目前的典型学术解决思路主要包含两个部分：

1）建模调用依赖关系以描述异常传播。

2）基于调用依赖关系所刻画的异常传播结构，度量候选根因成为故障根因的可能性，并最终输出预测的根因。

进而按照根因度量的方式，现有工作主要可分为四大类方法：基于分类的根因定位方法、基于知识库匹配分析的根因定位方法、基于异常图分析的根因定位方法，以及其他方法。下面将分别梳理各类方法典型工作的输入数据、所针对的故障类型、得到的根因结果、方法描述，其中的典型工作除了包括调用链根因定位方法之外，还包括一些不以调用链为输入数据的根因定位方法，因为基于如指标等类型的数据也可以挖掘出调用依赖关系，进而相关的根因度量方法也可以借鉴到调用链根因定位工作中。

1. 基于分类的根因定位方法

该类方法将根因的度量看作一个二分类或多分类问题，通过在存量的根因类别（是否根因或特定类别故障的根因）标注数据上利用机器学习或深度学习模型进行分类器训练，得到一个根因类别识别模型，之后针对新出现的数据计算属于根因的概率，进而预测根因。该类方法属于监督类方法，优点是在标注数据量足够大的情况下效果较好，缺点是需要具备一定数据量的标注数据，因而受限于数据标注的高成本，该类方法通常实用性较低。具有代表性的工作如表 13-2 所示。

表 13-2 基于分类的根因定位方法

研究工作名称	输入数据	故障类型	根因结果	方法描述
2022：DejaVu-Actionable and Interpretable Fault Localization for Recurring Failures in Online Service Systems [DejaVu2022]	trace、部署关系、指标	反复发生的故障，如 CPU、内存、数据库、网络等	组件及指标	1）调用依赖关系建模。依赖图：节点为组件（服务、容器等），边为调用和部署关系，专家可定制 2）根因度量。节点二分类器

（续）

研究工作名称	输入数据	故障类型	根因结果	方法描述
2019: MEPFL: Latent Error Prediction and Fault Localization for Microservice Applications by Learning from System Trace Logs [MEPFL2019]	trace log	3 类微服务交互和运行环境相关故障：多实例故障、配置故障、异步交互故障	服务和故障类型	1）调用依赖关系建模。调用图：节点为服务，边为调用关系 2）根因度量。节点分类器
2022：AFETM: Adaptive Function Execution Trace Monitoring for Fault Diagnosis [AFETM2022]	组件内部的 trace	函数级故障，例如过程崩溃、资源死锁、输入输出接口错误	函数	1）调用依赖关系建模。调用树：节点为函数，边为调用关系 2）根因度量。节点分类器
2021: TraceModel: An Automatic Anomaly Detection and Root Cause Localization Framework for Microservice Systems [TraceModel2021]	trace	性能	服务和类型	1）调用依赖关系建模。 ● 部署图：节点为服务和物理主机，边为服务在物理主机上的部署关系 ● 服务依赖图：节点为用户请求所调用的服务，边为服务调用顺序关系 2）根因度量。节点分类器

2. 基于知识库匹配分析的根因定位方法

该类方法首先基于历史数据构建知识库，例如正常基准的调用路径库或故障路径库，然后将新出现的调用路径与知识库进行匹配并分析，进而给出根因预测结果，如表 13-3 所示。该类方法的优点是采用无监督的方式，在基准库、故障库较完备的情况下具有较高的可操作性，实用性和可解释性也较高；缺点是该类方法需以较完备知识库为前提，方法的效果受基准库、故障库等知识库的完备程度影响较大。

表 13-3　基于知识库匹配分析的根因定位方法

研究工作名称	输入数据	故障类型	根因结果	方法描述
2017：一种基于执行轨迹监测的微服务故障诊断方法 [FDMETM2017] 2020 Workflow-Aware Automatic Fault Diagnosis for Microservice-Based Applications With Statistics [WAFD2020]	trace、指标，如执行时间	结构故障和性能故障	方法	1）调用依赖关系建模。调用树：节点为方法，边为调用关系 2）根因度量。首先构建基准调用树库，然后基于结构匹配定位结构故障、基于成分分析定位性能故障
2019：A Real-time Trace-level Root-cause Diagnosis System in Alibaba Datacenters [RTRDS2019]	trace、指标，如请求大小、响应时间等	性能	trace 节点或边	1）调用依赖关系建模。调用图：节点为服务，边为调用关系 2）根因度量。首先基于图属性与离线维护的正常模式进行图匹配识别异常调用，然后基于回归的相关重要性分析计算根因相关度分数

（续）

研究工作名称	输入数据	故障类型	根因结果	方法描述
2020：An Anomaly Detection Algorithm for Microservice Architecture Based on Robust Principal Component Analysis [ADMA2020]	trace、指标、拓扑	网络故障，如耗时异常	容器或服务及相关指标	1）调用依赖关系建模。调用树：节点为服务，边为调用关系 2）根因度量。构建正常 trace 库、新 trace 与正常 trace 库匹配、主成分分析计算调用树中耗时序列的异常分数和节点的根因概率
2016：Failure Diagnosis for Distributed Systems using Targeted Fault Injection [FDDS2016]	trace，包括注入故障对应的 trace	非性能故障	trace 中的故障位置（主要是服务）、故障类型	1）调用依赖关系建模。处理流：按因果次序排列的系统事件的序列 2）根因度量。通过故障注入获得故障库；当新报故障，通过 trace 匹配（字符串编辑距离）预测故障及其位置
2021：TraceLingo: Trace representation and learning for performance issue iagnosis in cloud services [TraceLingo2021]	trace、指标	性能	span	1）调用依赖关系建模。trace 树：节点为 span，边为调用关系（Child-Sum Tree-LSTM 表示学习 trace 树中节点特征） 2）根因度量。首先计算待测 trace 与正常 trace 的相似度筛选异常 trace，然后计算 span 的 Attention 评分表征根因概率

3. 基于异常图分析的根因定位方法

（1）基于相关性匹配的根因定位方法

该类方法首先利用皮尔逊相关系数（Pearson Correlation Coefficient）等方法计算候选根因的指标与故障指标的相关度和相似性，以表征候选根因与故障的相关程度，值越大则成为根因的可能性越大。该类方法的优点是计算简单、高效、可较好地刻画单个服务 / 主机 / 容器的异常程度，具有较高的实用性；缺点是对于调用、因果、依赖等服务 / 主机 / 容器之间的关联关系表征不足，无法很好地在根因分析和定位中利用异常沿着关联关系传播的信息。具有代表性的工作如表 13-4 所示。

表 13-4　基于异常图分析的根因定位方法

研究工作名称	输入数据	故障类型	根因结果	方法描述
2021：MicroHECL: High-Efficient Root Cause Localization in Large-Scale Microservice Systems [MicroHECL2021]	服务调用监控数据、指标	可用性	服务和故障类型	1）调用依赖关系建模。属性图：节点为服务，边为调用关系，指标为属性 2）根因度量。基于皮尔逊相关系数计算初始异常服务的指标与候选根因的指标在变化趋势方面的相似性，表征根因概率

（续）

研究工作名称	输入数据	故障类型	根因结果	方法描述
2018: Microscope: Pinpoint performance issues with causal graphs in microservice environments [Microscope2018]	服务网络链接关系数据、服务 SLO 指标数据（仅用服务请求时间单指标）	性能	服务指标	1）调用依赖关系建模。有向无环因果图：节点为服务，边为服务之间的直接因果关系（链接关系） 2）根因度量。计算图节点指标与前端节点指标的皮尔逊相关系数，表征根因概率

（2）基于随机游走的根因定位方法

随机游走（Random Walk）算法是图论的重要算法之一，实现了对图数据结构上节点的一种随机化遍历过程，属于无监督算法，其典型应用是 PageRank 算法，在随机游走过程中实现了图结构上节点的权重值计算。

基于随机游走的根因定位方法利用随机游走算法在带有异常权重值的调用图、因果图或依赖图上实现异常传播，进而计算图节点的根因概率分数的排序。该类方法的优点是实用性较高，可利用调用、因果、依赖等关联关系，进而更好地刻画异常的传播，但通常需要单个服务 / 主机 / 容器等节点的异常程度已经得到较好的表征，才能显现出方法的优越性。此类方法一般通过经验设定、异常检测等方式确定节点的异常表征。具有代表性的工作如表 13-5 所示。

表 13-5　基于随机游走的根因定位方法

研究工作名称	输入数据	故障类型	根因结果	方法描述
2021: Groot- An Event-graph-based Approach for Root cause analysis in industrial settings [Groot2021]	trace、日志、指标等	未限制，如业务、服务相关故障	事件及相关信息	1）调用依赖关系建模。 ● 依赖图：节点为服务、容器和节点，边为依赖关系 ● 因果图：节点为事件，边为因果影响关系 2）根因度量。节点上权重值依据经验设定；基于 pagerank 实现异常传播、结合访问距离和历史根因频率计算根因概率分数
2022: Graph-Based Root Cause Localization in Microservice Systems with Protection Mechanisms [GBRCL2022]	trace、指标	未限制，如应用、网络、CPU 相关故障	服务	1）调用依赖关系建模。属性图：节点为服务，边为调用关系，指标为属性 2）根因度量：节点上权重值依据指标异常检测设定；基于 pagerank 进行计算根因概率分数

（3）基于相关性匹配与随机游走相结合的根因定位方法

基于相关性匹配与随机游走相结合的根因定位方法发挥了相关性匹配与随机游走的优势，

先在调用图、因果图或依赖图上基于皮尔逊相关系数等方法计算节点与故障的相关度和相似性，初步度量根因的可能性，再以该可能性为依据在图上执行随机游走进行异常传播。在该过程中，计算根因的最终概率分数的排序，最后输出根因预测结果。具有代表性的工作如表 13-6 所示。

表 13-6　基于相关性匹配与随机游走相结合的根因定位方法

研究工作名称	输入数据	故障类型	根因结果	方法描述
2020：MicroRCA: Root Cause Localization of Performance Issues in Microservices [MicroRCA2020]	应用和系统层指标，尤其是服务间的响应时间	性能	服务	1）调用依赖关系建模。属性图：节点为服务和主机，边为服务请求关系和服务—宿主机部署关系 2）根因度量。首先基于皮尔逊相关系数计算链接节点间的相似度，进而计算服务的异常分数；然后基于个性化 PageRank 实施异常传播、计算根因概率分数
2021：TraceRank: Abnormal service localization with disaggregated end-to-end tracing data in cloud native systems [TraceRank2021]	trace、指标，如延迟、处理时间等	局部和间歇性故障，例如只有部分流量有问题	服务	1）调用依赖关系建模。依赖图：节点为服务，边为调用关系 2）根因度量。首先基于皮尔逊相关系数计算与前端节点的相似性；然后基于 PageRank 计算根因概率粗排分数、谱分析基于 trace 覆盖度计算根因概率精排分数
2021：MicroDiag: Fine-grained Performance Diagnosis for Microservice Systems [MicroDiag2021]	应用和系统层指标，尤其是服务间的响应时间	性能	组件及指标	1）调用依赖关系建模。 ● 依赖图：节点为服务、容器和主机，边为服务请求关系和服务—容器、容器—宿主机部署关系 ● 因果图：节点为指标，边为因果影响关系 2）根因度量。首先基于皮尔逊相关系数计算指标间的相关性系数以表征异常传播概率，然后基于 PageRank 进行根因指标排序
2018：Root cause analysis of anomalies of multi-tier services in public clouds [RCAAM2018]	指标	性能	虚拟机	1）调用依赖关系建模。 ● 虚拟机通信图：节点为一次请求用到的虚拟机，边为虚拟机间调用关系 ● 异常传播图：节点为虚拟机，边为虚拟机依赖关系和服务调用关系 2）根因度量。首先计算异常传播图节点指标（资源利用率、响应时间）与用户请求指标的皮尔逊相关系数及相似度，然后基于随机游走实现异常传播过程，以随机访问次数表征根因概率

13.3.5　告警关联分析

近年来，互联网技术的高速发展使得接入监控告警的设备和业务不断增多，告警数量也随之递增。各种软硬件模块每天产生大量告警信息，其中包括表象告警、冗余告警和根因告警。故障发生时，错综复杂的告警信息往往会掩盖根因告警，使得故障识别变得异常困难。通常，告警分析主要依赖运维人员处理，他们需要在最短时间内正确判断告警之间的关联性，并根据经验采取相应措施。告警关联分析旨在分析告警之间的关联规则，通常有以下两种方式。

1）传统的规则关联：以网络告警关联为例，通常是通过网管专家梳理告警关联规则后，再对一系列告警进行关联规则匹配。然而，由于网络的复杂性、设备变化的高频性和网元连接经常变化等特点，人工经验建立的关联关系存在规则覆盖不全，不能适应网络变化等问题。

2）基于机器学习的告警关联：通过算法从大量的、低价值密度、有噪声的数据中提取有价值的告警关联信息，动态地获取事件的关联关系，辅助运维人员决策。

值得注意的是，告警并不等于故障。故障和告警是运维场景中两个不同的概念。故障是网络运行中的异常状态，需要维护人员及时处理。告警是网络设备发生特定事件后的通报，表明可能有故障发生，但并不一定有故障。故障发生后会引发一系列告警，一个故障还可能引发其他故障，从而引起告警风暴。告警通常分为以下几类。

❑ 表象告警：故障造成的结果告警，往往看不出根源，需要运维人员进行进一步分析。

❑ 冗余告警：同一告警在某一时间段内的重复告警，或者一些不重要的周期性告警。

❑ 根因告警：通常是造成故障的原因的告警。

❑ 波动告警：因指标波动造成的一类告警，通常不涉及故障的发生。

告警关联分析是对一次故障中产生的一系列告警进行压缩和根因识别的手段。其目的是对故障根因进行准确定位，提升故障处理效率，并对冗余告警进行压缩，减少故障工单派发量，从而减轻运维人员的故障处理负担。

基于机器学习的告警关联分析的一般做法如下：

❑ 基于告警事件的特点对历史告警数据进行预处理，生成告警事务数据。

❑ 选择合适的告警关联分析算法，对告警事务数据进行训练，通过对模型的参数调优，生成告警关联规则并得到关联规则库。

❑ 在推理阶段，将需要推理的告警通过预处理后与关联规则库中告警关联规则进行匹配，确定根因告警。

告警数据具有以下特点。

□ 属性多：一条告警可能有多达十个甚至几十个字段，其中很多与告警关联并没有重要联系。

□ 时间不同步：不同告警设备可能未同步时间，同步时间后时钟同步程序故障也会造成时钟不统一的问题。

□ 不完整性：人为或网络设备自身的原因可能导致上报的告警数据不完整，另外由于备故障或链路中断等故障，也会导致告警可能没有完整上报。

□ 冗余性：故障发生时，多个设备可能产生同一种告警，引起的连锁故障也会造成一系列告警，最终形成告警风暴，很多表象告警会导致根源告警不能被及时发现。

综上，告警数据的处理步骤具体如下。

1）数据预处理。

□ 提取对告警关联分析有重要作用的关键字段。

□ 剔除部分次要级别的告警以及同一时间段重复类型的告警。

□ 去除告警时间明显异常的告警。

2）告警事件提取。告警事件是指每次故障事件所产生的一系列告警的集合。这是算法输入的必要形式。通常采用滑动时间窗的方式生成告警事件。滑动时间窗步长的取值可以根据告警的实际情况按告警事件的时间分布，取 90 分位数。告警事件的质量和数量与滑动窗口宽度和步长的设置密切相关，而告警事件作为算法的输入则对算法的效果起重要的作用。以图 13-15 为例，A、B、C、D、E 为告警数据，滑动窗口宽度为 12，步长为 7，通过 3 个滑动窗口分别得到了 3 个告警事件：T1、T2、T3。

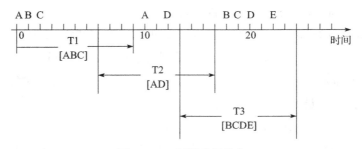

图 13-15　告警时间分布

3）告警权重评估。一般来说，重要的告警发生频率较低，而不重要的告警发生频率较高。因此，在进行告警关联分析时，不能将告警视为平等的对象，需要对重要性不同的告警设置不同的权重。这里按照告警级别、告警节点重要程度对告警进行加权求和。当然，该方法具有较强的主观性，需要结合人工经验进行设定。

4）告警拓扑分布。在进行告警事务提取时，不仅需要考虑时间因素，还需要考虑空间或网络拓扑的限制条件。例如，根据地域或子网范围等，同一地域 / 范围内的告警才可能是一类告警事件。此类过滤可以使后续关联分析结果更加准确，但同时也会增加算法的复杂度。

5）告警关系挖掘。我们采用的是主流的无序关联分析算法 FP-Growth。该算法的作用是找到项集数据中的频繁项，并生成关联规则。与 Apriori 算法相比，具有更高的效率。项集是指同时出现的一组项目的集合。在告警关联分析中，一个告警事件可以看作一个项集。项集的频率就是支持度。项集 A 的支持度与项集 B 的支持度的比值称为置信度，它定义了关联规则的可靠程度。提升度能够反映关联规则的相关性程度。提升度大于 1 表示正相关，越大表示正相关性程度越高；提升度小于 1 表示负相关，越小负相关度程度越高；提升度等于 1 表示不相关。

- ❏ 支持度：$(X \rightarrow Y) = P(X,Y) / P(I) = P(X \cup Y) / P(I) = \text{num}(X \cup Y) / \text{num}(I)$
- ❏ 置信度：$(X \rightarrow Y) = P(Y|X) = P(X,Y) / P(X) = P(X \cup Y) / P(X)$
- ❏ 提升度：$(X \rightarrow Y) = P(Y|X) / P(Y)$

6）离线挖掘关联关系。当我们将历史告警事件输入算法后，按照这 3 个指标进行关联关系的过滤，最终形成一个强相关的图（图 13-16）。再通过社区发现算法（如 Louvain、LPA、Infomap 等）将关联图划分为不同社区。

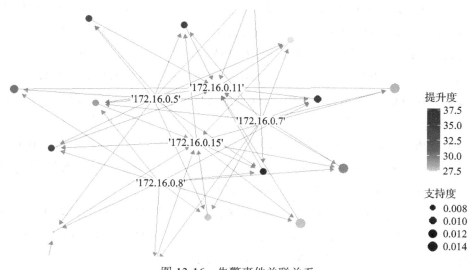

图 13-16　告警事件关联关系

7）在线推断压缩告警。我们同样将待推断的告警生成告警事件，通过 PageRank 方法来计算各个告警的得分，推断出此告警事件的根因告警。通过遍历与每个社区告警事件的相似度，将此类告警划入社区，实现告警压缩。在线推断流程如图 13-17 所示。

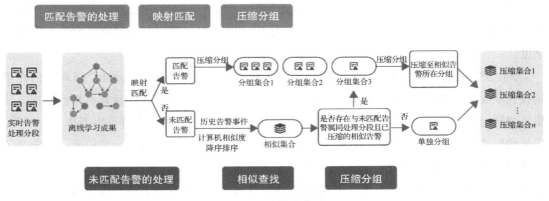

图 13-17   在线推断流程

告警来源的设备非常复杂，每天都可能产生大量的告警，其中既有根源告警，又有表象告警。通过基于 AIOps 的告警关联分析对告警进行关系挖掘，可以帮助运维人员对告警进行压缩并快速定位根因。这对于故障的排查和管理具有非常重要的意义。

13.4   AIOps 未来展望

随着现代 IT 环境的日益复杂化、分散化和动态化，AIOps 技术在 IT 运维领域的应用范围越来越广泛。根据 Gartner 的 IT 运营技术成熟度研究报告，AIOps 从 2019 年的创新触发阶段进入通胀预期阶段。受数字化业务转型及从被动应对问题过渡到主动解决问题两方面影响，Gartner 预测，从 2020 年到 2025 年，AIOps 市场规模复合年增长率约为 15%。到 2024年，30% 的企业将依靠 IT 运营平台中的 AI 来推动与业务相关的决策。因此，对于 IT 决策者在制定 AIOps 战略规划时需关注未来发展趋势，以适应不断变化的市场环境。

AIOps 成功应用的关键在于跨领域协作、解释性和持续学习。具体而言，AIOps 需要将来自不同来源和领域的数据进行集成，以便更好地满足企业需求。通过实现对不同系统的监控、预测、自动化、自我修复等功能，有效提高 IT 运维效率。

AIOps 技术将逐步从 IT 监控向自动化领域扩展，实现对网络安全、DevOps 团队的全方位支持。借助 AIOps 对动态拓扑数据的分析和关联，IT 团队可以推断出问题的根因，进行根因分析，从而大大降低错误处理和故障查找的成本。

与此同时，越来越多的供应商也加入 AIOps 市场的竞争中，为企业提供各具特色的解决方案。在这样的大环境下，IT 领导者在选择合适的 AIOps 产品时需慎重评估供应商的实力和理念，并结合企业现有运维需求制定合理的 AIOps 实施方案。

　　展望未来，AIOps 还有望实现自主解决系统中发现问题的自我修复能力，并提供自动降低故障影响范围的功能。此外，借助大数据技术和机器学习算法，AIOps 可以通过积累来自所有客户的监控数据，为企业提供集体智慧，发掘潜在的趋势和见解。

　　AIOps 技术在 2021 年及以后的稳步发展过程中，IT 团队需要不断完善技术应用，确保 AIOps 走在提高 IT 运维效率和应对日益复杂环境的前列。在未来的竞争中，能够更好地利用 AIOps 技术的企业将具有更大的竞争优势。

Chapter 14 第 14 章

业务连续性保障能力建设

随着企业飞速发展，各个业务经营管理对 IT 系统的依赖性越来越高，对数据处理的高可靠性和高可用性要求也越来越高。IT 系统的短暂故障会导致业务服务中断，给企业带来巨大的经济损失。因此，需要通过建设 IT 应急管理能力、重保服务能力和护网服务能力，保障企业业务连续性。

14.1 IT 应急管理能力建设

14.1.1 IT 应急管理的相关理论

运维的核心职责是保障业务系统正常运转，但故障又无法完全避免，那么，如何做好故障的预防、及时发现、快速分析、定位和恢复，成为运维提升应急管理能力、增强运维保障能力的关键问题。

业界 IT 应急管理的相关理论在多个权威文件中有体现，包括业务连续性管理、可用性管理、服务连续性管理、事件管理、应急事件处理等。这些理论的简要内容及与 IT 应急管理的关系如下。

（1）业务连续性管理

银保监的《商业银行业务连续性监管指引》中对业务连续性管理进行了定义，业务连续性管理是指商业银行为有效应对重要业务运营中断事件，建设应急响应、恢复机制和管理能力框架，保障重要业务持续运营的一整套管理过程，包括策略、组织架构、方法、标准和程序。

其中提到了对应急相关的要求，如企业或机构应当建立应急响应机制、应急处置组织架构、应急预案，业务条线部门负责业务条线重要业务应急响应与恢复，信息科技部门负责信息技术应急响应与恢复，等等。

从上述内容可以看出，业务连续性不仅仅包括 IT 层面的应急，还包括业务的应急，场地、人员的应急；而 IT 应急管理是为了更好地实现信息系统的业务连续性保障。

（2）可用性管理

可用性管理通常是通过实现主动的对策和减少不需要的事件的可能性来发现和消除单点故障，目的是确保服务达到约定的可用性级别，以满足客户和用户的需求。可用性是 IT 服务或其他配置项在需要时执行其约定功能的能力。在产品的计划和设计过程中，可用性管理极为重要，在此阶段做出的决定将影响可用性的级别和相关约束，以及组织监控和管理等方面的能力。

可用性管理主要是保证服务的可用性能力，主要用于产品的设计和规划阶段，强调的是对一般事件的免疫能力，而不是事件发生后的动作能力；在 IT 应急管理中，持续改进部分可以触发可用性管理相关实践。

（3）服务连续性管理

服务连续性管理的目的是确保灾难发生时，服务的可用性和性能能够保持在足够的水平。该实践中提供了一个框架机制，利用产生有效响应的能力来构建组织的弹性能力，以保障关键利益相关者的利益，以及组织的声誉、品牌和创造价值的活动等。对外部服务提供商来说，服务连续性管理等同于业务连续性管理。对内部服务提供商来说，服务连续性管理的主要目的是通过管理可能影响 IT 服务的风险来确保服务提供者能够始终提供相关的议定服务级别，从而支持整个业务连续性管理实践。服务连续性管理的范围仅限于运营风险，侧重于应对各类破坏性事件。

综上，可以看出服务连续性管理强调的是灾难的处理，对运营风险的处理与业务连续性管理非常接近，与 IT 应急管理相比，服务连续性管理不包括对一些等级较低的事件的应急管理。

（4）事件管理

事件管理的目的是尽快恢复正常的服务运作，以尽量减少事件的负面影响。主要通过两个手段来实现这一目的：早期的事件检测和快速恢复正常运行的运维能力。

事件管理与服务连续性管理非常相似。但是，事件管理专注于不会威胁组织的故障，而服务连续性管理专注于可能会阻碍组织恢复服务交付的高影响故障。

当服务连续性计划到位并与事件管理活动分开管理时，应该有一个清晰的标准来触发服务连续性程序。在评估事件的业务影响时，支持人员应确定重大事件是否可能导致灾难，并通知危机管理组，以便他们能够做出相关是否启用的决定。

与 IT 应急管理相比，事件管理关注不会阻碍组织交付的高影响事件，包含发现、解决和改进管理等方面；但是缺少组织的协同和事件的应急演练，没有着重强调预案的重要性等。而在 IT 应急管理的实践中，应急组织协同、预案、演练等都是其重要的一环。

（5）应急事件处理

应急事件处理参考了 SRE 的理论和做法，具体如图 14-1 所示。

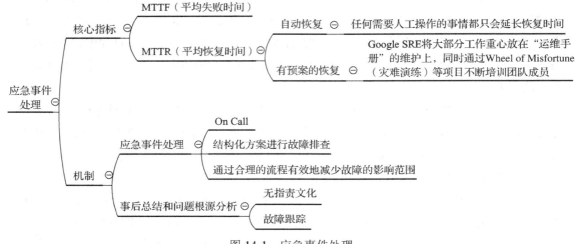

图 14-1　应急事件处理

SRE 实践方面包含事件和灾难的处理，也强调操作手册、应急流程、事后总结、故障管理、On Call 机制等。SRE 实践比较符合人们对信息系统应急的理解，但是整体来看，在制度、人员培训等事前管理方面还稍有不足。

（6）IT 应急管理

IT 应急管理是指为面向影响信息系统连续运行的事件，在规定时间内启动应急预案及应急组织架构来恢复服务的一系列行为，涵盖生产、测试、研发等各个环节。企业或机构为了实现更为精细化的应急管理，又将 IT 应急管理划分为灾备应急和事件应急。

IT 应急管理与各相关理论之间的关系如图 14-2 所示。

❑ 可用性管理可降低事件管理和业务连续性管理的成本（降低事件发生概率，减少业务影响，提高恢复效率）。

❑ IT 应急管理是事件应急和灾备应急的总和。

❑ 在事件管理中，重大事件才涉及应急处理（启动应急机制），一般事件按照常规流程处理。

❑ 在服务连续性管理中，与 IT 相关的灾难事件要启动灾难事件应急机制（如启动灾备
环境来恢复业务服务）。

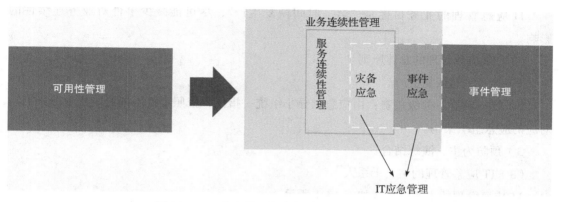

图 14-2　IT 应急管理与各相关理论之间的关系

14.1.2　IT 应急管理能力建设的挑战

1）IT 应急管理体系亟待完善。随着企业或机构对业务的连续性要求的提高，对 IT 应急管理组织间的信息协同、人员组织、流程评审等管理要求也越来越高，健全并完善 IT 应急管理体系、组织架构是 IT 应急管理中重要的一环。

2）IT 应急运维操作纷繁复杂。随着信息系统的不断发展与进步，现代信息系统也越来越复杂，运维人员对 IT 应急的管理运维越来越力不从心，如缺失统一的管理平台等。

3）IT 应急管理落地效果无法保障。虽然很多银行已建立了灾备中心，但是业务分类分级机制和差异化的业务恢复目标还不十分明确，部分银行灾备中心只停留在核心账务数据保护的层面，一旦发生灾难，很难实现重要交易渠道的恢复、重要客户及交易数据的恢复。另外，灾备中心虽然已经建设完成，但灾备切换演练未能真正贴近实战，灾备人员配备、系统演练有效性验证等方面存在不足。

4）IT 应急管理安全急需保障。在信息化方面，网络安全攻击、漏洞都可能对信息系统造成严重损害；在自然环境方面，自然灾害、疾病流行等不可预知的因素频繁出现，对系统快速具备远程操作、数据安全等能力有了更大的要求，如何更有效地应对这些灾难已经成为信息系统应急的重要挑战。

5）IT 应急管理工具平台无法有效支撑应急体系需求。企业应急管理体系、应急预案、切换平台等无法形成有效的联动模式，如何有效打通应急各环境并形成有效的应急管理能力将面临较大的挑战。

14.1.3　IT 应急管理的业务架构设计

（1）IT 应急管理的业务目标

IT 应急管理的业务目标是"第一时间恢复生产"，尽可能减少事件对业务连续性的影响。

（2）IT 应急管理的总体原则

1）第一时间恢复生产。

2）统一领导、分级负责：由应急领导小组统一指挥，按照事件不同影响程度分别启动对应的应急组织架构。

3）预防为主、演练结合。

（3）IT 应急管理的主要干系人

IT 应急管理的主要干系人如表 14-1 所示。

表 14-1　IT 应急管理的主要干系人

主要干系人	价值主张
监管	提高业务连续性管理能力，促进商业银行有效履行社会责任，维护公众信心和银行业务正常的运营秩序
企业/机构	有效应对各种紧急情况，快速恢复对外服务，保障信息系统安全、稳定、持续运行
数据中心各部门	提高突发事件的处理效率，最大限度降低灾难事件造成的损失
业务部门	协助技术应急或进行业务应急，最大限度降低业务影响及损失

根据信息系统应急第一时间恢复生产力的目标，互联网大厂以及某些银行都在提出 1-5-10（1 分钟发现，5 分钟响应，10 分钟恢复）的事中应急指标、应急预案或应急平台对事件的覆盖率指标，以及灾备应急相关的管理指标，通过这些关键指标量化事件应急管理现状并给出具体的可提升方向。

（4）IT 应急管理的业务场景

IT 应急管理的业务场景如图 14-3 所示。

（5）IT 应急管理的业务价值流

IT 应急管理的业务价值流分为事前、事中、事后 3 个阶段，事前包含管理应急制度、管理组织架构、维护应急资源、管理应急预案/场景/流程以及应急演练；事中包含应急发现、应急响应、应急处置；事后包含应急评估及总结、持续改进，如图 14-4 所示。

（6）IT 应急管理的业务活动

根据上述"价值流及价值流节点"可以抽象出"事件应急"包含的主要业务活动，如表 14-2 所示。根据主要业务活动拆解每个活动所涉及的具体任务，以及该任务对应的对象。

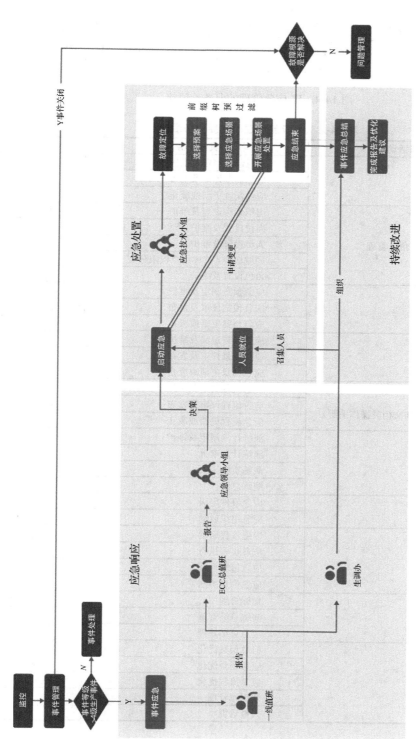

图 14-3 IT 应急管理的业务场景

图 14-4　IT 应急管理的业务价值流

表 14-2　IT 应急管理的主要业务活动

主要业务活动	具体任务	对象
应急制度管理	应急制度制定及维护	制度
	应急制度评审及发布	
	应急制度更新或废止	
组织架构、岗位、人员角色管理	组织架构设置及维护	组织架构
	岗位设置及维护	人员
	人员设置及维护	
	同城切换 / 特权用户权限分配	
	角色设置及维护	角色
应急预案管理	应急预案制定及维护	预案
	应急预案评审及发布	
	应急预案更新或废止	
应急场景管理	应急场景定义及维护	场景
	应急场景评审及发布	
	应急场景更新或废止	
应急流程管理 （包括自动化线上流程和文档类操作手册）	应急流程制定及维护	流程
	应急流程评审及发布	
	应急流程更新或废止	
应急演练管理	演练计划制定及维护	演练
	演练计划审批	
	演练实施	
	演练总结	
应急响应	应急事件定级	生产事件
	应急组织启动	组织架构
应急处置	应急流程启动	流程
	应急步骤执行	
	应急过程可视	应急信息
	应急信息协同	
评估及总结	指标管理	指标
	演练总结管理	知识
	应急总结管理	
持续改进	应急预案优化	预案
	应急场景优化	场景
	应急流程优化	流程
	知识库管理	知识
	人员培训	

14.1.4　IT 应急管理平台设计

1. IT 应急管理解决方案设计

IT 应急管理解决方案的落地需要相关的故障发现、故障分析、故障处置、协同协作的技术支撑，因此，基本 ITOM 能力（自动化、可观测、ITSM、CMDB）是必不可缺的组成部分，如图 14-5 所示。

综上所述，在 IT 应急管理的事前、事中、事后 3 个阶段中需要建设如下能力。

（1）事前阶段

事前阶段需要建设的关键能力如下：

❑ 根据行业特性、国家标准、行业监管制度要求等建设整体的应急管理制度。

❑ 对应急相关的环境进行管理。基于 CMDB 和可观测系统对相关的灾备应急环境进行定期的一致性检查和实时的环境监控，以保障在出现应急事件时，双活或灾备环境可以顺利接管生产环境。

❑ 完成事件应急和灾备应急的预案、场景框架建设，结合自动化能力实现故障场景的自动化处置流程编排。其中，预案、场景及流程的编排及上线需要经过充分的测试以及相关应急管理岗的审批。

❑ 实现定期的演练，包括桌面演练、模拟演练、实战演练、红蓝对抗演练。在实战演练时，将会对生产环境进行应急和灾备的实际操作，以确认相关的处置手段是否有效。在进行红蓝对抗时，需要借助混沌工程、可观测、自动化的能力，实现故障的自动注入、故障的发现检测以及自动化修复。

（2）事中阶段

事中阶段需要建设的关键能力如下：

❑ 应急发现。主要基于可观测体系的监控告警能力实现应急事件的发现。当产生应急事件时，可以触发 ITSM 自动创建事件，同时会将事件同步至应急管理平台。

❑ 应急响应。应急人员在接收到应急事件后，可基于事件信息发起应急协同，然后基于观测体系提供的故障影响分析和故障定位信息、基于自动化提供的立体化检查结果信息和近期操作信息、基于 ITSM 的变更记录进行故障定位和处置方案决策。

❑ 应急处置。可基于预先编排好的自动化处置流程实现故障的自动化快速恢复以及恢复后的自动化业务验证。

在应急响应的决策的过程中，可以将应急响应和处置的信息回写到 ITSM 的事件管理中，实现事件的闭环管理。

（3）事后阶段

事后阶段需要建设的关键能力如下：

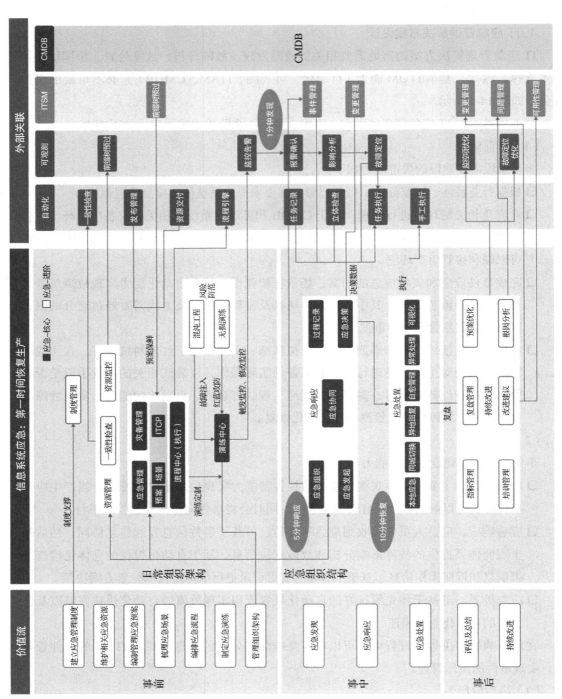

图 14-5 IT 应急管理的业务架构

❑ 评估及总结。在应急事件处置完毕后，需要针对故障发现、决策和处置的整个事件
流程进行评估及总结，以发现各流程节点中的问题或待优化事项。

❑ 持续改进。基于复盘结果对事前、事中的各项应急能力进行优化，包括预案和场景
新增或优化、可观测能力优化、故障定位能力和自动化处置能力优化等。

2. IT 应急管理平台功能设计

平台功能设计应以 IT 应急业务价值流和业务活动为参考，聚焦信息系统领域，覆盖信息系
统应急事件事前、事中、事后全生命周期的管理能力，可分为九大功能模块，如图 14-6 所示。

信息系统应急平台		
应急管理	**灾备管理**	**应急中心**
应急预案管理	ITCP管理	应急响应
		灾备指挥
应急场景管理	指令管理	应急处置
演练中心	**流程中心**	**制度管理**
演练计划	流程管理	应急制度
演练实施		
演练报告	流程执行	灾备制度
资源管理	**组织架构**	**持续改进**
应急资源	人员管理	评估及总结
	角色管理	
灾备资源	组织架构管理	
资源监控	权限管理	改进管理

图 14-6　IT 应急管理的功能架构

基于功能架构展开，IT 应急管理平台关键功能设计如表 14-3 所示。

表 14-3　IT 应急管理平台关键功能设计

平台功能	功能点
制度管理	制度管理
资源管理	资源容量
	环境一致性检查
	资源监控
人员管理	用户管理
	角色岗位管理
	组织架构管理
	权限管理

（续）

平台功能	功能点
预案管理	增删改查分类
	预案模板
	预案导入
	审批 / 发布
	废止
	复制 / 克隆
	在线编辑
	多人协同
	关联场景
	预案权限管理
	预案保鲜（保鲜策略）
场景管理	增删改查分类
	场景模板
	导入 / 下载
	审批 / 发布
	更新 / 废止
	关联预案、流程
	启动依据
流程管理	增删改查分类
	流程编排（可视化）
	审批 / 发布
	更新 / 废止
	脚本管理
	流程保鲜
演练管理（演练计划、演练方案）	增删改查分类
	导入 / 导出
	审批 / 发布
	更新 / 废止
	关联预案场景
	关联变更
	故障注入
	复制 / 克隆
	红蓝攻防（无损演练）
	演练计划自动生成
演练实施	基于场景实施
	实施过程可视管控

（续）

平台功能	功能点
应急中心	业务影响 / 事件中心
	启动应急组织架构
	应急决策
	应急处置
	信息协同
	过程可视化管控
	应急处置权限管控
	加强监控
报告管理	报告自动生成
	演练评估
	演练报告
	处置报告
	操作手册维护
持续改进	评价与改进
	指标管理 / 评估模型
	问题管理
	培训管理

3. IT 应急管理平台系统架构设计

基于 OASR 的运维模型，IT 应急管理平台系统架构设计可参考图 14-7。

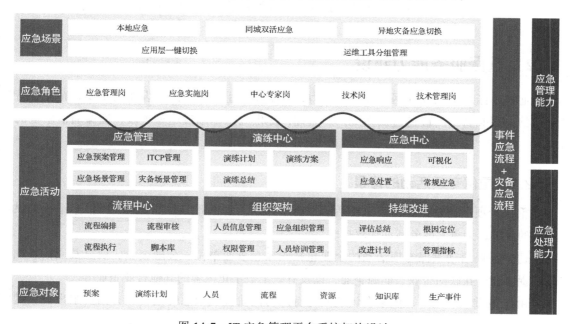

图 14-7　IT 应急管理平台系统架构设计

IT 应急管理平台包含应急对象、应急活动、应急角色、应急场景 4 层。

1）应急对象。基于应急业务活动拆分，应急包含的对象有预案、演练计划、人员、流程、资源、知识库、生产事件等。

2）应急活动。应急活动包含以下 6 个模块。

❑ 应急管理：包含应急预案管理、ITCP 管理（灾备预案管理，也称连续性计划管理）、应急场景管理和灾备场景管理。

❑ 演练中心：包含演练计划、演练方案和演练总结。

❑ 应急中心：包含应急响应、应急处置、可视化和常规应急。

❑ 流程中心：包含流程编排、流程审核、流程执行和脚本库。

❑ 组织架构：包含人员信息管理、应急组织管理、权限管理和人员培训管理。

❑ 持续改进：包含评估总结、改进计划、管理指标和根因定位。

3）应急角色。一般包括 3 个岗位。

❑ 应急实施岗：主要负责预案编制、应急响应与处置。一般由各专业运维小组工程师组成。

❑ 应急管理岗：主要负责预案审批、参与应急响应与处置。一般由各专业运维管理人员组成。

❑ 中心专家岗：主要负责跨专业线的应急预案审批。一般由各专业运维管理人员中的资深工程师组成。

4）应急场景。应急场景应覆盖本地应急、同城双活应急、异地灾备应急切换等场景。

14.2 重保服务能力建设

面对不断增加的互联网边界攻防压力，网络安全重保能力的建设尤为重要，企业在特定网络范围和特定时段通过加强维护、监控，提供应急基础设施等手段，确保通信质量的服务。

14.2.1 重保专项活动的背景

重保专项活动是指在国家重要活动、会议时期，信息部门为企业的关键信息系统提供重点的保障，为重大政务活动保驾护航。

通常需要启动重保专项活动的企业包括国家企事业单位、金融企业、信息及通信基础设施提供商、互联网企业、能源企业，以及有线上数字化内容的其他行业企业等。

由于在重大节假日、国家会议期间等特殊时间阶段及敏感时期，一方面要求出现关键信息系统故障的概率要远低于平时，另一方面遭遇恶意攻击的风险又是明显上升的，因此重保专项的开展必须在明确的指导思想和工作目标下，构建重保组织架构，通过执行重保流程管理制定详尽的工作部署，才能够取得较好的效果。

重保专项活动的工作目标因政企行业及定位不同而有所区别，可以通过目标实现的重要级进行排序。一般主要有以下几个方面：

1）确保不发生网络安全事件。

2）确保不发生非计划停机事件。

3）确保不发生群体性事件。

4）确保不发生安全生产事故。

5）确保突发异常得到及时、高效、稳妥的处置。

14.2.2　重保组织与过程管控

如图 14-8 所示，重保专项活动可以分为 3 个阶段：重保准备阶段、重保实施阶段、重保总结阶段。

图 14-8　重保专项活动

1. 重保准备阶段

重保专项活动启动后，首要任务是组建团队。有别于日常组织架构，重保组织架构要从保障目标出发来设置，必要时还可以加入外部专业团队，运行服务于整个重保活动期间。

（1）组建重保团队

运维管理的重保团队一般由重保小组组长、副组长、信息安全负责人、运维保障负责人组成，如图 14-9 所示。

❑ 组长：对重保专项工作进行整体管理与协调。

❑ 副组长（对外接口）：针对来自各部委相关应急工作进行应急响应及外部协调工作。

❑ 副组长（对内接口）：执行重保工作落地，并负责内部应急处置管理工作。

❑ 成员：信息安全团队、运维支撑团队、外部运维服务团队等。

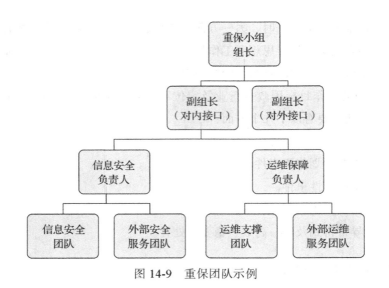

图 14-9　重保团队示例

团队组建完成后，就要设计重保活动的保障方案，主要是制定重保前的检查消缺、制定应急预案等。

（2）检查消缺，收敛暴露面

首先，企业需要针对自身互联网暴露面进行较为全面的梳理，对自身信息资产、相关服务、开发供应链及上下游企业的情况有清晰的认知。其次，基于重保要求进行暴露面收敛的相关工作。对涉及互联网应用中非必要的服务、端口进行关闭，对老旧、高危风险系统实施限制性访问。同时，再次梳理所有可能进入内网系统的路径，对其中潜在风险进行排查并采取相应措施，减少互联网暴露面。

特别地，要对重要集权类（堡垒机、VPN、邮箱、4A、AD、OA）系统实施安全加固及安全入侵演练，集权类系统虽然不全部直接暴露在互联网中，但一般是在安全防火墙被攻破后，攻击者首要攻击的系统目标。集权类系统一旦被攻破，极易造成重大信息安全事故。

另外，针对运维过程中存在的重大隐患及缺陷，可能会在重保期间出现故障，导致关键信息系统无法正常运行，因此需要重点布防，针对性地制订修复计划，争取在重保前解决，如确实无法修复，要纳入监控和管理。

（3）制定应急预案

应急预案能够保证在重保期间应急流程的熟练进行，应急演练可反向测试出相关预案的有效性、完善性及人员协同能力，这两部分工作的联合是临保阶段的重中之重。

一套行之有效的应急预案，至少应符合以下标准：

❑ 符合政企自身及其所在行业的特点。

❑ 包含应急资源调查、桌面推演环节，认真推敲预案的可行性。

❑ 编写时要以应急处置为核心，做到职责明确、程序规范。

❑ 尽量简明化、图表化、流程化，降低解释及理解成本。

❑ 内置多个攻击场景，从多角度出发考核人员的安全意识、专业技术、组织配合等方面的能力。

（4）执行应急演练

一次有价值的应急演练应达到以下目标：

1）能够模拟真实攻击场景及处置过程，让参与人员对突发事件有更加全面的认知。

2）检查应急响应工作机制是否完善，验证应急预案在各种情况下的适用性。

3）提高应急响应工作组应对突发事件的能力，确保全工作流程中，工作组能具备稳定的心理状态。

2. 重保实施阶段

（1）应急值守

建立值班表，根据人员组织资源的情况，选择"白班＋夜班"的方式或者"一天值班＋一天轮休"的方式均可，但需要遵循如下原则：

1）确保值守人员有充沛的精力，能够快速响应可能出现的紧急情况。

2）值班表上须明确工作职责，预留联系手机，保证应急响应机制能够无障碍执行。

3）需要制定值班领导或值班负责人，负责值守期间的管理和资源协调。

4）可考虑建立例会制度，早上 10 点前召开每日的工作部署会，汇报当天工作部署，对重要事项进行决议；下午 6 点前召开每日的情报通报会，通报当前工作进展，对重要事项进行决议。

（2）重要系统监测

1）对 Web 网站、各类安全日志需要进行重点监测。

2）对重要的集权类系统的应用日志（用户登录、密码更改、业务跨域访问等）进行监控，从行为日志和安全告警多个方面出发进行分析，发现问题第一时间上报、处置。

3）对关键信息系统的运维状态进行监控，发现告警，根据严重程度，立即启动相应的故障应急处理流程。

（3）应急处置

出现突发事件后，需立即按照应急响应流程启动相关的处置工作，将影响面控制在最小范围内。

3. 重保总结阶段

总结得与失，才能更有针对性地发扬做得好的一面，完善不好的一面。一份有价值的重保总结应该至少包含如下要素：

❑ 对重保的全过程进行回顾，概要描述每个阶段的相关工作内容及结果。

❑ 提炼重保执行有成效的部分，可从组织、流程、资源、执行等方面进行分析。

❑ 深度剖析存在的不足，并分析后续可采用的改善方案。存在的不足之处需要作为下一次重要专项活动执行前重点改进的部分，进行优化。

14.3 护网服务能力建设

护网行动是每年一次由公安部牵头的，针对机关和企事业单位的网络安全领域的真刀实枪式的攻防演练，用以评估企事业单位的网络安全的活动。通过双方的网络攻防对抗，企事业单位网络、系统以及设备等的安全能力会大大提高。

14.3.1 护网行动的背景

（1）网络安全态势

当大数据、物联网、云计算等新技术快速发展，随之而来的网络攻击也愈演愈烈，国家关键信息基础设施可能时刻受到来自网络攻击的威胁。

（2）国家政策导向

2016 年，国家首次出台《中华人民共和国网络安全法》，规定"关键信息基础设施的运营者应制定网络安全事件应急预案，并定期进行演练"。同期，公安部会同民航局、国家电网组织开展了"护网 2016"网络安全攻防演习活动。自此，"护网行动"成为惯例。2019年，国家发布《信息安全技术　网络安全等级保护基本要求》（GB/T 22239—2019）的管理制度（简称《等保 2.0》），进一步推动政企信息安全意识的强化及对信息安全的投入。

（3）经济社会环境变化

互联网 +、O2O 线下业务转线上业务、企业数字化转型、数字人民币等时下流行的关键词，都反映出整个经济社会中的企业正在经历快速发展的变革，其中，2020 年席卷全球的新冠疫情更是极大地刺激了这一变革进程的加速，虽然新冠疫情对经济社会造成了巨大的冲击，但客观上为一些原本就以线上业务为主的企业创造了有利条件，同时很多传统行业也正是在此期间完成了由线下到线上的转型。

面对本身就错综复杂的网络环境，企业也亟须丰富自身应对网络攻击的经验与技能，这将是未来企业生产及业务持续增长的关键。同时，这些企业业务的线上化过程必然会获取、保留关键的国民信息，因此网络安全的重要性已然上升到前所未有的高度，所有企业都应该积极响应国家号召，加强网络安全防范意识。

14.3.2　护网行动的主要工作及痛点分析

1. 护网前的主要工作及痛点

（1）主要工作

1）IT 资产核查，核查范围包括操作系统、数据库、中间件等业务系统及服务，核查内容包括统计操作系统、数据库、中间件的类别、版本、用途、负责人等，整改脆弱资产、回收不明资产。

2）关闭不必要运行的系统及服务，如关闭老旧类、无主类系统。

3）对核心业务系统及服务进行基线扫描与加固、漏洞扫描与修复，如通过统一运维平台的作业功能批量排查整改系统无用账号、用户弱密码、用户权限最小化等。

4）网络安全策略配置，取消不必要的访问权限、封禁不必要开放的 IP 端口，如进一步缩小可以访问统一运维平台的 IP 范围。

5）取消不必要的系统操作权限，如统一运维平台的权限最小化。

（2）痛点

1）大量重复烦琐的基础工作，如用户清理等工作，虽然有工具批量处理，但无法解决处理前与各个系统或应用负责人进行频繁沟通的问题。

2）无法评估各个"战场"（网络区域）的 IT 资产是否真正达到了安全的要求。

2. 护网中的主要工作及痛点

（1）主要工作

1）仅对业务系统做必要的检查修复工作，避免所有其他不必要的运维操作，如系统定时巡检、7×24 小时运行的应用系统限时运行、系统中高危漏洞的修复等。

2）密切关注安全威胁情报，及时更新漏洞库。

3）对前方网防系统反馈的安全事件进行快速响应处理。

（2）痛点

1）运维团队对数据中心 IT 资产的安全基线合规情况无法实时掌握。

2）当收到前方安全防御团队反馈安全事件，后方相应的处理动作主要依赖人工处理，缺乏自动化的处理手段，导致响应不及时。

3）对于安全事件，由企业的各个第三方服务商自行检查并反馈是否已经做了相应的安全处理，处理过程不透明，企业缺乏有效的手段确认实际的处理情况。

3. 护网后的主要工作及痛点

（1）主要工作

1）按需恢复必要的应用系统，包括开机、启动应用系统、验证可用性。

2）按需恢复必要的网络安全策略。

3）按需恢复必须要的系统访问、用户操作权限。

4）对本次护网行动暴露出来的问题进行总结。

（2）痛点

1）完全被动的防御，疲于应对，发现异常行为时，在极其有限的时间内难以找到适当的技术手段予以应对。

2）网络可能存在的漏洞点较多，在护网期间较难兼顾。

3）网络的复杂性、应用的多样化、各个安全设备上繁杂的防护策略，较难以做到协同。

14.3.3　护网行动的应对方案

护网行动的主要工作就是企业的网络安全防护，大部分拥有 IT 基础设施的传统企业主要依赖 SIEM（Security Information and Event Management）为代表的安全监控系统，应对网络安全问题。该系统的主要作用是作为安全监控系统收集、分析、展示企业 IT 环境中的应用系统、网络设备产生的实时数据，为企业提供整个 IT 环境的安全信息，新一代的 SIEM 具备一定的智能分析功能，但基于规则库的告警识别过滤方法仍然无法解决告警爆炸的问题。对大多数企业来说，做到及时发现威胁并采取相应的补救措施的挑战是巨大的。

在此背景下，基于 SOAR（Security Orchestration, Automation and Response，安全编排、自动化及响应）理念的解决方案需求大幅增长。SOAR 是一套用于优化安全运营效率和处置一致性的解决方案，主要作用是有效结合人与机器的能力对安全事件进行分析、分拣，同时帮助定义标准化的安全事件响应工作流程。

SOAR 模型是 Gartner 2015 年提出的概念，最近一次修订是在 2019 年 7 月 3 日，其核心技术理念是通过使用自动化、编排技术实现事件响应的过程加速，如图 14-10 所示。SOAR 模型体系是 3 项不同技术的交叉重叠：安全编排与自动化、安全事件响应平台、威胁情报平台。

总体来说，SIEM 解决的是传统 IT 企业对于安全事件的收集需求，分析处理的过程主要依靠有限的安全专家人力，而随着安全威胁信息事件的剧增，需要结合 SOAR 解决方案进一步自动化响应安全事件。

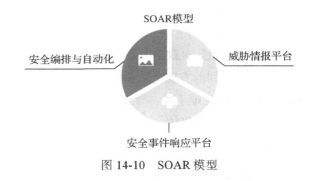

图 14-10　SOAR 模型

14.3.4　护网典型案例

结合 SOAR 理念，利用企业现有的 SIEM 系统和统一运维管理系统的能力，构建出一套适合企业当前网络安全发展状况的解决方案。护网管理平台如图 14-11 所示。

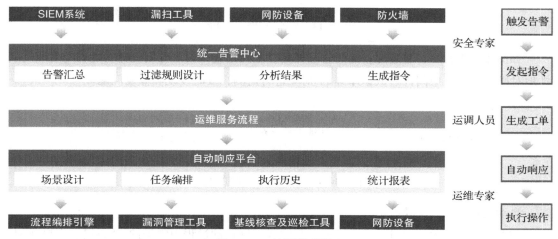

图 14-11　护网管理平台

针对前文所述的痛点，构建自动应对场景如下。

1. 护网前

自动化场景 1：资产及账号清查。

如图 14-12 所示，通过对比 CMDB 中的软硬件资产信息，发现无用资产、无主账号、特权账号等信息，结合流程编排引擎对其进行自动化关停、删除和禁用，减少不必要的安全隐患。

图 14-12　资产及账号清查过程

自动化场景 2：安全合规检查。

如图 14-13 所示，通过漏洞管理工具、基线检查工具对操作系统、中间件、数据库等 IT 对象进行高危漏洞、安全配置引黄方面的检查，并以人工审核加自动化处理的方式使之合规。

2. 护网中

自动化场景 1：常规检查和防护。

图 14-13　安全合规检查过程

如图 14-14 所示，通过配置漏洞管理工具、基线检查工具的计划任务功能，定时或周期性地对操作系统、中间件、数据库等 IT 对象进行监测，及时发现和修复问题。

图 14-14　常规检查和防护过程

自动化场景 2：入侵响应。

如图 14-15 所示，通过自动化巡检工具完成护网行动过程中常见的 IP 封堵、主机断网、快速巡检以及木马文件清理等工作。

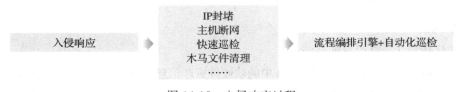

图 14-15　入侵响应过程

3. 护网后

自动化场景：业务系统恢复。

如图 14-16 所示，护网行动结束后，执行预置好的流程还原必要的策略及配置。

图 14-16　业务系统恢复过程

以上是企业 IT 部门在护网行动的整个过程中，按阶段划分出来的典型应对场景。针对每个阶段的工作，还可以根据企业的实际情况扩展丰富、个性化的应对场景，以沉淀出更符合企业现状的整套护网行动应对方案。

运维管理体系转型落地的最佳实践

本章主要介绍整个运维管理体系在转型落地过程中的建设路径和实践方法论，帮助了解运维体系转型过程中需要经历哪几个阶段，以及在每个阶段如何建设，从一个更高的维度把前面章节的内容从实施的角度串联起来，通过最佳实践的流程去落地。

15.1 建设路径

运维数字化转型的建设路径一般是按照自动化、数据化、智能化 3 个阶段开展的，但是该路径并没有绝对的先后要求。很多人以为想要实践智能运维，就一定要先做好运维的自动化和数据化，实际上并不是这样的，这几个阶段是交错并行的。

自动化是一种用工具替代人力的过程，主要在于工具平台的建设，数据化重点在于将抽象的运维对象、过程具化为可以分析、维护和展现的数据，而智能化更多的是通过算法让机器也能作出运维决策，这三者可以在某个阶段同时出现。

举个例子，在一家小企业中，随着业务的不断上线，需要监控的业务系统越来越多，工程师自己搭建了一个开源的监控平台，用于系统、主机、网络等的日常监控，这个过程就是自动化；为了更好地达到监控的效果并分析故障处理机制，需要有运维对象的配置信息、有各种可供分析的日志，这时需要把各种对象以数据的形式联动起来，即数据化阶段；最后，对于故障的处理，可以通过算法分析总结，由监控平台按照过往经验或设定好的路径，自动完成故障自愈，并汇总生成新的解决方案，这就涉及智能运维了。

所以，即使在一家创业初期的企业，也能够同时涉及运维的自动化、数据化和智能化，自动化更多的是偏向运维的操作和执行，是"手"的角色；数据化是将运维过程的数据转化为有用的信息的过程，给运维提供源源不断的"血液"；而智能化是对运维行为的分析和决策，是"脑"的角色。这三者之间并没有绝对的先后依赖，但却是相辅相成的，只有将这 3 个阶段融合在一起，才能最终达成运维管理体系转型落地的目标。

15.1.1　自动化阶段

"自动化运维"这个词相信大家都不陌生，本质是批量化操作解决运维重复性的问题。自动化阶段的主要目标包括以下几点：

- ❑ 一键自动执行，提升运维效率。
- ❑ 工具替代人力，降低运维成本。
- ❑ 固定运维流程，减少人力失误。
- ❑ 纳管更多对象，增加运维价值。
- ❑ 流程透明审计，提升运维安全。
- ❑ 统一配置标准，增加系统稳定。

从过程运维管理体系的发展规律来看，按自动化、数据化、智能化这个路径进行建设是一种最佳实践的方式，是一种非常"自然"的建设路径，可以取得最好的转型成效。先开展自动化可以有效地释放当前运维人员的时间和精力，有更多的资源投入后面两个阶段的工作，而且自动化过程会天然地推动数据化的开展，然后基于自动化和数据化，随着各种场景的充分优化，可以较为快捷、方便地通过一些算法设计让机器实现对运维规律的学习，并自主决策，这就是一个潜移默化的"智能化"过程，慢慢地从"操作"的自动化过渡到"决策"的自动化，最终实现从传统运维到数字化运维的转型。

自动化运维从性质上主要分为两种：一种是监控告警自动化，核心是对运维环境的感知；另一种是运维操作自动化，核心是对运维动作的执行。这个阶段的主要工作是通过工具去自动完成运维人员每天日常的工作，用工具替换人力，从固化的流程替换工程师的判断，从而达到降低人力成本和提升运维效率的目的。

1. 监控告警自动化

在运维过程中，"故障"是不可忽略的一道门槛，身为运维人员的一个最核心的任务是保障基础架构及上层应用的安全稳定运行。由于信息系统本身的复杂性和不确定性，故障几乎是无法避免的，而且有时它对业务的影响可能超出所有人的想象，尤其在金融系统中，其敏感程度是非常高的，还涉及民生的一些系统，如水、电、通信等，现代人类已经无法想象生活中如果脱离了这些基础设施，那会是怎样的场景。因此，在故障的应对上，预防及规避往往比处理更重要，而监控告警是当前预防及规避故障最有效的一种方法。

现代企业随着信息化的发展，其 IT 规模越来越大，人力监控并及时告警的范围是有限的，以监控告警为核心的故障全生命周期管理，是自动化阶段中一个非常重要的组成部分。

一个故障的生命周期包括从发现到恢复的过程，如图 15-1 所示。

通过监控告警自动化，可以在故障的预防、发现甚至分析上起到关键作用。故障预防一般是提前告知可能存在的风险，最简单的例子就是 CPU 内存使用率、磁盘空间这类的指标告警，若超过预设的阈值就会通知系统存在故障的隐患；故障发现是及时对监控状态的改变第一时间通过预设好的渠道通知到运维人员，缩短故障反应时间；故障分析的关键在于告警策略的配置，通过一些可循的规律以及告警内容的输出，在接到告警的时候，就可以对故障情况有一个初步的认知，提升对根因的寻找效率。

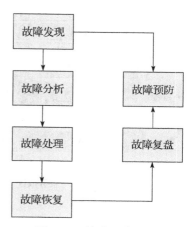

图 15-1　故障生命周期

监控的自动化从宏观对象上可以分为两种：硬件监控和软件监控。前者包括机房、网络设备、物理服务器等，后者主要是操作系统、基础支撑平台、各类数据库中间件以及最上层的应用服务。还有一种更实用的分类是基于监控内容的，这种分类对监控的策略有比较直接的影响。

❏ 基于日志的监控：对应的是各种设备、系统以及软件的海量日志。

❏ 基于应用的监控：主要包括服务监控、trace 监控等。

❏ 基于度量的监控：通常也称监控指标。

（1）以业务为核心

在自动化的实践中，如果站在基础架构运维管理员的角度去思考监控内容，往往会陷入一种技术性思维，将监控对象以具体的运维技术进行划分，例如简单地划分为 Windows 监控、Linux 监控、数据库监控、中间件监控、进程监控，这种单纯监控的维度是没有问题的。但在具体故障分析的时候，由于缺乏业务的视角，导致无法从全局的角度对故障的重要程度、影响范围等有一个明确的认识，尤其是故障发生时基础平台没有明显告警的情况下，会增加分析的难度。以业务为核心是 ITIL 的 IT 服务理念的基础要素。

图 15-2 是 ITIL 的运维服务整体思想，把运维当成一种面向用户的服务，只有这样，才能最大限度地体现运维的价值，只有以业务为核心，才能更好聚焦用户。

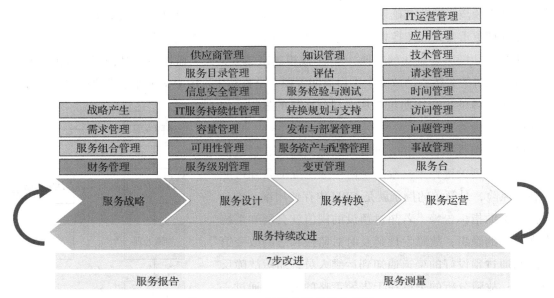

图 15-2　ITIL 的运维服务整体思想

（2）可灵活自定义

自动化需要足够灵活才能适应运维对象的"动态"发展。以监控为例，需要具备灵活的策略自定义能力，能够根据每个业务的重要性、高峰期、访问方式等实际情况，去定制该业务的监控策略，这个过程不是一蹴而就的，有些度量指标及阈值需要长期的运维沉淀，并结合具体的场景不断调试，才能最终达到一个合适值。世界上唯一不变的就是变化，信息世界更是瞬息万变，对应的业务场景、功能模块、运维架构会经常更新，监控能够灵活地应对随时可能出现的新需求。

（3）告警有效传递

监控数据的提取、过滤与展示也需要对应的自动化能力，这需要与告警结合起来，为运维人员呈现一个整体运行的"状态"，让管理者可以及时、直观、清晰地了解当前所运维环境的概况，真正做到心中有数、遇事不慌。

这涉及两方面能力，一个是触发通知的及时性，另一个是通知行为的有效性，二者缺一不可，及时性主要体现在告警策略的配置上，有效性主要体现在告警信息的定义上。这两者都具备灵活的自定义能力。

告警的自动化更多的是在于对故障情况的判断，如告警对象的重要程度、告警内容的严重程度以及告警消息的通知渠道等方面，实现人力的替代。其中会涉及一堆规则的制定，包括对系统的重要程度分级、告警内容的定义及告警处理和分派的方式，这些都是在这个阶段需要落地的内容。自动化不仅仅只是能力上的满足，更多的是从规范化的角度将一些既定的流程让工具自动实现。在整个数字化转型过程中，这个流程制定的过程是需要持续不断改善迭代的。

2. 运维操作自动化

监控告警自动化是从业务连续性的角度来降低故障发现、定位、分析的时间，而操作自动化可以有效降低故障预防、处理的时间。这一部分的重点是运维人员在面对大量运维对象的时候，标准化、批量化、快速化地完成所需的工作。从运维操作的角度，自动化发展的路径包含 3 个过程：人力运维、工具运维、平台运维。下面通过一个例子来说明。

（1）人力运维

有一家房地产企业叫 A 公司，公司在创业初期，赶上中国时代发展的红利得以快速地扩张，公司最开始成员较少，很多运营信息都是每个岗位的员工手工维护的，合同信息和资金流水在财务人员手中，项目信息和实施进度在工程队手中，员工档案和待遇情况在 HR 手中，客户关系在销售手中，每个人都是用简单的 Excel 表维护各自工作所需的资料，这个时期 A 公司的 IT 基础架构也非常简单，只有一两个网管，所有工作都是通过人力运维来操作。

随着业务的发展，A 公司的规模越来越大，每个部门根据自己的需求采购了一些商用软件用于提升办公效率，也成立了信息部门，对整个公司的网络、服务器等基础架构进行维护，也部署了一些支撑平台，例如 AD 域和邮件系统。到这里，虽然通过一些基础平台系统来管理企业运行的数据，但从运维的角度来看，公司还是处于人力运维阶段，因为无论是日常的系统管理维护，还是故障的处理，都还是运维工程师自己进行操作的，几乎不涉及辅助运维工具，仍属于人力运维阶段。

（2）工具运维

工程师在运维技术上越来越成熟，懂得一些脚本的编写，而他们所负责的系统数量也越来越多，主机数从原来的几十台发展到几百台，有限的人力已经无法满足现有的运维需求，运维团队每天疲于奔命，忙得焦头烂额，长期的加班熬夜让工程师们失去了往日的神采，发际线也开始后移，黑眼圈加重，人员也开始流失了。

为了解决当前的问题，一方面，企业加大运维队伍的建设，大力招聘有经验的人才，另一方面，团队的一些成熟骨干迫于形势开始思考如何优化当前的运维工作，于是自动化的第二个阶段随着意识觉醒慢慢浮出了水面：工程师们通过自己编写脚本、在网络上寻找一些辅助操作的小工具等方式，较大地提高了运维的效率，同时为了更好地维护系统和工具，团队也制定一些运维的标准，在这个标准上进行自动化的开展。至此，A 公司的 IT 运维进入工具运维阶段。

这个阶段也会使得监控系统、备份系统等工具初步建立一个相对稳定的监控告警机制和备份机制。同时，企业会在市场上采购一些单独的操作审计、日志分析、安全漏扫等工具，每一套工具对应解放或增加某方向的运维人力。

（3）平台运维

随着运维工具的发展以及脚本的积累，运维进入了一个相对稳定但烦琐的时期，权限控制、安全管理、备份灾备等工具五花八门，工程师除了每天常规的工作外，还要兼顾对工具的管理和维护。例如，数据库版本在更新迭代，针对数据库运维脚本的兼容性问题，这个时候可能每个版本的数据库都需要单独维护一套脚本，脚本使用也需要越发小心，工程师在工具使用前需要确保该工具在当前环境的适用性。另外，工具与工具之间的适配与兼容问题也逐渐严重，如备份工具无法通过堡垒机进行连接操作，Shell 访问工具无法对接安全审计平台记录操作等，维护众多基础工具带来的复杂度成了当前运维人员不得不面对的一座大山。

自然而然地，CIO 的脑海里诞生了一个想法，有没有这样一个平台，可以把当前的所有工具集成到一个平台里进行统一维护和操作，通过这个平台实现对所有运维对象、所有运维操作的纳管？于是 CIO 召集了运维团队开会进行讨论，大家一致觉得这个思路是正确的，但道路是曲折的，由于涉及信息技术运维对象的各大厂商，例如微软、甲骨文、IBM 彼此之前并没有完全开放生态，而开源的 Linux 平台对传统技术的兼容性还需要时间的验证，因此，这个想法的实现注定困难重重。摆在 A 公司前面有两条路：一条是通过自研的方式，自己研发这么一套平台系统；另一条是通过外购的方式，采购当前市场上较为成熟的产品，并在此基础上通过一定的定制开发，使其满足自己的 IT 运维场景及需求。

通过会议决议，CIO 最终决定外购专业的平台来解决当前的问题，采购人员根据需求在市场上寻找了一家功能全面、配置灵活、可拓展性高的自动化运维平台，全面接入公司的 IT 环境，至此就进入了自动化的第三个阶段——平台运维阶段，相对于之前两个阶段，此阶段关注平台底层基础能力的沉淀，如 CMDB、作业调度、监控数据采集以及流程编排等，为后续数据化、智能化运维阶段提供原子能力。

通过上述 A 公司的例子可以发现，整个运维管理体系的发展也是遵循一定历史规律的，一般情况下，自动化是一家企业在数据化转型过程中，为了解决人力资源不足，积累到一定条件后自然诞生的一种应对方式。整个积累过程也是从量变到质变的转换，无论是人力的积累还是脚本工具的积累，复杂到一定程度之后就会进入一个更高维度的体系，从而颠覆以往传统运维方式。同时在自动化阶段的中后期，就并行开始数据化和智能化的过程了。

15.1.2 数据化阶段

什么是"数据"？这个问题可能每个人给出的答案都不一样。单纯的数据是需要加工才有意义的，现在常说的数据驱动是指数据经过分析、融合、转换后才具有的能力，数据经过重组后升级为信息才可以用于决策，信息再通过一定的规律可以转化为知识，而知识凝练之后可以形成智慧，智慧是生命体独有的象征。

从这个链条来看，数据化是基础，智能化是最终目标。在自动化阶段，目标是为 IT 运维服务的，但随着运维过程中的数据越来越多，数据的价值和潜力慢慢被挖掘，运维与业务的关联性渐渐增加，甚至影响线上业务的决策，这个时候变成 IT 为业务服务，也就是常说的数据驱动业务，这就是数据化阶段的主要目标。

"云计算"概念的提出，本质上是自动化发展到一定程度，面向数据化诞生的一种技术实现方式，通过大规模的数据集聚效应，产生标准的通用的 IaaS、PaaS、SaaS 框架，灵活、便捷地对外提供服务，它可以通过同一个 PaaS 打通上面各个 SaaS 的链路，与传统分散的竖井式架构相比，最大的优势在于资源和架构的全面弹性和动态适应，让运维人员可以把精力从基础设施甚至平台软件的层面剥离出来，将更多的时间聚焦在应用软件及数据信息层面。数据的发展方向及对应阶段如图 15-3 所示。

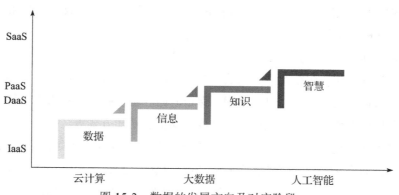

图 15-3　数据的发展方向及对应阶段

数据化运维就是使用运维过程中产生的数据，通过大数据平台的分析，为运维及业务提供判断与决策，进一步提升自动化、增加智能化。数据化运维的建设路径围绕数据分析为核心，包括数据规范、数据获取和数据治理 3 方面内容。

1. 数据规范

在上述 A 公司进入平台运维时，需要一套 CMDB 来维护现有的 IT 资产及配置信息，如何定义 CMDB 需要纳管哪些配置信息以及如何确保数据的准确性，需要对当前运维系统有一个较为明确的配置标准和流程规范进行约束，这个过程又称为"运维标准化"。运维标准化是数据规范的主要工作，它既是自动化的前提，又是数据化的开端。

标准化过程从下往上包括以下 4 个层次：

❑ 机房环境标准和管理规范。
❑ 服务器配置标准和管理规范。

❑ 操作系统配置标准和管理规范。

❑ 通用软件配置标准和管理规范。

标准化遵循几个重要原则，具体如下。

1）最小化原则：进行标准化的运维对象尽可能地小，从整体的架构进行拆分，细分到一个具体的用户名或安装路径，都尽可能标准化。

2）流程化原则：将日常每一项工作拆分成尽可能小的执行步骤，指定对应的执行人和具体的操作内容，再通过流程将这几个步骤按照通用的顺序串联起来。

3）一致性原则：无论是运维的每一个对象还是流程，除业务要求的特殊情况外，都需要遵循相同的规范要求进行统一配置。

涉及数据规范的标准化主要是软件配置层面，其最大的优势在于可以通过自动化统一调度，而不需要考虑过多不同的复杂场景，在这个前提下，运维所产生的数据也就有了相对的统一性，我们可以按照一定的范式将数据进行抽象后分类，降低数据获取和分析的难度。

常见的配置标准化包括以下内容。

❑ 操作系统标准化：包括命名规则、版本、分区、参数、空间等。

❑ 软件部署标准化：包括版本、安装目录、功能配置、参数文件、补丁等。

❑ 数据备份标准化：包括窗口、周期、保留时间、备份路径、备份方法等。

❑ 系统监控标准化：包括监控内容、维度、阈值、通知方式等。

❑ 网络配置标准化：包括 IP 分配、端口管理、防火墙启停、交换机策略、访问协议等。

❑ 安全防护标准化：包括审计、密码复杂度、权限、黑白名单、杀毒软件等。

有了运维的标准后，需要通过管理的方式去落地，包括输出成标准手册并安排培训、制订关键绩效指标（Key Performance Indicator，KPI）对标准的执行情况进行监测和考核。总之，一个规范化的运维管理体系建设的最终输出是一种"运维文化"，文化是一种潜移默化的身份认同，只有建立这种基础认同，才可能在上面创造出灿烂的文明。

2. 数据获取

数据产生于运维的方方面面，通过规范化对数据出口及格式进行了限定，明确获取渠道只是开始，保持获取的稳定性是这个阶段的主要目标。

（1）配置数据获取

CMDB 是基本数据的来源，配置信息的准确性来自 CMDB 的更新能力，定期扫描获取包括操作系统、数据库、中间件、应用系统等配置数据，同时还需要维护好系统与组件之间的关联性，需要具备以下几个能力。

❑ 配置查询：具备满足不同维度的对象筛选功能。

❑ 变更同步：日常或定期的更新维护后，最新的配置信息会自动同步并检查确认。

❑ 差异对比：满足基线的对比或者相同类型组件的对比的功能，及时发现变化或差异。

（2）监控数据获取

监控数据是运维人员了解整体系统运行状态的一个窗口，其数据最大的特点在于实时性，而且大部分数据处于动态变化中，对监控告警的获取需要具备以下能力。

❑ 全方位监控：包括硬件、网络、系统、中间件、数据库、应用等都具有监控能力，所有信息系统相关数据都处于持续监控之中，让运维不存在盲区。

❑ 性能监控：与状态监控不同，性能监控对实时性的要求更高，颗粒度更细，而且结合智能化达到一定的趋势分析能力，对应用系统的优化具有较高的参考意义。

❑ 定制监控：部分应用存在其运行的特殊性，监控系统可以根据其业务特点专门定制一些监控项及告警内容，灵活、方便地进行配置管理。

（3）日志数据获取

系统和应用在运行时会持续地产出日志，日志的输出量可以达到 GB 的量级，对海量日志的实时分析是大数据平台的核心功能，对日志的获取需要具备以下能力。

❑ 检索过滤：通过关键字如 error 进行日志内容的匹配并过滤出对应的内容。

❑ 组合查询：对特定的日志信息需要通过多个条件的组合查询。

❑ 组合判断：单一关键字可能对应多种复杂的场景，需要结合其他日志输出信息才能较为准确地判断问题。

3. 数据治理

数据治理是一个相对抽象的概念，与数据获取相比，数据治理更侧重于使用一个相对体系化的框架，对数据流协作进行开发和维护，从而改善数据的质量，达到促进业务的作用。

国际数据管理协会（DAMA）对数据治理的定义为：对数据资产管理行使权力和控制的活动集合。国际数据治理研究所（DGI）给出的定义为：数据治理是一个通过一系列信息相关的过程来实现决策权和职责分工的系统，这些过程按照达成共识的模型来执行，该模型描述了谁（Who）能根据什么信息，在什么时间（When）和情况（Where）下，用什么方法（How）采取什么行动（What）。换句话说就是，数据治理是一个可以保障数据可信的方法论，可以提升数据价值并驱动业务的管理策略。

声音在空气中传播会衰减，同理，信息在传播链条中也会产生变化，原因就是中间每个"节点"会对信息造成影响，有些经历损耗、曲解后的意思与之前完全不一样了。这里的关键在于传播节点对认知、理解、观念、思维方式等不尽相同。数据是具有生命周期的，当它在不同系统中流转的时候，如何确保不"失真"呢？

数据治理需要让人、流程、工具之间的协调形成生态，通过一个统一的数据平台，对多个不同系统的数据进行协同式维护，所有数据的传递、整合、编排、收敛、分析等都有策略可循，保证所有的数据都是可信、安全、合规。数据平台需要满足一定的数据架构来定义数据、管理数据、指导数据，好的数据架构要以打通前端、中台和后台，满足以下几个要求：

□ 能够体现业务与数据的映射关系，规范应用架构中的数据关系。

□ 能够从不同抽象的维度描述和定义数据，降低数据复杂度。

□ 能够提供一致的数据元标准，打破不同部门和业务之间的藩篱。

□ 能够管理数据的生命周期，包括生成、获取、转换、存储、维护等。

□ 能够以服务为导向，在数据建模的同时考虑业务的需求。

15.1.3　智能化阶段

智能化阶段是整个数字化转型的最后一个阶段，但实际上这个阶段的目标从一开始就已经根植到之前两个阶段中，自动化是骨架，数据化是血液，智能化就是大脑了。这在 3 个阶段映射了运维领域热门的 3 个词，具体如下。

□ DevOps：自动化、开发和运维、工具、技术运营、质量保障、协同。

□ DataOps：数据规范、运营可视化、大数据平台、数据生命周期管理。

□ AIOps：人工智能、算法运维、机器学习、持续洞察。

AIOps 是 Gartner 于 2016 年提出的一个概念，AIOps 将机器学习（Machine Learning，ML）和数据科学应用于 IT 运维中。AIOps 结合了大数据和 ML 功能，可以部分取代或增强主要的 IT 运维功能，例如可用性和性能监控、事件关联和分析以及 IT 服务管理和自动化等。AIOps 平台使用和分析信息系统持续增长的数据规模、类型和效率，并以有用的方式呈现这些数据。AIOps 的蓝图是非常美好的，很多企业的 IT 管理者对于将人工智能投入运维中充满期待和热情。智能化阶段的目标是通过机器自动学习，达成在自动化、监控及服务台 3 个维度上的运维规则自定义，甚至可以达到无人值守运维，最终实现 IT 运营的商业价值最大化，如图 15-4 所示。

图 15-4　AIOps 蓝图

智能化的建设路径可以分为 3 步，分别是资源准备、监控支撑以及业务决策。

1. 资源准备

（1）基础平台

从技术层面来讲，AIOps 需要数据、算法模型两个最为核心的要素，数据的支撑需要一套整体的运维大数据体系，算法模型的支撑则需要一套整体的挖掘框架体系，以及执行决策的自动化系统。

- ❏ 运维大数据：需要有集成多类数据源、一站式低门槛的数据开发、统一的多样化数据存储和查询等功能。
- ❏ 数据挖掘：全流程、可视化数据建模，支持多种机器学习框架、交互式建模 IDE、可视化样本标记等功能。
- ❏ 数据分析：通过数据交互生成新数据和元数据，定义数据意义。
- ❏ 算法和机器学习：通过人工标志数据不断反馈系统训练模型，提升企业数据决策能力。
- ❏ 自动化系统：需要集成企业 CMDB、作业执行、编排引擎、自定义场景等功能。

在上述技术中，最核心的是算法，一般来说可以与学术界进行合作，或在社区中获取。在早期训练数据集和反馈数据量比较少的情况下，采用无监督学习，具体实现是用模式识别的技术来判断指标是否关联。关联性是通过时间序列曲线相似度来衡量的。机器学习算法库提供计算时间序列曲线相似度的各种算法，比如欧几里得距离、曼哈顿距离、闵可夫斯基距离等。在有足够的数据集以后，算法演化成有监督学习、随机森林算法或者神经网络算法等。

更为核心的是这些功能模块之间能力需要相互打通，不能仅仅是独立的各个模块，应该有一套平台架构来支撑各个个性化的场景，尤其是打破数据烟囱、功能烟囱，这样才能实现有效的智能运维生命周期（数据采集—数据建模—机器学习挖掘—自动化执行—反馈）落地。AIOps 基础平台技术如图 15-5 所示。

图 15-5　AIOps 基础平台技术

（2）人员团队

AIOps 团队的准备也是基础条件之一，企业应该更关注跨技术领域的综合性运维人才，他们更懂运维场景，更懂业务需求，更关注智能运维能实际解决哪些问题点，而不是为了智能而智能。只有对应的人员组织达到"合适"的状态，才可能产出对应的果实。一般来说，智能化阶段的团队至少需要具备以下几个方向的人才。

- 业务需求分析师：IT 服务是以业务为导向的，不同行业的数据服务对象和方式不一样，只有对特定业务的需求有一个透彻的理解，才可能推动算法分析聚焦到应用方向，进而服务于业务。
- 运维工程师：不仅要懂技术，还要懂运维，最好有丰富的运维实践经验，对各种运维场景有深刻的认知和见解，有较强的运维故障处理能力，可以协助训练计算机，将一些复杂的问题分析方法简化为具体的逻辑流程。
- 数据分析师：对数据高度敏感，具备统计学、数学、程序编排等相关能力，可以对数据模型进行定义和抽象，设计数据分析的方法论。
- 算法研发工程师：可以满足某一开发语言的编写和落地，通过算法实现具体的数据采集、处理、运算等，配合数据分析师将业务需求通过最优的逻辑来实现。

2. 监控支撑

监控是智能化阶段最容易试点的环节，从整个运维管理体系看，监控是场景简单、数据充分且需求明确的节点，这是目前智能化发展的方向，也是从单点应用到融合应用的过渡方式。在监控自动化实现的过程中，最初的运维数据采集只涉及简单的监控告警场景，但后来涉及多维度的统计和分析时就需要一个大脑来实现，而且不仅要能分析数据，还要学习这些数据的规律和模型，并最终产出行为决策。假如说监控是运维的眼睛，那么智能化就是用来回答运维看哪里、看什么以及看见之后怎么办等问题的。当前主流的智能化场景包括以下几点。

1）发现故障：基于机器学习的异常检测，例如，目前监控数据的异常阈值往往是静态的，无法有效规避变更时间、特殊节假日、业务正常的高低峰等，简单阈值、同环比算法的覆盖面有限，很容易漏警和误警；基于历史数据或进行样本标记的 KPI 异常检测，能第一时间发现问题，检测模型能覆盖大多数曲线类型，能较好地适应业务生命周期中的变化。

2）分析故障：基于机器学习的故障树挖掘，定位故障发生的根源及其原因。例如，首先实现故障精准定位，定位在多指标情况下的业务异常（多指标检测的异常）具体是哪个指标导致的，然后根据故障树挖掘和知识图谱，实现故障的精准根因分析。

3）故障自愈：基于经验的提前设定或者规律地自动学习。例如：生产服务器故障的情况下自动判断环境是否可访问，并根据日志关键字匹配自定义的恢复方案；磁盘空间不足情况下判断空间占用情况，调用预设好的自动清理脚本等。机器通过不同告警的应对，自动通过日志或告警信息关键字分析评估出最优的解决方案。

3. 业务决策

当在监控方面有一定的探索经验后，平台融合及算法能力满足一定条件，机器可以实现大部分运维的智能化决策和执行，大部分场景可以实现无人值守运维，这代表智能化运维进入成熟期，从监控支撑扩展到部署变更、容量管理，最后到业务决策。

业务决策是面向未来的，存在一定的不确定性，且涉及的关联较多，在没有大量的数据支持算法、完全实现智能化之前，最好还是把最终决策权掌控在人手里。让 AI 提供辅助决策功能，这个阶段要求深入运营场景，辅助业务运营过程中的一系列现状进行决策，针对未来进行预测，如营收预测、舆情分析与预测等场景。

最常见的预测功能是基于机器学习模型的指标预测。例如，基于多种回归和统计方法，实现对不同级别粒度的业务数据的预测，包括业务指标预测、容量预测等，如双 11 业务对组件容量和资源容量的容量预测等。

15.2　实践方法论

前面已经介绍整个运维管理体系转型的几个阶段，但具体怎么来执行呢？本节主要从"道法术器"中的"术"这个维度，介绍运维管理体系转型落地过程中常见的实践方法论，其中最关键的是设定好转型的目标，只有把这个目标搞清楚，接下来才可以拆解成具体的步骤，按照 PDCA 循环进行行为细分，建立好每个步骤中的关键举措并贯彻落实。最后是持续改进与创新，并且做到不忘初心，始终以业务为中心。

15.2.1　设定目标

1. 明确当前运维的问题

运维为什么要转型？其最直接的意义就是解决当下以及可预见的将来会产生的一系列问题。我们说所有的运维都是为业务服务的，只有从业务视角解决了他们的问题，运维的转型才是成功的，所以，作为设计者，在设定目标之前，最关键的是明确当下业务所面临的问题以及趋势，以便有针对性地去设定运维的目标。

比如运维自动化转型，为什么要自动化呢？是为了让运维人更轻松吗？不是，究其原因，是业务发展得太快，支撑业务的运维对象指数级增长，两年前运维 50 台机器，招聘几个运维工程师每天进行巡检、监控、升级，基本能保证业务的稳定性，而当业务长足发展后，支撑业务的机器变成了 1000 台，这时候还像原来一样，招 50 个人来做吗？不现实，一是成本上不允许，二是人肉堆叠运维，会带来规范性问题以及主观操作风险，这些问题会因为团队的壮大而日益凸显，因此，我们开始往运维自动化转型，以运维平台的理念来管理 IT 基础架构，使其更加标准化、自动化、高效化。

同样，由于业务服务的多样性和快速的迭代，部分应用要求一天一个版本，甚至一天

5 个版本，如此频繁地发布和迭代，如果还是按传统的打包、停服、替换、检查、启动的方式，出现问题还要重新再来一遍，这样会让开发和运维人员疲于奔命，并把有限的精力投入无限的重复劳动当中，因此，我们需要转型到 DevOps 的持续发布当中来。这就是设定转型目标的第一点，明确问题所在，并通过转型直接解决。那么当前运维主要面临哪些问题呢？

（1）运维对象越来越多

前面说到，所有需要解决的运维问题都是业务问题传导过来的，当业务发展朝着多元化、细分的路上越走越远的时候，带来的运维问题是运维对象的类型和数量越来越多。首先，运维对象的类型快速变多，以前招人只需要懂 AIX 和 Oracle 基本就能满足业务的需求，现在运维对象从底层架构、操作系统，到上层的数据库、中间件、应用服务等层出不穷，一个上了规模的企业，其数据库都可以有几十种，越来越细分，越来越专业化，这也是运维对象类型的变化趋势。其次是运维对象的数量，一套应用已经从几台物理机的时代变为几百台虚拟机或几百个容器的时代，而且随着互联网业务的爆炸式发展，数量还在疯狂上涨，传统的人肉运维完全无法再应对，自动化转型是一种必然的选择。

（2）运维要求越来越高

变，是这个年代最大的主题，在运维领域亦是如此。传统的运维内容如服务器上架、基础软件安装、日常变更维护等，以及基础架构几年一直都没什么变化，而如今，随着互联网的崛起，业务上线和更新的要求、成百上千机器的资源交付、应对特别活动时的批量机器扩容、应用大规模的发布等，时刻都在让运维人员绷紧了神经，一场"双 11"的狂欢，是消费者释放购买欲望的狂欢，却是多少电商上下游运维人员的噩梦，随时可能出现的大批量的集群扩容、机器上线等都不是传统运维可以应付的领域，只有积极转型，才能跟上业务发展的步伐，发挥运维的职能。

（3）运维服务用户越来越多

所有的服务都是向业务看齐的，传统的运维只需要满足研发的需求即可，而现在的运维必须同时满足研发、测试、应用的需求，且要协调这多种角色之间的需求关系，所服务的用户不同，所提的需求都是不同的、个性化的，因此，传统的运维服务模式已经不再有效，而被标准化的、流程化的沟通逐渐取代。如何保证基础架构整体的标准化和统一性，是运维人员需要面对的问题，只有标准化推行得足够好，自动化、数据化与智能化的推进才会更加顺畅。

2. 明确当前运维的阶段

前文提到，运维的演进路线是从传统的手动运维，到自动化运维、数据化运维，最终走向智能化运维。设定目标的第二步是要明确企业当前的运维现状，是处在演进路线的哪个阶段，只有这样，在设定目标的时候，我们才能设定恰当的短期和长期目标，运维转型才能循序渐进，既不过分跃进，又不过分保守。

那么如何明确企业当前运维的阶段呢？运维现状处于什么阶段是由主要的运维活动定义的，下面举个例子说明。

如果企业运维部门日常的主要运维活动是安装部署操作系统，配置变更数据库、中间件，每天按时巡检设备，巡检操作系统及其组件和服务，巡检应用，形成巡检报告并统一提交归档，每个月应对漏洞补丁，运维人员每天都在焦头烂额地处理应用的各种故障，那么这就是典型的手动运维阶段。转型的短期目标就是要规范化、标准化，引进自动化的工具或平台，将这种重复的、个性化的运维需求统一起来，并批量、自动、高效解决。

如果企业运维部门日常的主要运维活动是围绕着一堆自动化运维的工具在迭代、优化和使用，大部分的需求通过工单系统自动流转到自动化运维平台，通过对接实现工单需求的自动化处理，比如自动化的资源交付，要上新一个应用系统的操作步骤是应用负责人发起工单并填写所需的资源需求，选择标准范围内的操作系统版本，虚拟机资源需求，数据库、中间件的配置需求等，一键生成工单并审核通过后，对接自动化工具，后台完成了虚拟机、数据库、中间件等部署，并通过自动通知方式告知申请人和运维管理员，确定自动部署的资源是用户所需的，接着自动分配账号，自动开通堡垒机服务和防火墙访问策略，自动加入监控，自动纳入备份系统，所有涉及的配置信息自动入库 CMDB，并形成自动的监控和采集，最终反馈一个交付清单出现在工单完结后的界面，一个新的应用系统就完整部署完成，我们说这就是自动化运维阶段的典型特点。一切手动的、常规的、重复的运维工作都被自动化替代，运维人员的主体工作变成了维护和优化迭代这些自动化的工具和平台，并根据运维的发展不断丰富出细分的运维自动化工具。

这个阶段已经是比较完善的自动化运维阶段，目标的设定就在于针对这整个运维链条上的数据，如何去治理、分类，提炼出更结构化的运维数据，通过对这些数据进行分析，充分优化整个运维活动中的环节，用数据来推动流程的优化，通过流程的优化反过来影响数据的有效性，类似工厂里的流水线，实现机械对人力的替代。

如果企业运维部门日常的主要运维活动是通过数据建模将日常的运维数据进行整合、分析、呈现，并使用最终呈现出来的规律和特点，持续优化运维的整个链条的各个环节，数据是整个运维活动中赖以决策的主要对象，有足够强大的平台针对海量的运维数据进行管理，把一个个的运维活动通过数据抽象成一个个的模型，更进一步的目标则是投入全新的、当前还在探索中的 AIOps，通过模型的抽象和数据的训练，能够智能学习和自我优化，预测运维活动中即将出现但尚未出现的问题，并非常灵活地提前处理和消除这些隐患，将运维真正做到防患于未然，最大化地利用资源，最高效地支撑业务。智能化运维的核心就是数据驱动业务，让业务人员轻轻松松便能掌握各类数据的详细情况。

3. 明确业务特点及方向

设定目标的第三步就是明确企业运维未来的方向。我们通过企业主要的运维活动定义了当前的运维阶段后，未来企业运维要朝什么方向发展和规划便是企业运维管理者的重要职责。如果方向反了，跑得越快就越慢，而如果方向明确，就像一个漫长旅途中的旅人一样，一直有北极星的明确指引，积跬步一定能成千里。那么如何确定未来的方向呢？运维人员还是需要以业务为导向，从业务的特点来规划未来的方向。如果是互联网、科技、新兴产业等业务变化频繁，系统功能、访问量、数据量都存在较大的变动的行业，运维规划的核心就是灵活，可以随着业务的变化而快速适应，那么未来的方向可以往持续部署的 DevOps 方向考虑，支持快速的发布、变更及无缝的切换，才能跟上业务的节奏。

例如，一个互联网的游戏应用停机 10min，带来的问题不过是玩家的吐槽和赠送一些道具，游戏足够有趣的话，没有人会关注这 10min 究竟发生了什么，玩家对游戏系统的关注更多的是在"是否会丢失购买的道具""是否在更新节日活动"等。

相反，政府部门及制造业等传统行业，其业务特点是业务需求相对稳定，系统功能、访问量、数据量等的变化都比较平缓，系统的可用性非常关键，保持稳定是运维的核心目标，因此以监控为首的自动化运维管理体系的建立是运维规划的未来发展之路，全面的监控覆盖，自动化的快速问题处理，把故障消除在萌芽状态。例如 12306 网站，10min 的停机将会对全国多少人的出行造成影响，早年出现过春运的刷票大军导致系统崩溃的现象。类似地，在传统制造业，一个系统宕机 10min，工序无法录入和流转，整个车间停机 10min，恢复后再重新开机启动整个生产线，其影响和损失是不可估量的。总的来说，传统行业以稳定为运维目标，其运维的发展以快速响应和全面覆盖为目标，新兴行业以快速迭代为运维目标，其运维的发展以更便捷地发布和更新为目标。

4. 设定短期和长期目标

在明确了业务的需求、当前运维存在的问题、当前所处的运维演进的路线、未来的发展方向之后，接下来就要设定运维发展的目标。运维不是一个有时间期限的、一锤子的买卖，可以说有企业、有系统就会有运维，运维的发展注定是一个长期的、持续不断的发展过程，对于这种没有明确时间界限的事业，短期目标和长期目标的结合是非常值得考量的。

短期目标的设立是为了让所有人都清楚接下来要做什么，往哪个方向做，如何评价过程的有效性，而长期目标的设立是从长远的发展来看待运维这件事。随着业务的发展及行业、技术的演进，运维也是一个动态发展的过程，长期的目标着眼于未来的业务发展，让所有人知道当前做出的改变是有意义的，对未来是有益的。运维的转型和发展不是简单的技术的发展，而是组织、流程、工具的共同发展和适配，没有组织和流程的支撑，再好的工具也无法真正落地，何谈改变运维的现状，而工具是一切的技术基础，是必要条件。只有组织、流程、工具三位一体，相互配合，才能朝着未来的目标发展。

通常来说，短期的技术积累、工具的引进是变革的基础，且从实际推进落地来说，直接解决当前重复的、繁杂的问题是最重要的，也是最容易让人接受的。解决这些运维久远的问题的关键毫无疑问是自动化工具的引入，因此，短期的目标可以往工具的建设上去考虑。工具的建设是短期内可以看到成效的，如果工具建设初见成效后，再进一步推进标准化、流程化的建设，从工具化中看到的优势就可以让人克服组织和流程转型中的阵痛，最终把组织、流程、工具三位一体的统筹建设推动起来。

长期目标是一个漫长的、具有不确定性的目标，我们着眼于当前业务的发展和预测未来的变化，对业务的适应性做判断，来进行长期目标的规划，把长期目标分解出来，让短期目标一节节推进，并在过程中根据业务的实际变化适当调整，最终实现长期目标。我们一直说，业务的需求和发展是运维的唯一目标，没有一成不变的长期目标，只有一成不变的原则，即业务为上，服务好业务，共同为企业的战略发展做出贡献。

15.2.2 实施步骤

1. 建设蓝图

运维蓝图的建设主要是从全局上规划整体的运维建设，避免在建设过程中顾此失彼、有所遗漏。建设蓝图通常有几种架构体系，比如从下到上规划，包括基础平台的建设和运维场景应用的建设，以实现一体化、全方位的运维支撑体系，如图 15-6 所示。

运维场景应用又可以从横向架构考虑，每个模块都有对应的支撑工具和组成部分。

- ❑ 监：主要是监控管理、告警管理、日志管理等。
- ❑ 管：主要是配置管理、资产管理、台账管理等。
- ❑ 控：主要是自动化作业管理、巡检管理、补丁管理等日常运维管理。
- ❑ 流：主要是流程管理。

2. 设计方案

规划了运维的整体蓝图，我们就要对蓝图的整体以及每个模块设计技术方案，以指导实际的工具场景实现和落地。

（1）整体蓝图实现的技术方案

整个 ITOM 的运维转型要基于一个开放的、稳定的 PaaS 一体化平台进行打造，实施的设计要求如下：

- ❑ 技术平台应选择业界领先、成熟的自动化运维平台，足以支撑本单位在当前业务场景下的需求和未来场景扩展的需求。

❑ 实施过程遵循标准项目管理规范进行把控，考虑项目过程控制、变更管理、需求管理、设计编码管理、测试管理、配置管理等主要管理过程和领域。

❑ 质量管理是重中之重，严格按照 ISO 质量管理体系规范要求，对照目标实施过程及交付结果进行质量规划、管理和控制。

❑ 科学组织人员团队，保障每个任务都有人负责和执行。

信息展现		
统一运维门户	移动端运维入口	运维信息大屏

运维场景应用			
服务器监控	网络监控	运维流程管理	巡检自动化
数据库监控	存储监控	IT服务台	部署自动化
中间件监控	机房动环监控	安全监测预警	变更自动化
应用系统监控	业务运行监控	故障自愈	……

基础平台						
配置管理	模型定义	配置发现	配置消费	公共组件	用户管理	组织管理	统一权限
	配置数据维护	配置权限管理	配置审计		报表服务	消费服务	操作审计
开发框架	开发模板	应用管理	应用发布管理	作业服务	脚本管理	脚本执行	作业编排
	应用运维管理	运维服务总线	……		文件分发	流程引擎	作业配置
采控服务	节点管理	采集器管理	采控通道	数据服务	数据接入	数据清洗	数据质量管理
	API网关	数据总线	……		计算引擎	数据存储	数据消费

图 15-6 运维蓝图

实施方案的整体设计原则如下。

1）"平台＋应用"模式：全面支撑以应用为视角的全生命周期运维管理；建立一体化运维平台，运用场景输出模式对运维功能进行解耦；打造承载所有运维功能的统一平台，平台具备接入资源层、提供运维服务能力和可承载自定义开发应用的能力，平台具备强大的延展性和服务支撑性；将所需的运维功能进行场景化，以工具化的方式运行在统一平台上，调用底层平台所提供的能力服务；实现功能敏捷迭代，功能之间不再以烟囱式方式构建；提供便捷、快速服务组合功能，保留未来的充分扩展性。

2）功能全覆盖：构建监、管、控、流全运维场景于一体的运维管理；功能设计覆盖基础平台和监控的各个功能模块，实现统一一体化 IT 运维系统平台；为未来数据化、智能化业务场景预留扩展能力。

3）标准化：通过平台统一承载和管理运维场景工具；平台提供统一的开发框架，实现统一的平台应用开发标准，使得各个系统可根据个性化需求打造自动化运维的场景工具。

4）先进技术架构：构建一套高可用、高性能安全运行系统；摈弃传统单体设计模式，采用业界先进微服务设计模式；利用分布式、高可用技术实现平台高可用、高性能；采用开放式标准化的平台接口设计，实现与外围系统的灵活集成。

（2）监控管理场景设计方案

监控场景的设计重点是以应用为视角的整体监控闭环的管理，包括统一监控管理、统一告警管理、日志检索、故障自愈、监控可视化大屏等功能。

统一监控管理着重解决以下 3 个方面的监控难题。

1）如何监控？

❑ 从动环到硬件，再到软件、应用，最后到用户，监控对象多且杂，如何一一覆盖？

❑ 针对存量监控工具如何消化？

❑ 监控工具之间的孤岛如何处理？

2）如何告警？

❑ 告警太多，如何沉淀有效告警？

❑ 系统越来越大，运维成了摸象的盲人，怎样监控全局？

3）如何处理？

❑ 告警处理无记录，与企业运维流程管理脱节，无法形成知识沉淀。

❑ 告警处理纯靠手动，每个月都在徒手处理相同的故障。

整个企业一体化监控方案的设计可以遵循分层化思路，将监控架构按照监控这个"业务"的需求进行不同层次的拆分，常见的场景可以从下而上拆分成 3 层。

❑ 底层机房里的物理设备，以及基于这些物理设备之上的软件的数据采集。

❑ 对采集上来的物理设备和软件状态数据进行算法分析和通知配置。

❑ 用户根据收到的信息进行相应的操作。

整个分层化设计如图 15-7 所示，通过结构化思维可以清晰地得出想要的架构方案。

（3）配置管理场景设计方案

配置管理（CMDB）需要支持对象配置信息自动采集，并与监控系统、自动化运维系统、ITSM 流程系统等打通形成配置数据管理的闭环。基于运维的目的，一切以应用为中心，因此，一款面向应用的 CMDB 是比较适合当下的运维发展的，传统的运维以数据中心建设为目标，现在的运维必须以业务的稳定运维为目标，而配置管理在整个运维管理体系中扮演着基石的角色，为应用提供各种运维场景的配置数据服务。配置管理需要包含的主要能力如下。

- 模型种类和每个模型的 CI 自定义。
- 模型实例可视化增删改查。
- 模型实例的 CI 可视化增删改查。
- 质量管理、数据比对。
- 实例 CI 项自动发现。
- 批量操作、增删改查。
- 对接监控系统、数据消费集成。
- 接口服务，提供消费数据给其他系统。
- 全方位、灵活的报表功能。

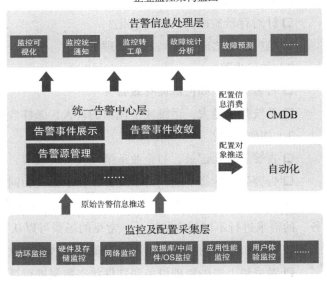

图 15-7　监控能力设计

以应用为中心的 CMDB 逻辑架构如图 15-8 所示。

（4）运维自动化场景设计方案

运维自动化的场景是最常见的运维痛点，比如漏洞补丁管理难、巡检任务工作重、批量作业效率低等，都是长久困扰运维人的问题。在运维转型的过程中，针对问题，必须要有直接解决问题的决心，才能把这场运维的变革推动下去，成功落地。所以运维自动化的场景设计中，多系统打通、多对象统管是关键。运维自动化整体架构如图 15-9 所示。

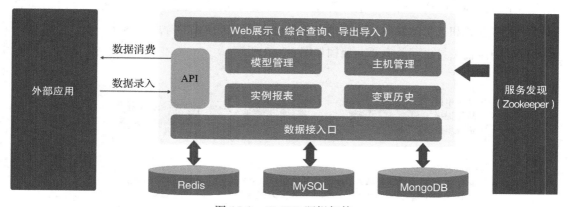

图 15-8　CMDB 逻辑架构

图 15-9　运维自动化整体架构

（5）流程管理场景设计方案

流程管理的规范化是传统运维向自动化运维转型的其中一环，所有的工具和规范的建设必须以流程的管理手段来实施，流程是保证运维规范性的手段，通过流程的执行，把自动化运维的理念传递到每个参与运维活动的人，每件事都有法可依。而自动化运维中的流程主要应用于运维领域的变更管理、事件管理、问题管理、请求管理等，起到规范化运维活动的作用。随着业务和技术的发展，流程也需要具有跟随趋势变化的特点，因此，设计一款可以灵活调整的流程工具也至关重要，架构如图 15-10 所示。

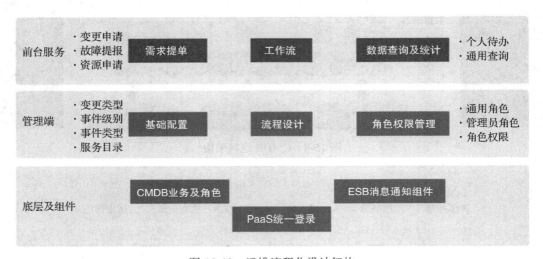

图 15-10　运维流程化设计架构

流程工具是打通全运维领域的媒介，需要具备很好的兼容性和开放性，通过与自动化运维平台的基础平台关联，以及公共组件调用，提供更为顺畅及友好的流程流转及应用服务。

3. 制订计划

凡事预则立，不预则废，制订合理的计划是任务稳定进行的重大保障，制订计划的原则是目标明确，具备可行性，任务拆分并责任到人，可量化可评估。其中任务的拆分是其中最难也是最关键的地方，运维的转型变革是一个庞大的工程，其中涉及之广、关联之多是显而易见的，面对如此任务，一步步将目标分解，形成一个个可执行的、可评估的小目标，对于整体计划的完成是至关重要的。

4. 持续改进

PDCA 是质量管理中经典的戴明环，它最初是用于质量管理上的管理理论，是由英文单词 Plan（计划）、Do（执行）、Check（检查）和 Act（处理）的首字母组合而成的。PDCA 循环就是按照这样的顺序进行质量管理，并且循环不止地进行下去的科学程序。

❑ P：包括方针和目标的确定，以及活动规划的制订。

❑ D：根据已知的信息，设计具体的方法、方案和计划布局；再根据设计和布局进行具体运作，实现计划中的内容。

❑ C：总结执行计划的结果，分清哪些对了、哪些错了，明确效果，找出问题。

❑ A：对总结检查的结果进行处理。

运维管理是随着业务的变化而持续变化的，只有适应业务的运维架构和体系才是有意义的，因此，所设计的运维蓝图和规划需要随着业务的变化保持持续改进，也需要在整个过程中通过计划、执行、检查和处理，循环持续，保证运维的大方向是正确的，最终实现保证业务稳定运行的运维使命。

15.2.3　实施注意事项

1. 切忌操之过急

整个运维管理体系的转型是一项比较长期的工作，成功的数字化转型过程必须具备天时、地利、人和，绝对不是一蹴而就的，部分 IT 管理者喜欢追风，喜欢做面子工程，觉得新出的技术或体系非常高大上，就盲目投入，在没有充分准备或者相应条件满足的情况下，往往会出现事半功倍的效果，甚至一些项目最终烂尾，新的自动化运维平台上线后，根本没有人使用，白白浪费了大量人力物力。

数字化转型对于 IT 企业来说是一场重大变革，任何变革都会遇到阻力，最好的变革不是直接把市场上现有的成功案例搬过来那么简单，而是需要结合企业自身的实际情况进行评估并制订一套适合其特点的转型方案，才有可能顺利推动下去。数字化转型的落地一定是经过反复论证、实践才得出的，每个企业需要根据自己所在行业的特点以及自身的运作情况，选择合适的道路慢慢前行。

运维架构的更新迭代需要一定时间的适配，整个过程对于用户来说尽量透明，需要在保障当前业务稳定的情况下，逐步进行功能模块的替代。在每一次大动作前，都要提前考虑好几个前提条件，充分调研和论证后再进行决策。一般来说，主要考虑以下 3 个环节的资源情况。

（1）天时

天时讲究顺其自然，从时代的大背景及自身发展的需求上进行判断和把握，一方面，只有在整个产业技术成熟到一定程度时，才有可能触发技术的实际生产应用，例如在容器技术刚上市的时候，与很多平台的兼容性不佳，也没有监控厂商对其进行适配，这种情况下强行上容器平台，存在大量不可控的因素，风险非常高，需要进行严格的可行性评估；另一方面，考虑企业目前的发展阶段是否已经具备了变革的需求，主要从必要性出发，评估目前运维的痛点、这些痛点的优先级、解决这些痛点的性价比等。假如一家企业还处于初创期，各个系统只是刚上线阶段，业务不繁忙，这个时候进行智能化改造，由于没有捉住主要痛点，大概率收益甚微，甚至可能在花费了大量预算之后，对业务的提升并不明显，运维人员在不熟悉整体工具和流程的情况下，也无法很好地参与到项目中，项目无法达到预期效果。

（2）地利

地利主要指当前的运维基础环境以及制度流程是否已经满足了一定的转型条件，这些条件是转型的必要前提，可以支撑后期的实施工作。例如企业在快速发展期，IT 部门工作压力非常大，人手严重不足，如果考虑进行自动化的建设，那么需要先思考一下：基础架构是否已经做好标准化？企业的 IT 流程是否已经定义好？运维团队有没有积累一定的脚本经验？自动化涉及的业务平台是否有现有成的 API 可以满足对接的需求？

如果没有先思考好对应的问题，全部等自动化建设的时候再来准备，那可能会导致项目延期甚至失败的风险。举个例子，某大型国企在推进自动化运维，外采的自动化平台需要在每台机器的操作系统上安装一个代理，但代理涉及某些主机端口和安全策略的开放，与企业的安全管控要求存在一定的冲突，而由于该国企的业务特殊性，信息安全是由一个单独的安全部门进行规划统管，开启这些限制需要走一个很长的审批流程。运维部门和安全部门在这个问题上开了无数个会议，耗费了大量的人力物力进行反复论证后才得以解决。整个项目在这个环节上卡了几个月，最终导致项目严重延期，而这些在前期调研的时候就可以发现并且避免的。

（3）人和

人和涉及两方面，一是企业整体的组织架构，二是运维人员的基础能力，这两项也是伴随着数字化转型进行变化的，只有它们与当前 IT 架构彼此适应的情况下，才有可能把整个信息系统运维好。

一家企业的成功有几个决定性因素，分别是战略、组织架构和执行力，同理，数字化转型也需要具备对应的数字化战略、数字化组织和数字化人才，缺一不可，如图 15-11 所示。其中，战略是长远的规划，属于 IT 管理者的工作，是优秀的管理者对未来的一个清晰的蓝图。

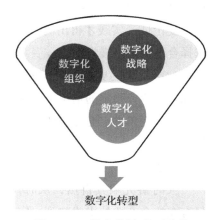

图 15-11　数字化转型三要素

组织架构是取得理想绩效的前提，好的组织可以发挥人的优势、激发人的善意、释放人的潜能。管理者需要根据转型过程中产生的关键活动进行分类和定义，并为此匹配具体的岗位和团队，达到优化组织层级、减少"部门墙"、提高效率的目的。清晰的岗位和职责也可以让每个员工明确自己的定位和责任，有利于提升团队成员的主观能动性。

战略的落地需要将工作细分到每一个具体关键活动，每个活动都需要对应的人来执行，所以执行力与人的能力有紧密关联。对于知识工作者来说，能力来源于两部分：一是现有已经掌握的技能，对一个或多个具体技术有深入的专业知识，例如某种语言的编程能力、某个系统的维护经验、某类数据库的架构知识等；二是快速学习的方法论，能适应各种新技术层出不穷的变化，快速学习上手并拥抱运维工作的变化。在运维转型过程中，一方面需要有既定技能的人才来做一些算法研究、程序开发、运维操作等工作，另一方面需要人才来胜任新的岗位，例如企业在上线 CMDB 后，需要一个配置管理员进行数据治理，这在上线之前就要考虑好，而不是临阵任命，徒增风险。

2. 持续改进与创新

在运维转型实践的过程中，由于接触的是大量的新内容，因此难免会遇到各种各样的问题，对整个团队来说是一个挑战，需要一个先进的方法论来指导，但是具体采用什么方法，则根据实际情况进行判断。人们往往容易因为过往的经验而导致对新事物的不适应，这个方法也许在以前无往不利，但面对新的问题就不适用了。我们不能死守过往的经验，需要通过持续的技术或制度创新来适应新的环境。

在转型落地过程中，没有一成不变的方法，所有的方法和过程都处于变化中。持续创新要求团队成员以"空杯"心态来对面新事物，努力汲取各种知识，并为新事物做好把旧事物打破重来的准备。持续改进作为一种管理理论，改进的对象包括技术、工具、方法、模型、过程、资源、制度等，运维管理体系的改进以企业管理体系的要求为基础，以信息中心的细则、流程、指南、指导书为依托制订持续改进计划。同时，为了保证管理体系的持续有效，还需要定期进行体系回顾，如定期组织相关流程负责人了解用户对服务满意度状况，根据反馈结果分析并提供改进建议。

创新需要更专业的技术，是一种突破，一种"更剧烈"的改进。改进积累到一定程度，也能够达到创新的效果，但其中必定包含大量的小创新，才能完成量变到质变的突破。创新需要一个开放的氛围，不迷信权威，敢于质疑，勇于尝试，管理大师德鲁克总结过企业创新要做的 5 件事：

❑ 创新从分析机会开始，对创新机遇的来源进行彻底思考。

❑ 创新要倾听服务对象的期望、价值观和需求，走出去多看、多问、多听。

❑ 创新应该简单而专一。

❑ 创新始于细微之处，它们并不宏大，只是努力去做一件具体的事而已。

❑ 创新的目标要设定高远，瞄准领先地位。

需要注意，运维转型过程中持续创新有 3 个禁忌：

❑ 创新不要太过度，对应的产品一定要简单、易上手，不能过于复杂。

❑ 创新不要过于多样化，不要一次想做太多的事情，要专注。

❑ 创新不要面向未来，要落脚于现在，为现在的问题进行创新。

持续改进和创新是一项系统性工作，需要严密的分析和辛勤的工作，在整个转型落地的过程中，把所有的问题都当作机遇，有意识地进行改进和创新。

3. 始终以业务为中心

运维管理体系的最终目标是服务于整个信息系统，而信息系统是服务业务的，所以从目标出发，运维必须与业务紧密相连，以业务为中心和导向。以业务为中心，意味着要为各个信息系统提供监控、安全等辅助平台，充分保障业务系统的稳定运行，打造好运维的"服务"功能。整个运维管理体系分别从流程、平台、团队 3 个方面，始终围绕业务进行建设，如图 15-12 所示。

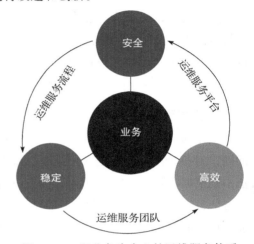

（1）运维服务流程

图 15-12　以业务为中心的运维服务体系

完善的运维服务制度和流程是整个体系建设的基础，重点定义了各项运维活动的标准流程和岗位职责，涉及各种基础架构及系统的管理制度，保障运维工作的质量与效率。管理层制定各种制度及流程时，如网络管理制度、安全管理制度、备份管理制度、故障响应制度、系统开发和测试规范等，要充分考虑灵活性，以业务为中心，从以下几个目标点出发，打造专业、快捷的服务响应。

❑ 一站式服务，所有 IT 问题都有统一的平台或接口。

❑ 规范清晰的服务流程说明，让用户简单理解、易上手。

❑ 快捷、及时的服务响应，保障 7×24 小时都有值守。

❑ 明确的问题响应和反馈机制，保障信息通告顺畅。

❑ 周全的应急预案，使所有意外情况都有法可依。

另外，管理制度终究是死的，而人是活的，对于一些特殊情况，需要足够的变通才能达到更好的服务效果，因此在流程规范的制定上，需要通过一些大原则预留一定的变通空间，例如"优先恢复业务访问""运维操作提前备份"等，在满足大原则的前提下，能尽可能地提升运维服务体验的行为都是应当鼓励的。

（2）运维服务平台

这里的运维服务平台指的是一体化的工具集合，包含自动化操作、监控告警、配置管理、运维知识归档、大数据分析平台等，通过这些基础运维工具，分门别类地实现信息系统的自动化、数据化和智能化，是辅助运维工作师实现运维目标的利器。这个平台从最开始的设计到最终的落地使用，都需要遵循以业务为中心的原则。

在产品设计之初，就要充分考虑：受众有哪些？除了运维工程师外，业务人员是否会参与进来？如果公司内部大量员工要使用该平台，需要考虑产品的简洁性、易操作性，不要有让人看不懂的特殊技术名词，完全站在用户的角度思考，他们想象中的产品长什么样，尽量傻瓜式，这其实也是产品设计的基础原则之一。

平台是流程制度的具象化，通过技术的方式将一些约定好的流程强制固化在操作界面上。例如，告警触发"致命"级别的通知需要汇报给 IT 负责人，那么邮件发送时就要自动抄送 CIO；日常变更涉及具体配置的修改，那么流程的第一个环节必须是配置备份；发生故障时，用户提单界面要求附加具体照片协助分析等。

（3）运维服务团队

IT 运维团队属性上属于服务行业，服务的对象是业务团队。服务行业对综合素质的要求是比较高的，需要重点培养。首先，最基础的能力是技术能力，没有扎实的技术是做不好技术服务工作的，这可通过在招聘时的要求以及入职后的实践两方面进行保障。其次是服务素质，运维工程师在业内算是比较辛苦的岗位，特别是系统不稳定或者需要大量变更的阶段，他们经常熬夜通宵，第二天还要值守，工作强度比较大，除了给予一定的鼓励外，还要求具有较强的心理承压能力和良好的身体素质。

除了技术素质、心理素质和身体素质外，IT 运维团队还要具备以下能力。

❏ 同理心，可以站在业务的角度换位思考来看待问题和需求。

❏ 沟通技巧，可以将复杂、抽象的技术问题解释清楚。

❏ 耐心，对于一些技术小白，也可以非常耐心进行沟通。

❏ 团队合作意识，不藏私不傲慢，一切以大局为重。

❏ 谨慎冷静，遇事不慌，胆大心思。

❏ 诚实守信，不瞒报谎报。

Chapter 16 第16章

运维管理体系转型案例

本章基于金融、能源、制造等行业的一体化运维建设案例,为我们深入呈现运维数字化转型项目遇到的问题以及采用的建设路径与方案。

16.1　某商业银行研运一体化建设案例

银行业 IT 建设较为领先,同样也面临技术快速发展过程中 IT 运维的复杂性和难度的提升等问题,本案例为银行业研运体系的建设提供了成功的实践经验,解决银行 IT 运维管理工具烟囱化和数据孤岛等问题。

16.1.1　运维转型项目概述

银行运维管理体系经过十数年的建设,拥有数十套功能各异的运维工具类系统,涵盖监控、自动化、大数据等领域,早期有效地支撑了银行日常运维管理工作。这些运维工具系统来自十多个软件厂商,功能割裂严重,甚至部分国外厂商已经逐步退出中国市场,导致服务能力下降,产品功能老旧,无法兼容越发复杂的 IT 环境,难以形成合力来提升运维工作的产能。一体化运维项目建设前的工具图谱如图 16-1 所示。

众多的运维工具逐步累积,且没有经过科学、合理的统筹规划,导致随着 IT 规模和复杂性的提高,不仅无法发挥整体协同效果,同时单点的运维工具也出现了问题。例如

CMDB 数据始终无法保障准确性，尽管每个运维人员都做出了极大的努力，但是数据更新的速度经常滞后于实际变化。

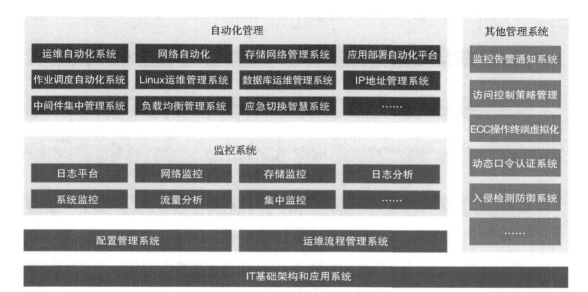

图 16-1　一体化运维项目建设前的工具图谱

上述问题的出现，我们不能说是运维流程的制定或执行的问题，更不能说是运维人员的努力程度和工作态度的问题，究其原因是生产方式和生产力出现了问题，老旧的生产方式不能满足越发先进的 IT 技术的需要。这时就需要我们从顶层设计上思考如何能够掀起运维的"工业革命"，以提升运维管理体系的生产力。

16.1.2　绘制运维蓝图

长期以来，我们日常运维工作以手工方式为主，使用的运维工具基本覆盖"监、控、管、治"各个领域，支撑着日常运维工作。运维工作也正处于从"手工化"向"自动化"转型的过程中，未来还需要进一步实现"数据化""智能化"的目标，这过程绝不是单单引入一套系统或平台即可实现，更深层次的目标是运维人员的技能和意识的提升，实现传统运维到运维工具开发、运维数据开发的人员和流程配套，实现"产品引入"到"自主开发"的底层转型，从而避免因产品功能不足、服务下降对运维产能的影响。因此，在运维转型的顶层蓝图中，我们考虑到了以下原则：

□ 支撑运维人员培养，满足实现传统运维到运维开发的能力需要。

□ 实现数据流与控制流的统一，为运维工具的服务治理奠定基础。

❑ 为所有运维工具提供统一框架，实现运维场景开发与底层基础能力的解耦。

❑ 使用面向未来的 IT 技术和架构，底层基础能力符合当前和未来的能力需要。

综上，我们规划了如图 16-2 所示的运维管理体系蓝图。

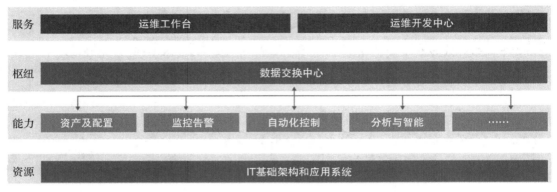

图 16-2　运维管理体系蓝图

在图 16-2 中，4 层设计中的每个模块都有特定的功能定位和功能规范，以后再建设的运维系统都应该遵循蓝图的要求进行匹配对应，而已上线的运维工具系统应按照蓝图重新梳理，其中无法适配的运维工具，或升级优化，或下线淘汰。

在运维蓝图中，"数据交换中心"将能力层各运维工具的 API 服务封装和注册，通过运维工具的配套改造，实现服务治理的目标。而"运维开发中心"旨在为运维人员提供简单、易用的开发平台，了解、熟悉、掌握一定的程序开发技巧，实现运维开发的转型。这两个"中心"是蓝图最终落地的关键，也是实现运维生产力提升的基础。

同时，能力层的不同运维工具规划也有其不同的功能定位。"资产及配置"是全网唯一的权威数据源，无论是能力层还是服务层的资产配置数据，皆需从"资产及配置"直接消费或双向同步。而"监控告警"中提供了连接受管对象的唯一通道，监控所需的指标、日志、事件数据通过唯一的数据通道进入运维建设中，再进行直接使用或二次处理和消费。

随着业界 DevOps 解决方案趋于成熟，"基础设施即代码"的技术也越发成熟，给我们运维蓝图的落地提供了很强的信心。

❑ 从运维对象出发，数据中心基础设施以及在其上运行的业务应用系统都应该被有效管理，配置管理应运而生。

❑ 在运维方式上，通过监测采集发现问题，相当于人体的眼、耳等感官系统；通过自动化增强对运维对象的掌控能力，相当于人体的手、脚等运动系统；而数据汇聚和数据分析基础上的智能化，相当于人体的大脑。通过各系统的科学合理的规划建设，支撑运维蓝图可过渡到智能时代。

❑ 在各方运维工具建设完成后，通过数据交互、接口交互等进行有效连接，相当于人的血液循环系统，起着连接和融合的作用。

16.1.3　权威的配置管理

"一切运维行为或者运维系统建设以配置管理（CMDB）为中心来考虑，将 CMDB 打造为数据中心的数字镜像，真实反映数据中心的状态"，这是我们对 CMDB 的建设目标。同时，我们认为 CMDB 建设不是求大、求全，而是打造适合自己的企业级 CMDB，做自己"能把握住"的 CMDB。什么是适合自己的 CMDB？分解下来是如下 3 个问题。

（1）哪些数据纳入 CMDB 管理

对 CMDB 管理颗粒度的拿捏，是一种艺术。过于细化的颗粒度，等于过于臃肿的 CMDB，等同于失控的 CMDB。我们的原则是：自己能管到哪里，CMDB 这个数字化镜像就延伸到哪里。我们规划需要纳入 CMDB 管理的数据模型，见表 16-1。

表 16-1　纳入 CMDB 管理的数据模型

机房环境	硬件设备	软件对象	应用系统
机房	SAN 交换机	数据库	交易码
UPS	网络设备	中间件	链路
精密空调	负载均衡设备	DNS	应用系统
传感机	网络专线	Docker 容器	业务
专线	防火墙	虚拟机	集群
	物理主机		模块
	安全及其他设备		应用进程
	加密机		

（2）如何维护和更新这些 CMDB 数据

对 CMDB 数据的更新维护方式，是运维创造力的体现。CMDB 数据的维护有非常多且互不冲突的方式，包括 CMDB 自主发现和采集、对接监控或其他系统、流程节点触发更新、事件驱动更新、手工纠偏维护等。我们拥有专岗自动化架构师角色，架构师们总是可以根据实际情况想到很多超级棒的"点子"，使得最终达成自动化目的。

（3）全面且准确的 CMDB 数据如何使用

"问渠那得清如许？为有源头活水来"，我们打造的 CMDB 如活水一样，数据必须是流动的，有流入也有流出。那么最终达到的效果是什么样的呢？大多数运维人员在日常作业中是感受不到 CMDB 系统的存在，但似乎又感觉它无处不在，CMDB 已经完全融入运维体系和工具系统中。这种融合至少包括与流程系统充分融合并驱动自动化、辅助分析事件影响性、驱动监控部署和告警分析等。

事实上，我们还有一个更大的课题在同步研究，就是运维数据如何治理。配置数据只是其中的一部分，但也是最基础、最重要的那部分。除了配置数据外，还有流程数据、性能数据、日志数据库、事件数据等。

16.1.4 统一的监控告警

过去 20 年，我们建设了各种各样的监控系统，但如何建设"兼顾传统、面向未来"的监控系统是困扰我们的最大问题。我们打算不再继续建设很多"小系统"，转而考虑建设经过充分分析和科学规划的统一监控框架。

虽然面向的监控对象和监控场景非常多，但是所有监控系统在监控技术架构上都是相似的，可以分为采集、传输、存储、分析、告警、处理等过程。如图 16-3 所示，在我们规划的监控框架中，监控数据的传输和存储都是统一的，采集框架是插件式扩展的，只有分析和展示是根据实际需求定义的。这套监控框架包括传统对象和云原生的基础性能监控，也包括各类日志数据的采集和分析。

在监控框架上，我们也建立了自己的 ITOA 系统。利用运维生产出来的大量数据，以及 AI 技术探索智能运维，来辅助运维人员快速定位和解决故障。

16.1.5 运维能力服务化

在运维蓝图落地的过程中，我们建设了非常多形色各异的自动化工具和管理系统，这些工具和系统在各自的专业领域创造了独有的价值。随着各类运维工具和系统逐步完善，运维蓝图从量变实现了质的变化。在我们构建的统一运维门户中，内置了一个企业服务管理框架，包括流程引擎、表单设计器、低代码平台等。结合运维蓝图中的集成中心，将各专业领域工具能力转换为可以对外输出的服务。采用服务化的概念，让传统运维管理流程更敏捷。

如果运维自动化建设得足够好，就会产生更多的服务化场景。我们把服务化的运维场景进行了简单的分类，形成了运维门户中的运维服务目录，包括申请类服务、查询类服务、操作类服务、管理类服务、变更类服务等。例如，用户需要申请在堡垒机中的三台主机操作权限，只要在运维门户中简单填写表单，后台就会根据预定义的流程进行用户审批和资源自动交付。相似地，开发人员查看日志、业务人员提取数据、运维人员部署监控等都可以通过服务化的方式快速且友好完成。

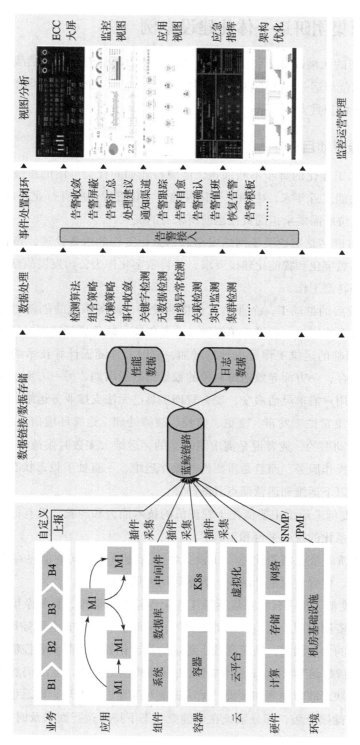

图 16-3　一体化运维蓝图的监控框架

16.2 某能源集团研运一体化建设案例

在数字化转型的大潮冲击下，能源行业的运维能力面临着一系列挑战。本案例给出了具体建设思路，围绕研运一体化平台打造能源集团运维底层基础能力和场景，为运维数字化转型提供强大的平台工具支撑体系。

16.2.1 运维转型项目概述

随着城镇化、工业化的脚步不断加速，能源行业如同社会鲜活的血液，为蓬勃发展的文明供应强大的动能。近年来，中国突飞猛进的数字化进程让所有行业的效能指数级增长，能源行业信息化单位所需要承担的责任也前所未有的庞大。

为深入贯彻习近平总书记关于网络安全和信息化工作的重要论述，该企业积极抓住历史机遇，明确提出数字化和智能化建设要求，并将数字化作为公司发展战略路径之一，加快部署数字化建设和转型工作。

在数字技术发展的推动下，企业信息化快速发展，业务系统的创新增长，使得运维工作复杂多变。业务系统增加、运维工单剧增，业务创新、软件更新速度对运维响应提出了更高要求。IT 部门面临的运维工作量也日趋增加，同时，伴随云计算技术的逐步落地，企业内多种异构系统共存，一方面导致运维对象的数量指数级增加，另一方面也要求运维场景需要根据业务需求和用户需求灵活多变，现有管理工具已无法支撑业务运维。

然而，业务运维常忙于发布、变更、监控、故障处理、运维环境信息维护提取等工作，这些工作大多是被动型的，或者说是需求驱动型的，运维大多数时候被动地为产品、策划、运营、开发等提供操作服务，而且是重复性的操作运维，一直处于救火状态，无暇思考运维可创造更多价值。以下运维和运营痛点日渐凸显：

1）标准化程度低。运维主要依托于管理员的技术能力和经验，没有标准化，且缺乏支撑运维标准化和体系化的统一平台和工具。

2）配置管理孤岛及可消费性差。IT 设备各类管理模块之间的信息存在数据更新不及时、关联关系缺失、配置变更审计缺失、数据利用率低等问题。

3）自动化程度低。很多日常系统运维工作仍保持手工运维，且复杂度较高、涉及的操作步骤众多，包括资源出库、巡检、基础变更等，同时随着信息安全形势日趋严峻，对于数据中心数千台设备的大量漏洞，缺乏高效、稳定的自动化处理机制和管控流程。

4）IT 运营"新难题"。海量运维数据无法发挥和创造价值，运维仍然为被动支撑，无法发挥运营价值。缺乏故障预测和预警，无法提前对问题进行处理；缺乏设备健康度衡量指标，无法反映系统健康全貌，部分系统在亚健康状态下持续运行而未及时发现，存在隐患；

资源上线后，在遇到业务负载和资源不匹配的情况时，无法合理进行动态的扩容或缩容调整；目前的故障处理主要依靠运维人员现场手工排查，缺少故障处理方案推荐机制和故障自愈系统，现有的故障处理效率无法提升。

为进一步完善信息化基础，提升自身信息安全综合建设的水平，全面落地自动化和智能化运维，提升数据中心运维效率，真正实现系统运维"以机代人"，该企业依托腾讯，开展自动化和智能化运维研究。利用自动化运维和 AIOps 方向的技术创新和应用，大力推进信息化建设进程，助力企业建成一体化、数据化、智能化的信息化体系。

16.2.2　建设统一运维平台

我们建设的统一运维平台具有可扩展、能持续、够敏捷等特性，为一体化、数据化、智能化提供强有力的基石。随着统一运维平台投入生产并逐步推广使用，它实现了代替人工在计算机系统中执行高重复性、强规则性的任务，包括自动化事务处理、自动化数据处理、自动化触发响应等，如图 16-4 所示，最终达到最大程度利用劳动资源的目的，减少对传统人工运维的依赖。项目的成果也成功推广至其他兄弟单位，帮助提升各单位的智能化运维水平。

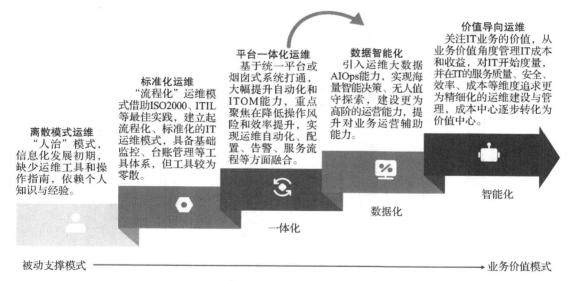

图 16-4　某能源集团的一体化运维的建设路径

在我们的方案中，选择了国内成熟、自主可控，以及基于 IaaS、PaaS 和 SaaS 三层平台分离架构的统一运维平台，分多期逐步开展自动化和智能化运维研究和建设，如图 16-5 所示。

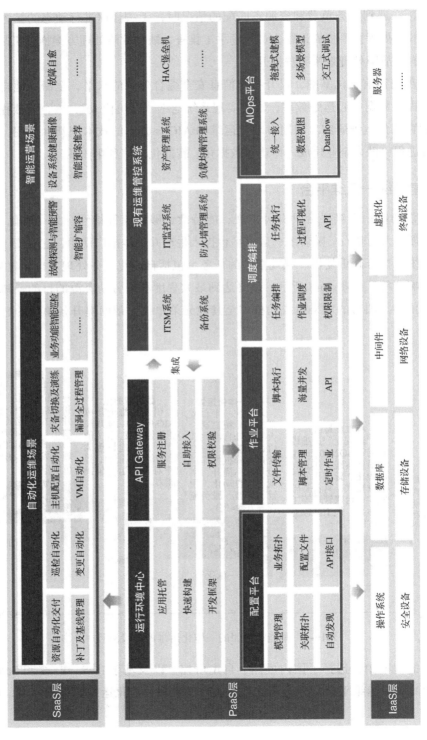

图 16-5　某能源集团的一体化运维整体框架

16.2.3　建设统一配置管理平台

所谓的统一配置管理平台，需要满足为上层应用提供数据的消费能力，并能够与已建设的自动化运维场景紧密结合，包括资源交付、基础变更、漏洞全过程管理等，同时也为外部系统提供数据的查询和调用。我们在 CMDB 中融入了自动化的能力，实现 CMDB 的自动发现和采集，持续开展数据质量提升工作，不断完善配置变更流程，确保 IT 资源配置合格率及 IT 资产配置关联关系合格率均为 100%。

1）通过自动发现及自动采集的工具开发，对 IT 生产环境中的运维信息自动进行统一采集和管理，保证数据有效性及准确性达到 99%。

2）配置对象的关联关系建立，直观展示设备间的关联情况，有效提供问题的定位及影响范围信息，确保系统的可用性及解决问题的及时性。

3）制定运维信息的数据规范以及运维数据分类的标准，通过流程进行配置变更的维护、审查及审计，使配置变更维护效率提升 80%。

4）通过主流 RESTful API 开发，打通各大系统的壁垒，使得数据有效利用率提高至 100%，为外部系统的业务需求提供数据支撑。

最终，我们实现了以应用为中心的配置管理系统，覆盖应用对象和基础设施对象，并保留充分的自定义和扩展性，用于监控、运维管理、可视化等的信息消费，满足日常运维操作管理要求（图 16-6）。

❑ 建立权威、统一、规范的配置管理平台，实现 IDC 设备全覆盖管理。

❑ 实现配置信息的自动发现及自动采集，保证数据的有效性以及准确性。

❑ 开发数据接口，与现有运维系统集成，提高数据应用能力，提升数据价值。

16.2.4　实现运维的自动化

实际运维的生产作业中，可以转换为自动化的场景非常多，我们首先实现了频度最高的 10 类典型场景。这些自动化场景可无人值守地月均处理数百个工单，在"降低人力投入成本""保障系统安全可靠""提升主机资源利用率"等方面极大提高 IT 作业质量。

1）通过资源交付自动化的场景建设，实现多场景串联工作流，打通与各平台之间的系统架构兼容，多线程高吞吐并发进行。实现资源交付效率最大化，可完全取代人工操作。单个资源工单交付时间由原先的 48h 减少至 0.5h，减少了 99%。

2）通过巡检自动化的场景建设，解决依赖人工进行运维巡检，容易出现漏检、误检，以及巡检人工汇总报告参差不齐等问题，实现 IDC 对象自动化核查，将日常核查覆盖面提升至 100%，且耗时由 3h 降低到 15min，可自动汇总问题，并生成事件工单发送，实现隐患闭环管理。

3）通过变更自动化的场景建设，代替人工登录虚拟机，并且可以进行批量并行操作，提升效率的同时降低误操作风险，平均每张工单处理耗时由 1.5h 左右缩短为 5min。

4）通过漏洞全过程管理工具，将漏洞自动化修复能力和漏洞安全管理制度流程相结合，从漏洞发现、分派、整改到复核的全流程加以串联和闭环管控，将单个漏洞管控平均花费时间由 1.5h 降低至 10min。实现漏洞的全过程快速治理，保障系统安全稳定运行。

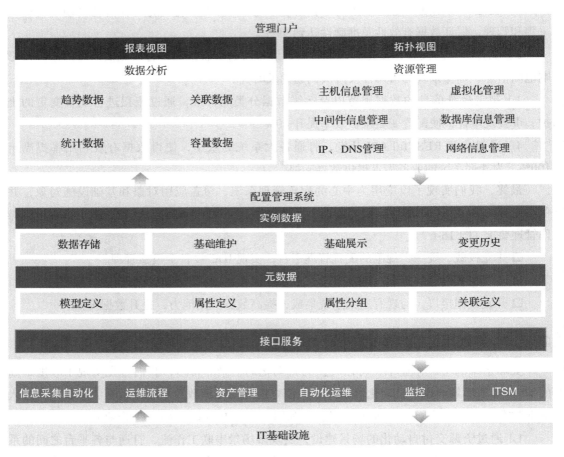

图 16-6　某能源集团一体化运维的配置管理架构

基于统一运维平台能力，结合配置管理系统，完成资源交付自动化、巡检自动化、变更自动化、漏洞全过程管理、灾备切换及演练等自动化运维场景建设，如图 16-7 所示。

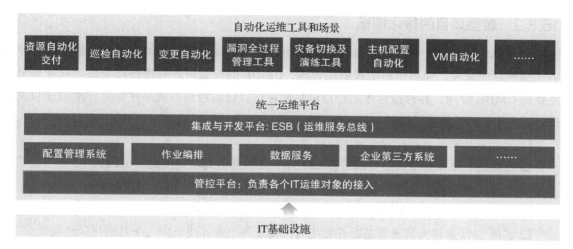

图 16-7　某能源集团一体化运维的自动化架构

16.3　某高端制造企业研运一体化建设案例

制造业信息化经过多年的建设，形成了众多的生产管理信息系统，如何使信息系统稳定、可靠、安全地运行，IT 运维服务管理工作步入一个有序、规范的状态，本案例给出了一个具体可行的方案和建设经验。

16.3.1　运维转型项目概述

在传统制造业向高端制造业的转型过程中，各种 IT 应用系统的支撑也是这种转型的必要条件之一。随着制造业工序的精细化发展，各个不同环节所需的业务系统各式各样，且数量骤增，对运维的挑战也日益凸显。为了更好地支撑业务的需求，管理多样性的运维对象和运维需求，我们基于一体化的思路，启动打造统一的自动化平台项目，打造研运一体化的运维管理体系，成为企业 IT 技术部门的重要使命。其主要的建设目标如下。

❑ 构建未来能支撑企业实现自动化运维、智能化运维 IT 战略的运维自动化平台。

❑ 基于自动化运维平台，通过定制开发，实现统一 CMDB、容量可视化、安全基线、运维门户等运维场景的建设。

❑ 梳理企业运维开发现状，结合行业的实践及行业经验，建设运维开发体系。

❑ 基于运维自动化平台以及运维开发体系，帮助 IT 运维团队从传统运维工程师向 SRE 工程师转型。

16.3.2 转型项目的量化指标

该项目建设的一个难点就是过程和效果的管理难以量化，无法量化的目标管理是一种不完整的目标管理，而运维要实现量化管理，CMDB 的配置资产管理必须完整，只有基于完整的 CMDB 管理，各种指标才能得以量化和评估，研运转型的效果才能更好地呈现和改进，其中该案例需完成的可量化指标如下。

❑ 云上云下资源全部托管于自动化运维平台。

❑ 物理机、操作系统资源全部托管 CMDB，并为所有对象定义统一编码。

❑ 通过作业平台以及平台运营，识别闲置资源并输出清单，及时释放闲置资源。

❑ 自动化运维可覆盖 80% 以上，安全基线合规率达 70% 以上。

❑ 实现 20% 运维人员具备基础开发能力，实现每个业务线至少一个自动化运维场景。

❑ 实现 ITSM 运维流程待办任务统一纳管。

在自动化运维建设的初期，定一个短期的目标和评价指标，有助于为运维团队的完整转型奠定基础和积累经验，而配置管理、自动化作业管理和流程管理是自动化运维的基石和枢纽模块，从这几个方向设定建设目标，可以坚定转型的决心，在未来获得更多的发展空间。

16.3.3 转型项目的建设内容

整体项目建设内容分成七大模块，每个模块将围绕如下内容进行开展。

（1）平台建设

❑ 搭建自动化运维平台。

❑ 支持本地高可用及异地容灾架构，并通过容灾切换演练。

❑ 纳入企业监控平台进行统一监控。

❑ 建立自动化作业以及权限管理规范。

❑ 提供基于地理区域、安全网络区域隔离的纳管方案。

（2）统一 CMDB（图 16-8）

❑ 基于自动化运维配置平台，实现 IT 资源对象纳管（包括应用、数据库、中间件、基础架构设备、基础架构集群、主机对象、网络对象），负责模型设计、建模、关联关系、应用拓扑展示配置、数据维护流程搭建。

❑ 通过平台集成与插件的采集能力，实现配置信息的自动化采集。

❑ 开发 API，提供第三方系统（包括监控平台、ITSM、堡垒机、容量可视化、CICD 等）的集成消费。

❑ 建立配置管理流程规范系统，与 ITSM 流程系统集成，实现配置变更的流程处理。

❑ 建立数据维护管理制度，职责分摊到各模型对象管理团队并提供优化的维护入口。

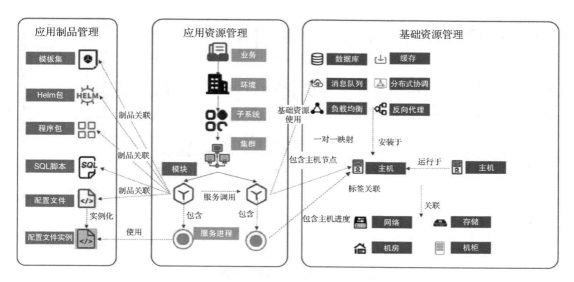

图 16-8　某高端制造企业一体化运维的配置数据模型

（3）运维门户（图 16-9）

❑ 建设统一的运维门户，将各个系统中常用的服务、数据汇聚在一起，形成统一的服务视图，让用户能够更加便捷、直观地使用 IT 运维提供的整体服务。

❑ 前端门户主要提供面向所有终端用户的个人中心、服务目录、通知公告，以及仅面向运维侧的云服务、自助服务、运维工具入口。

❑ 后台管理提供服务目录管理、服务管理、运维工具管理、运维公告管理、运营报表、权限控制等。

❑ 提供运维门户的服务接入流程规范以及 API，为 IT 服务接入提供自助接入能力。

（4）容量可视化

从基础架构容量和应用容量两方面分别对容量进行可视化管理。

❑ 基础架构容量管理展示机房、计算、存储、网络的资源总量、资源利用率、利用率历史趋势，能够对资源设置告警阈值，显示资源的优化状态。

❑ 应用容量管理以业务系统的维度展示主机的 CPU、内存、存储等指标的资源容量、资源利用率、利用率的历史趋势和资源费用，能够显示容量清单中单台主机的容量详情和闲置状态。

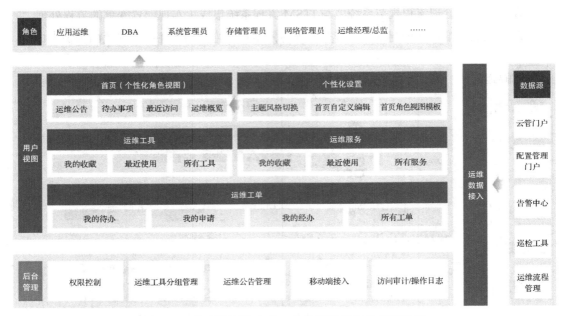

图 16-9 某高端制造企业一体化运维的运维门户架构

（5）安全基线

❑ 基于企业的基础安全基线要求，通过预设或自定义脚本的方式，实现对目标运维对象的安全配置项进行自动化批量扫描，与预定的基线阈值比对后，以报表的形式进行基线合规结果展示。

❑ 辅助管理员进行安全基线合规审计，及时发现目标运维对象的安全隐患，保障目标运维对象及业务系统的合规运行。

❑ 提供安全配置扫描能力接口，供其他系统或流程模块进行调用。

（6）运维开发体系建设

❑ 梳理企业运维开发现状，结合行业的实践，输出运维开发体系规划并在企业落地。

❑ 梳理运维开发需求流转现状，输出需求流转规范并固化。

❑ 根据行业经验，输出运维平台对接规范，形成运维开发公共约束。

（7）运维开发培训

❑ 针对平台的 CMDB 建模、作业通道使用、编排引擎、运维开发等进行培训，使企业相关运维人员能熟练掌握平台的使用，实现运维工具自主可控，运维工具可自生长。

❑ 提升企业相关运维人员的开发能力，具备运维开发能力的人员比例由当前 10% 提升到 20%。